申鹏 著

农村劳动力转移的
制度创新

Institutional Innovation
of the Migration
of Rural Labor Force

社会科学文献出版社
SOCIAL SCIENCES ACADEMIC PRESS (CHINA)

本书为国家社会科学基金项目（08XRK001）研究成果，
由贵州大学学术著作出版基金资助出版

序　　一

    人口流动已成为中国经济社会发展中的重要人口现象，中国未来的发展必将伴随着进一步增长的流动人口，他们将愈益成为未来城市经济社会发展的前提条件。改革开放以来，我国农村劳动力开始在城镇就业居住。30 多年来，农村劳动力流动转移规模越来越大，至 2011 年全国农民工总量达到 2.53 亿人，农村劳动力跨区域流动的特征明显。但是，这些劳动力进城之后，由于我国特有的制度因素及农村劳动力人力资本因素，他们中的大多数只能在城市实现经济层面的城市融入，使农村劳动力进城非农就业只是实现了产业转移和地域转移，很少实现身份转变，进而形成我国农村劳动力特有的流动过程，而非转移过程。

    农村劳动力转移问题研究是近 30 年来经济学、人口学、管理学等多学科研究的热点话题之一。申鹏博士在国家社科基金的资助下，运用经济学、人口学、管理学等多学科研究方法，合理借鉴国内外学者的研究成果，以中国劳动力供给关系变化及其相应的经济发展阶段作为研究背景，从制度创新视角系统研究农村劳动力转移新问题，主要目的在于通过相关的制度创新，为农村劳动力转移创造一个良好的制度环境，为具有转移意愿的农村劳动力或农民工提供便利的制度条件，使他们转移与否均有相应的制度作为保障。该研究成果对于推动新时期农村劳动力转移、加快新生代农民工城市融入具有重要的学术价值与社会价值。其学术价值主要体现在从制度创新视角系统分析农村劳动力转移新问题，完善了农村劳动力转移的制度创新理论，以对传统的劳动力转移理论进行有益的补充，进一步拓展人口经济学的研究领域，从多元视角来研究新阶段农村劳动力转移的制度创新问题，力争形成中国化、本土化的农村劳动力转移理论。其应用价值主要体现在研究新阶段农村劳动力转移制度创新问题能够从制度上有效保障农村外出劳动力城市融入的合法权益、降低农村劳动力城市融入的制度成本、提高农村劳动力转移的效率和质量、为农村劳动力转移创造良好的制度环境，这有利于进城农民工尤其是新生代农民工"生活得更有尊严"，从而构建"既要让符合条件的农民工融入城市，也要让生活在农村的广大农民更加幸福"的和谐社会。

该研究成果形成一些具有创新性的理论观点，如我国农村劳动力转移的两个差异、农村劳动力转移制度障碍的两个层次、农村劳动力转移的制度创新过程、农村劳动力转移制度创新理论模型、农村劳动力转移分时期的制度创新路径模式等；在对策建议方面，也提出了一些操作性较强的对策建议，如农民工社会保障制度的"低标准、广覆盖、渐进式过渡"模式，户籍制度按"省内、跨省"的迁移准入制模式，提升"就业质量"的农民工劳动力市场制度建设、教育培训制度的"现居住地"教育培训模式，农村土地的资源物权化和产权资本化路径，金融制度的"土地金融机构"和"'普惠式'农村产业链金融"模式，等等。就我个人看来，哲学社会科学研究也在"走转改"，不深入基层、不进行大量调研，不可能出高水平的科研成果、不可能提出对实践活动起积极作用的对策建议，申鹏博士之所以能够在研究中有所创新，有自己的见解，关键在于他进行了多次的实地调研和问卷调查，这些观点和对策是他联系我国实践对农村劳动力转移问题的思考和探索，对于推进新生代农民工城市融入、加强和创新流动人口社会管理、构建和谐的城乡社会具有很强的现实意义。

申鹏博士主要从事农村劳动力转移就业、流动人口服务管理、农民工就业行为等工作，对农业有接触，对农村有热情，对农民有感情。在本书中，不仅有着规范的学理分析，也有他独到的见解。本书的付梓对于从制度创新视角分析和思考农村劳动力转移的内在本质和现实价值具有重要意义。在此，特向申鹏博士表示祝贺，并期望继续努力，力争取得新的研究成果。

贵州大学教授、博士生导师　洪名勇

2012 年 6 月 10 日

序　二

　　农村劳动力转移问题既是老问题，又是新问题。说它是"老问题"，是因为农村劳动力转移是发展经济学、人口经济学研究的老话题；说它是"新问题"，是因为我国农村劳动力在新的时代背景下具有新的特征，尤其是在改革开放30多年后的今天尤其如此，虽然近10余年来研究者众多，著述颇丰，但这种状况也极易形成同质化或低层次的重复。要选择这一问题进行研究，必须在视角、理论和实践上独辟蹊径，有所创新。申鹏博士的新著《农村劳动力转移的制度创新》正是在这一背景下做出的新的研究成果。该专著系其主持的同名国家社科基金项目的最终研究成果。该研究成果广泛吸取前人和他人研究的精华，以创新的研究思路，以大量的实地访谈和问卷调查为依托，试图从制度创新视角系统研究我国农村劳动力转移的制度障碍及其改革创新问题，并提出了具有独到建树的制度创新路径模式及其对策建议，在理论及对策方面取得了可喜的成绩。

　　新中国成立以来，我国农村劳动力转移经历了跌宕起伏的变化，从自由迁移到限制流动，再到"民工潮"、"民工荒"间或短暂的"返乡潮"。而影响这一过程的因素较多，制度是其中的一个重要影响因素。本书认为，我国劳动力供给已进入年轻劳动力有限供给的新阶段，而年轻劳动力有限供给的新阶段是第一个刘易斯转折点来临的特征，是农村劳动力转移制度变革的"临界点"阶段，进入了一个诱致新的制度需求和制度非均衡的新阶段。作者以此作为研究背景，通过大量翔实的调查数据资料和深入缜密的理论分析，得出了一些新的理论见解和研究结论。摘要如下：第一，明确提出新阶段农村劳动力转移制度障碍可划分为两个层次。作者突破了传统的"推—拉理论"，根据本书对"农村劳动力转移"的概念界定，联系实际分析了农村劳动力转移制度障碍的内容，划分出农村劳动力制度障碍的"农村转出"和"城市融入"两个层次，并认为"农村转出"主要解决产业转移和地域转移，而"城市融入"主要解决身份转变及其城市居住问题。第二，从多元视角对新阶段农村劳动力转移的制度创新内涵进行理论研究。作者阐释了农村劳动力转移制度创新的三类创新主体，进而从制度供给视角提出了农村劳动力转移的制度创新过程，目的在于突破农村劳动力转移过程的制度非均衡，实现农村劳动力转移的制度均衡。第三，构建新阶段农村劳动力转移的制度创新理论模型。本书根据农村劳动力转移的制度障碍层次和制度创新理论分析，选取相关的制度变量和制度分解变量，构建了新阶段农村劳动力转移的制度创新理论模型，试图揭示新阶段农村劳动力转移各制度变量之间的复杂关系，以此为基础，构建了农村劳动力制度创新各制度分解变量的相互关系模型。第四，探讨新阶段农村劳动力转移的制度创新路径及其政策措施。作者强调新阶段农村劳动力转移制度创新的政府责任，以适应农村劳动力转移制度创新各阶段的社会经济环境的变化。据此，结合我国农村劳动力转移的复杂性、艰巨性和各制度创新主体利益分配格局的变化，提出了农村劳动力转移近期和中长期的制度创新路径模式。以此为基础，本书最后对新阶段农村劳动力转移制度创新的近期政策举措和中长期政策框架进行了探讨，在强调制度创新系统之间的协调性和整体性等方面提出了一些具有独创性观点的实施建议。可以看出，本书带有一定的理论创新尝试，该研究成果对推动发展经济学、人口经济学等研究有一定理论价值，对促进农村劳动力稳态就业、推进农村劳动力城市融入等也具有一定的实际指导应用价值。

当然，本书研究内容也并非完美，还存在很多需要进一步思考和探索的问题。例如，本书中提及的农村劳动力转移制度创新指数或程度及其测量和量度问题，就是一项尚未完成的工作，而且也是需要作者花费更大精力去努力的同时也是非常有意义的工作。

本书作者申鹏博士是一位勤奋努力且颇有点天赋的青年学者。我一直对他的拼搏进取和探索求实的研究精神十分欣赏。他在圆满完成学业的同时获得国家社会科学基金项目立项并顺利完成该国家课题，随后先后获得霍英东教育基金会资助课题、农业部软科学项目、贵州省科技厅软科学基金项目、贵州省教育厅人文社科基金重点项目、贵阳市科技局软科学项目、学校人文社科重大招标项目及人才引进项目等 10 项课题立项。作为他的博士生导师，我为他取得的成绩倍感欣慰。我相信，凭借他的勤奋和坚持，必定会取得更大的成绩。希望本书的出版成为他今后学术生涯的新起点。

西南财经大学教授、博士生导师　陈明立
2012 年 4 月于四川·成都·光华园

摘　　要

　　人口转变导致我国劳动力供给关系发生重大变化而进入了年轻劳动力有限供给的新阶段，进而引起平均工资水平和劳动力成本的上升，这不仅要求加快经济发展方式转变和形成一个新的收入分配模式，而且还要求创造一个劳动者充分就业的制度环境。而现实是农村劳动力转移面临着一系列的制度障碍，使农村劳动力进城非农就业只是实现了产业转移和地域转移，很少实现身份转变，进而产生了农村劳动力的流动过程。本书运用经济学、人口学、管理学等多学科研究方法，合理借鉴国内外研究成果，阐释了我国未来人口发展态势及其劳动力供给态势，以劳动力供给关系变化及其相应的经济发展阶段作为研究背景，试图从制度创新视角系统研究我国农村劳动力转移新问题，目的在于为农村劳动力转移创造一个良好的制度环境，为具有转移意愿的农村劳动力或农民工提供便捷的制度条件，使他们是否转移均有相应的制度作为保障。笔者认为，享受充分就业和有序转移的制度条件是农村劳动力或农民工作为现代社会的公民应该享有的一项制度权利，也是实现社会正义之所在。这对于推动新时期农村劳动力转移、加快新生代农民工城市融入具有重要的学术价值与社会价值。

　　本书主要以下四个方面作为主要内容及创新点：

　　第一，农村劳动力转移流动过程及其制度障碍层次。新中国成立以来尤其是改革开放以来，我国农村劳动力转移经历了跌宕起伏的变化，从自由迁移到限制流动，再到"民工潮"、"民工荒"间或短暂的"返乡潮"，风起云涌，由此从制度层面归纳出我国农村劳动力转移具有"流动有余而转移不足"和"限制的多而鼓励的少"的差异，导致农村劳动力外出经历的是一个流动过程而不是一个转移过程。本书突破了传统的"推—拉理论"，根据制度障碍影响的侧重点不同将农村劳动力转移制度障碍分为

"农村转出"和"城市融入"两个层次，这两个层次之间存在着一定的互动关系。"农村转出"和"城市融入"两个层次共同构成了我国农村劳动力转移的有机统一的全过程。当然，这两个层次之间并非是一个环环相扣的过程的两个方面，只是对于大多数农村劳动力来说，面临着这两个层次的制度障碍。

第二，"农村转出"和"城市融入"制度障碍层次与农村劳动力转移的关系。"农村转出"层次主要涉及农村劳动力的产业转移和地域转移两个方面。农村土地制度与农村劳动力转移是互为条件的关系。金融制度创新是农村劳动力转移获取有效金融资源的主要途径，可以为农村劳动力转移支付一定的转移成本。"城市融入"层次主要解决农村劳动力的身份转变及其定居城镇问题。户籍制度是解决农村劳动力"城市融入"的角色身份问题，劳动力市场制度是增加农村劳动力"城市融入"的经济收入问题，社会保障制度是稳固农村劳动力"城市融入"的社会根基问题，而教育培训制度则是增强农村劳动力城市就业和"城市融入"的可持续性问题。

第三，基于制度障碍层次的新阶段农村劳动力转移制度创新理论模型构建。基于制度创新视角，笔者认为新阶段农村劳动力转移的制度创新主体包括宏观主体、中观主体和微观主体，它们各自的创新方式有着自身的特点。新阶段农村劳动力转移制度创新过程是一个较为长期的过程，只能采取有重点、分阶段、逐步过渡的方式推进；由于我国农村劳动力转移面临着前后不同的时代背景，还需要研究劳动力转移制度安排的次序和协调问题，即过渡性的中间制度安排和各项制度安排之间的统筹协调问题。本书从制度供给角度构建了基于制度障碍层次的农村劳动力转移模型，并选取各制度变量的指标体系构建了农村劳动力转移制度创新理论模型。该模型以制度创新主体为主导，以农村劳动力转移的制度创新为手段，以培育农村劳动力可持续的就业能力为目的，加速推动农村劳动力转移进程，进而实现农业产业化、农村城镇化和农村现代化，为加快社会主义新农村建设和构建和谐的城乡关系打下良好的社会基础。同时，基于制度创新子系统之间的统筹协调问题构建了制度创新变量各指标体系的相互关系模型，并运用层次分析法确定了各个制度变量在制度创新体系中的权重，这有助于新阶段农村劳动力转移制度创新模式构建并进行政策分析。

第四，新阶段农村劳动力转移制度创新的路径模式与具体对策。本书探讨了制度创新的路径依赖，认为必须重视我国农村劳动力转移过程的阶段性和制度创新体系之间的协调性，突破农村劳动力转移制度创新的传统路径依赖，加大制度创新力度，以适应农村劳动力转移制度创新各阶段的社会经济环境的变化。据此，笔者本着"近期具体、远期抽象"的原则提出了相应的制度创新路径模式，即近期以农民工户籍制度改革为中心，以社会保障制度为重点，以农村土地制度、农民工劳动力市场制度、农民工培训制度与农地金融制度为支撑，并辅以相关的制度创新，积极引导农村劳动力"农村转出"和共同推动农民工尤其是第二代农民工"城市融入"的制度创新路径模式；中长期主要是基于培养农村劳动力"城市融入"的可持续能力为目的，以城乡一体化为目标，以社会保障制度建设为重点，以劳动力市场制度为支撑，进一步完善户籍制度、教育培训制度、农村土地制度和金融制度，积极推进各项制度变量深化与完善的制度创新路径模式。同时，根据层次分析法确定的各制度创新体系权重提出了六个制度变量改革的近期对策建议和中长期政策思路，为深化我国农村劳动力转移进程提供借鉴价值。

应该说，通过新阶段农村劳动力转移的制度创新，附属于户籍背后的社保、就业、教育、土地、金融等方面的城乡差别已因基本公共服务城乡均等化而一一剥离。这时，无论地域和城乡，劳动力都能够享受到基本公共服务及其相应的福利待遇，都能够通过自身的不断努力初步实现自由迁徙，基本人权得到尊重，人口流动更加自由，社会劳动更加体面，劳动关系更加和谐，人民生活更有尊严，城乡社会更加公平，从而为实现城乡一体化创造了制度条件和社会条件。

目　录

CONTENTS

第一章

绪　　论

人口流动已成为中国经济社会发展中的重要人口现象，中国未来的发展必将伴随着进一步增长的流动人口，愈益成为未来城市经济社会发展的前提条件。如何在新的经济社会条件下认识和解决这一问题是一个亟须思考的时代课题。本研究主要从制度上考虑农村劳动力转移问题。

第一节　国内外研究现状述评和选题意义

一　国内外研究现状述评

农村劳动力转移是世界各国尤其是发展中国家普遍关注的重要而复杂的问题。国内外学者从人口学、经济学、社会学、地理学、管理学等学科角度对农村劳动力转移进行了大量研究，时至今日，在理论和方法上已形成不少经典学说或理论观点，它们是笔者深入研究农村劳动力转移问题的理论出发点。综观国内外学者研究劳动力转移的视角，基本上可以归纳为两类：一类是宏观视角，主要阐述劳动力从农业部门向现代部门转移的基本原因或可能的后果；另一类是微观视角，主要是从家庭迁移决策或边际效用最大化出发分析家庭劳动力资源配置、迁移（流动）决策与家庭效用之间的关系，从中揭示农户转移劳动力的动机和行为后果。而制度分析主要是分析制度在农村劳动力转移过程中的作用机理，说明农村劳动力转移行为不是某一个因素单独发挥作用而是诸多因素在制度约束下共同作用的结果。因此，这一制度分析过程既有宏观视角也有微观视角，但主要是宏观视角，尤其是国内学者在研究我国农村劳动力转移的相关制度因素时更是基于宏观视角。

（一）国外研究述评

由于没有户籍制度的限制，国外劳动力转移基本是一次性完成的，多数国家农村劳动力流动和转移的过程基本上是统一的，农村劳动力一旦流入城市，就自动获得了城市居民身份，只要发生了流动就是转移。因此，国外关于农村劳动力转移理论研究主要体现在劳动力转移理论或人口迁移理论，而对农村劳动力转移研究最为系统、最有价值的理论是刘易斯劳动力转移的拓展模型及其二元经济结构理论；同时，人口迁移理论的发展也为解释农村劳动力向城市转移的决策提供了理论支持。

1. 国外理论（模型）回顾

（1）古典经济学理论。关于农村劳动力转移问题的相关研究自古代城市雏形产生之后就存在了。古希腊时期，思想家色诺芬（Xenophon）在其主要著作《经济论》、《财产论》中论述工匠制作商这种社会分工形式的存在时谈到人口的转移，尤其是富有的外国人到雅典定居可能对雅典带来的影响。柏拉图（Platon）在《理想国》、《法律论》等书中描绘了使奴隶主城邦国家长治久安的人口方案，其中涉及城市最佳规模的研究。亚里士多德（Aristoteles）也说："最美的城邦，其大小必然有限度。"[①] 应该说，这一时期人们对社会分工、人口迁移、城市规模的认识是粗浅的，但对以后的研究奠定了基础。

在理论发展过程中的一个重大转折是16世纪资本主义文艺复兴时代之后，经济学作为一门独立学科的出现。根据已掌握的文献来看，古典经济学的创始人威廉·配第（William Petty）可能是最早从经济发展角度揭示人口流动原因的学者，即提出了"配第定理"。这一定理表明，各产业劳动生产率的提高以及经济重心和劳动力从低生产率产业向高生产率产业的转移，能够促进经济发展。1940年，英国经济学家柯林·克拉克（Colin Clark）在《经济进步的条件》一书中进一步深化了配第的理论，发展了费雪第三产业的提法，揭示了劳动力就业结构与经济发展程度之间的深刻关系。同配第一样，克拉克也认为，经济发展过程中劳动力就业结构的非农化倾向，是由各产业之间的收入差异引起的；劳动力在不同产业之间

---

① 亚里士多德：《政治学》，商务印书馆，1983，第354页。

的转移是由于经济增长过程中各产业之间人均收入的相对差异造成的。后来人们把这个由配第和克拉克所揭示的劳动力就业结构变动规律称为"配第—克拉克定理"。

亚当·斯密（Adam Smith）揭示了工业化过程能够促进国民财富增加的性质。在工业化过程中，农业部门的相对缩小带来农产品价格的相对提高，同时工业吸收了由农业部门转移出来的劳动力，并由于分工的发展和技术的进步扩大了生产，结果使工业品的价格相对降低。威廉·配第、柯林·克拉克与亚当·斯密的上述理论提供了一条通过产业结构及产业劳动生产率的变化来研究农业劳动力转移以及经济发展的新途径，虽然这些理论只是在研究经济问题时所附带产生的成果，但也为后来劳动力转移方面的经济研究确立了大致方向。

业内人士基本公认19世纪中后期的瑞文斯汀（Ravenstein）是最早系统研究劳动力转移问题的先驱（Todaro，1969；Qian，1996；周国伟，2004）。瑞文斯汀从人口学的角度全面研究了人口迁移的原因，并利用大量数据总结出那个时代的"人口迁移规律"，分别在1885年和1889年发表的两篇论文里提出并扩展了他的"迁移法则"[①]，被看做迁移理论研究的起点（Cohen，R. 1996），其得出的结论在现在看来有些简单，也没有严密的科学论证和揭示内在的作用机制，但对于当时的研究条件来说也是非常了不起的，他为后人研究人口迁移流动创造了深入研究的基础。在此之后，农村劳动力转移理论主要体现在模型构建与实证分析上，出现了一些劳动力转移理论和模型，其中尤以刘易斯的影响最为突出。

（2）新古典经济学的劳动力转移模型。主要包括以下模型：

① 刘易斯劳动力转移的拓展模型。刘易斯劳动力转移拓展模型是指对刘易斯、费景汉和拉尼斯三人构建的二元经济模型的统称，它是专门研究发展中国家城乡人口迁移的宏观模型。美国经济学家刘易斯（W. Arthur Lewis，1954）在《劳动力无限供给条件下的经济发展》[②]中提出了发展中国家劳动力转移的二元经济模型。但这个模型是根据发达国家经济起

[①] E. G. Ravenstein, 1889. "The Laws of Migration", *Journal of the Royal Statistical Society*, Vol. 52, pp. 241 – 301.

[②] Lewis, W. Author (1954), "Economic Development with Unlimited Supplies of Labor", *Manchester School of Economic and Social Studies*, Vol. 22, No. 2, pp. 139 – 191.

飞过程中具体情况推导出来的，忽视了一些经济变量对农业劳动力转移的影响，因而与发展中国家的实际情况并不相符而受到批评，如发展中国家的城市并不是充分就业的，现代工业部门的技术水平也不是固定不变的，工资率由于制度及组织的影响呈黏性变动而不是刚性的。因此，如果考虑到现代工业部门在技术传输过程中存在的资本密集倾向，考虑到一些发展中国家所存在的资本外溢现象，考虑到城市中实际存在的失业问题，那么刘易斯模型的实用性就会受到影响。但不管受到怎样的批评，刘易斯模型第一次从宏观层面上科学地展示了劳动力转移的动力和过程，揭示了工农业结构变动及城乡差别可能消除的内在机制，具有无与伦比的理论意义。

刘易斯的理论后来经拉尼斯和费景汉（Ranis & Fei, 1961）拓展，形成了含有转折区间的二元经济模型。至此，刘易斯劳动力拓展模型（简称刘易斯拓展模型）正式形成。该模型明确提出了劳动力转移的三个阶段：第一个阶段是劳动力边际生产率为零或很低的无限供给阶段，劳动力对现代部门具有无限供给的弹性。随着现代工业部门扩张和大量农村劳动力转入现代工业部门，经济发展进入第二阶段，农业劳动的边际生产率上升，减少农业劳动生产力供给诱发粮食产量可能下降进而导致粮食价格和工资的上涨现象，即农村劳动力边际生产率为正，固定工资率开始提高的"第一个转折点"出现阶段。通过对农业部门引入现代要素进行改造，农业的专业化和规模化生产提高了劳动生产率，劳动力边际生产率与工资率相当的"第二个转折点"出现，农业产出增长能够有效地满足现代部门的需要，部门之间的均衡发展把经济发展带入第三阶段（见图1-1）。

由图1-1可见，第一阶段就是劳动力绝对剩余和无限供给、工资率固定不变的阶段。随着农业劳动力绝对剩余的减少，工业开始与农业争夺劳动力，农业劳动力边际产量开始由零变正，此时工业部门必须提高工资以补偿劳动力离开农业的机会损失，否则就找不到需要的劳动力。工业部门的工资率被迫缓慢上涨，第一个关键性的转折点A即第一个刘易斯转折点出现，它是从第一个阶段向第二个阶段的转换，也就是劳动力供给从无限供给转向有限供给的阶段。当农业需要的劳动力离开农业后，如果技术水平不提高，农业产出势必下降，进城农村劳动力可能面临食品供应短缺，刘易斯拓展模型鼓励以农业技术进步、提高农业劳动生产率来解决这个难题。这个阶段的工资率上调是比较平缓的，因为农业中毕竟还存在着隐蔽性失业和劳动力结构的自然调整。当工业成长继续吸收农业劳动力，

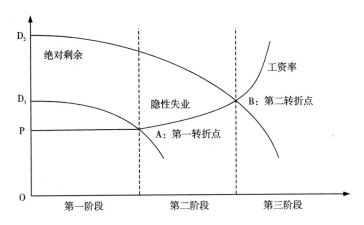

图 1-1　刘易斯劳动力转移拓展模型（LRF 模型）

而农业劳动力的离开将造成农业产出大幅度下降，即农业劳动力边际产出大幅度上升时，工业部门的工资必须大幅度上涨，才能弥补农业劳动力转移的损失，农业和工业、城市和农村面临统一的劳动力市场在平均利润率基础上的平等竞争，第二个转折点 B 即第二个刘易斯转折点出现，它是从第二个阶段向第三个阶段的转换，也就是有限供给的劳动力被完全吸收殆尽，农业劳动力的商业化阶段到来。虽然学界普遍认为刘易斯是发展经济学的结构主义大师，但刘易斯的二元经济转换理论不仅包含结构的转换，同时也包含制度的转换。在刘易斯拓展模型中，传统部门与现代部门有着显然不同的制度结构，这是传统部门的工资决定方式与现代部门截然不同的基本原因。正如费景汉与拉尼斯所说，"在欠发达经济的农业部门中，决定收入分配的整个一系列非经济的习俗和关系居于统治地位"，因此，传统部门"农业工资的决定必须从其他的即制度的力量方面去寻找"。①在这里，制度差异是工资构成差异的根源。刘易斯曾指出，现代部门不仅要雇用从传统部门转移出来的过剩劳动力，现代部门还要"使传统部门的观念与制度现代化"②。拉尼斯和费景汉两人建构的理论模型指出了农村农业经济发展与提高农业劳动生产率对于劳动力城乡流动的作用，克服了刘易斯二元经济模型的一些内在缺陷，但由于与刘易斯的建模假设一样而

---

① 费景汉、G. 拉尼斯：《劳动剩余经济的发展》，华夏出版社，1989，第 17 页。
② W. A. 刘易斯：《二元经济论》，北京经济学院出版社，1989，第 152 页。

被认为与发展中国家在城市化过程中存在非充分就业和缺乏吸纳农村剩余劳动力能力的现实不符。

②乔根森模型。美国经济学家乔根森（D. W. Jorgenson）应用新古典的分析方法，创立了一个新的二元模型，即乔根森模型。乔根森模型是建立在农业剩余基础之上的，与建立在剩余劳动力基础上的刘易斯拓展模型完全不同。它把对二元经济的研究从剩余劳动转向农业剩余，这是乔根森对二元经济理论研究的最重要贡献。从刘易斯开始，人们在二元经济研究中主要关注的是农业剩余劳动力的转移问题，或多或少忽视了农业剩余在二元经济发展中的重要地位和作用。乔根森的分析从刘易斯的剩余劳动下的经济发展转变为农业剩余产品经济发展，这是对刘易斯二元经济分析的一个重要发展。但是该模型也存在着明显的缺陷，如同样忽视了农业投资的重要性和城市失业。在存在农业剩余时，粮食需求收入弹性为零的假定显然也与现实不符。不仅如此，该模型还有一个明显的缺陷，就是始终强调供给因素在经济发展中的作用，认为对工业品的总需求不构成对工业增长的任何约束。与刘易斯拓展模型一样，该模型十分强调储蓄份额的增长对经济发展的作用，并且要求收入分配向储蓄阶级倾斜。乔根森模型"没有涉及一个部门与另一个部门在需求增长方面的互补性。没有认识到农业部门的增长本身会增加对工业品的需要，同时工业部门的增长也会扩大对农产品的需求。而且，他没有明确指出，经济增长既受到供给的约束，也受到需求的约束"[1]。事实上，需求因素在经济发展中的作用已经越来越明显。

③托达罗的城乡劳动力转移模型。在刘易斯劳动力转移拓展模型中，只要非农产业能够支付一个高于农业的实际工资，只要两者工资差额能够补偿城市的较高生活费用以及与迁移相联系的心理成本，农村剩余劳动力就会源源不断地流入城市非农产业。经济发展是一个不断淘干农村剩余劳动力"蓄水池"的过程。但是，这种假设与现实中发展中国家的实际情况相距甚远。发展中国家的实际状况是，不仅农村存在着失业或就业不足，城市也存在失业或就业不足。美国经济学家托达罗（Michael P. Todaro）在《欠发达国家的劳动力迁移与城市模型》（1969）和《迁移、失业和发

---

① Thirlwall, A. P., 1995, "The Economics of Growth and Development: Selected Essays of Thirlwall", Edward Elgar Publishing Company. p. 35.

展：两部门分析》（与哈里斯合作，1970）① 两篇论文中提出了绝对收入差距假说下的乡城劳动力转移模型，就回答了为什么农村向城市的移民过程会不顾城市失业的存在而继续进行，从而补充了刘易斯拓展模型的部分缺陷。在所有的劳动力转移模型中，被最为广泛地引用的就是托达罗的城乡劳动力转移模型，这主要是因为托达罗用城乡预期收入解释劳动力转移，在理论抽象的层次上具有最基本的意义，其他的解释因素只是具有补充或扩展的意义。与以往的建立在实际收入差异基础上的劳动力转移机制不同，托达罗引入了城市失业率因素，提出城市预期收入的概念，认为劳动力由农村向城市的转移不仅仅受城乡实际收入的影响，还受到城市就业机会大小的约束，只有预期的城市收入大于农村收入，劳动力才会发生乡—城转移行为。

托达罗模型对城乡劳动力转移的态度是有别于其他学者的，它的含义在于要说明政策制定部门越来越需要一整套政策，这种政策不会由于人为地创造城乡间经济机会的严重不均衡而将农村迁移者过量涌入——这种"历史潮流"恶化为城市化的恶果。托达罗的理论观点对于发展中国家农村劳动力转移问题的研究产生了比较深远的影响，这种影响在劳动力转移理论研究领域内可以说是革命性的。时至今日，托达罗模型或托达罗理论仍是国内外诸多学者研究劳动力转移或人口迁移流动问题的主要理论之一，托达罗色彩依然浓厚。然而，托达罗模型是对拉美国家农村劳动力流动和城市就业分析得出的结论，因此该模型更适合于拉美地区的条件和环境。托达罗模型虽然对发展中国家劳动力从农村到城市的转移做出了一般性解释，但它应用于多数发展中国家实际时遇到严峻挑战，尤其是他所提出的政策建议不具有广泛的实践意义。

在此需要补充的是，针对托达罗模型假设的缺陷，相对经济地位变化假说正好弥补了托达罗"预期收入差距假说"解释力的不足。② 作为对收入均等化理论的补充，伊斯特林（Richard Easterlin）较早地借用相对经济

---

① Todaro, Michael P., 1969, "A Model of Labor Migration and Urban Unemployment in Less Developed Countries", *American Economic Review*, 59. pp. 138 – 148; John R. Harris & Michael P, Todaro (1970), "Migration Unemployment and Development: A Two-sector Analysis", *The Economic Journal*, Vol. 60, No. 1, pp. 126 – 142.

② 蔡昉等：《劳动力流动的政治经济学》，上海三联书店、上海人民出版社，2003。

地位变化（又称"相对剥夺"）假说来解释城乡间的劳动力转移现象。[①]
根据这种假说，农村劳动力转移与否，不仅取决于他们与城市劳动力之间
的预期收入差距，还取决于他们在家乡感受到的相对经济地位变化，以及
转移之后按照转入地的期望生活标准感受到的相对经济地位变化。[②] 但是，
一旦转移到城市，他们将遇到一个改变参照系的问题，他们用以对比的可
能不再是农村劳动力的收入水平，而是城市的生活标准。当然，如果他们
选择向一个文化上、地理上都与其十分疏远的地区迁移，他们也有可能通
过把自己与当地社区隔绝起来而不改变参照系。这一假说对于今天的农民
工真正融入城市具有重要的政策启迪意义。

（3）新迁移经济学理论。相对于前面的古典迁移理论和新古典迁移理
论都强调城乡收入差距是迁移的唯一动力，新迁移经济学理论（New Eco-
nomics of Labor Migration）认为迁移决策是由相互关联的人所构成的较大
的单位如家庭作出的，人们在作迁移决策时要考虑许多因素，不仅仅是工
资差异。斯塔克曾经指出："尽管劳动力转移行为的执行者通常是以单个
转移者的形式而出现的，但是劳动力转移本身比单个人的利益最大化蕴涵
着更多的含义。由个别人进行的转移行为实际上是一组人的决策的结果，
或是对一组人的决策的执行，家庭就是这一组人的存在形式之一。"[③]斯塔
克认为，在发展中国家，劳动力外出或迁移的决策是由家庭集体决定的，
家庭决定部分劳动力流动或迁移不仅是为了提高绝对收入水平，而且是为
了改善在一个特定群体中的收入相对剥夺的地位（Stark & Taylor, 1991）。
该理论主要是用投资组合理论和契约安排理论来解释劳动力转移行为与家
庭决策的关系。总之，新迁移经济学理论所推演出来的理论模型产生了与
其他迁移理论和模型不同的前提和假设，这些前提和假设又有着不同的理
论价值和政策含义。

由此可见，迁移者家庭在作迁移决策时要考虑许多因素，如政府政策
和经济形势，而不仅仅是工资差异。新迁移经济学理论"不是对过去理论

---

① Diane J. Macunovich, 1997, "A Conversation with Richard Easterlin", *Journal of Population Economics*, Vol 10, pp. 119 – 136.

② O. Stark and Taylor J. E., 1991. "Migration Incentives, Migration Types: The Role of Relative Deprivation", *The Economic Journal*, Vol. 101, 1163 – 1178.

③ Stark, O., (1991), "Migration in LDCs: risk, remittance and family", *Finance and Development*, Dec., Vol. 28, No. 4.

的否定，而是对它们的完善，该理论仍然遵守收入最大化和成本最小化的假设。外出劳动力总是流动到预期收入最高的地方，家庭在决定派谁外出时是经过慎重权衡的，一般是决定容易找到工作的、人力资本较高的成员外出，这样可以保证家庭收入最大化"①。这样，人力资本理论也能在新迁移经济学理论中找到一定的价值和地位。

（4）劳动力转移的其他理论。20 世纪 70～80 年代以来，关于劳动力转移理论呈现出多元化的发展趋势，不同的学者从不同角度提出了劳动力转移的理论观点。这些理论观点一方面补充和完善了前述的劳动力转移理论，使劳动力转移理论研究更加深入和全面，对农村劳动力迁移流动行为认识更加透彻，如人力资本迁移理论、"推—拉"理论、二元劳动力市场理论、经济地理学人口迁移理论等；另一方面也扩展了劳动力转移理论，从区域研究扩展到世界研究，如世界体系理论等。

① 人力资本迁移理论。无论是早期的古典迁移理论还是后来的新古典理论，在宏观层面上都没有解释这样一个问题：面对相同的城乡收入差距或预期收入差距，为什么有些人迁移了而另一些人仍留在农村？流出农村的和留在农村的劳动力有什么不同？以舒尔茨（Schultz，1961）、斯加思塔（Sjaastad，1962）和贝克尔（Becker，1975）为代表人物的人力资本迁移理论对农村劳动力流动的个体差异进行了解释。该理论认为，劳动力迁移过程是一个自然选择的过程，是一种人力资本投资方式，受过良好教育、具有较高素质或有特殊专长的年轻劳动力总是最先迁移，迁移是人力资本的函数。而在家庭迁移决策中，往往是人力资本禀赋较高的年轻劳动力最先被决定外出，这是家庭出于保证家庭收入最大化和规避农业经营风险而作出的理性决策。

根据人力资本迁移理论，持续的劳动力迁移将导致农村或迁出地人力资本的流失，而加强城市或迁入地人力资本积累，使得前者经济增长放慢，后者经济增长加快，两者经济发展水平的差距和收入差距进而扩大，结果会进一步强化迁移的条件和动力。如果不注意加强农村教育，势必会导致农村凋零。

②"推—拉"理论。"推—拉"理论把迁移行为解释为包括经济因素

---

① 盛来运：《流动还是迁移——中国农村劳动力流动过程的经济学分析》，上海远东出版社，2008，第45页。

在内的各种社会经济因素共同作用的结果，实际上是一种人口迁移的社会学理论，区别于从单纯经济因素出发解释迁移的经济理论。以赫伯尔（R. Herberle，1938）、唐纳德·博格（D. J. Bogue，1959）① 和李（E. S. Lee，1966）② 为主要代表，其中李的贡献是最为突出的。李建立了一个完整的分析框架，试图解释从迁出地到迁入地的过程中所遇到的拉力、推力和阻力以及不同人群对此的反应。与前人一样，李的研究和观点基本上是建立在经验观察基础上的，缺乏科学推断和假设检验，因而具有历史的局限性。但不管怎样，李的学术贡献是无价的，开创了人口迁移研究的一个新时代（Qian，1996）。然而，真正使"推—拉"理论受到广泛关注的还是托达罗模型的出现。根据托达罗两部门模型，农村劳动力转移主要是受城乡实际收入差距和城镇就业概率决定的城市预期收入的"拉力"作用而非农村中的"推力"的作用。因此，严格地说，托达罗模型是一种"拉力"理论。

加拿大地理学家麦吉（McGee）于 1971 年提出了劳动力供需的空间差异是人口区际流动的根本原因。相对于资本而言，具有劳动力资源的地区一般工资水平较低，具有资本禀赋的地区一般工资水平较高，这种资源禀赋的空间差异直接导致劳动力的区际流动，即从低收入地区流向高收入地区。这种劳动力的区际流动实际上也是劳动力资源的"推力"和资本禀赋的"拉力"二者作用的结果。

③ 二元劳动力市场理论。与新古典经济学的劳动力转移理论和新迁移经济学理论不同，皮奥里（Piore M. J.，1970）③ 的二元劳动力市场理论假设迁移的动机来自城市经济的二元结构及其内生的劳动力需求。根据这个理论，劳动力市场层次化是先进工业社会的内在品质，并因此产生了对外地劳动力的永久性需求，这种需求进而导致了迁移行为。由于种种原因，城市经济需要外地劳动力来从事本地工人拒绝或不愿意从事的劳动。城市经济之所以存在不稳定的工作，是因为在城市经济或发达国家的经济中存在一个资本密集、高效率的主导部门（即一级劳动力市场）和一个劳

---

① Donald J. Bogue (1959), "Internal Migration in The Study of Poulation: An Inventory and Appraisal", Hauser and Duncan (eds), University of ChicagoPress, Chicago.

② E. S. Lee (1966), "A Theory of Migration", *Demography*, No. 1. pp. 47 – 57.

③ Piore, M. J., 1970, "The Dual Labor Market: Theory and Application", in R. Barringer and S. H. Beer (eds), *The State and the Poor* (Cambridge, Mass.: Winthrop).

动密集、低效率的辅助部门（即二级劳动力市场），这种划分导致了劳动力市场的层次化，各自的劳动力市场供求是不一样的，本地居民一般在主导部门工作，不愿意从事不稳定和低效率的工作，因为它有损脸面、有碍升迁、有损积极性；而辅助部门由于条件差，对本地居民没有吸引力，劳动力供给长期不足，需要吸引外地劳动力补充，由此产生了外地劳动力的迁入动机。这种障碍靠正常的市场机制是无法消除的，因为如果提高了最低级劳动岗位的工资报酬，那么为了维护整个等级结构，高等级岗位的工资报酬也要相应提高，这就会造成结构性通货膨胀。

可见，二元劳动力市场理论主要是从城市经济的内生需求方面来解释迁移的动力和必然性，是城市的拉力在吸引外来劳动力，而不仅仅是城乡地域之间的工资差距。二元劳动力市场理论的出发点（即发达的城市经济对外来劳动力的永久需求）以及对这种需求的解释（即发达国家自己的工人或城市劳动力不肯从事低报酬、不稳定、没技术、太危险、有损脸面的工作），都是非常清楚的事实。皮奥里的二元劳动力市场理论对于解释中国农村劳动力向城市转移也具有一定的启发意义。因为不管是出于何种原因，当前中国城市劳动力市场确实存在明显的层次化特征，城市劳动力大多只愿意在正规部门工作，他们不愿从事的不稳定、低效率、低工资的工作岗位吸纳了大量农村劳动力，劳动密集、低技术、低效率、低报酬的所谓非正规部门成为吸纳农村劳动力转移的主要场所。而且，当前中国农村劳动力大规模向城市流动与城市劳动力较高失业率并存的现象，在一定程度上也可以从二元劳动市场理论中得到部分解释。但是，由于二元劳动力市场理论单纯从需求一方而没有从供给一方来解释移民，因此作为理论本身是存在缺陷的。该理论只能解释大多数移民都找到了工作，而关于移民是否是由此类需求引起，该理论未能作出解释。另外，该理论也无法解释经济结构类似的发达国家或城市，为什么流入的移民数量却存在巨大差异。

④ 迁移网络理论。迁移网络理论的提出源于社会关系理论，也被称为社会资本理论。20 世纪 60~70 年代，已有学者开始研究"链式迁移"的进程以及亲朋在为迁移提供信息方面的作用。Litwak（1960）[1] 对于大

---

① Eugene Litwak（1960），"Geographic Mobility and Extended Family Cohesion", *American Sociological Review*, Vol. 25, No. 3, pp. 385 – 394.

家庭为什么适于为迁移成员提供帮助，无论是帮助他们迁出还是帮助他们在迁入地安置等方面，都给出了可信的解释。Choldin（1973）① 将新迁移者通过迁移网络从亲人或朋友那里得到的帮助分为物质帮助、中间人性质的帮助和构建新社会关系的帮助；他还发现，新迁移者对于遇到的各种问题，亲人是其获取帮助的最重要源泉，其次是朋友、同事和邻居，而很少诉诸私人机构和政府组织。Massey（1990）② 以前人的研究为基础，认为迁移网络是这样一种人与人之间联系纽带的集合，即分别居住在迁入地和迁出地的迁移者、先前的迁移者以及没有迁移的人员通过亲缘关系、朋友关系和共同背景（职业、信仰、种族、宗教等）互相联系在一起，形成了相应的迁移网络。

到了 20 世纪 80 年代，以家庭、朋友和社区为基础的社会网络的作用成为研究迁移模式和新的迁移理论概念化的兴趣所在（Boyd，1989），社会资本理论真正引入到劳动力迁移理论中；而且，劳动力回流与迁入地向迁出地的汇款也成为迁移网络研究的重要内容。Massey 等（1993）概括了迁移网络与迁移者成本及其家庭风险转移的关系，他们指出："迁移网络是一系列人际关系的组合，其纽带可以是血缘、乡缘、情缘等。移民网络形成后，一方面，移民信息可能更准确、更广泛传播，移民成本和风险可能因此而降低，预期纯收入可能会增加，从而不断推动移民潮；另一方面，随着时间推移，向国外特定地区定向迁移可能融入某地的乡俗民风，从而不再与经济、政治条件直接相关。"③ 迁移的朋友与家庭对新迁移者的迁移行为具有重要的影响，而且这一影响随着时间的推移会一直维持着，这表明了迁移网络具有动态的自我延续的特征。

迁移网络在个人及家庭迁移决定、迁移指导和推动迁移进程中的巨大作用是毋庸置疑的。迁移网络形成所具有的"乘数效应"，使迁移过程获得自行发展的内生机制，这种内生机制的存在，促进了迁移网络的不断发

① Harvey M. Choldin（1973），"Kinship Networks in the Migration Process"，*International Migration Review*，Vol. 7，No. 2，pp. 163 - 175。其中，中间人性质的帮助是指帮助迁移者熟悉新社区的风俗、地理及其他方面的状况；构建新社会关系的帮助是指帮助迁移者结交新朋友、加入各种组织等。

② Douglas S. Massey（1990），"Social Structure，Household Strategies and the Cumulative Causation of Migration"，*Population Index*，Vol. 56，No. 1，pp. 3 - 26.

③ Douglas S. Massey et al.（1993），"Theories of International Migration：A Review and Appraisal"，*Population and Development Review*，Vol. 19，No. 3，pp. 431 - 466.

展壮大，在整个移民社会或者流动人口聚居的社区形成一个巨大的人际关系网络。这一理论对于研究中国农村劳动力进城之后的工作搜寻及城市就业信息来源、农民工进城之后的交往及求助对象等方面具有指导性作用，而且，由于城市劳动力市场不健全、不完善，用工信息和就业信息不对称，迁移网络对推动农村劳动力初始流动发挥着重要的补充作用。

⑤ 其他相关理论。此外，还有"人口流动过程模型"、"新经济地理学的人口迁移模型"、"移民重力模型"和世界体系理论等。

卡林顿（Carrington et al.，1996）的"人口流动过程模型"。这个模型对于为什么特定地区的农村流动者往往集中在特定的城市或居住在特定的城市区域具有较高的解释力，主要在于他们能够充分利用先来移民者所提供的好处，主要表现在降低了人口流动过程的成本及其在城市寻找工作时所损失收入的预期收入。这一模型对于当前中国农村劳动力的外出方式、在城市的交往群体及其城市融入面临的困难都具有一定的解释力。

以克鲁格曼（Krugman）为主要代表的"新经济地理学的人口迁移模型"。该模型对于现实经济条件影响人口迁移与再分布的现象具有更好的解释力，被广泛应用于国际贸易与移民的研究。按照这一理论，贸易自由化和国际移民对生产要素的集聚有着较强的促进作用。事实上，这一理论还可以用来解释一个国家内部的人口迁移，尤其是经济发展存在城乡、地区发展不平衡的国家更是如此。它可以解释劳动力跨区域流动的原因：工资差异及其导致工资差异的关键因素，对于解释当前经济全球化、贸易自由化、市场一体化、城乡一元化等发展条件对于人口迁移的影响具有重要的理论与实际意义。

移民重力模型主要是从交通基础设施发展的角度来研究与人口迁移流动的关系，Lewer 等（2008）认为移民由两国或两地区对移民的吸引力及两地之间的距离所决定。这一模型对于分析当前加快交通基础设施建设与人口迁移流动的关系，以及由此引起的人口重心和经济重心的变化对人口迁移流动行为的影响具有一定的解释力。

华勒斯坦和萨森（Wallerstein，1974；Sassen，1991）提出了世界体系理论，该理论主要从资本主义发展和全球经济一体化的视角来认识和解释人口迁移问题，世界体系理论认为国际迁移是市场经济全球化的衍生物，没有全球经济一体化，很难促进人口国际迁移流动的大浪潮。世界体系理论提供了一个从全球范围研究流动人口问题的宏观框架。该理论的不足之处是未能解释为何在同一框架下各国迁移的情况差别巨大。

在上述理论中，对农村劳动力转移研究最为系统、最富有应用价值的理论视角主要有：一是以刘易斯等的"二元结构理论"为代表的二元结构视角；二是以托达罗等的"预期收入理论"为代表的行为主体视角。这些理论可以奉为世界上关于农村劳动力转移理论的经典，也是本研究的重要理论参考。

2. 国外理论（模型）述评

综观国外关于劳动力转移的各个主要流派和理论（模型），可以看到，最近几十年来，国外关于劳动力转移的研究取得了较大的进展，各种理论和模型日趋多样化，这些理论各自从不同的角度创造了不同的假设和结论，具有不同的政策含义。

这些理论模型分别是在不同的假设条件下提出的劳动力转移模型，而且各种理论对于其研究的内容也比较充分，大多是在定量统计分析视角进行的研究。然而，由于制度因素的作用，使这些理论模型在发展中国家的实践都不能解决具体的劳动力转移问题，而且对制度因素在劳动力转移中的地位和作用的研究也没有得到充分展开。诚然，有些研究者涉及甚至强调了制度因素对于劳动力转移的影响作用，如在对其他模型尤其是刘易斯模型进行评论时，托达罗指出这些理论和模型的某些假设"放到大多数第三世界经济的制度与经济框架中是不现实的"[1]（托达罗，1997）；斯塔克也指出："如果市场和金融制度是完善的和完全的，那么大量的迁移现象是不会发生的。"（斯塔克，1991）但是，上述理论和模型大多数还处于古典或新古典经济学的范畴内，在农村劳动力转移的制度分析问题上相对薄弱，没有对制度因素在农村劳动力转移或迁移过程中的作用进行系统分析，更没有强调发展中国家农村劳动力转移过程中制度因素作用的重要性，从制度创新视角对劳动力转移进行研究的文献更是很少。事实上，制度因素不仅是导致农村劳动力向城市转移的原因之一，更重要的是在发展中国家，制度因素在很大程度上影响甚至改变农村劳动力转移的整个过程。因此，从制度创新视角研究农村劳动力转移问题具有一定的理论意义，尤其是对于中国这样一个发展中国家更是如此。

---

① Todaro, Michael P. (1969), "A Model of Labor Migration and Urban Unemployment in Less Developed Countries", *American Economic Review*, 59. pp. 138 – 148.

（二）国内研究现状述评

国内学者对农村劳动力转移的理解认识和研究视角各不相同，有的学者把转移理解为流动，有的学者把转移理解为迁移，尽管有着不同的认识和理解，但是对于农村劳动力转移问题的研究越来越深入、全面，构成了本研究的前期研究基础。在本节，笔者暂不对"转移"的概念进行界定，只对现有文献进行综述，而在下一节将对相关概念分别予以界定。

国内学者对农村劳动力转移问题的研究是与中国特定的时代背景紧密联系的。张培刚教授较早系统论述了农业剩余劳动力转移问题，他在《农业国家工业化》（1949）一书中提出了农业剩余劳动力转移的"推—拉"理论。20世纪80年代中期以来，中国农村劳动力流动转移问题一直成为社会各界关注的热点问题。这不仅是因为农村劳动力转移与流动的规模越来越大、流动区域越来越广，从"民工潮"到"民工荒"兼及"返乡潮"牵动了亿万民众之心；而且在实施家庭联产承包责任制后，还因为农村劳动力的流动再次带来了农民工资性收入的增长、农村的繁荣，支持了宏观经济的增长。党的十七大报告也明确提出了"多渠道转移农民就业"的目标。党的十七届三中全会《决定》中的许多内容对研究农村劳动力转移问题而言更是起了思想启迪和制度安排的作用。因此，国内学者对农村劳动力流动转移表现出积极的热情和兴趣，纷纷撰文参与研究和讨论，相关研究文献可谓汗牛充栋。

1. 文献综述

纵观有关国内农村劳动力转移的研究文献，有两个突出的特点：一是选题广泛的规范研究，从描述劳动力流动转移的经济、社会、人口和地理分布特征到分析劳动力流动的原因、意义、效果和数量估计，再到二元劳动力市场形成、分割、城市歧视性制度障碍及以破除制度约束为中心的户籍制度改革等，从人口学、经济学、社会学、管理学及地理学等多视角、全方位地考察了农村劳动力流动转移现象；二是以实证研究为主，多数研究借鉴国外比较经典的劳动力转移理论及最新的研究成果，结合统计数据、调查数据和实践活动，对所关注的问题或假设进行证明。这些研究成果丰富了人们对农村劳动力转移现象的认识，推动了政策制定。

国内学者探讨了现行制度、体制等对农村劳动力转移的影响，特别强调了不合理的制度安排对农村劳动力转移的障碍作用。实际上，制度因素发挥着相当重要的作用。正是由于制度因素的影响，劳动力转移才会出现反复流动的"民工潮"，它很难称得上是一般意义上的劳动力转移，也正是由于这种反反复复的流动给农村外出劳动力城市融入带来了较大的冲击。国内学者关于制度因素对农村劳动力转移的影响的研究文献也较多，其中主要是从户籍制度、农村土地制度、劳动力市场制度、社会保障制度入手进行研究，然后扩展到研究劳动力市场制度（劳动用工制度）、教育培训制度、住房制度与农村劳动力转移的影响，而研究金融制度对农村劳动力转移影响的文献并不多。

根据行文研究的需要，本书主要从制度因素对农村劳动力转移的相关问题研究进行综述。由于大多数学者是从户籍制度、农村土地制度、劳动力市场制度、农村教育制度和社会保障制度来分析农村劳动力转移的，且相关的文献较多，本书不可能将所有的文献全面列出，只能对其中主要观点和重要文献进行评述。

根据笔者掌握的现有文献，较早从制度障碍视角对农村劳动力转移进行研究的学者是梁振萍、董藩（1990），他们认为："中国农业剩余劳动力转移一开始便在转移冲动和制度扼制的冲突中反复涨落，严格的城乡隔离制度以及由隔离制度所决定的城乡社会经济二元结构或者说城乡社会经济二元结构以及二元结构赖以维持的城乡隔离制度成为农业劳动力转移的最大阻碍因素。"[①] 曹阳（1998）认为，二元双重的制度结构向一元一重的现代制度结构转换是中国现代化进程中农业劳动力转移所面临的特殊制度背景。

进入 21 世纪以来，更多的国内学者把制度因素纳入农村劳动力转移问题的研究范围，将其作为劳动力转移模型的一个影响变量进行研究，强调制度变革、制度供给和制度创新（制度变迁）在农村劳动力转移过程中的作用机制，认为营造良好的制度环境是作为均衡劳动力在城乡之间转移的推力和拉力的重要因素。

在这一时期内，在强调制度变革、以制度分析为主来研究农村劳动力转移的国内学者中，蔡昉是集大成者。他首先从发展的视角系统地分析农村劳动力转移的制度因素，并主张用制度变革的眼光来分析农村劳动力转移。他认为，中国的城乡人口分布和劳动力流动状况，与其特有的户籍制

---

① 梁振萍、董藩：《内涵界定与制度创新——对农业剩余劳动力转移的两点思考》，《财经问题研究》1990 年第 5 期。

度密切相关（蔡昉，2005）。"在传统的经济体制下，长期以来束缚劳动力在城乡之间流动的基本制度是农产品的统购统销制度、人民公社制度和户籍制度。"（蔡昉，2003）改革开放以来，中国农村完成了家庭承包制改革，推动了农村劳动力大规模地向城市流动。但是，由于户籍制度改革的不彻底，农村劳动力外出寻求非农就业，却不能同时实现农民身份向市民身份的转变。由此，蔡昉（2003）指出，在体制转轨时期，作为基本制度约束的户籍制度继续存在，使得绝大多数农村劳动力及其随流家属不能得到城市永久居住的法律认可，他们的迁移预期只能是暂时的或流动的。中国的户籍制度之所以难以破除，关键是因为在户籍制度的后面隐含着庞大社会福利支持的城市偏向性的社会保障制度。可以认为，中国转轨时期的劳动力流动又是一种制度现象，它反映了政府作为政策制定者与农民作为制度需求者之间的博弈。

根据 2004 年以来东南沿海地区劳动力市场上发生的变化，有学者认为一个从劳动力无限供给到劳动力有限剩余的转变已经发生（王德文等，2005；蔡昉，2005），通过劳动力"供求法则"的作用，一系列历史性的制度变化或者应运而生，或者开始在襁褓中孕育，据此，蔡昉认为，中国已经达到制度变革的转折点。"这个转折时期的到来，对劳动力流动的研究提出了新的课题。如果说以家庭承包制为核心的农村改革，是打破农村贫困陷阱的关键性制度突破的话，这个新的旨在打破农村温饱陷阱的制度突破口，将是以户籍制度为中心的、涉及城乡之间根本关系的一系列制度变革。"（2005）劳动力流动转移研究领域一个重要而又具有现实紧迫性的问题，就是户籍制度及其相关政策的改革时机、目标模式和实施步骤等。由于这个问题涉及政府的治理模式及其制度创新的政府责任，而且这种改革是自上而下的改革，在某种程度上需要事先设计，户籍制度及其相关的政策改革是一种制度变革，其得以实现的关键在于政府和社会认识到这种制度变革的净收益。

因此，按照中国经济体制改革的逻辑，彻底拆除劳动力流动的制度障碍，有赖于两个条件。第一，地方政府发现那些阻碍劳动力市场发育的政策既无助于解决失业问题，其实施也不再有充足的合法性。第二，城市居民发现外地劳动力并不直接构成对他们的就业竞争，他们的充分就业并不取决于外地劳动力存在与否，以及是多是少。从理论上说，劳动力市场是调节劳动力供求矛盾的最重要机制，其是否具有弹性决定了这种调节的效果（蔡昉，2001）。而且，还从城乡收入差距扩大的角度来分析劳动力流动的制度性障碍（蔡昉，2005），认为以户籍制度存在为典型的制度扭曲，是造成劳动力流动并没有相应缩小城乡收入差距的根本原因，由此得出"深化户籍制度改革是使劳动力流动发挥缩小城乡差距的功能的基本要求"的结论。从这个要求出发，户籍制度改革不仅仅是取消人口流动限制和户籍登记办法，更重要的是创造劳动力自由流动的制度环境，以均衡劳动力在城乡之间流动的推力和拉力。

其他学者也就农村劳动力转移的制度变量进行了研究，如秦伟平等（2007）认为，影响劳动力转移的推拉因素对劳动力流动规模的制约受到当时当地一定制度的约束，在制度条件一定的情况下，各种推拉因素作为中间变量直接影响劳动力转移是否发生及流动规模，制度的存在对于中间变量而言是一种约束；孙连友（2003）在现有的农村剩余劳动力转移模型的基础上引入制度因素，构造了一个扩展模型，分析了中国目前农村剩余劳动力转移的制度障碍，认为目前放松制度约束恰恰是位于城乡制度并轨时机选择集合中一个成本相当低的时点上；李小珍（2006）从政府的角度着力分析农村剩余劳动力转移的制度供给，认为制度供给是当前农村剩余劳动力转移的前提保障；陈绍友等（2006）在对经典的农村劳动力流动模型进行理论梳理的基础上，引入制度变量构建了适合中国制度背景的农村劳动力转移模型，这一转移决策模型对政府相关部门制定相应的政策提供了重要启示；李勋来（2007）量化测度了影响农村劳动力转移的制度因素，构建了劳动力转移的制度决定模型，通过测定各制度变量弹性系数的大小得出制度因素对我国农村劳动力转移具有显著影响的结论。

此外，学者们分别从不同的视角对其中的部分制度进行了分析研究，并形成了一定的研究成果。这些制度变量不一，每个学者选择的制度变量及表述也各有差异。尽管表述名称不一，但可以整理汇总如下：户籍制度、农村土地制度、农村土地使用制度、家庭联产承包责任制、收入分配制度、社会保障制度、社会福利制度、福利保障制度、劳动就业制度、劳动力市场制度、信息化制度、教育培训制度、住房制度、组织制度等制度因素，其中主要的变量依次是户籍制度、农村土地制度、劳动力市场制度、社会保障制度和教育培训制度。

国内有关劳动力转移与制度障碍方面的研究文献虽然各自的角度不同，但都指出了制约农村劳动力转移的制度障碍，得出的研究结论大多强调制度创新对于农村劳动力转移的作用和意义，均有一定的借鉴价值。其中，多数学者认为户籍制度是农村劳动力转移最主要的制度约束，认为户籍制度是本原性制度、其他制度都是以其为基础形成的（李勋来、李国来，2005），是中国城乡二元体系的一个重要标签（郑秉文，2008），故而与户籍制度及其相关的制度因素结合在一起开展的研究文献也较多，研究角度和研究方法多元化，强调户籍制度改革对于农村劳动力转移的重要性。

2. 国内研究评述

通过对这些研究现状的把握和认识，笔者认为，现有研究存在以下几点不足。

（1）对农村劳动力转移的制度障碍没有进行系统全面的归纳，对于制约农村劳动力转移的主要制度因素没有一个系统全面的表述，而更多是众说纷纭，没有一个统一的认识，更没有从一个系统的制度创新模型来进行分析。

实际上，这些制度障碍或制度缺陷广泛存在并在包括劳动力迁移流动在内的许多领域发挥着重要作用。这种制度障碍至少可以概括为以下三种表现：其一，某些制度安排的滞后性；其二，某些制度安排与现实需求的不适应性；其三，不同制度安排之间缺乏系统性以及相互之间的协调性有所欠缺。这些制度障碍的三种表现对于包括劳动力转移进程在内的整个经济发展进程都有着相应的负面影响，也使相应的制度安排没有取得应有的预期制度效应，这也是从制度创新视角分析新阶段农村劳动力转移时需要予以重视的问题。

（2）对农村劳动力转移制度障碍的分析停留在现状及问题分析的较多，提出的制度创新及相关对策大多趋于一般化，缺乏阶段性的措施，可操作性不强，这主要是因为制度变迁或制度创新是一个长期的过程，不可能一蹴而就；在不同的经济社会环境下，制度创新的内容和形式不同，相应的政策措施也就不同，而现有研究很少涉及不同阶段环境下的制度创新问题，更不要说在一个制度创新目标下具体表述不同时期的制度创新及其相应的政策实践问题。

（3）侧重制度创新目标和政策分析的研究不足。已有研究对农村劳动力转移各制度变量创新的战略目标、实施步骤及相应的政策调整鲜有涉及，而且，也很少从较长的时期来探讨这些制度变量的创新问题，使得现有研究的各项政策建议逊色不少。因此，农村劳动力转移制度创新过程必将是一个较长的过程，伴随着整个经济结构过渡到刘易斯转折点的全过程，乃至经济发展的成熟阶段。

（4）现有研究大多看到培训对于农村劳动力转移的重要性，而没有注意到农村劳动力培训需要农村基础教育制度的支持，这就使得相对于培训而言，基础教育制度及其教育质量对未来"人口质量红利"的制约更具有根本性。

（5）对金融制度在农村劳动力转移中的作用认识不足，对此进行研究的学者仅是少数，如罗明忠（2006，2008）等，其他学者很少探讨金融制度对农村劳动力转移的制约作用。实际上，金融制度不仅制约着农村劳动力转移的过程、程度和水平，而且仍对转移后的农村劳动力城市融入起着一定的制约作用。

正如在前一部分所讨论的，中国劳动力供求关系进入年轻劳动力有限供给的新阶段，使中国经济进入一个人们以往并不熟悉的发展环境。如何在这种变化了的环境下保持经济增长的可持续性，完成从计划经济向市场经济体制的彻底转变，需要进行一系列制度创新。也就是说，解决发展过程中权利不平等、收入分配不公平、劳动者合法权益没有充分制度保障等农村劳动力转移带来的一系列问题的条件逐渐成熟。正确认识和判断经济发展阶段的变化特征，并且顺应这种发展阶段的内在逻辑，推进制度创新和政策调整，解决经济发展过程中长期积累的问题，对于保持可持续性的经济增长、促进社会和谐具有至关重要的意义。

在这一具有转折意义的经济发展特征的新阶段，全面分析和认识中国农村劳动力转移的制度障碍以及研究现状，有助于深入思考在这一新阶段实现农村劳动力转移的制度创新问题。

考虑到上述不足，笔者认为，从制度创新视角研究农村劳动力转移问题可以弥补上述制度障碍带来的三种表现，能够使各种制度安排在制度创新体系中有着相应的位置和体现，从制度创新视角研究中国农村劳动力转移，能够克服不同制度安排之间的不协调性，使各种制度安排之间通过相互配合、相互适应而系统地发挥作用，并且适应不同时期经济社会环境的变化。同时，应该清晰地感受到在中国农村劳动力转移研究领域存在着理论创新的压力和紧迫感。这个理论创新的任务并不是单纯地进一步在更深层次上、更加全面地分析一下制度因素的影响那么简单，它实际上涉及更基础层面的制度安排与制度创新问题，即应该在什么样的农村劳动力转移制度创新理论及其理论模型下分析农村劳动力转移的一系列制度创新路径问题，即通过农村劳动力转移的制度变迁与制度创新制定不同时期的农村劳动力转移制度创新路径模式，提高制度和政策的适应性和协调性。

二 选题意义和价值

（一）理论意义

农村劳动力转移问题是人口经济学研究的一个重要主题。从学科发展的角度来说，随着社会经济发展对理论需求发生变化，以及各个学科在发展过程中的逐步融合，使得人口学和经济学也因此成为两门有着紧密联系的社会科学。"人口学和经济学之间的联系可以从如下两条线索的发展上得以体现：其一，经济发展过程和人口变量的联系日益紧密，派生出通过经济学理论理解人口学问题的需求；其二，从研究方法的角度而言，经济学研究方法的成熟和发展，使其可以为人口学研究提供方法和工具，从而产生出大量对人口学问题进行经济学解释的研究成果，以及依据经济学理论推演出的政策建议。"[1] 传统的劳动力转移经典理论主要是基于经济学尤其是发展经济学的视角，着重研究和解释劳动力转移的动因特别是侧重于社会结构导致的劳动力转移问题，而劳动力作为人口总体的重要组成部分，研究农村劳动力转移问题也是人口学研究的主题之一。

由于各方面的原因，中国农村劳动力转移面临着不少障碍，其中很多是来自制度方面的障碍，因而需要提升到制度层面加以研究，从制度创新视角构建系统完整的理论框架和完善合理的评价体系；同时，还需要从不同视角进行多元透视，其中制度创新视角是其中重要的一元，这是农村劳动力转移理论创新的一个重要方面。本研究运用人口学、经济学等多学科的研究方法，合理借鉴国内外研究成果，从制度创新视角系统分析中国农村劳动力转移新问题，完善农村劳动力转移的制度创新理论，以对传统的劳动力转移理论进行有益的补充，进一步拓展人口经济学的研究领域和视角，具有一定的理论意义。此外，笔者还将运用社会学、管理学、政治学的有关知识来研究农村劳动力转移新问题，力争形成以人口学、经济学为

---

[1] 都阳：《生育率、劳动力市场与经济增长》，《中国人口与劳动问题报告 No7：人口转变的社会经济后果》，社会科学文献出版社，2006，第104页。

主，辅之以社会学、管理学、政治学的有关知识，从而形成多元视角来研究新阶段农村劳动力转移制度创新问题。

（二）现实意义

改革开放30余年来，中国经济保持近10%的年均增长速度，经济发展成就举世瞩目，但城乡二元结构的长期制度约束、城镇对农村劳动力进城就业的不公待遇、农村劳动力的人力资本投资机制缺失及存量不足、就业结构矛盾、社会保障缺失等因素制约着农村劳动力的转移。以年轻劳动力有限供给为特征的新阶段到来为农村劳动力转移提供了客观的外部社会环境与条件，而从制度创新视角研究农村劳动力转移问题能够有效地保障农村外出劳动力城市融入的合法权益，降低农村劳动力城市融入的制度成本，提高农村劳动力转移的效率和质量，为农村劳动力转移创造良好的制度环境，这不仅对于促进农村劳动力转移、减缓农村地区人口生态环境压力、提高相对资源人口承载力，对于农村调整产业结构、提高农民人均收入、发展农村经济，对于广大农村及中西部贫困地区生态重建、农业规模化经营、实现"人口—粮食—生态"的良性循环等均具有重大的战略性意义，而且还有利于进城农民工尤其是新生代农民工"生活得更有尊严"，从而有利于构建"既要让符合条件的农民工融入城市，也要让生活在农村的广大农民更加幸福"的和谐社会。

第二节 基本概念界定、研究思路、
研究方法和数据来源

一 基本概念界定

（一）农村劳动力转移及其相关概念辨析

1. 农村劳动力的概念界定与相关说明

目前，关于农村劳动力的定义，有不同的界定方法。在本研究中，对农村劳动力的概念从户籍身份角度进行界定，即农村劳动力是指处于15~64岁年龄段的、具有劳动能力且户籍所在地为农村地区的人口。它既包括从事广义农业的农村劳动力，也包括从事农村第二、三产业及在本乡镇外务工的劳动力，但不包括其中的在校学生、服兵役人员以及因身体原因不能劳动的人等。在此，需要对以下几组概念进行说明。

（1）农村劳动力与农业劳动力。农业劳动力是指从事广义农业生产活动的具有劳动能力的人口。从农业劳动力和农村劳动力二者的概念可以看出，农村劳动力的内涵和外延要大于农业劳动力，农业劳动力属于农村劳动力。因此，采用农村劳动力概念更恰当一些，因为今天进城农民工所面临的问题，不在于他们原来在农村是从事农业还是非农产业，而在于他们是来自农村的劳动力，来自长期分割的城乡二元体制下的农村的劳动力。而且，随着城市化的发展，城市需要吸引越来越多的来自农村的人口。

（2）农村劳动力和农村剩余劳动力。国内外学者对农村剩余劳动力的界定并不一致。总体来说，对农村剩余劳动力的界定除了刘易斯（1954）"边际劳动生产率为零或负数的劳动力为剩余劳动力"[1] 这一经典定义之外，还有西方古典学派的"边际劳动生产率零值说"、部分经济学家认定的"地—劳比率变动"说和综合前两种说法进行的描述，以及何景熙教授（2000，2001）重在区分"农村剩余劳动力"和"农业剩余劳动力"两个概念的"农村剩余劳动力"概念。综合以上定义，笔者认为，农村剩余劳动力是指在一定时期、特定农村区域内已有劳动数量超过产业发展所需要的劳动数量而处于失业或半失业状态的农村劳动力，将他们从农村转移出去，并不会减少农业的现有产量，即其边际生产率为零甚至为负。因此，农村劳动力的内涵和外延要大于农村剩余劳动力，农村剩余劳动力也属于农村劳动力。

本研究没有使用农村剩余劳动力这个概念，而是使用农村劳动力概念，是因为剩余是相对的，而且在改革开放 30 余年后的今天，农村劳动力转移的主要动因已经不是因为农村劳动力的剩余，而是为了追求更高的收入、更现代化的生活方式和更有尊严地活着；而且，真正能够转移出去的农村劳动力其实也是发展现代产业所需要的高素质劳动力，其实当前的农村产业结构调整、升级与发展也需要这样高素质的劳动力。

（3）农村劳动力和农民工。"'农民工'是中国经济社会转型时期的特殊概念，是指户籍身份还是农民、有承包地，但主要从事非农产业、以工资为主要收入来源的人员。"[2] 农民工包括跨县域外出的进城务工人员，

---

① W. Authur. Lewis, "Economics Development with Unlimited Supplies of Labor", *Manchester school of Economic and Social Studies*, 1954, 22（5）：139 - 191.

② 国务院研究室课题组：《中国农民工调研报告》，中国言实出版社，2006，第 1 页。

也包括在县域内在第二、三产业就业的农村劳动力。他们是在农村拥有或其家庭拥有承包地，但又离开了农村和土地，在城市务工，但又没有城市户口的群体；是农村进入城镇从事非农职业，但户籍身份依然是农民的劳动者。"农民工"这一名称的产生本身就是现行户籍制度的产物，是一个职业身份与社会身份相分离的独特的社会群体。农民工的身份一直没有明确的界定，该群体的社会身份是农民，职业身份是工人。在整个社会群体中，农民工的这种双重身份使他们处于一种"两栖人"、"边缘人"的状态。

长期以来，由于受户籍制度、社会保障制度、教育培训制度、劳动力市场就业制度等一系列制度限制，农民工虽然离开了农村，但又无法取得城市户口，不能获得城市居民身份，不能享受各种与城市职工同等的待遇，因此是一个处于城市边缘状态的弱势群体。由此可知，农民工是指农村劳动力中处于流动过程的那一部分，他们可能是专营非农产业，也可能是兼营农业，而且农民工也呈现代际差异变化，第二代农民工（或称新生代农民工）与其父辈在职业理想、生存方式、就业愿景和流动目标等方面有着较大的不同。因此，农民工也是农村劳动力的一部分。本研究的相关政策建议也主要是针对农民工尤其是第二代农民工而言的，因为，对于那些尽管剩余但终生不流动的农村劳动力来说，他们既没有转移的意愿，也没有转移的行为，相关政策对于他们作用效应不大。

需要说明的是，本研究中使用的"农村外出劳动力"和"农民工"在内涵上一致，均指处于流动状态的进城农村劳动力。而且，按照一般的代际理论，笔者将 1980 年前出生的农村外出劳动力称为"第一代农民工"，以"60 后"、"70 后"农民工为主体；将 1980 年（含）以后出生的 15 岁以上的农村外出劳动力称为"第二代农民工"，以"80 后"、"90 后"农民工为主体，也被学界称为"新生代农民工"，本研究有时也使用"新生代农民工"，二者在内涵上并无差别。当前，农村外出劳动力已形成了以第二代农民工为主体的农民工群体，研究农民工问题也主要是研究第二代农民工问题。因此，本项目的研究成果对于当前探索和解决新生代农民工问题和从制度上解决好农民工合法权益保护问题均具有一定的应用参考价值。

2. 农村劳动力转移、迁移与流动的界定

就国外研究而言，转移、迁移与流动都属于人口移动——人口地理或

空间位置的变动，三者之间并没有严格的区分。但在中国，户籍制度及其他相关福利制度作用下的二元体制使人口自由迁徙度降低，这是对劳动力的硬约束。这种特定的制度安排把劳动力分为各种不同的市场，各市场间交叉流动率较低，劳动力市场制度分割特征明显，劳动力只能在制度安排给定的市场进行再配置，其方式各具特色。为了便于研究，本书对农村劳动力转移、迁移与流动分别界定如下。

（1）农村劳动力转移。农村劳动力转移是指农村劳动力户口性质、工作地点以及所从事的产业都发生改变。具体而言，是指农村劳动力从农民身份变为城市居民身份，从农村到城市①，从传统农业的生产到现代产业的生产，是从传统部门到现代部门的彻底转移，而由于婚姻关系缔结引起的地域变动，以及由于考学、参军等原因离开农村的，不能算做农村劳动力转移。农村劳动力转移后很少存在回流，是最稳定、个体收益最高、最迫切也是障碍最多的转移。

从表象、本质及其成因三个方面来看，农村劳动力的转移可以理解如下：第一，农村劳动力从农业中分离出来，进入非农产业。这就是说，农村劳动力转移的本质是劳动力在产业间的重新配置，即实现产业转移。第二，由于工业发展要求的"聚集经济效益"，工业化进程与城镇化程度的提高是相互促进的。所以，工业化进程中出现的农村劳动力转移，也必然带来人口的聚集和城市化，这就是通常意义上的地域迁移。第三，农村劳动力转移过程中的产业转移和地域迁移，造成了这些劳动者职业生活的转变，由此改变农民的身份，同时也是生活方式、消费方式、行为方式的改变。因此，本研究所涉及的农村劳动力转移主要包括三层含义：产业转移、地域转移及身份转变。

（2）农村劳动力迁移。农村劳动力迁移是指农村劳动力户口所在地和工作地点发生改变，户口性质可能发生变化。如伴随户籍变更和就业地点发生变更，农村劳动力迁移到另一农村地区就业和生活的，由于婚姻关系而引起的地域的变化，以及由于考学、参军等原因离开农村的，都属于农村劳动力迁移的情况。

（3）农村劳动力流动。农村劳动力流动是指户口不发生变动，不发生户口所在地的变化，更不发生性质上的变化，即农民户口与城镇户口不发

---

① 主要是本乡镇以外的城市，如本地县城，本省内中小城市、省会城市和省外各类城市等。

生交叉变化，农民身份没有改变。这种再配置一般指异地，即农村劳动力跨城、跨省或乡城间的流动。这种流动一般通过非正式渠道，比较依赖于血缘、地缘和业缘等社会关系网络，是一种纯市场的行为，发生在国家的正式制度之外，处于国家福利制度光芒的背后，其发生人群多为在非国有部门或非正规部门就业的农村劳动力，是中国劳动力市场中流动性最强的一个群体。

（二）制度与制度创新

1. 制度

自人类社会形成以来，制度就不断地被"构建"出来用以规范人们的行为，维护人们的生产生活秩序，促进人类社会向前发展。何谓制度？不同的学者从不同的角度对制度给出了不同的定义，体现了他们不同的理性趋向，但其逻辑底蕴是一致的，即从最一般的意义上讲，制度可以看做社会中个人必须遵循的一套行为规则。总的来说，制度主要说明的是一种规则，通过一系列的规则界定人们的选择空间，从而减少不确定性、减少交易费用、保护产权主体参与各种生产和生活的规范。

在此，本研究对制度的定义与上述的界定是一致的，即制度是人类在特定时期特定条件下选择的、与人类行为密切相关并借以影响个体相互关系及其行为的正式规则和非正式规则的总称。在制度经济学家看来，人类社会的制度可分为正式制度和非正式制度两大类。正式制度是指人们有意识创设的并在强制约束力作用下实施的一系列政策规则的统称，如政治法律制度、产权制度、婚姻家庭制度、教育培训制度、人口就业制度、土地制度、户籍制度和劳动力市场制度等；非正式制度是指虽不具有强制约束性但同样对人们行为具有一定约束力的各种无形制度的总和，如价值观念、伦理规范、传统文化、风俗习惯、道德规范和意识形态等，这些内容可以归入制度文化的范畴。在此重点关注的是正式制度。

2. 制度创新（Institutional Innovation）

创新，英文为 Innovation，意为产生或创设出新的事物并进而引发相关领域的变革和发展。在哲学层面上，创新就是有所前进、有所突破。创新包括多个方面、多个层次、多个领域。在人类学家看来，创新是始终贯穿于整个文化变迁研究之中的关键性概念。美国人类学家霍默·G. 巴尼特将创新定义为："任何在实质上不同于固有形式的新思想、新行为或新事物……所有的创新都是一种观念或一群观念；但某些创新按其属性，必须仅存于心理组织中，而另一些创新则可能具有明显的和有形的表现形式"①。

经济学家也注重创新对经济发展的重要意义。在西方经济学中，"创新"概念最早是由著名经济学家约瑟夫·熊彼特（Joseph Alois Schumpeter）在 1912 年出版的《经济发展理论》一书中提出的。他认为："创新就是建立一种新的生产函数。即把一种从来没有过的生产要素和生产条件的新组合引入生产体系。"因此，创新不是技术范畴而属于经济概念，这是最早的创新理论。熊彼特认为，经济发展在其本质上是对旧模式的突破，这种突破就是源于企业的创新，经济发展的关键在于作出的决策是否具有创新精神。

新制度经济学家戴维斯和道格拉斯·诺斯由熊彼特的创新理论出发，将制度创新重新界定，进而发展出制度创新理论，认为制度创新是由于在现有制度下出现了潜在获利机会，但已有制度对于实现这些潜在利润是一种障碍，当潜在利润大于克服这些障碍所带来的成本时，一项新的制度安排就会出现，从而带来制度的变迁，其结果是新的制度安排将替代旧的制度安排。与此同时，他们还认为，制度创新存在一个时滞效应，需要由那些可以预见潜在利益并率先发起制度创新者组成的"第一行动集团"和可以帮助"第一行动集团"获得利益的单位和个人组成的"第二行动集团"共同完成。②

在此，笔者认为，制度创新是在现有的生产技术条件下，通过改革已有制度（即突破制度障碍）或创设新的制度来实现城乡经济社会的持续发展和变革创新。所有创新活动都有赖于制度创新的有效积淀和持续激励，通过制度创新得以固化，并以制度化的方式持续发挥着自己的作用，这是制度创新的积极意义所在。制度创新的核心内容是社会政治、经济管理等制度的革新，是支配人们行为和相互关系的规则的变更，是组织乃至国家与其外部环境相互关系的变更，其直接结果是激发人的积极性和创造性，以制度减少人口数量的扩张，扩大人力资本的积累，促使不断创造新的经济知识和合理配置社会资源，促使社会财富源源不断涌现，最终推动社会进步。

3. 制度创新和制度障碍的关系

在此需要说明的是，政策与制度创新的关系。一般而言，政策是国家机关等公共管理部门为了实现自己所代表的阶级、阶层的利益与意志，以

---

① H. G. Barnett, 1953, *Innovation: The Basis of Cultural Change*, McGraw-Hill in New York. p. 7.

② L. E. 戴维斯和 D. C. 诺斯：《制度创新的理论：描述、类推与说明》，载科斯《财产权利与制度变迁——产权学派与新制度学派译文集》，上海三联书店，1991，第 295 页。

权威形式标准化地规定在一定的历史时期内，应该达到的奋斗目标、遵循的行动原则、完成的明确任务、实行的工作方式、采取的一般步骤和具体措施。其实质是阶级利益的观念化、主体化、实践化反映。就政策含义与前述正式制度的含义而言，政策属于正式制度的范畴，是正式制度的具体表现形式之一。

就制度障碍与制度创新的关系而言，制度障碍是指某一项制度的诸要素或结构随着时间推移、环境变化而不适应相关制度环境要求而成为阻碍其作用对象的深度发展。通常而言，这种制度障碍是突破原有制度均衡必须面临的制度条件，是制度创新的基础、起点和前提。正如前述，制度创新是在现有的生产技术条件下，通过改革已有制度（即突破制度障碍）或创设新的制度来实现城乡社会的持续发展和变革创新。可见，制度创新是制度障碍的逻辑延续和深化发展。因此，制度障碍与制度创新之间的关系是一种起点与延续的关系。在本研究中，如果没有相应的制度障碍作为基础和起点，制度创新就成为无源之水；而制度创新就是要突破原有的制度障碍，在原有制度障碍基础上进行改革创新，是一项制度变迁或建设的逻辑发展过程。由此可知，本研究的农村劳动力转移制度创新就是在其转移过程面临的相关制度障碍基础上进行的制度创新，是对原有制度的修正和完善，同时也是构建各种制度之间的一种系统框架，从而推动农村劳动力转移的进程。

二　研究思路、研究方法与数据来源

（一）研究思路

本研究以规范研究为主，其研究思路是：理论研究—系统研究—实证研究—政策研究。

第一，本研究通过国内外研究现状的述评，看到已有研究的不足，结合现代中国人口发展趋势及其挑战，引申出我国进入年轻劳动力有限供给的新阶段。在这样的人口与劳动力供给背景下，笔者总结了我国农村劳动力转移历程、两个差异及其人口学特征，并对农村劳动力转移的制度障碍进行层次分类；接着从制度创新视角探讨了农村劳动力转移各制度变量与农村劳动力"农村转出"或"城市融入"的关系；在此基础上分析相关制度因素影响农村劳动力转移的模型，进而提出农村劳动力转移的制度创新理论，试图构建一个系统全面的农村劳动力转移制度创新理论模型。

第二，从系统论角度出发，构建新阶段农村劳动力转移制度创新的制度分解变量，提出基于制度障碍层次的农村劳动力转移制度创新各分解变量的关系模型，并运用层次分析法确定各个制度变量在制度创新体系中的权重，以便于政策分析。

第三，以对川黔渝地区农村劳动力转移的问卷调查资料及其他统计资料为基础，对各个制度变量与农村劳动力转移"农村转出"和"城市融入"的关系进行实证说明，进一步突出两个层次的制度障碍对我国农村劳动力转移的影响。

第四，提出新阶段农村劳动力转移制度创新路径、模式，根据近期、中长期的制度创新路径、模式，提出社会保障制度、户籍制度、劳动力市场制度、教育培训制度、农村土地制度和金融制度的近期对策建议和中长期政策框架。

（二）研究方法

1. 理论研究与实证分析相结合的研究方法

本研究将充分收集国内外关于农村劳动力转移的相关文献和各类统计年鉴资料，全面分析相关的文献和数据，从而界定本研究的基本概念，明确变量及其关系，提出分析框架；针对实证研究结果作进一步的理论分析和挖掘，形成理论模型，这就是本研究的理论研究过程。同时，本研究还设计相关调查问卷，对当前我国农村劳动力转移面临的主要制度障碍在川黔渝地区的农村劳动力中收集第一手资料，从而为本研究相关的实证分析提供原始数据，进一步把农村劳动力转移上升到制度创新的理论层面，形成一些带有规律性的认识和理论。

2. 定性分析与定量分析相结合的方法

本研究根据相关标准对获取的资料和数据进行分类、汇总等综合信息处理，使之适宜于进行定量分析和定性分析。包括计量与统计分析在内的定量分析方法主要体现在：使用各类数据分析我国人口发展趋势、劳动力供给趋势变化；利用川黔渝地区农村劳动力转移的调查数据及其他数据分析农村劳动力转移制度障碍的层次及其内容，以此为基础构建相关制度因素影响农村劳动力转移模型问题；利用对比调查问卷数据确定农村劳动力转移各制度创新变量的权重；等等。定性分析方法主要用于分析和说明新阶段农村劳动力转移的制度创新理论及其理论模型研究，同时还包括分析各制度变量与农村劳动力转移的关系等方面。

3. 系统分析与比较分析相结合的方法

本研究运用系统分析方法对新阶段农村劳动力转移的制度创新变量及其权重进行综合全面的系统分析，并提出制度创新的分解变量，并以此为指导，系统地探讨新阶段农村劳动力转移制度创新路径模式、实施阶段及其具体的政策建议。同时，本研究对新阶段农村劳动力转移制度创新的时代背景、客观条件和制度障碍层次进行较为系统全面的比较分析，由此得出相应的启示。

4. 间接分析与直接调研相结合的方法

本研究需要的有关文献资料，可在贵州大学校内外图书馆和文献中心等查阅、获取，同时收集国内外的最新成果和政策文件，进行间接文献综合分析。而对于本研究的实证研究资料需要通过问卷调查法获取，所以直接调研仍是本研究不可缺少的环节。

（三）数据来源

本研究所使用的数据主要有如下几个来源：

《中国统计年鉴》（历年），北京：中国统计出版社。

《中国劳动统计年鉴》（历年），北京：中国统计出版社。

《中国农村劳动力调研报告2005》，北京：中国统计出版社，2006。

《人口与劳动绿皮书（2000～2011）》，北京：社会科学文献出版社。

国务院第二次全国农业普查领导小组办公室、国家统计局：《第二次全国农业普查主要数据公报（第五号）》，2008－02－27。

本研究将利用这些资料提供的数据描述中国劳动力供给的新变化及其相应的农村劳动力转移制度障碍，并分析中国农村劳动力转移制度创新的理论问题与政策建议。

第三节　调查区域概况与问卷调查说明

一　川黔渝地区概况

川黔渝地区是指四川省、贵州省和重庆市，同属中国西部地区东缘，地处祖国西南腹地，与中部地区为邻，同处国家生态屏障地区①，也是中

---

① 国家生态屏障地区，是指西起青藏高原和云贵高原、途经黄土高原和内蒙古高原、东抵大小兴安岭，地处地理第一、二阶梯，位于长江、黄河、珠江等大江大河上中游，保障国家生态安全、负责提供全国性生态产品的区域。

国东中部与东南亚、南亚联系的重要通道，是长江上游核心经济区的主要组成部分，是中国未来区域经济发展的重要增长极。该地区国土面积为74.36万平方公里，占祖国陆地面积的7.75%，其中四川省为48.5万平方公里，贵州省为17.62万平方公里，重庆市为8.24万平方公里；2010年"六普"数据显示，川黔渝地区常住人口为14770万人，占全国总人口（133972万人）的11.12%，其中四川省为8041.82万人，占6.00%，贵州省为3474.65万人，占2.59%，重庆市为2884.62万人，占2.15%。[①] 与"五普"相比，川黔渝地区2010年常住人口占全国总人口的比重均有所下降，该地区所占比例累计下降1.06个百分点，这与该地区是全国农村劳动力输出的人口大区有关，这一比例下降是全国人口"大流动、大迁移"带来的结果。

川黔渝地区地理环境复杂，民族成分多样，人口资源环境承载力各具特点，既有成渝全国统筹城乡综合配套改革试验区等经济社会发展相对较好的成渝等城市圈，又有100个国家级重点扶贫县。该辖区有国家级城乡统筹试验区——成渝全国统筹城乡综合配套改革试验区，有为喀斯特地区经济社会发展提供借鉴的全国第一个综合改革试验区——贵州省毕节试验区[②]和贵州省湄潭农村改革试验区[③]，而且贵州省贵阳市和遵义市也在加快推进市级城乡一体化战略规划，可见，成渝等城市圈具有较好的经济社会发展前景。同时，该地区还有国家级重点扶贫县100个，占

---

① 数据来源：国家统计局：《2010年第六次全国人口普查主要数据公报（第2号）》，2011-04-29。

② 贵州省毕节试验区于1988年6月成立，涵盖贵州省毕节市全部市县（7县1区），是我国"西部大开发"拉开序幕的地方。该试验区是1988年胡锦涛同志亲自倡导，贵州省委、省政府正确决策，国务院批准建立，各民主党派中央、全国工商联和全国智力支边协调小组毕节试验区专家顾问组联手推动，全国第一个以可持续发展为主题，全区各族群众合力共建的综合改革试验区。近年来，贵州省委、省政府明确提出，要把毕节试验区建设成为"贵州科学发展的试验田"和"生态文明的示范区"，并为加快毕节试验区的发展步伐作出了一系列重大决策和部署，有力推进了该区新型工业化、城镇化、农业产业化和城乡基础设施建设进程，毕节试验区经济社会发展正呈现可喜的态势。毕节试验区紧紧围绕"开发扶贫、生态建设和人口控制"三大主题，以"制度创新"为动力，圆满完成了"近期作示范、长远探路子"的使命。毕节试验区的试验，不仅体现了构建和谐社会的大方向，而且孕育了一种新型的发展思路和治理理念。

③ 贵州省湄潭农村改革试验区是根据中共中央1987年5号文件"关于有计划地建立改革试验区"的精神，在时任贵州省委书记胡锦涛同志亲自倡导和支持下，贵州省委、省政府在做了大量的调查研究基础上，针对全国推行家庭联产承包责任制后出现的新情况、新问题，与中央有关部门商定，结合湄潭发展商品经济的基础条件，经国务院批准设立的贵州省最早的一个国家级农村改革试验区，被列入全国10个农村改革试验区之一。

该区域内全部县级行政区（301 个）的 33.22%，其中贵州省 50 个，四川省 36 个，重庆市 14 个。由此可见，该地区面临的人口资源环境态势较为复杂，既有人口吸纳能力较强的成渝地区，更有面积广阔的人口生态环境脆弱的山地丘陵、喀斯特地貌和高原地区，复杂的地理地貌使川黔渝地区内部在人口发展功能区上也具有不同的分布特征。根据国家人口计生委"生态屏障、功能区划与人口发展"课题组的研究结果，将全国划分为人口限制区、人口疏散（收缩）区、人口稳定区和人口集聚区等 4 类人口发展功能区。从川黔渝地区人口发展的资源环境基础和经济社会条件来看，川黔渝地区分属于人口疏散（收缩）区、人口稳定区和人口集聚区，其中在川西高原区、横断山地区、秦巴山地、滇黔桂喀斯特山地等地域内属于川黔渝地区的区域属于人口疏散区，云贵高原的贵阳都市圈属于人口稳定区，四川盆地的成渝都市区属于人口集聚区。从川黔渝地区人口发展功能区分布来看，大多数区域属于人口疏散区，如四川省 3 个民族自治州、贵州省黔中区域以外的其他地区（包括 3 个民族自治州）、重庆市东北部东南部地区等区域就处于这一区域，这些人口疏散区又往往是少数民族聚居区或国家级重点扶贫县集中分布地区，而属于人口稳定区和人口集聚区的区域较少。因此，从整体上看，川黔渝地区人居环境并不适应人口集聚，人口吸纳能力不强，尤其是人口疏散区更是如此；也就是说，从人口经济资源环境承载力来看，川黔渝地区并非是适应农村劳动力转移和集聚的理想区域。"具体来说，在相对资源人口承载力分布上，四川和贵州两省为超载地区，重庆在升格为直辖市后，社会各项事业发展迅猛，人口资源环境承载力逐年增强，逐步由人口超载区向人口富余区演进。"[①]

这一相对资源环境承载力而言严峻的人口形势也就造成了川黔渝地区大量的人口外出流动行为，成为我国劳动力外出流动的人口大区。从近几年川黔渝地区跨省（市）流动人口来看，其流动人口规模日益庞大。2005年 1% 人口抽样调查数据显示，四川跨省流出人口占全国跨省流出人口的 11.77%，列全国第一位，成为人口迁移流动大潮中的"领头羊"，贵州占 4.74%，重庆占 4.85%，川黔渝地区跨省流出人口占全国的比例为 21.36%；而川黔渝地区总流动人口占全国的比例分别为 9.07%、3.49%、

---

① 舒克盛：《基于相对资源承载力信息的主体功能区划分研究——以长江流域为例》，《地域研究与开发》2010 年第 1 期。

3.17%，三地流动人口占全国流动人口的比例为 15.73%。[1]"据 2006 年四川省第二次全国农业普查资料显示，仅农村外出务工人员，四川就达到 1300 万人，其中省内流动的务工人员 486.92 万人，省外 812.41 万人"。[2]"据全国 2005 年 1% 人口抽样调查资料计算，2005 年，贵州省流动人口总量已达 927.48 万人，占贵州 2005 年年末常住半年以上人口（包括未落户口的人）和流往省外半年以上人口总量合计 4360 万人的 21.27%，其中 630 万人流往省外，占 14.45%；农村流动人口 841.32 万人，占全部流动人口的 90.71%，其中劳动力人口占 82%。"[3] 据 2008 年重庆市 1% 人口抽样调查主要数据公报[4]来看，2008 年重庆市外出至市外的人口 466.24 万人，占全部外出人口（751.99 万人）的 62.0%，占同年全市常住人口（2839 万人）的 16.42%。虽然三省市流动人口数据来源不同，具体数据距今已有一定的变化，但都能说明同一个问题，那就是川黔渝地区是我国人口流动频繁、流动规模巨大、流动范围广阔的人口大区，而且，这些流动人口大多以处于劳动年龄的农村人口为主体，且多为经济型人口流动。可见，川黔渝地区是全国农村劳动力外出就业的主要输出地区之一，外出务工成为该地区农村劳动力转移就业的主要途径。因此，笔者认为，以川黔渝地区作为调查区域分析新阶段农村劳动力转移问题具有一定的代表性和典型性，其分析结论对于思考和解决其他劳动力输出地区农村劳动力转移问题也具有重要的现实意义和借鉴价值。

二　川黔渝地区的调查情况介绍及其基本数据

为了对农村劳动力转移现状及其相关问题有更好的认识，笔者根据研究目的和研究内容设计了《新阶段农村劳动力转移问题研究调查问卷》（见附录一），在贵州大学相关专业的硕士研究生中挑选了 11 名同学作为调查员进行了问卷调查培训，并与课题组全体成员一起组成项目调查组，于 2009 年 1～2 月在川黔渝地区进行了问卷调查。调查内容是 2008 年该

---

① 资料来源：国家人口和计划生育委员会流动人口服务管理司：《中国流动人口发展报告 2010》，中国人口出版社，2010，第 216 页。
② 资料来源：四川省统计局：《四川省第二次全国农业普查主要数据公报》，2008-07-31。
③ 《贵州农村流动人口现状分析》，国务院发展研究中心信息网，2008-03-11。
④ 重庆市统计局、重庆市 1% 人口调查办公室：《2008 年重庆市 1% 人口抽样调查主要数据公报》，2009-02-18。

地区农村劳动力转移就业状况；调查对象包括在本区域内从事农业的农村劳动力，主要是在本区域内从事非农就业和跨区域流动的农村外出劳动力。这一调查时间主要是农村外出劳动力回乡过节的春节期间，更有利于收集到充分全面的调查信息，也为搜集农民工外出务工的有关情况创造了一定的便利条件。调查对象的选择尽量考虑到覆盖面、代表性和异质性，在确定调查样本县按照随机原则抽取调查对象。本次问卷调查共发放 4000 份（其中四川省 2200 份，贵州省 1100 份，重庆市 700 份），回收 2972 份，问卷回收率为 74.3%；剔除基本信息部分回答不完全的部分，有效问卷共 2705 份（调查对象的基本信息见表 1-1），有效率为 91.02%；并运用 SPSS 统计软件进行相关的定量分析。

表 1-1　川黔渝地区受调查的 2705 名农村劳动力基本信息

指　　标		人数（人）	百分比（%）	累计百分比（%）
地域	四川省	1476	54.6	54.6
	贵州省	675	25.0	79.6
	重庆市	554	20.4	100.0
性别	男　性	1716	63.4	63.4
	女　性	989	36.6	100.0
代际	第一代农村劳动力	998	36.9	36.9
	第二代农村劳动力	1707	63.1	100.0
文化教育程度	文盲/半文盲	188	7.0	7.0
	小　学	470	17.4	24.3
	初　中	1213	44.8	69.2
	高中/中专/职高	562	20.8	89.9
	大专及以上	272	10.1	100.0
婚姻状况	未　婚	1115	41.2	41.2
	已　婚	1519	56.2	97.4
	其　他	71	2.6	100.0

资料来源：问卷调查数据，2009 年 1~2 月。

　　需要说明的是，为了更好地利用和挖掘问卷调查数据，本研究在后文的分析中根据研究需要使用相关数据和川黔渝地区的其他调查资料，以说明当前农村（外出）劳动力转移面临的现实境遇，进而更好地说明新阶段农村劳动力转移制度创新的现实性和紧迫性。

第二章
中国未来劳动力供给态势与
农村劳动力转移规模的探讨

当前，中国人口转变过程逐渐形成以劳动年龄人口比重大而人口负担轻的"人口红利"阶段，提高了人口结构的生产性，导致城乡人口转变的非均衡性。这种城乡人口转变的不平衡性使城镇劳动力供给不能适应城镇经济社会发展的需要，从而为农村劳动力非农就业与进城务工创造了一定的外在条件。在人口扶养比负担较轻的条件下，产生了促进经济增长的潜在源泉，即所谓"人口红利"，为中国经济发展创造了一个 40 年左右的战略机遇期。在这一战略机遇期，劳动力从农村转向城市，从农业转向非农产业，也得益于农村具有相对城市而言较为充足的劳动力供给，从而具有大规模农村劳动力转移的势能。因此，与农村劳动力转移就业相关的问题就成为当前中国经济社会发展面临的主要问题之一，也是解决民生问题的重要问题之一。为了更好地研究新阶段农村劳动力转移制度创新问题，首先就需要掌握我国未来劳动力供给及与此相关的农村劳动力转移规模问题。

第一节　中国未来劳动力供给态势
及其"刘易斯转折点"

一　中国未来劳动力供给态势分析

（一）中国未来人口发展态势分析

1. 总人口发展趋势

中外学者和国际组织一直都很关注中国未来人口发展趋势，因为这不仅涉及中国人口增长到底将要达到什么样的规模，还关系到中国人口政策的走向，更与未来经济社会发展目标息息相关。未来人口发展变化主要受现有人口的生育水平和死亡水平的影响，由于死亡水平相对变化不大，因此一般人口预测都主要是对未来生育水平的不同假设而设计不同的人口预测方案。国内学者根据人口普查数据进行过不少的人口发展预测，由于依据不同的人口数据和不同的生育水平假设而得出不同的人口预测数据。下面对比一下国内学者以1990年、2000年普查数据为基础，对未来人口变化趋势的各种预测，从中看出各位学者对未来人口变化趋势的一些共同点，加深对中国未来人口发展趋势的认识。

表2－1列出了部分国内学者对中国未来人口变化趋势的中方案预测结果。各位学者或课题组预测数据的不同主要是因为各自的预测方案对中国总和生育率取值不同和中国放宽生育政策的时间判断不同所致。通过这些数据与国家人口发展战略研究课题组的预测相比，数据也大致相似，可以说，国内学者对我国人口未来走势的看法基本一致，我国总人口将在2030～2040年达到高峰，随后缓慢下降。

表2－1　部分学者对中国未来人口数量预测的结果

单位：亿人

年份	曾　毅	郭志刚等	杜　鹏等	田雪原等	周祝平等*	陈　卫**
2000	12.71	12.69	12.74	12.62	12.74	
2010	13.56	13.35	13.61	13.60	13.54	13.499
2020	14.40	14.33	14.33	14.44	14.11	14.248
2030	14.77	14.66	14.44	14.65	14.25	14.416
2040	14.81	14.62	14.26	14.51	14.00	14.310
2050	14.60	14.45	13.38	14.02	13.47	13.828

注：*该预测以联合国人口司关于中国2000年的分年龄性别人口数据为基础，假定2005年总和生育率为1.7，2010年上升到1.8；该预测只有一个方案。

**该预测以2004年、2005年统计数据为基础进行预测，只作了一种预测方案。

资料来源：根据相关课题组文献整理。

由于田雪原课题组的数据与国家人口发展战略研究课题组的预测数据更接近，而且也是笔者详细掌握的预测数据之一，在此，笔者根据田雪原课题组的各方案预测数据通过图2－1直观地描述中国未来人口变动趋势。

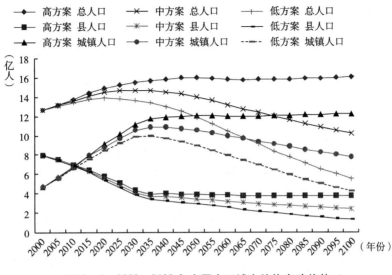

图 2 - 1　2000～2100 年中国人口城乡结构变动趋势

通过图 2 - 1 可以看出两点：一是中国今后实行什么样的生育政策，将对 21 世纪中国人口规模产生重大影响，总人口规模差距为 4.6 亿～5.8 亿人。相比较而言，中方案的人口发展趋势更符合中国现有的国情，应致力于使中国人口朝着这一曲线变动。以 2005～2010 年中国实际人口数据与《国家人口发展战略研究报告》的子报告——《人口预测模拟报告第 5 号方案》相比较（因这一方案的预测假设条件与现在人口生育政策条件基本相符），2005 年预测数据为 13.080 亿人，实际数据为 13.076 亿人；2006 年预测数据为 13.148 亿人，实际数据为 13.145 亿人；2007 年预测数据为 13.217 亿人，实际数据为 13.213 亿人；2008 年预测数据为 13.287 亿人，实际数据为 13.2802 亿人；2009 年预测数据为 13.36 亿人，实际数据为 13.347 亿人；2010 年预测数据为 13.435 亿人，实际数据为 13.397 亿人。从这一人口发展趋势可以看出，这 6 年中国人口预测数据略高于实际人口数据，由 2005 年相差 40 万人到 2010 年相差 380 万人；而且这一预测方案的人口峰值年份为 2027～2028 年，人口峰值为 14.277 亿人。以 2005～2010 年中国实际人口数据与田雪原课题组预测的中方案相比，2005 年（预测数据为 13.137 亿人）相差约 610 万人，2006 年（预测数据为 13.2295 亿人）相差约 845 万人，2009 年（预测数据为 13.506 亿人）相差约 1590 万人，2010 年（预测数据为 13.601 亿人，普查数为 13.397 亿人）两者相差 2040 万人。由上述两组数据比较可见，照目前人口发展趋势，中国总人口规模超过 14.5 亿人的概率极低。二是城乡人口规模将发生逆转，城镇人口将在"十二五"时期超过农村人口，而且今后城镇人口将继续增多。以"六普"数据为例，居住在城镇的人口占 49.68%，居住在乡村的人口占 50.32%。这说明在未来一定时期内，中国人口城镇化是一种不可逆转的趋势，而在城镇人口生育水平已经较低的情况下，未来城镇人口规模的增长补给主要来源于农村流动人口，主要是农村人口迁移和农村劳动力转移，这说明中国已经进入了人口"大流动、大迁移"的时代。在这样的人口形势下，如何解放思想、改变观念，制定和完善农村人口迁移和农村劳动力转移的相关制度和政策，推动制度创新和政策创新就成为一种必然的要求，这也是新形势下实现中国人口合理分布和再分布、推进人口城镇化发展与加强和创新社会管理的需要。

2. 人口年龄结构发展趋势

前面已对中国未来城乡人口发展趋势进行了分析，下面将对中国未来人口年龄结构变动进行分析，主要是说明中国未来还将面临哪些人口发展问题。同样以田雪原课题组的各方案预测数据通过图 2-2 直观地描述中国未来人口年龄结构变动趋势。

从图 2-2 可以看出，中国未来人口年龄变动面临着严重的"少子化"和"老龄化"。

（1）"少子化"趋势。通过高、中、低三个预测方案的数据可以看出，除高方案的少年儿童系数变化不大外，中、低方案的"少子化"趋势都比较严重。就图 2-2 中方案而言，"少子化"趋势已经开始显现，少儿人口首先出现了绝对数大幅度下降趋势，2000 年、2010 年、2030 年、2050 年和 2100 年的少儿人口系数分别为：23.85%、19.13%、16.35%、15.74% 和 15.16%，而低方案显示的数据则更为严重。[①] 在此，本书还通过另一组数据（见表 2-2、表 2-3 和表 2-4）来说明中国"少子化"趋势的严重程度。

---

① 详细数据可查阅田雪原等《21 世纪中国人口发展战略研究》，社会科学文献出版社，2007，第 449~454 页。

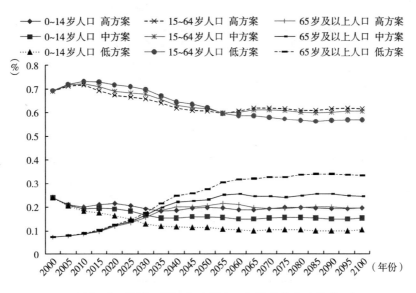

图 2-2 2000～2100 年中国人口年龄结构变动趋势

表 2-2 1982～2009 年中国人口年龄结构

年份	总人口（年末）（万人）	按年龄组分					
		0～14 岁		15～64 岁		65 岁及以上	
		人口数（万人）	比重（%）	人口数（万人）	比重（%）	人口数（万人）	比重（%）
1982	101654	34146	33.6	62517	61.5	4991	4.9
1987	109300	31347	28.7	71985	65.9	5968	5.4
1990	114333	31659	27.7	76306	66.7	6368	5.6
1995	121121	32218	26.6	81393	67.2	7510	6.2
1996	122389	32311	26.4	82245	67.2	7833	6.4
1997	123626	32093	26.0	83448	67.5	8085	6.5
1998	124761	32064	25.7	84338	67.6	8359	6.7
1999	125786	31950	25.4	85157	67.7	8679	6.9
2000	126743	29012	22.9	88910	70.1	8821	7.0
2001	127627	28716	22.5	89849	70.4	9062	7.1
2002	128453	28774	22.4	90302	70.3	9377	7.3
2003	129227	28559	22.1	90976	70.4	9692	7.5
2004	129988	27947	21.5	92184	70.9	9857	7.6
2005	130756	26504	20.3	94197	72.0	10055	7.7
2006	131448	25961	19.8	95068	72.3	10419	7.9

续表

年份	总人口 （年末） （万人）	按年龄组分					
		0～14 岁		15～64 岁		65 岁及以上	
		人口数 （万人）	比重 （%）	人口数 （万人）	比重 （%）	人口数 （万人）	比重 （%）
2007	132129	25660	19.4	95833	72.5	10636	8.1
2008	132802	25166	19.0	96680	72.7	10956	8.3
2009	133474	24663	18.5	97502	73.0	11309	8.5
2010	133972	22246	16.60	99843	74.53	11883	8.87

资料来源：1. 1982～2009 年数据来源于国家统计局《中国统计年鉴2010》，中国统计出版社，2010；2. 2010 年数据根据国家统计局《2010 年第六次全国人口普查主要数据公报（第 1 号）》（2011－04－28）整理而来。

表 2－3　中国与印度 0～14 岁少儿人口数及比重（1950～2050 年）

年份	中　　国		印　　度	
	人口数（千人）	占总人口比例（%）	人口数（千人）	占总人口比例（%）
1950	182758	33.50	139387	37.50
1955	221969	37.10	158758	39.00
1960	251297	38.90	182667	40.70
1965	287801	40.20	207705	41.80
1970	324189	39.70	226358	40.90
1975	359821	39.50	247015	40.00
1980	348280	35.50	272127	39.30
1985	322298	30.60	299469	38.70
1990	324117	28.40	326416	37.90
1995	334053	27.60	349874	36.70
2000	325823	25.70	365268	35.00
2005	288716	22.00	374118	33.10
2010	269411	19.90	374159	30.80
2015	265935	19.00	371639	28.70
2020	268269	18.70	364432	26.70
2025	262433	18.10	353832	24.70
2030	246563	16.90	338335	22.80
2035	230446	15.80	321356	21.00
2040	222365	15.30	308686	19.70
2045	219737	15.30	300403	18.80
2050	216351	15.30	293987	18.20

资料来源：UNPD，http：//esa. un. org/unpp/index. asp，2009。

从表 2 - 2 可见，在 1996 年中国 0 ~ 14 岁少儿人口绝对数达到了最高峰，大约为 3. 23 亿人，之前是由于第三次生育高峰的作用导致 1987 ~ 1996 年的少儿人口绝对数缓慢上升；之后则是持续缓慢下降，到 2010 年的时候减少至 2. 22 亿人，占总人口比例的 16. 6%。这与印度的情况正好相反，根据联合国人口署提供的数据（见表 2 - 3），从 1990 年起印度 0 ~ 14 岁少儿人口就已经超过中国，在 2010 年达到最高峰，为 3. 74 亿人，高出中国近 50%，这意味着 15 年后，印度 15 ~ 30 岁青年人口比重比中国高出近 50%；而联合国关于中国人口的中、低方案的预测数据（见表 2 - 4）同样也显示了这一趋势。

表 2 - 4　联合国关于中国人口的中、低方案的预测

年份	中方案				低方案			
	总和生育率	总人口（万人）	0 ~ 14 岁（%）	65 岁及以上（%）	总和生育率	总人口（万人）	0 ~ 14 岁（%）	65 岁及以上（%）
2000	1. 78	126996	25. 0	6. 8	1. 78	126996	25. 0	6. 8
2005	1. 70	131298	21. 6	7. 7	1. 70	131298	21. 6	7. 7
2010	1. 73	135151	19. 6	8. 4	1. 48	133889	18. 9	8. 4
2015	1. 78	138860	18. 5	9. 6	1. 38	135613	16. 6	9. 9
2020	1. 83	142126	18. 3	11. 9	1. 33	136524	14. 9	12. 4
2025	1. 85	144578	18. 0	13. 7	1. 35	136776	14. 2	14. 4
2030	1. 85	145842	17. 3	16. 2	1. 35	135940	13. 6	17. 4
2040	1. 85	144836	15. 6	22. 2	1. 35	130210	12. 1	24. 7
2050	1. 85	140885	15. 3	23. 7	1. 35	120167	10. 7	27. 8

资料来源：UN, World Population Prospects, New York, 2007。

（2）人口"老龄化"趋势。自 2000 年进入老年化社会以后，老年人口规模不断增大，比例不断提高。以"六普"数据为例，65 岁及以上人口为 11883 万人，占 8. 87%；同"五普"相比，65 岁及以上人口的比重上升 1. 91 个百分点。以田雪原课题组的中方案预测数据为例，65 岁及以上人口数将由 2001 年的不足 1 亿人增加到 2050 年的 3. 23 亿人，所占比重由 2001 年的 7. 14% 上升到 2050 年的 23. 07%，是一个严重老龄化的比例，而且 2050 年以后的老龄化程度更严重。

再从联合国的数据（见表 2 - 4）（中方案）来看，也基本上反映了老年人口比重的增长过程，2000 年为 6. 8%，2005 年为 7. 7%，2010 年为 8. 4%，

2020 年为 11.9%，2030 年为 16.2%，2050 年为 23.7%。这些数据变化基本上反映了国际社会对中国未来人口发展趋势的一个基本判断。事实上，从 2000 年至今，中国 65 岁以上老年人口所占比重均略高于上述的预测数据。

（3）劳动年龄人口变动趋势。根据《国家人口发展战略研究报告》的子报告——《人口预测模拟报告第 5 号方案》，中国 15～64 岁劳动年龄人口比例大约在 2011 年会达到最高峰，占总人口的比例为 73.32%，随后开始缓慢下降，到 2015 年为 72.73%，2020 年为 70.59%，2030 年为 68.22%，2040 年为 63.69%，2050 年为 61.71%。根据联合国人口署（见表 2 - 5）的数据，中国 15～59 岁劳动力在 2015～2020 年达到最高值，约为 9.23 亿人，此后开始持续下降；印度的 15～59 岁劳动年龄人口最迟在 2025 年将会超过中国；到 2050 年，中国的 15～59 岁劳动年龄人口数大约要比印度少 2.44 亿人。

表 2 - 5 中国与印度 15～59 岁劳动年龄人口数及比重（1950～2050 年）

年份	中　　国		印　　度	
	人口数（千人）	占总人口比例（%）	人口数（千人）	占总人口比例（%）
1950	321356	59.00	212418	57.10
1955	330902	55.30	227258	55.90
1960	347948	53.90	242336	54.10
1965	378510	52.80	263130	53.00
1970	435983	53.40	296395	53.60
1975	488199	53.60	335649	54.40
1980	560161	57.10	380171	54.90
1985	646422	61.40	429113	55.40
1990	721321	63.20	482844	56.00
1995	765614	63.20	542673	56.90
2000	814608	64.30	607532	58.30
2005	881313	67.20	677099	59.90
2010	918242	67.80	748653	61.60
2015	923491	66.20	810563	62.60
2020	923484	64.50	868259	63.50
2025	905723	62.30	918679	64.20
2030	873581	59.70	961653	64.80
2035	845507	57.80	993795	65.00
2040	832625	57.20	1011317	64.60
2045	807240	56.00	1014055	63.60
2050	760255	53.70	1004176	62.20

资料来源：UNPD 2009. http://esa.un.org/unpp/index.asp。

通过以上分析可以看出，中国未来人口发展呈现如下的态势：第一，2010～2020 年的人口生育政策将影响未来中国人口的发展态势，是放松还是从严，是加快放松还是适度放松，将决定 21 世纪中国人口的未来走向，如图 2-1 的高方案可以理解为加快放松的后果，而中方案为适度放松的结果，其低方案则为继续从严的结果。第二，无论是从严还是放松，中国未来的人口总量都将继续持续增长 20 年左右，峰值出现的年份应当在2030 年前，人口总量的大小以及峰值出现的年份将直接与人口生育政策制约下的生育水平相关。第三，中国未来人口达到峰值之后呈下降趋势，而下降程度如何取决于人口生育政策的调整时机和调整力度的选择，下降的起始年份和下降幅度与目前生育政策调整后的生育水平直接相关。第四，中国人口在出现"老龄化"的同时也出现了"少子化"的趋势，这是由于中国人口年龄结构变动所致，而且，由于不可能实行高于更替水平的生育政策，生育率不可能上升至更替水平以上，未来中国人口年龄结构的变动趋势将是更加"老龄化"和"少子化"，到 2050 年，0～14 岁人口和 65 岁及以上人口比重将达 15%～16% 和 23%～24% 之间，"老龄化"和"少子化"的速度和程度直接与今后的生育率水平有关。第五，中国未来劳动力资源将在达到一定峰值后逐步下降，"人口机会窗口"必将在未来一定时间里关闭，面临的将是"人口负债"，这将影响劳动力尤其是年轻劳动力的供给和导致劳动力成本的上升，不利于高素质人才投入和储备，中国经济可持续发展将面临更大的挑战，低劳动力成本优势和更大的竞争潜力将会失去；而且，从中国和印度比较来看，在 15 年之后，印度人口的劳动力成本肯定大大低于中国。

按照人口世代更替的规律和目前代际更替时间的延长，笔者认为，中国调整生育政策最佳时机应该是在 2015 年前后，即在"十二五"末期"十三五"前期可以适度分步放松，适当提高生育水平。当然，讨论生育政策的调整不是本研究的主题，但是它却影响着中国未来劳动力尤其是城镇劳动力的供给。

据此，笔者认为，20 世纪 50～70 年代中国人口增长是不可持续的，而如果继续按照现行的生育政策继续执行下去，那么 21 世纪的中国未来人口发展同样也是不可持续的；前一个不可持续的人口增长阶段已经过去，而要解决后一个阶段面临的人口发展问题，需要党和政府决策选择合适的时机适度调整生育政策，力争使中国人口在未来发展道路上经历一个可持续的发展阶段，尽管这一可持续发展阶段是站在中国人口规模巨大的基础上的。

（二）中国未来劳动力供给态势分析

由于社会经济的发展和生育政策的实施尤其是生育政策的执行效果，使中国人口生育率大幅度下降，人口快速增长的势头得到了控制。迄今为止，中国已用 30 年左右的时间，走过了西方发达国家需要经过百年乃至更长时间才经历的人口再生产变动过程；而且，与同等收入水平的发展中国家相比，中国较早地完成了人口生育率的下降。前面谈到，中国已经进入人口老龄化社会，其最显著的特征是"未富先老、'老'的速度快于'富'的速度"，即老龄化比例提高的速度将越来越快，老龄化程度越来越严重；而劳动年龄人口比例提高的速度将趋于减缓，达到最高值后缓慢下降，而且由于农村流动人口年龄构成较轻，大规模劳动力流动转移的结果导致城乡老龄化程度发生倒置，农村人口老龄化程度高于城镇人口老龄化程度。然而，"进一步研究表明，人口老龄化城乡倒置只是人口老龄化过程中的一个阶段，它不会长期持续。当社会经济发展达到一定水平，大规模的城乡人口迁移基本完成，城市化水平大幅提高，人口因素发生改变时，人口老龄化程度农村高于城市的城乡倒置状况将发生转变，即城市老年人口比例最终将超过农村。"[1] 由此可见，中国劳动年龄人口将在"十二五"期间达到峰值，即 10 亿人左右，随后开始缓慢下降，这就传递着一个重要信息：中国未来劳动年龄人口的绝对数量和相对比例的变化，将不同于中国人口历来的发展环境和已有的发展趋势，中国未来劳动力供给及其城乡结构将发生重大变化，农村劳动力流动转移将成为常态。

从宏观角度看，劳动力供给是一个国家或地区劳动力供给的总体状况。在影响劳动力供给的非经济因素中，劳动适龄人口规模是其中的一个因素，这个因素可进一步细分为社会人口规模及其增长速度、人口年龄构成变化、社会劳动年龄规定、劳动参与率、劳动适龄人口负担系数，其中尤其是劳动参与率，即实际在业的劳动者人数占进入规定劳动年龄的人数的比例，是与劳动力供给相关的一个重要概念。劳动参与率是衡量一个社会一定时期内从事经济活动的人口的相对规模，是反映劳动力市场活动水平的重要指标，也是影响劳动力有效供给数量的重要因素。

---

① 杜鹏、王武林：《论人口老龄化程度城乡差异的转变》，《人口研究》2010 年第 2 期。

1. 未来劳动适龄人口的变动趋势与劳动力供给

前面已提及，劳动力供给首先取决于一个国家或地区的劳动适龄人口数量，而劳动适龄人口数量变动取决于人口年龄结构的变动。因此，人口年龄结构变动是影响劳动力供给的主要因素，它在长期内决定城乡劳动力供给的总量。

前面已对中国 15~64 岁人口的发展趋势作了大致的分析，亦即未来40 年我国劳动力资源将很快面临缓慢下降趋势。下面将主要分析未来 40年内我国劳动年龄人口变动的趋势，主要有：第一，劳动适龄人口规模不断扩大，将在"十二五"期间达到最高值并维持高位运行。第二，每年新增劳动适龄人口的规模随时间推移而逐年下降，每年退出劳动年龄人口的人数在不断增加。每年新增劳动适龄人口来自少儿人口，而由于中国已进入"少子化"阶段，因此每年新增劳动适龄人口必然随时间的推移而逐年依次下降。根据田雪原课题组的中方案预测，"2006 年，全国由 14 岁进入 15 岁劳动适龄的人口为 2420.56 万人，到 2010 年，下降到 1756.00 万人，5 年累计减少 665 万人，平均每年减少 133 万人。其中城镇每年进入劳动适龄的人口由 827.05 万人下降为 703.81 万人，农村劳动适龄人口由 1593.51 万人下降到 1052.19 万人。"[1] 而且，按照这样的生育水平，"十二五"期间及以后每年新增劳动力将继续减少。另一方面，劳动适龄人口因到退休年龄而退出劳动年龄人口，成为非劳动适龄人口，而且由于中国退休年龄规定明显低于 65 岁，使得每年退出劳动力市场的人口较多。根据田雪原课题组的中方案预测，"'十一五'期间，中国每年退出劳动适龄人口在不断增加，从 2006 年的 829.63 万人增加到 2010 年的 888.07 万人，其中城镇每年退出劳动适龄人口由 323.02 万人上升到 366.95 万人，农村退出劳动适龄人口由 492.67 万人增加到 506.00 万人。"[2] 由上述两组数据可以看出，每年劳动适龄人口实际上是正增长，而且随着退出劳动力市场的人口增加，每年实际净增劳动适龄人口的幅度在逐渐减少，这也是我国未来劳动力资源供给减少的一个重要原因。第三，从劳动适龄人口的内部构成来看，劳动适龄人口内部结构出现了"老化"的趋势。前面谈到，中国劳动适龄人口总量将在"十二五"期间达到高峰期后逐步下降，

---

① 田雪原等：《21 世纪中国人口发展战略研究》，社会科学文献出版社，2007，第 139 页。
② 田雪原等：《21 世纪中国人口发展战略研究》，社会科学文献出版社，2007，第 139 页。

下面进一步来分析 15 ~ 64 岁劳动年龄组人口的内部构成变动。将该组分为三个亚年龄组，即 15 ~ 24 岁青年组，25 ~ 44 岁成年组和 45 ~ 64 岁中年组。"五普"资料显示，劳动年龄人口中，15 ~ 24 岁组比重为 21.65%，25 ~ 44 岁组为 49.86%，45 ~ 64 岁组为 28.49%；与"四普"相比，15 ~ 24 岁青年组的比重在下降，10 年下降了 10.94 百分点，25 ~ 44 岁成年组上升了 5.04 个百分点，45 ~ 64 岁中间组上升了 5.91 个百分点。由此可以看出，45 ~ 64 岁中年组比重处于上升趋势，而 15 ~ 24 岁青年组处于下降趋势。根据田雪原课题组的中方案预测结果，未来劳动适龄人口年龄结构将趋于老化，青年组适龄人口比重下降，劳动适龄人口的年龄中位数上升。这就说明，不仅中国人口总体趋于老龄化，劳动适龄人口本身也呈现老化的趋势；而且，随着社会经济和教育事业的向前发展，青年组人口中将有很大比例的人口因接受较高级的正规或非正规教育而不参与劳动力市场。中年组，尤其是 55 ~ 64 岁人口也有一部分因为年龄及其他原因而退出劳动力市场。这些都将产生劳动力供给减少的后果。

2. 劳动参与率的变动与劳动力供给

劳动力供给主要受人口转变过程中的人口结构影响；此外，还受劳动参与率[1]的间接影响。经济因素和非经济因素通过影响劳动参与率的变动来影响劳动力供给，因此劳动参与率不是影响劳动力供给的直接因素，只是分析劳动力供给变动的工具。劳动参与率与劳动力供给密切相关，在人口总量和劳动力资源总量一定的条件下，较高的劳动参与率将为社会提供较多的劳动力供给，而降低劳动参与率则将减少劳动力供给。

（1）横向的劳动参与率比较。从横向看，中国的劳动参与率总体水平在世界上是偏高的。以世界银行提供的数据为例（见表 2 - 6），2000 年，中国劳动参与率为 83.8%，不但高于高收入国家 71.7% 的平均水平，高于中等收入国家 70.8% 的平均水平，也高于世界 71.4% 的平均水平，甚至高于低收入国家 73.5% 的平均水平；在诸多人口大国中，中国的劳动参与率是最高的。虽然 2006 年劳动参与率为 81.7%，略有下降，但仍然是世界上偏高的国家，在人口大国中仍是最高的。

---

[1]　劳动参与率是衡量和测度一个社会的人口参与社会劳动程度的指标，是反映劳动力市场活动水平的重要指标，其计算一般以经济活动人口即就业人口与失业人口之和除以劳动力资源数量（劳动适龄人口）得到，其中分性别、分年龄的劳动参与率反映了经济活动人口分布的不同侧面。

表 2 - 6　世界不同收入和发展水平国家劳动参与率比较

国家和地区	经济活动人口（万人）		劳动参与率（%）		女性劳动参与率（%）	
	2000 年	2006 年	2000 年	2006 年	2000 年	2006 年
世界	279690	307787	71.4	71.0	57.9	57.9
低收入国家	46312	54505	73.5	73.0	60.3	59.9
中等收入国家	184811	202091	70.8	70.2	56.2	55.9
中、低收入国家	231123	256596	71.3	70.8	57.0	56.7
高收入国家	48567	51192	71.7	72.1	62.2	63.9
中国	73826	78055	83.8	81.7	78.1	75.4
印度	39168	43800	61.4	60.8	35.9	35.9
印度尼西亚	9714	10917	69.7	70.3	52.7	53.3
日本	6758	6620	72.5	72.7	59.5	60.6
韩国	2262	2454	63.9	66.0	51.9	54.3
美国	14784	15702	76.9	75.6	70.4	70.1
巴西	8360	9308	72.0	72.2	58.8	61.5
法国	2620	2730	68.0	67.8	61.6	62.4
德国	4037	4102	71.6	73.9	63.6	68.2
意大利	2353	2480	60.3	62.7	46.3	51.0
俄罗斯	7140	7353	69.3	71.2	64.7	67.2
英国	2972	3083	76.1	75.6	68.7	69.5
澳大利亚	959	1053	73.7	74.2	65.4	67.8
孟加拉国	6230	7098	73.2	71.9	57.0	55.0
柬埔寨	580	695	80.5	79.8	78.8	78.1
哈萨克斯坦	753	812	75.9	77.3	71.6	74.4
蒙古	107	126	70.3	69.7	57.0	56.3
巴基斯坦	4632	5959	59.2	60.7	30.3	34.3
越南	3916	4481	81.0	79.7	78.5	77.2
南非	1869	2000	66.7	65.5	51.2	49.3
加拿大	1626	1792	76.3	77.9	70.5	73.2

资料来源：世界银行数据库，World Bank Database。

　　中国劳动参与率主要受劳动工资制度、社会保障制度和劳动力市场制度等因素的影响。

　　劳动工资制度是影响劳动参与率变动的重要因素。在工资或收入水平较低的条件下，就自然会导致家庭扩大向社会供给劳动力的规模，这样才有可能提高消费水平。同理，在工资或收入水平每年都有所提高的情况下，提高消费水平可以不依靠增加家庭的就业人数，家庭扩大向社会供给劳动力的规模也不会有太大的变化。改革开放 30 余年来中国工资总水平以及各地区的工资水平都有一定的提高，但是与日益增长的物质文化需求相比，全国总体工资水平及地区工资水平还处于较低水平，这导致更多的家庭不得不增加就业人数，尤其是在农村农民增收难度加大的情况下更是如此。

社会保障制度及其保障水平也是影响劳动参与率的重要因素。中国社会保障的财政支付制度主要是与工资制度、就业制度相互交织在一起的，影响劳动者就业的决策。由于中国社会保障水平及层次较低，以及受相关政策的影响，使得城镇劳动参与率在退休年龄前后产生巨大差异。而由于农业劳动者到达退休年龄以后没有退休金作保障，要想获得生产生活资料，唯一的途径就是劳动，即使到了 60 岁乃至 65 岁以上，其所需要的生活必需品大多也是通过劳动获得的，而且在农村劳动力不断流动的现实条件下，60 岁以上农村劳动力仍然继续从事劳动。

劳动力市场制度对劳动力供给发挥调节作用。劳动力市场的基本功能主要是价格的决定机制，高素质与高工资对应，低素质与低工资对应，从而刺激劳动者继续接受教育和培训，影响劳动者就业的选择，即配置和调节劳动力资源的机制已经确立并正在发挥作用。随着第三产业的迅速发展，为劳动者提供了大量的就业机会，这样，一方面存在许多失业人员和下岗职工没有工作，另一方面存在许多职位空缺，即"结构性短缺"。劳动力市场就像"看不见的手"，促使劳动者进一步提高技术素质，发挥劳动者的主观积极性和挖掘劳动者的自身潜力，增强劳动者谋取就业岗位和抵抗失业风险的能力。市场机制对就业及就业结构发挥作用的同时，对劳动参与率也起到了一定的调节作用。劳动力市场分割状况已得到了很大改善，劳动力可以在不同企业、不同行业、不同省市、区域甚至国家间流动。大量农村劳动力不用局限在有限的土地上，到城市中需要他们的岗位上工作。在就业逐步市场化的今天，就业与失业由市场决定，劳动力市场机制当然影响劳动参与率。

此外，中国劳动参与率高还有一个因素，就是 15～24 岁年龄组的青年劳动力参与劳动所致。过高的青年劳动力参与率反映了中国大量 15～24 岁青年人口尤其是农村青年人口没有得到良好的教育培训而过早地进入劳动力市场。这虽然反映出中国人力资源的总体利用程度比较高，但说明劳动力资源中人力资本投入不足，这些较低文化程度的劳动力在未来的知识经济社会中越来越难以适应经济发展的需要，因此其未来劳动参与率的水平和就业稳定性必将受到影响。

（2）纵向的劳动参与率比较。从纵向来看，10 余年来，中国劳动参与率总体呈下降趋势。改革开放以来，中国利用自身的劳动力资源优势，积极发展劳动密集型产业，吸收大量的劳动力就业，但由于第一、二次生育高峰出生人口进入劳动力市场，导致经济活动人口劳动参与率先上升后下降，1982 年为 73.06%，1990 年为 85.61%，随后逐渐下降，到 1998 年、1999 年又开始上升，2000 年又下降，2003 年上升后从 2004 年开始稳步下降。总体上说，改革开放以来中国经济活动人口劳动参与率意愿经历了一个先上升后逐步下降的过程；而总人口劳动参与率除 1995 年、2001 年下降外，整体呈上升趋势，2006～2007 年略有下降，2008～2009 年又开始上升（见表2－7）。

表 2－7　1982～2009 年中国经济活动人口劳动参与率和总人口劳动参与率变化

年份	经济活动人口（万人）	劳动年龄人口（万人）	总人口*（万人）	经济活动人口劳参率（%）	总人口劳动参与率（%）
1982	45674	62517	101654	73.06	44.93
1990	65323	76306	114333	85.61	57.13
1995	68855	81393	121121	84.60	56.85
1996	69765	82245	122389	84.83	57.00
1997	70800	83448	123626	84.84	57.27
1998	72087	84338	124761	85.47	57.78
1999	72791	85157	125786	85.48	57.87
2000	73992	88910	126743	83.22	58.38
2001	74432	89849	127627	82.84	58.32
2002	75360	90302	128453	83.45	58.67
2003	76075	90976	129227	83.62	58.87
2004	76823	92184	129988	83.34	59.10
2005	77877	94197	130756	82.67	59.56
2006	78244	95068	131448	82.30	59.52
2007	78645	95833	132129	82.06	59.52
2008	79243	96680	132802	81.96	59.67
2009	79812	97502	133474	81.86	59.80

注：　*　这里的总人口是指年末总人口，与 1% 抽样调查人口总数不一致，但不影响最后结论。
资料来源：劳动年龄人口和总人口来自《中国统计年鉴 2010》，表 3－3；经济活动人口来自《中国统计年鉴》相应年份的就业基本情况。

中国未来劳动力供给主要取决于两个因素：主要是劳动适龄人口，其次是劳动参与率。通过以上二者的发展趋势来看，劳动年龄人口将面临着总量规模达到峰值之后的下降，而劳动参与率总体上也在缓慢下降，这是不是预示着中国未来劳动力供给也在下降呢？在理论上来说应是如此。而且，由于城镇生育水平低于农村生育水平，未来城镇劳动力补给可能不足且可能存在结构性供给矛盾，这就需要农村劳动力供给来弥补这个不足或矛盾。而且，由于中国少儿人口规模在 1996 年达到峰值之后逐年下降，"少子化"趋势势必对劳动力供给产生重要影响，导致中国劳动力供给特征由无限供给进入有限剩余、有限供给的新阶段。因此，今后城镇劳动力市场供给将更多地依赖于农村劳动力转移，这就使研究新阶段农村劳动力转移具有较高的现实意义。

总之，中国人口再生产快速转变的后果，使中国在当前和今后一段时间内面临着老少扶养比较低而劳动力供给充足的"人口红利期"。因此，应该充分利用这一"人口红利期"推动经济增长，而人口得到充分利用的一个突出表现是农村劳动力持续大规模地向城镇非农产业转移，补充城镇劳动力供给结构的变化，这也就说明了新阶段加快农村劳动力转移的必要性和现实性。

二 中国劳动力供给的"刘易斯转折点"

（一）"刘易斯转折点"的理论内涵

一般认为，人口城镇化过程是一个农业人口转化为非农人口、农村居住转化为城市居住、农村生活方式转变为城市生活方式、农村文化价值观念转变为城市文化价值观念等的全方位转换过程，这实际上是一个以农村劳动力为主体的迁移流动过程。按照人口经济学的观点，农村劳动力向非农产业和城镇转移，是工业化、城镇化和现代化必然经历的过程。而在工业化、城镇化和现代化的过程中，农村劳动力从传统农业部门（如传统农业）向现代经济部门（如城市非农产业）转移，既是世界各国都曾经或必将面对的一种普遍现象，也是其实现"现代经济增长"（Lewis，1954）的必由之路。

二元经济过程的一个重要特征是，两个部门中的传统农业经济部门是逐渐缩小的，而现代经济部门则是不断扩大的。推动这个过程的重要机制就是劳动力从传统农业经济部门向现代经济部门的持续转移，即农村劳动力的乡城转移；这个转移过程依次产生三个转折点：即第一个刘易斯转折点、库兹涅茨转折点和第二个刘易斯转折点（两个刘易斯转折点的图例见图 1-1）。这三个转折点对中国经济社会发展具有里程碑式的意义，当全部经历之后，中国经济就将成为一个现代化的经济，现有经济社会发展过程中产生的矛盾就大大缓解，普通群众就真正富裕了，也真正体现了以民生为本的经济发展方式转变。"因为归根结底，这三个转折点既涵盖了二元经济发展的全部过程和主要阶段，也揭示了每个转折点分别代表的发展含义和政策要点。"[1]（见表2-8）

表2-8 经济发展的主要转折点及其内涵

转折点名称	转折点的特征	转折间的议程
第一个刘易斯转折点	劳动力无限供给的结束，普通劳动者工资上涨	
		发育劳动力市场；改进政府再分配效率；提高社会对改善收入分配的共识
库兹涅茨转折点	收入分配恶化的趋势被遏止，收入差距开始缩小	
		加大对农业经济的激励，提高农业生产效率，创造更好的劳动力转移制度环境
第二个刘易斯转折点	农业和非农产业之间劳动的边际生产力相等	

资料来源：转引自蔡昉《收入分配差距缩小的条件成熟了吗?》，《中国人口与劳动问题报告No9：刘易斯转折点如何与库兹涅茨转折点会合》，社会科学文献出版社，2008，第74页。

当然，"刘易斯转折点"的到来不可能一蹴而就，而是一个从量变到质变的渐进过程，第一个刘易斯转折点是从劳动力的结构性短缺开始的。农村富余劳动力从无限供给到有限剩余、有限供给阶段可以作为第一个刘易斯转折点来临的一个特征，而第二个刘易斯转折点的到来应该是农村富余劳动力从结构性短缺发展到全面短缺，其主要特征是劳动适龄人口出现负增长，各个年龄组的农村劳动力都会出现短缺；也就是说，中国人口转变带来的"人口数量红利"开始减弱而进入"人口质量红利期"的时候。因此，农村富余劳动力有限剩余（有限供给）阶段可以看做进入了经济发展的"刘易斯转折区间"（在此，主要是针对第一个刘易斯转折点而言）。而且，就经济发展的这三个转折点而言，每一个转折点的来临和过渡均需

---

[1] 参见蔡昉《收入分配差距缩小的条件成熟了吗?》，《中国人口与劳动问题报告 No9：刘易斯转折点如何与库兹涅茨转折点会合》，社会科学文献出版社，2008，第74页。

要相应的制度安排来适应；库兹涅茨转折点与两个刘易斯转折点之间并不存在严格的先后顺序，而是可以持续存在于这两个转折点的演变过程中，即收入分配的改善和收入差距的缩小应该是整个经济发展过程不断改进的目标。"在认识经济发展一般规律的基础上，对经济发展阶段做出判断，揭示特定国家在特定时期的经济发展特征，特别是具有转折意义的特征，是理解经济发展过程，从而形成具有方向性和针对性的政策思路的关键。"① 这也是研究中国劳动力供给变化及其所处的相应阶段特点的原因所在。

（二）"刘易斯转折点"的中国特征

自实施改革开放战略以来，随着城乡各项改革的顺利推进和制约农村劳动力迁移流动的相关制度与政策的松动，中国农村劳动力开始在非农产业和城镇就业。从改革开放初期有限数量的农村劳动力流动到 2009 年底的 22978 万农民工②。由于中国总人口规模庞大、劳动力资源丰富，一直以来，中国都被认为是一个劳动力无限供给的国家。也就是说，在二元经济社会中，只要有需要，来自农业、农村的劳动力将源源不断地补充到非农产业部门。"无限供给"成为中国劳动力供给最典型的特征之一。正是由于劳动力无限供给，虽然就业总量不断增加，但是扣除物价因素的工资水平却保持不变或增长缓慢。

然而，这种局面在近几年来已被打破。从 2004 年开始，沿海地区部分企业连续出现用工短缺，进而发展到劳动力输出地区的"技工荒"、"民工荒"。"2005 年，东南沿海地区的缺工现象并没有缓解，这带动了工资全面上升。随着工资水平的迅速提高，涌往东南沿海地区的农民工继续增加，这时，劳动力丰富的中西部地区也开始遭遇'民工荒'。中部地区的武汉、郑州、哈尔滨，西部地区的银川、兰州、成都等城市，那些劳动力密集、工资水平偏低的行业，都开始感到招工困难。"③ 2007 年，甚至在劳动力输出的中西部省份，也存在劳动力短缺。与此同时，中国内地 31

---

① 蔡昉：《中国经济面临的转折点及其对发展和改革的挑战》，《中国社会科学》2007 年第 3 期。

② 根据国家统计局的数据，截至 2009 年底，我国农民工总量为 22978 万人，其中，在本乡镇以外就业的外出农民工数量为 14533 万人，占农民工总量的 63.25%；本乡镇以内的本地农民工数量为 8445 万人，占农民工总量的 36.75%（资料来源：国家统计局：《2009年农民工监测调查报告》，2010 - 03 - 23）。

③ 吴要武：《劳动力短缺继续扩大》，《中国人口与劳动问题报告 No8：刘易斯转折点及其政策挑战》，社会科学文献出版社，2007，第 74 页。

个省区市都不同程度地提高了劳动者的最低工资标准。从现象上看，劳动力短缺和工资上涨的情况已经比较明显；从供求关系来分析，则可以看出旺盛的劳动力需求和有限的劳动力供给使劳动力市场供求态势发生了明显转变。针对这一现象，不同的学者运用不同的数据给出了不同的解释。代表性的观点主要有两种。

一种是以中国社会科学院人口与劳动经济研究所蔡昉研究员（2007，2008，2009）、国务院发展研究中心韩俊研究员（2009，2010）等为代表的学者认为中国劳动力供给已经迈入了"刘易斯转折点"阶段（当然仅是第一个刘易斯转折点）。蔡昉以翔实的数据从人口转变、劳动力市场、就业和宏观经济增长周期性等方面分析了劳动力供求关系的变化，认为"民工荒"及农民工工资上升现象已经不是短期或周期性的，而是意味着经济发展过程中"刘易斯转折点"的到来；如果说"刘易斯转折点"没有一个清晰的时点的话，也可以说中国经济已进入"刘易斯转折区间"。蔡昉等人（2007）认为，中国劳动力正在由过剩转向短缺，以"民工荒"形式表现的劳动力短缺现象，已经从沿海地区蔓延到中部地区甚至西部的劳动力输出省份，并且推动了普通劳动力工资的上涨，中国劳动力无限供给的特征正在消失，刘易斯拐点已经初见端倪。李实（2007）肯定了蔡昉的看法，认为中国的这一转折应该是一个区间，目前只是开始进入这一"转折区间"。王德文（2009）认为，按照二元经济模型，刘易斯转折点变化有两个重要标志：一是农业剩余劳动力数量大幅度下降，二是农业工资率大幅度上升；由于测定劳动力剩余难以有共识，因此可以结合工资变化判定近年的"民工荒"意味着劳动力市场正在发生根本性变化，中国已经越过刘易斯第一个转折点。韩俊[①]等人依据我国农村剩余劳动力绝对量下降、农民工工资开始增长、劳动力人口将出现负增长、农村剩余劳动力将由结构性短缺发展到全面短缺等方面，认为"我国正经历着劳动力从无

---

① 韩俊：《中国农民工战略问题研究》，上海远东出版社，2009，第21~25页。在该书中，他写道："刘易斯转折点的到来不是突然的，也不会一蹴而就，而是一个由量变到质变的渐进过程。从劳动力的结构性短缺开始，这一过程分为两个阶段：第一阶段是农村剩余劳动力从无限供给到有限剩余的转折，其主要标志是农村剩余劳动力出现绝对下降，劳动力供求的结构性矛盾开始突出，转移劳动力工资开始上涨。第二阶段是农村剩余劳动力由结构性短缺发展到全面短缺，其主要标志是劳动人口出现负增长，农村各年龄段劳动力都会出现短缺。"2010年，以他为主持人的课题组再次重复了这一判断，并认为"'十二五'时期，我国将加快进入'刘易斯转折点'阶段"。

限供给到出现短缺的转变，目前已经进入了'刘易斯转折点'的第一阶段，并可能在'十三五'期间进入第二阶段"。

另一种观点则以中国人民大学白南生教授等为代表，认为根据近年"民工荒"及农民工工资上升现象得出刘易斯转折点已经到来的结论还有待商榷（白南生，2009）。而且，有数据表明，农村劳动力中外出务工经商和本地非农就业的比重合计在各地相差极大，意味着应该有许多地方还存在着大量需要转移也可以转移的农村劳动力（白南生、陈传波，2008）；白南生（2009）认为，近年来最低工资的上升并不等于劳动力供求在同期发生了巨变，而是包括了政府的其他目标，比如说政府的人文关怀等，而不完全是劳动力供求平衡的反应。也有学者（如陈静敏等，2008）认为中国还远未达到"刘易斯拐点"，中国目前的"民工荒"是由很多短期因素和制度障碍引起的，中国的劳动力短缺还没有到来。

在这两种解释中，根据对此问题的调查、认识和理解，结合前面的分析，笔者认为，"民工荒"是中国人口转变过程导致的后果之一，即进入了农村年轻劳动力从无限供给到有限剩余、有限供给的新阶段，也就是说目前的劳动力供求关系变化可以看做第一个刘易斯转折点来临的一个特征，是劳动力供给态势进入第一个刘易斯转折点的一种外在表现形式，即进入了"刘易斯转折区间"。这主要是基于以下两点考虑：

一是由于生育政策主导的中国人口转变导致中国少儿人口绝对规模在1996年达到了峰值，之后逐步下降，这是人口转变必然面临的结果，"少子化"趋势必然直接影响未来15年后的年轻劳动力供给，而且，中国还面临着越来越严重的"少子化"趋势，即劳动力潜在供给能力减弱，这一点已在前面进行了分析。

二是伴随中国人口转变过程的另一个过程——改革开放以来的农村劳动力外出流动过程潮起潮落，跌宕起伏，从"民工潮"到"民工荒"，间或有2008年年底短暂的"返乡潮"。笔者认为，考虑物价因素，从20世纪80年代中期至21世纪初的20年左右的时间内，农民工工资基本没有增长，工资增长和劳动权益保护等缺乏制度保障，再加上"少子化"趋势更加剧了农村年轻劳动力有限供给的趋势；而且，由于农村劳动力转移制度障碍的存在，农民工进城之后不能有效地融入城市。因此，"民工荒"也可以看做"制度荒"、"维权荒"的结果。崔传义（2007）也认为我国"年轻劳动力的无限供给"业已不复存在，我国劳动力转移由年轻劳动力的无限供给进入了一个有限供给的新阶段。

基于以上两点认识,笔者认为,这种劳动力供求关系变化并不是暂时性的现象,而是中国人口转变过程带来的变化,而且到 2010 年以后这种年轻劳动力有限供给的趋势将更加明显,这实际上意味着经济发展过程中劳动力无限供给特征逐渐消失,意味着二元结构开始向一元的现代经济发展转变。由于中国具有典型的二元结构特征,这种二元经济向一元经济的转变过程将在一定时期内广泛存在,而且只有进入第二个刘易斯转折点才是走向成熟经济的标志。中国目前离第二个刘易斯转折点到来还有一定的距离,至于这个距离的长短,在很大程度上取决于城乡之间是否真正保持了统筹协调发展。

目前,国内学者关于中国农村劳动力供给是否进入"刘易斯转折点"有着不同的争论,而且这样的争论还将持续下去。笔者认为,作为学者,应从长期趋势和战略视角来看待当前面临的现实问题。综观国内学者关于中国未进入"刘易斯转折点"的主要论点,大多与现实经济社会运行中的"就业难"、"就业压力"等联系在一起,进而认为中国远未进入"刘易斯转折点"。毫无疑问,这些学者的观点和论点在特定的背景下都有着科学性和合理性,但应该看到,就业问题并非是否进入"刘易斯转折点"的衡量指标。从当今的世界来看,就业问题不仅是发展中国家面临的重要问题,也是如美英日法德等发达国家面临的主要现实问题,尤其是在目前美欧主权债务危机的影响下,失业率居高不下,劳资关系日趋严峻。因此,这些发达国家面临着日益严峻的就业压力问题,如果按照这种观点的思维逻辑,这些国家也未进入"刘易斯转折点",这显然与理论和现实不符。

当然,中国农村劳动力供给是否进入"刘易斯转折点"并非本研究成果的主要内容,而是本研究的选题背景,即农村劳动力转移进行制度变革的"转折点"(蔡昉,2007)。基于此,针对这样的争论,笔者认为我国农村富余劳动力供给进入有限剩余、有限供给阶段。这个年轻劳动力有限供给的新阶段引起了中国低工资成本特征正在发生变化,导致了平均工资水平和劳动力成本的上升。这一新阶段不仅要求加快经济发展方式转变和形成一个新的收入分配模式,而且还要求创造一个劳动者充分就业和有序转移的制度环境。进入年轻劳动力有限供给阶段后,经济发展方式如果没有制度变革和政府引导,第二个刘易斯转折点在中国不会自动到来,而要使中国经济发展顺利进入第二个刘易斯转折点阶段，制度创新和加快转型是关键。因此，研究农村劳动力转移的制度创新问题是进入年轻劳动力有限供给的新阶段后亟待研究的重要问题，因为这个年轻劳动力有限供给的新阶段也是进行制度变革的临界点，预示着农村劳动力转移制度创新变革点的到来。

就劳动力供求关系而言，目前制约经济发展的瓶颈之一应该是消除农村劳动力转移的障碍因素，破解城乡二元结构难题。劳动力转移的障碍因素很多，在许多国家，阻碍劳动力流动的因素可能来自政府对城市劳动者的过度保护。就中国而言，长期处于二元经济发展的过程中，劳动力无限供给是其典型特征。也就是说，无论是政府的政策制定和制度安排，还是企业的产业组织和技术选择，或者整体经济的产业构成，都是在这种二元结构特征下进行的。在这种典型的二元结构下，阻碍劳动力转移的制度因素更为严重，即由于户籍制度、社会福利制度及其他相关制度障碍的存在，劳动力在城乡之间和地区之间的迁移流动受到了限制。在二元户籍制度的"社会屏蔽"下，城镇实施了全面就业政策。由于能够有效地把农村人口控制在城市就业体制之外，城市福利制度就相应地建立起来了，除了诸如住房、医疗、教育、培训、养老等一系列排他性福利制度安排之外，以保障城市劳动力全面就业为目标的排他性劳动就业制度是这种福利制度的核心。由此可见，农村劳动力转移的制度障碍，是以户籍制度为中心和出发点，并包括劳动力市场制度、社会保障制度、教育培训制度、住房福利制度、农村土地制度、金融制度等内容在内的一整套制度障碍体系。

与农村劳动力转移制度障碍的形成具有相同的逻辑，逐渐拆除农村劳动力转移的各种制度障碍是其转移的关键。而年轻劳动力有限供给新阶段的到来，意味着对农村劳动力转移制度创新的迫切需求，意味着中国经济已进入一个善待普通劳动者的新阶段，这个发展环境需要对基于二元结构的制度安排予以改革创新。因此，这一有限供给新阶段对经济社会发展提出了一系列新的制度需求。换句话说，缓解和消除经济社会发展过程中农村劳动力转移各种制度障碍的条件逐渐成熟，需要促进和推动农村劳动力转移的制度安排，从而产生新的制度需求，诱致农村劳动力转移由制度非均衡向新的制度均衡过渡。这种变化的内容涉及不同社会阶层和利益群体影响政府政策制定和制度安排的相对谈判地位，以及由此引起的城乡之间资源配置方式、不同群体之间的收入分配关系、劳动力市场的供求关系等诸多方面的变化。可见，中国劳动力供求关系进入了年轻劳动力有限供给的新阶段，也就标志着中国农村劳动力转移已进入一个劳动力供给条件变化、善待普通劳动者的新阶段。

　　这里，需要说明的是，2008 年年底一场遍及世界的金融危机不期而至，中国外贸经济和实体经济也因此受到影响，东部沿海地区许多中小企业、民营企业、外资企业的就业岗位减少，致使 2009 年春节后进城务工的农村劳动力中有 1100 万人仍处于寻找工作状态。① 这是不是预示着中国劳动力供给又回到了一个无限供给的阶段或农村年轻劳动力有限供给的"瓶颈"是不是已经不存在了呢？笔者认为，金融危机及其对实体经济的影响并没有改变中国劳动力供给的基本状态，即年轻劳动力有限供给的基本特征并没有改变，对农村劳动力就业的影响只是暂时的，这种影响是中国经济受到外部冲击的连锁反应，而且随着外部经济形势的逐步好转、应对金融危机的财政金融政策的有效实施及农村消费需求能力的积极扩张，对农村劳动力的需求必将进一步扩大，许多失去工作的农民工将重新回到城镇劳动者队伍之中，农民工短缺的局面将继续维持。这一点随着中国经济的"V"形反转和总体形势回升向好后的就业形势予以证实。2010 年、2011 年春节后沿海各地又出现了"民工荒"现象，尤其是 2011 年春节前后，我国劳动力市场上再度出现"就业难"与"招工难"两难并存局面。进入"十二五"以来，各地纷纷提高最低工资标准，截至 2011 年 10 月，已有 20 个省区市和深圳市上调了最低工资标准，而且至少有 4 个地区明确提到与消费者物价指数 CPI 联动，将CPI 作为最重要的参考因素。② 这实际上是"民工荒"对这些省市工资调整形势的一种"倒逼"，这再一次证明笔者的基本判断。至此，中国东部沿海地区面临着劳动力成本上升的压力，而且，这种压力正在变为现实。由于受欧美主权债务危机的影响，不少经济学家认为世界经济仍存在二次探底的风险，但是中国劳动力供求关系进入有限供给阶段的事实已毋庸置疑，而且，就业形势随经济环境而变化也是正常的经济规律。因此，金融危机对于中国而言是一次打破各方利益分配格局的制度

---

① http：//news. xinhuanet. com/newscenter/2009 - 03/25/content_ 11072072. htm.

② 《全国 21 个地区已调高最低工资 深圳最高重庆增幅居首》，2011 年 10 月 5 日《法制晚报》。

均衡、实现农村劳动力转移制度创新的机遇，也是为迎接中国新的经济增长周期做好高质量的人力资源储备的机遇。

通过对我国劳动力供给态势问题的思考，其研究目的在于通过对我国未来劳动力供给态势的认识，明确农村劳动力转移相关制度创新的必要性，为农村劳动力转移创造一个良好的制度环境，为具有转移意愿的农村劳动力或农民工提供便利的制度条件，使他们转移与否均有相应的制度作为保障，而不像现在的农民工尤其是新生代农民工面临的"进退两难"困境："进"融入不到城市里，"退"又不能回到农村种地，因为他们很少有务农的经历！笔者认为，享受充分就业和有序转移的制度条件是农村劳动力或农民工作为现代社会的公民应该享有的一项制度权利，也是实现社会正义之所在。

第二节 新阶段农村劳动力转移规模探讨

谈及新阶段农村劳动力转移规模问题，这里主要阐述两个问题：第一，农村有多少劳动力可以转移的问题，也就是通常所说的农村劳动力剩余规模问题；第二，有多少农村劳动力愿意转移的问题，即农村劳动力转移意愿的问题。事实上，并不是所有的劳动力都具有转移的意愿，这就牵涉分年龄或分代际的问题。

一 中国农村劳动力剩余规模分析

这里的"剩余"仅仅是为了分析的需要，超出相对于农村现代产业发展所需数量的劳动力的剩余。中国农村劳动力剩余数量是衡量农村劳动力转移规模的首要问题，从已有文献来看，不同的学者用不同的方法对农村劳动力剩余数量进行了推算。在此，笔者将 2000 年以来部分学者的估计数量归纳如下（见表 2-9）。

表 2-9　中国农村劳动力剩余数量估计

作　　者	年份	估计方法	数据来源	剩余数量
杜　鹰等	2000	劳均耕地法	分省资料	1998 年为 1.52 亿，2000 年为 1.8 亿
国家统计局	2002	生产函数法	全国资料	1999 年为 1.7 亿

续表

作 者	年份	估计方法	数据来源	剩余数量
谢培秀	2004	农业技术需求法	"五普"和"一农普"	2000年为1.5661亿[①]
王检贵、丁守海	2005	混合方法	农业部数据	2000年为3500万~4600万
章 铮	2005	劳均耕地法	全国数据	2003年为7700万
王国霞	2007	劳均耕地比例法	全国数据	2004年为1.8亿~2.1亿
蔡 昉	2007	总量分解方法	全国数据	2007年为4000多万
韩 俊等	2010	农业部门劳动力需求量法	农业劳动力需求量	2008年在0.7亿~1.2亿之间

资料来源：根据相关课题组文献归纳。

除表2-9归纳之外，还有学者认为，20多年来，虽然有2亿多农村劳动力通过多种途径实现了转移，但目前仍有剩余劳动力1.5亿~1.7亿人。[②] 从表2-9可以看出，因方法和数据的差别，估计结果之间差异很大。从一般意义上来说，能否剩余、剩余多少与农村土地面积和生产率水平呈正相关关系。根据笔者在川黔渝地区的实地调查发现，很多农村地区能够外出的劳动力都已经外出了，尤其是在人地关系紧张的农村地区，没有外出的也在当地兼业，亦工亦农，真正专营农业的较少，尤其是15~34岁年龄段，而这些人往往是家庭原因不能外出务工的较多，比如父母年龄过大、小孩无人监护等，而且部分地区的土地采取粗放耕作的方式，不再是20世纪80~90年代那样的精耕细作了。由此，笔者得出这样一个感性的结论：中国农村劳动力剩余数量规模被夸大了。对作为经营单位家庭来说，农村劳动力外出决策行为可以说是新迁移经济学理论中的一种理性经济行为，外出务工与否往往是从家庭利益最大化出发的，用纯粹理论的模式来推算现实的情况是不准确的。

事实上，改革开放30余年来，农业就业总量及所占比例不断下降，农村劳动力外出就业规模不断扩大（见表2-10）。

---

① 该数据是以农业劳动工月数10个月（即300天）计算并考虑了边缘性劳动力后的农村剩余劳动力数据，不考虑边缘性劳动力则为6956万人；若以农业劳动工月数9个月（即269天）计算并考虑了边缘性劳动力则为13114万人，不考虑边缘性劳动力则为4409万人。详见谢培秀《关于中国农村剩余劳动力数量的估计》，《中国人口资源环境》2004年第1期。

② 国家人口发展战略研究课题组：《国家人口发展战略研究报告》，《人口研究》2007年第1期。

表 2 - 10 1978～2009 年三次产业就业总量及其构成

单位：万人，%

年份	就业人口		按三次产业划分			构　成		
	合　计	占总人口比例	第一产业	第二产业	第三产业	第一产业	第二产业	第三产业
1978	40152	41.7	28318	6945	4890	70.5	17.3	12.2
1979	41024	42.1	28634	7214	5177	69.8	17.6	12.6
1980	42361	42.9	29122	7707	5532	68.7	18.2	13.1
1981	43725	43.7	29777	8003	5945	68.1	18.3	13.6
1982	45295	44.6	30859	8346	6090	68.1	18.4	13.5
1983	46436	45.1	31151	8679	6606	67.1	18.7	14.2
1984	28197	46.2	30868	9590	7739	64.0	19.9	16.1
1985	49873	47.1	31130	10384	8359	62.4	20.8	16.8
1986	51282	47.7	31254	11216	8811	60.9	21.9	17.2
1987	52783	48.3	31663	11726	9395	60.0	22.2	17.8
1988	54334	48.9	32249	12152	9933	59.3	22.4	18.3
1989	55329	49.1	33225	11976	10129	60.1	21.6	18.3
1990	64749	56.6	38914	13856	11979	60.1	21.4	18.5
1991	65491	56.5	39098	14015	12378	59.7	21.4	18.9
1992	66152	56.5	38699	14355	13098	58.5	21.7	19.8
1993	66808	56.4	37680	14965	14163	56.4	22.4	21.2
1994	67455	56.3	36628	15312	15515	54.3	22.7	23.0
1995	68065	56.2	35530	15655	16880	52.2	23.0	24.8
1996	68950	56.3	34820	16203	17927	50.5	23.5	26.0
1997	69820	56.5	34840	16547	18432	49.9	23.7	26.4
1998	70637	56.6	35177	16600	18860	49.8	23.5	26.7
1999	71394	56.8	35768	16421	19205	50.1	23.0	26.9
2000	72085	56.9	36043	16219	19823	50.0	22.5	27.5
2001	73025	57.2	36513	16284	20228	50.0	22.3	27.7
2002	73740	57.4	36870	15780	21090	50.0	21.4	28.6
2003	74432	57.6	36546	16077	21809	49.1	21.6	29.3
2004	75200	57.9	35269	16920	23011	46.9	22.5	30.6
2005	75825	58.0	33970	18084	23771	44.8	23.8	31.4
2006	76400	58.12	32561	19225	24614	42.6	25.2	32.2
2007	76990	58.27	31444	20629	24917	40.8	26.8	32.4
2008	77480	58.34	30654	21109	25717	39.6	27.2	33.2
2009	77995	58.43	29708	21684	26603	38.1	27.8	34.1

资料来源：根据《中国统计年鉴 2010》表 4 - 3、表 3 - 1 整理得来，中国统计出版社，2010。

　　从表 2－10 可以看出，农业就业人口总量经历了先上升后下降的过程，1991 年达到峰值，之后开始曲折而缓慢下降，而第三产业就业人口增长幅度较快，一直呈上升趋势，从 1978 年的 4890 万人上升到 2009 年的 26603 万人，增长了 5 倍多，并且在 1994 年超过了第二产业就业人口总量，且一直在增长。可见，第一、二产业吸纳就业人口的能力比较有限，尤其是第一产业，这也符合经济发展规律，是一个国家或地区经济发展走向成熟经济的标志。

　　在此，笔者试图以三次产业就业人口为基础提出就业理论（见图 2－3）。

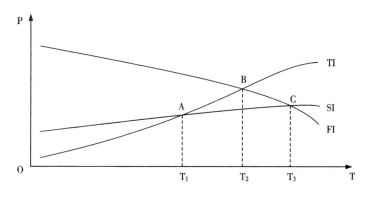

图 2－3　三次产业就业人口的就业理论曲线

　　在图 2－3 中，T 代表时间，P 代表就业人口的相应比率，FI 代表第一产业，SI 代表第二产业，TI 代表第三产业。交点 A 表示第三产业就业人口超过第二产业就业人口，是一个国家经济进行现代产业结构的初步调整期，也是第三产业吸纳新增人口就业的起步时期，是就业人口结构调整的第一个交点，相对应的时间为 T_1；交点 B 表示第三产业就业人口超过第一产业就业人口，是一个国家经济进行现代产业结构调整的关键期，也是第三产业吸纳人口就业的发展时期，是就业人口结构调整的第二个交点，相对应的时间为 T_2；交点 C 表示一个国家产业结构调整基本完成，三次产业就业结构合理，第三产业就业人口占主体的时期，在这一时期，一般也基本实现了工业化和现代化，进入后工业化和后现代化时期，是就业人口结构调整的第三个交点，相对应的时间为 T_3。由此推演出就业人口演变现代化的四个阶段：第一阶段为 OT_1，是第二、第三产业吸纳人口就业发展的初期阶段，这一阶段往往要经历较长的过程，需要在资本、劳动和土地等方面的投入和集聚，主要是技术发展和制度变迁推动农业经济发展，使农业人口出现剩余，迫使农村劳动力向非农产业（即第二、三产业）转移；第二阶段为 T_1T_2，是第二、第三产业吸纳人口就业较快发展的中期阶段，根据各个国家和地区具体情况的不同，经历的时间长短不一，这一阶段主要是服务业发展较快，工业稳步发展，第二、三产业吸纳人口增长的趋势加强，农业劳动生产率提高使更多的农村劳动力剩余并向非农产业就业，主要是向第三产业转移；第三阶段为 T_2T_3，可称为第二、第三产业吸纳人口就业的快速发展阶段，主要是第三产业吸纳人口就业能力增强，农业劳动生产率继续提高，促使更多的农村劳动力非农就业，向第三产业转移；第四阶段为 T_3T，为第三产业吸纳人口就业增速趋缓阶段，这一阶段，农业就业人口比例继续下降，第二产业就业人口在缓慢增长一段时间之后也开始下降，第三产业就业人口继续增加，逐渐成为吸纳就业人口的最主要产业，为60%～70%，此时可以说是完成了现代化，进入了后现代化、后工业化阶段（见表2－11）。

表 2 – 11　就业人口各交叉点阶段对应的经济发展

交叉点阶段	劳动力供给态势与经济发展内涵
第一阶段 (OT_1)	人口就业发展的初期阶段，劳动力供给主要是无限供给，农村劳动力开始向非农产业转移且规模越来越大，经济发展大致处于工业化初期中期阶段
第二阶段 (T_1T_2)	人口就业较快发展的中期阶段，劳动力供给由开始减少到有限供给，农村劳动力转移规模扩大，劳动力转移制度创新进入新的阶段，经济发展大致处于工业化中期阶段
第三阶段 (T_2T_3)	人口非农就业快速发展阶段，劳动力供给继续减少并出现短缺，第三产业逐步成为吸纳就业人口的主要部门，劳动力转移制度持续创新，经济发展大致处于工业化后期阶段
第四阶段 (T_3T)	劳动力成为稀缺要素，农业就业人口比例开始下降，第二产业就业人口达到峰值后也开始下降，第三产业成为吸纳就业人口的最主要产业部门，劳动力基本能够实现自由流动，经济发展进入后工业化阶段，经济现代化基本实现

根据此理论模型，中国三次产业就业人口构成的变动趋势通过图2－4更直观地体现出来。

在此，笔者根据1978～2009年三次产业就业人口数据，对就业人口

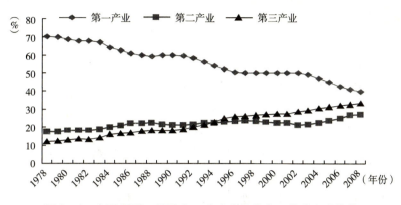

图 2 - 4　中国 1978～2008 年三次产业就业人口构成变动趋势

在各产业就业人口的发展趋势做了相应的预测，并计算其相应的比例构成，见图 2 - 5。

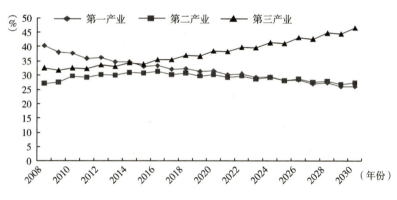

图 2 - 5　中国 2008～2030 年三次产业就业人口构成趋势

通过图 2 - 4、图 2 - 5 可以看出，中国第三产业就业人口曲线与第二产业就业人口曲线相交，即 A 点出现的时间在 1994 年；根据经济发展规律，第三产业就业人口曲线与第一产业人口就业曲线相交，即 B 点的出现是一个时间性的问题，根据笔者预测，大致在 2015 年前后实现交叉，那时中国现代化建设进入了快速发展阶段，因为中国这个传统的农业大国在这时已经开始真正迈上了现代化道路上的康庄大道。假以时日，当第二产业就业人口曲线与第一产业人口就业曲线相交即 C 点出现时，根据笔者预测，大约在 2026 年前后，第二产业就业人口将超过第一产业就业人口，约占 28.5%，第一产业构成约为 28.1%。对于 A、B、C 三个交叉点的出现，意味着产业结构调整对劳动力就业人口的吸引，分别预示着不同的经济发展水平和现代化程度。笔者认为，再经过 20 年的就业人口演变，那么中国基本实现现代化的日子指日可待。此后，中国将在现代化征程上继续前行而成为一个真正"富强、民主、文明、和谐"的社会主义现代化强国。中国三次产业就业人口的演变趋势基本上与图 2－3 提出的三次产业人口就业理论曲线相似，说明基于三次产业就业人口提出的就业理论也符合人口就业的产业分布趋势。

因此，农业就业人口总量下降是一个必然趋势，农村劳动力非农就业和城镇转移则是人口城镇化和经济现代化进程的一种必然趋势，因此，应该在新阶段促进和推动农村劳动力转移。当前，在农业就业人口总量下降的情况下，农村劳动力外出流动就业的规模不断扩大。据农业部和国家统计局的资料显示，1995～2007 年，"农村劳动力迁移数量从 5600 万人上升到 12609 万人，占乡村劳动力总量的比例从 10.3% 上升到 26.5%。国家统计局的数据显示，2000～2006 年，农村劳动力迁移数量从 7849 万人上升到 13212 万人，占乡村劳动力总量的比例从 16.0% 上升到 27.5%。"[1]由此可见，第二、三产业发展和吸纳的就业人口主要是从第一产业转移出去的农村劳动力。因此，加快第二、三产业发展，推动农村劳动力有序合理转移是中国人口就业发展的主要方向之一。

二 中国农村劳动力转移意愿分析

每一个农村劳动力都是人口城镇化的潜在对象。在市场化和自主选择的条件下，潜在的城镇化人口成为现实城镇人口的一个重要条件，就是要有向城镇转移的意愿。具有转移愿意的农村劳动力越多，城镇化的"势能"越大，这是城镇化发展的一个基本前提。在此，根据本研究对农村劳动力转移的界定，通过问卷调查数据显示，并不是所有的农村外出劳动力都愿意迁移到城镇居住，而是呈现代际分化，即随着年龄的增长，不愿迁移的比例越大（见表 2－12）。

---

[1] 蔡昉、王美艳：《中国人口与劳动问题报告 No.9：刘易斯转折点如何与库兹涅茨转折点会合》，社会科学文献出版社，2008，第 93～94 页。

表 2 - 12　川黔渝地区 2124 名农村外出劳动力的转移地点选择意愿

单位：万人，%

		转移地点					合　计
		本地农村	本地所在乡镇	本地县城	本省（市）大城市	其他省（市）大城市	
代　际	第一代农民工	127	144	194	156	146	767
	第二代农民工	168	203	365	302	302	1340
合　计		295	347	559	458	448	2107
代际内百分比	第一代农民工	16.6	18.8	25.3	20.3	19.0	100.0
	第二代农民工	12.5	15.1	27.2	22.5	22.5	100.0
合　计		29.1	33.9	52.5	42.9	41.6	
总　体百分比	第一代农民工	6.0	6.8	9.2	7.4	6.9	36.4
	第二代农民工	8.0	9.6	17.3	14.3	14.3	63.6
合　计		14.0	16.5	26.5	21.7	21.3	100.0

资料来源：问卷调查数据（其中 17 人未选），2009 年 1～2 月。

由表 2 - 12 可见，从总体上看，依然选择本地农村的占 14.0%，选择本地所在乡镇和本地县城的比例高达 43.0%，而选择本省（市）大城市占 21.7%，从这些数据可以看出，省内转移意愿的比例高达 78.7%，而向省外转移的意愿只有 21.3%。这说明，农村劳动力转移行为是一种理性的决策行为，并不因政策和条件的许可就会出现农民工大量涌入；再分代际来看，第一代农民工选择留在本地农村和本地乡镇的比例高于第二代农民工，而在选择本地县城、本省（市）大城市和省外大城市方面的比例低于第二代农民工，说明第二代农民工具有更强的迁移意识和迁移风险。这一结论与其他学者的研究结论相似。

另外，现居住地经济发展水平及与中心城市距离的远近，使迁移的意愿大相径庭。如王华（2008）通过对广州 10 村的调查分析表明，发达地区大多数农村劳动力已经实现了就地向非农产业转移，非农化程度较高，以就地转移为主，向城市转移的意愿不强；农村劳动力对拟转移目的地城镇的选择大致随城乡距离的增加而递减的态势，表现出转移空间意愿的距离偏移特征，主要是以中心城区周边的小城镇和卫星城为拟转移目的地，表现出就地城市化的趋向。又如金建江（2007）对浙江海宁农村地区的问卷调查数据分析表明，发达地区农村劳动力转移的意愿非常强烈，愿意从事非农工作的占80.8%，他们理想的生活和工作地方却主要是本县市城市（40.2%）和本乡镇（25.0%），想去省内其他地区和省外生活工作的较少；由于城镇相对于农村较好的生活条件和完善的配套设施以及小孩在城镇可能具有较好的受教育机会，一旦能够在城镇买套房子或者能够在城镇找到合适的工作，大部分农村劳动力会选择离开农村去城镇生活和工作。这两组分析结果表明，经济发展水平、城镇的生活成本影响着农村劳动力的转移意愿，如广州由于经济比较发达，城市生活成本较高，所以农村劳动力由于各种原因其转移表现为就地城镇化的趋向；浙江海宁作为县级市，往往也是吸引农村劳动力转移的主要区域，相比而言，该地区农村劳动力转移考虑到住房、工作和下一代教育等方面，且相对广州这样的特大城市而言，居住成本还是要低得多，所以转移意愿非常强烈，而本地县城和本乡镇往往是农村劳动力转移的首选之地。这些分析说明，农村劳动力转移意愿是一个理性的决策选择。自身的经济条件、转移目的地的经济发展水平和生活成本、转移距离及社会环境成为影响农村劳动力转移意愿的因素。

通过这些分析可以看出，农村劳动力剩余规模再加上相应的转移意愿和能力，构成了农村劳动力转移的现实规模。笔者认为，如果真正放开限制农村劳动力转移的制度及政策，并不一定会出现大家担心的农村劳动力蜂拥进城的局面，因为能够进城的已经进城并在城市工作生活着，而未进城的也未必会盲目进城。由此可以说，中国年轻劳动力供给进入了有限剩余、有限供给的新阶段，也就进入了一个农村劳动力转移制度变革的新阶段，所能做的就是给予他们应有的公民权利和社会权利，保障他们的合法财产和合法权益，为他们营造良好的可供选择就业和居住地的制度环境，使他们稳定就业和居住，这样才能使农村劳动力真正有序而合理地转移。

第三节　本章小结

本章以中国总人口发展态势为基础，分析了未来人口年龄结构发展态势，并运用相关指标分析了中国未来劳动力供给态势，认为中国劳动力供给已进入年轻劳动力有限供给的新阶段；同时，本章对刘易斯转折点进行了一定的理论阐释，说明该转折点在中国的特征，以此说明年轻劳动力有限供给的新阶段是第一个刘易斯转折点来临的特征，是农村劳动力转移制度变革的"临界点"阶段，这是本章的主要研究内容。据此认为，中国农村劳动力转移进入了一个诱致新的制度需求和制度非均衡的新阶段，进而为后面分析中国农村劳动力转移的各项制度需求和制度创新打下基础。

在此基础上，本章探讨了新阶段农村劳动力转移的规模问题，主要阐述两个问题：一是有多少劳动力可以转移的问题，二是有多少农村劳动力愿意转移的问题。一方面，农村剩余劳动力数量存在着被夸大的可能。根据实地调查，中国农村富余劳动力的数量规模被夸大了，本章还结合我国三次产业就业总量构成的变化趋势说明农业就业人口总量下降是一个必然趋势，农村劳动力非农就业和城镇转移则是人口城镇化和经济现代化进程的一种必然趋势，因此，加快第二、三产业发展，推动农村劳动力有序合理转移是中国人口就业发展的主要方向之一。另一方面，并非所有的农村外出劳动力都愿意迁移到城镇居住，而是呈现代际分化，即第二代农民工比第一代农民工具有更强的迁移意识和迁移风险；虽然相当大部分的农民工迁移意愿都选择省内城市或城镇，但两代农民工中，都有一定比例的人数选择回到农村作为最终的发展愿景。

第三章
新阶段农村劳动力转移的历程、
特征与制度障碍层次分析

农村劳动力向非农产业和城镇转移是劳动力转移就业的必经阶段，我国农村劳动力转移经历了一个具有自身特点的曲折过程。在这一转移过程中，制度抑或政策的影响尤为明显。纵观我国农村劳动力转移过程，制度障碍制约了我国农村劳动力转移的速度、规模和质量，是影响农村劳动力转移的主要因素；而影响农村劳动力转移流动的制度障碍较多，且具有一定的层次性。因此，对影响农村劳动力转移的制度障碍进行层次分析，探讨其内部关系，是本项目研究的基本前提。

第一节 新中国成立以来农村劳动力
转移历程分析

对于我国劳动力转移过程而言，制度因素的影响远胜于其他因素对农村劳动力转移的影响。新中国成立以来，我国农村劳动力转移经历了一个曲折的历程，这一曲折历程首先源于制度的顶层设计，由于不同时期制度取向不同，导致对农村劳动力转移采取的态度不同。根据不同时期制度安排的不同，大致可以分为改革开放前和改革开放后两个大的阶段。

一 改革开放以前的农村劳动力转移阶段（1949～1978年）

改革开放以前的农村劳动力转移实际上是农村劳动力迁移，因为这一时期的大多数时间不存在自由流动的情况，一切都是与计划联系在一起的。新中国成立之初，为了迅速恢复国民经济、改变贫穷落后的面貌，为了提高人民群众的物质文化生活水平和实现经济社会的赶超型发展，国家推行了工业化战略尤其是重工业优先发展战略，这就使这一时期整个国家的主要工作都围绕这一战略来展开，农业、农村和农民工作也必然围绕这一战略来进行。这种发展战略一经确定，一系列相关的制度安排就应运而生，把资本和劳动力配置纳入计划之内，计划之外的生产要素流动就成为不合法的现象。也就是说，在资本稀缺的经济中，推行资本密集型重工业优先发展战略，不可能依靠市场来引导资源配置，因此必须通过计划体制把各种资源按照产业发展的优先顺序进行配置，这就产生了一系列的计划经济制度安排，其中把城乡人口与劳动力分隔的户籍制度，以及与其相配套的人民公社制度、农产品统购统销制度、城市劳动就业制度、城市偏向的社会保障制度、基本消费品供应的票证制度及排他性的城市福利体制等，有效地阻碍了劳动力这种生产要素在部门间、地域上和所有制之间的流动。这样，中国就成为一个典型的城乡分割"二元社会"。"在这一系列制度安排的环境下，农业劳动力首先是不允许离开所在的生产队，其次是食品定量供应政策以及排他性的城市就业、住房、医疗、子女受教育制度等都使得他们不能在城市生存。由于这种有效的制度约束，尽管传统的城乡二元结构和城市偏向政策导致城乡之间的巨大收入差距，但除了按照计划进行的户籍迁移之外，可以观察到的人口流动并没有发生。"[①] 这一阶段又可分成两个阶段。

（一）1949～1957 年是自发性迁移阶段

这一阶段的农村劳动力迁移以经济发展拉动的自发性迁移为主，同时也有部分计划性迁移，可称其为"自发性迁移阶段"。应该说，这一阶段经历着新中国成立以来的第一个人口生育高峰，在农村人口不断增长和城乡收入差距的吸引下，农村劳动力便有着向城市流动的动力，这一阶段便有大量的农村劳动力涌入城市。但是，由于城市基础建设滞后，农村人口流入给城市居民就业、食品供应带来了困难，也使农村劳动力严重流失，出现了农业劳动力过度短缺的现象。为了控制农村人口向城市的迁移，国家采取了相应的制度安排将农业人口排除在城市就业之外，出台了一些限制农村人口流动的政策。一方面，国家通过人民公社制度控制农业生产资源的政策，其中包括控制农业劳动力不能自由转移到非农产业中，将农村

---

① 蔡昉：《劳动力迁移的两个过程及其制度障碍》，《社会学研究》2001 年第 4 期。

人口控制在农村，同时在城市推行各种票证制度等手段，将城乡之间人口流动的渠道几乎堵死；另一方面，出台了限制农村劳动力盲目流动的政策，把农村劳动力束缚在农村的生产资料上，这一时期劳动力迁移主要表现在大批工业移民和垦荒移民。尽管如此，由于国民经济的恢复发展和各项工业计划的实施，农村劳动力有序进城的还是不少。总体来看，这一期间农村人口也享有较充分的自由迁居城市的权利，"从 1949 年至 1957 年，城镇人口从 5765 万增加到 9949 万，年平均增幅达到 7% 以上，城镇人口的比重由 1949 年的 10.6% 上升到 1957 年的 15.4%。当然，城镇人口的一部分来自城镇内部的机械增长，当时城镇人口的自然增长率平均高达 3%，但这在城镇人口增长中只占 44%，仍有 56% 的增长是由农村人口的迁入取得的"[1]。同时，在这期间，农村居民在农村内部也有充分选择就业的权利。据统计，在 20 世纪 50 年代，农村各种专业手工业者约 200 万人，而兼营商品性手工业的农民约 1000 万人。[2] 这期间的城镇人口增加过程与当时发展中国家的一般情形相类似。

（二） 1958～1978 年是逆城市化转移阶段

在这期间，除了 1958～1963 年这一时间段的非正常劳动力迁移之外，大部分农村劳动力的迁移流动基本上被置于政府的严格控制之下。在此期间经历了新中国人口生育的第二次高峰期，本应有更大规模的人口迁移流动，但由于户籍制度的作用，使农村劳动力转移基本上处于停滞阶段，反而是一些政治性迁移使城市人口向农村流动，因此可称为逆城市化转移阶段。

这一时期最为突出、作用最大、影响最深的制度安排是户籍制度，针对大量农村劳动力进城就业给城镇就业和食品供给造成的压力，1958 年 1 月全国人大常委会通过了《中华人民共和国户口登记条例》，确定在全国实行户籍管理体制，该条例出台的目的是把城乡人口的分布和劳动力配置固定化。根据户籍管理规定，一个人的户籍登记地必须经政府有关部门的批准才能改变。该户籍管理办法自颁布以后一直严格执行。这一时期的户籍制度基本遵循一种逆城市化的逻辑，政府一味强调用行政命令来控制城市的发展。此后又进一步实行了与这种户籍制度相配套的食品供给制度、

---

① 唐茂华：《中国不完全城市化问题研究》，经济科学出版社，2009，第 99 页。
② 刘怀廉：《农村剩余劳动力转移新论》，中国经济出版社，2004，第 44～45 页。

就业制度、社会保障制度、住房制度、教育制度等，这样，从20世纪60年代开始基本上堵死了农村劳动力自由流入城市的通道，大量农村劳动力被固定在有限的生产要素——土地上，农村与城市的劳动力市场被分割开来，城乡分割的二元劳动力市场格局逐渐形成。

这一时期农村劳动力转移的特点是大起大落，尤其是1958～1961年，以就业人口为例，1957年第一、二、三产业就业人口分别为19309万、2142万、2320万，其比例分别为81.2%、9.0%、9.8%；1958年则分别为15490万、7076万、4034万，比例为58.2%、26.6%、15.2%；1959年分别为16271万、5402万、4500万，62.2%、20.6%、17.2%；1960年分别为17016万、4112万、4752万，65.7%、15.9%、18.4%；1961年分别为19747万、2856万、2987万，77.2%、11.2%、11.6%。[①] 当时中国经济发展处于极不正常的时期，以上数据间接说明农村劳动力在这一时期正是"潮起又潮落"，这在人口迁移史上也是少有的。1962年之后逐步趋于正常，但农村劳动力被严格控制在计划之内，而且还存在城市知识青年的"上山下乡"等逆城市化的政治性劳动力迁移，改变着这一时期劳动力流动方向而成为劳动力流动的主流。据相关统计资料显示，1962～1978年间，知识分子"上山下乡"的规模为1751.71万人，其中插队1274.89万人，到国有农场290.18万人，到集体农场为186.64万人。[②] "在城市隔离最为严重的1958～1975年期间，在城镇新增人口中，自然增长所占比重高达77.3%，机械增长仅占22.7%，有些年份如1966～1970年，机械增长甚至为负值。"[③] 在这期间，由于农村推行人民公社制度和统购统销制度，使农村商品交易市场萎缩，兼营性手工业农民急剧减少，农村劳动力被限制在社队的有限土地上从事农业生产。巨大差异的人口和劳动力格局为改革开放后的劳动力转移积累了一个很大的势能。当以市场取向的经济体制改革为农村劳动力转移提供了一种可能性时，相应的制度变革才有望把这种可能性变为现实。

---

① 1957～1961年就业人口及构成的资料来源：《中国劳动统计年鉴2006》，中国统计出版社，2007。

② 资料来源：国家统计局社会统计司：《中国劳动工资统计资料（1949～1985）》，中国统计出版社，1987，第110页。根据这一资料，1979年仍有知识分子"上山下乡"的情况，全年共24.77万人，其中插队7.32万人，到国有农场1.01万人，到集体农场16.44万人。

③ 刘怀廉：《农村剩余劳动力转移新论》，中国经济出版社，2004，第46页。

二　改革开放以来的农村劳动力转移阶段（1978 年 12 月至今）

从 1978 年底开始，中国走上了改革开放的道路，为探索并寻求解决农村劳动力过剩问题迎来了新的机遇和条件，应该说这一阶段的农村劳动力转移主要体现在制度变革改变了农村劳动力在城市劳动力市场上的供求关系。20 世纪 70 年代末开始推行家庭联产承包责任制[①]，80 年代初人民公社制度逐渐解体；同时，政府开始对价格体系进行改革，农产品市场逐渐放开，通过双轨制的过渡最终废除了统购统销制度。这一时期也出现了生产要素市场，劳动和资本开始在农村内部和城乡之间流动，农村劳动力流向小城镇甚至大中城市。相应的，由于户籍制度限制有所放松，城市福利体制也进行了改革，城市用工制度也逐渐宽松，劳动力的流动性愈益加强，劳动力市场制度开始建立和完善，大批农村劳动力在城市各种所有制组织就业，并且规模越来越大。然而，由于制度惯性及其影响下的思想观念和利益关系的存在，一系列不利于农村劳动力转移的国家及地方的制度和政策仍然存在。例如，对于农村劳动力流动的规定继续保持其歧视性；地方性就业政策仍然给予城市户籍人口以高度的优先地位；这方面的例子包括地方劳动部门采用各种奖惩手段，鼓励用人单位雇用本地劳动力，限制和排斥外来劳动力，且随着城市就业形势的恶化而趋于加强。[②]

需要说明的是，由于中国城市户口承载着诸多内容，不同户口不仅代表着不同的职业、身份、地位及福利待遇，其后还依附着多项具体的城乡有别的利益分配制度。由于农村劳动力改变户籍身份的渠道较少，他们的最终归属还是要回到原户籍所在地——农村，而且他们在城镇非农就业，没有享受到与城市公民相关的制度权益，基本劳动权益得不到有效的制度保障，受到诸多不公正待遇。因此，这一时期虽然农村劳动力迁移流动的规模较大，但是真正实现户口迁移的农村劳动力规模远远小于同期的农村劳动力流动规

[①]　家庭联产承包责任制是改革开放以来的第一项涉农制度变迁，土地的家庭承包关系改变了新中国成立初期形成的以生产队所有为基础的土地集体所有权，是一场土地生产关系的农村土地制度变革，使农民在集体所有的前提下有了土地使用权。

[②]　蔡昉：《民生经济学——"三农"与就业问题的解析》，社会科学文献出版社，2005，第161 页。

模；而且，农村劳动力流动伴随着城市经济的兴衰而反复涨落。[①] 由于没有专门的关于在城镇非农就业的农村劳动力实现转移的统计数据，在此主要分析相关制度变革对农村劳动力进城就业的影响及引致的农村劳动力流动过程。由于不同时期的制度变革及其政策变化，使改革开放以来中国农村劳动力流动经历了急剧流动、曲折起伏发展和年轻劳动力有限供给的阶段。

（一）1979～1988 年是急剧流动阶段

这一时期主要是农村土地制度变革和户籍制度放松导致的农村劳动力流动。以家庭联产承包制为主要内容的农村土地制度变革和人民公社制度解体，农户家庭不仅具有了土地利用权和资源配置的自主权，明确了劳动产品的归属权，而且生产经营成果以及不同的资源配置选择直接反映到家庭收入和福利上，制度变革的激励作用开始凸显，农民生产经营的积极性空前高涨，农业劳动生产率得到大幅度提高，粮食产量得到迅速增加，粮食供求矛盾得以缓解。经济学界普遍认为，到 1984 年，中国粮食短缺的时代基本结束，粮食供给因素已经不是经济发展的主要制约因素。同时，随着农村产品和要素市场的逐步放开、农业劳动生产率的提高和农产品价格的提升又使农业收入得以提高，农村经营环境得以改善，农业经济发展所产生的强大经济刺激，暂时弱化了农民向非农领域转移的冲动。但是，那些与其经营土地相比劳动力过多的农户家庭，为使家庭劳动力得到充分利用，开始在农业以外的其他经济部门寻求就业机会。在此条件下，政府开始实施以促进经济增长为目标的全面政策调整，过去对农村劳动力向非农产业转移的制度及政策限制开始放松。这一时期最主要的制度创新是户籍制度开始松动。1984 年 10 月，《关于农民进入集镇落户问题的通知》规定："凡申请到集镇务工、经商、办服务业的农民和家属，在集镇有固定住所，有经营能力，或在集镇企事业单位长期务工的，公安部门应准予落常住户口，及时办理入户手续，发给'自理口粮户口簿'，统计为非农业人口。粮食部门要做好

---

① 由于农村劳动力进城非农就业之后，没有改变户籍身份，按照本研究的相关概念界定，这些进城务工就业的农村劳动力只能是农村劳动力流动，而并非农村劳动力转移，本小节的论述主要是分析相关制度变革对农村劳动力转移的影响；其实，这主要是对规模更大的农村劳动力流动起着同样的作用。由于每一个农村劳动力的人力资本、社会资本和金融资本禀赋是不相同的，有些实现了转移过程而成为城市居民，而更多的只是完成了就业方式的转变而成为身份尴尬的"农民工"。因此，在本小节中，也用"农村劳动力流动"这个词语，主要是分析制度变革对其流动过程的影响。

加价粮油供应工作，可发给'加价粮油供应证'。地方政府要为他们建房、买房、租房提供方便……"①此后，作为非农业户口的"自理口粮户"由此出现。这实际上从制度上开启了农村劳动力迁移流动的先河，也是农村劳动力转移制度及政策松动的一个标志，农村劳动力进城务工经商的潮流开始涌现，即出现"民工潮"。

从1984年开始，乡镇企业开始发展壮大起来，成为农村劳动力非农就业的主要渠道，而且，国家准许农民自筹资金、自理口粮进入城镇务工经商。从那时开始，农村劳动力以空前的规模和速度向农村非农产业就业。1985年与1982年相比，农村非农就业人数净增2909万人，年均增加970万人，农村劳动力年均非农就业速度高达20.8%。在此期间，农村非农就业份额由12.2%提高到19.1%。而从1985年开始，农村非农就业超常规增长的势头开始减弱，1988年与1985年相比，农村非农就业人数仅增长了1897万人，年均增加632.3万人，年均增长速度下降到8.6%，这三年，农村非农就业份额仅增加了3.37个百分点。总体来看，1984~1988年间，累计非农就业农村劳动力5566万人，平均每年1113万人，非农就业劳动力的总量平均每年增长23.11%，农村劳动力非农就业由8.8%迅速提高到21.5%，提高了12.7个百分点。②乡镇企业成为这一时期吸纳农村劳动力就业的主要场所（见表3-1）。

表3-1   1978~1988年乡镇企业吸纳农村劳动力就业情况

年份	农业从业人员（万人）	乡镇企业吸纳就业人员（万人）	比上年增加数（万人）	增幅（%）	占农村从业人员比重（%）
1978	30638	2826			9.23
1979	31025	2909	82	2.91	9.38
1980	31836	2999	90	3.12	9.42
1981	32672	2969	-30	-1.00	9.09
1982	33867	3112	143	4.83	9.20
1983	34690	3234	121	3.91	9.32
1984	35968	5208	1973	61.01	14.48

①　陆益龙：《超越户口——解读中国户籍制度》，中国社会科学出版社，2004，第33页。
②　这一时期段的资料来自刘怀廉《农村剩余劳动力转移新论》，中国经济出版社，2004，第47页。

年份	农业从业人员（万人）	乡镇企业吸纳就业人员（万人）	比上年增加数（万人）	增幅（%）	占农村从业人员比重（%）
1985	37065	6979	1770	33.99	18.83
1986	37940	7937	958	13.73	20.93
1987	39000	8805	868	11.09	22.58
1988	40067	9545	740	7.75	23.82

资料来源：根据《中国乡镇企业年鉴（1993）》整理而来。

表 3-1 的数据显示，1984~1988 年是乡镇企业吸纳农村劳动力就业最多的 5 年，但增幅逐年有所下降，这是由乡镇企业发展规模较小、发展潜力有限和管理方式落后等特点决定的。

（二）1989~2003 年是曲折起伏发展阶段

由于户籍制度改革的滞后作用、进城农民工社会保障缺失、劳动力市场不完善、城市居民就业优先等制度和政策因素的影响，这一阶段农村劳动力流动转移经历了三个时期：1989~1991 年为缓慢增长时期；1992~1996 年为快速流动转移时期；1997~2003 年为调整发展时期。

1.1989~1991 年的缓慢增长时期

这一时期主要是由于国民经济治理整顿导致城镇新增就业机会减少，且因农村劳动力市场就业制度缺失，使农村劳动力转移和流动陷入了停滞的低谷时期。从 1988 年底开始，我国对国民经济进行为期三年的治理整顿，就业机会主要以城市居民优先，控制农村劳动力迁移的过快增长。1989 年 3 月至 1991 年 12 月，国务院办公厅、民政部、公安部相继发出文件，控制盲目流动，随着城市生产的收缩，大量转入城市就业的农民工被辞退，出现了大量农民工由城市向农村的"回流"。1989 年 3 月，为了减轻"民工潮"给经济发展、社会稳定带来的不利影响，国务院办公厅发出了《关于严格控制民工外出的紧急通知》；1990 年 4 月，国务院发布的《关于做好劳动就业工作的通知》中指出："对农村劳动力进城务工，要运用法律、行政、经济的手段，实行有效控制，严格管理。并建立临时务工许可和就业登记制度。"[1] 这一方面是由于前一时期实行的允许与鼓励

---

[1]　国家人口和计划生育委员会流动人口服务管理司：《中国流动人口发展报告 2010》，中国人口出版社，2010，第 187 页。

政策引发了大规模的农村劳动力跨地区流动，其负面效应通过交通运输、社会治安、劳动力市场管理等方面的不适应而表现出来；另一方面，由于治理经济环境、整顿经济秩序造成了城市与乡镇企业新增就业机会减少，使得农村劳动力的转移规模和流动空间缩小。"1989～1991年累计流动农村劳动力只有296万人，平均每年增加99万人，流动劳动力总量平均每年仅增长1.1%，农村劳动力非农化率出现了下降的局面，由21.5%下降到20.7%，下降0.8个百分点。"[1] 同时，乡镇企业也因各种原因发展受到很大冲击，农村非农就业的增长也基本上处于停滞状态。农村非农产业发展进入低潮，进而导致农业劳动力转移和流动的速度放慢。

2. 1992～1996年的快速流动转移时期

这一时期由于宏观经济形势的好转及东部沿海地区产业发展对劳动力需求的快速增长，以及社会主义市场经济体制的初步建立，政府对农村劳动力流动转移的制度和政策发生了改变，并开始对进城农民工进行管理，使农村劳动力流动转移快速发展。从1992年开始，农村劳动力流动政策逐渐发生变化，从控制盲目流动到鼓励、引导和实行宏观调控下的有序流动，开始实行以就业证（卡）管理为中心的农村劳动力跨地区流动的就业制度，并对小城镇的户籍管理制度进行了改革。"据估计，1992年流入城市的农村人口已达3500多万人，而1993年外出农村劳动力估计在5000万～6000万人。1992～1996年间，农村劳动力累计流动规模为4122万人，平均每年824万人，流动农村劳动力的总量平均每年增长7.9%，农村劳动力非农化率由20.7%又迅速提高到28.8%，提高了8.1个百分点。"[2]

3. 1997～2003年的调整发展时期

这一时期主要是国民经济调整和国有企业改组，国有企业下岗再就业人员增多，导致城市非正规就业岗位明显减少，原有的制度没有大的变化，加之缺乏相应的农民工就业保障制度和保障机制，使农村劳动力进城非农就业在此期间明显减少；而随着中国正式加入WTO，东部沿海地区外贸经济和城镇经济的发展，2002～2003年沿海地区农村劳动力需求持续增长，导致农村劳动力流动转移的规模开始加快。从1997年开始，农村

---

① 刘怀廉：《农村剩余劳动力转移新论》，中国经济出版社，2004，第47页。
② 刘怀廉：《农村剩余劳动力转移新论》，中国经济出版社，2004，第48页。

劳动力流动转移的增长速度出现明显下降的态势，"1997 年为 1.1%，1998 年为 0.6%，1999 年降到了 0.4%"①。但是进入 2000 年，农村劳动力流动数量增长加快（见表 3 - 2）。

表 3 - 2　我国农村劳动力迁移数量

单位：万人，%

年份	农业部		国家统计局	
	数　量	占乡村劳动力比例	数　量	占乡村劳动力比例
1995	5066	10.3		
1996	5585	11.4		
1997	5888	12.0		
1998	5986	12.2		
1999	6331	12.9		
2000	7534	15.4	7849	16.0
2001	8361	17.0	8399	17.1
2002	9684	19.8	10470	21.4
2003	9820	20.1	11390	23.3
2004	10436	21.4	11823	24.3
2005	11186	23.1	12378	25.9
2006	11891	24.7	13212	27.5
2007	12609	26.5		

注：这里的"迁移"应理解为"流动"。

资料来源：农业部农村经济研究中心、国家统计局编，历年《中国农村统计年鉴》；转引自蔡昉等《中国人口与劳动问题报告 No. 9：刘易斯转折点如何与库兹涅茨转折点会合》，社会科学文献出版社，2008，第 94 页。

表 3 - 2 数据表明，农村劳动力流动数量一直保持着逐年上升的势头，而且，随着农村劳动力流动数量不断上升，农业部门劳动力剩余数量将会逐渐减少，新增可供流动的农村劳动力减少。"1997 ~ 2003 年年均转移 500 万人左右，年均增长约 4%，但 2003 年仅增加 490 万人，增长 3%，低于近年平均水平。"② 在这一时期，相关制度对农村劳动力转移的障碍

---

① 刘怀廉：《农村剩余劳动力转移新论》，中国经济出版社，2004，第 48 页。

② 阳俊雄：《农村劳动力转移面临的主要问题与对策建议》，《中国农村劳动力调研报告 2005》，中国统计出版社，2005，第 125 页。

作用开始进入更多学者的视野，如曹阳（1998），储全胜（1998），蔡昉（2001，2003），吴群（2003），张笑寒、黄贤金（2003）等。

（三）2004 年至今的年轻劳动力有限供给新阶段

由于现行户籍制度并未根本改革、农民工社会保障制度不完善、农村劳动力就业的市场制度建设滞后、城市管理服务制度落后等因素的长期影响以及人口转变导致的劳动力供给的变化，2004 年春东部沿海地区部分企业出现了用工短缺，即所谓"民工荒"。此后，"民工荒"有由沿海向内地扩散、蔓延和加剧之势。"民工荒"反映了进入 21 世纪以来中国劳动力市场就业形势在持续好转，遭受就业冲击的群体在缩小，前一阶段没有流动的农村劳动力大量外出务工，城镇就业的稳定性提高。当出现年轻劳动力有限供给之后，越来越多的农村劳动力进入城镇劳动力市场，仍然无法满足城镇厂商的需求。

正如前述，"民工荒"表明中国劳动力供给发生了重大变化，劳动力结构性短缺是其外在的"表相"。而且，农民工的代际分化也是"民工荒"存在的一个诱因。与第一代农民工相比，第二代农民工拥有更多的人力资本，更加关注自身的长远发展，更有维权的勇气，有着更高的消费水平，"更倾向于将外出打工看做是人力资本和社会资本的积累过程并借此来谋求非农职业转化"[1]，"对社会的评价和认同度相对更高，与老家的联系程度正在减弱，更愿意放弃老家田地、把户口迁入工作城市"[2]，他们向用工企业的管理理念和管理模式更是向城乡二元社会结构提出了挑战。因此，"民工荒"实际上是他们在年轻劳动力有限供给新阶段抗争城乡二元社会结构的结果。

经过金融危机冲击后的 2010 年、2011 年再次涌现"民工荒"，这说明如果深层次矛盾不解决，"民工荒"将成为常态。这些深层次矛盾除薪酬待遇过低、生产环境恶劣之外，农村劳动力作为城镇外来者，长期游离于城市体制之外，他们工作生活在城市，但享受不到城市人享有的子女入托、入学、就业、养老、医疗、住房等方面的保障，庞大的农

---

[1] 悦中山、李树茁等：《徘徊在"三岔路口"：两代农民工发展意愿的比较研究》，《人口与经济》2009 年第 6 期。

[2] Wang Xingzhou (2008)，"Special Issue：Migrant Workers in the Course of Urbanization—An investigation into intergenerational differences between two generations of migrant workers"，*Social Sciences in China*，Vol. XXIX，No. 3，Aug. pp. 136 – 156.

民工群体与城市之间的鸿沟始终无法弥合；对城市而言，他们更像是匆匆过客。而且，农民工维权的渠道和手段严重不足，更无法谋求与资方沟通和平等对话的地位，劳资关系不平衡，这也增加了农民工务工的风险和成本，农民工群体正成为中国实现体面劳动难度最大的群体。诸多问题都涉及作为顶层设计的制度层面。因此，年轻劳动力有限供给的新阶段蕴涵着制度创新时代的到来，正是探讨如何消除农村劳动力转移制度障碍的最佳时机。

通过对农村劳动力流动转移过程的回顾，可以看出有利于农村劳动力转移的因素在增长。一是随着改革开放的深入推进，城乡劳动力市场制度逐步建立和完善，非经济因素的影响在逐步减弱，制度和体制方面的影响因素在日益凸显；同时，政府也越来越认识到农村劳动力转移对解决"三农"问题和经济社会发展的重要性，2004～2010年连续七个涉农"一号文件"的出台就证明了这一点，其中2010年的"一号文件"首次提出"着力解决新生代农民工问题"，并把"统筹研究农业转移人口进城落户后城乡出现的新情况新问题"作为推动城镇化发展的制度创新范畴，这实际上是促进农村劳动力融入城市的一种新的制度思路。二是中国经济持续增长，产业结构进一步转型，工业化城镇化步伐加快，统筹城乡发展及城乡一体化加速推进，这必将对农村劳动力转移形成很大的拉力，吸引和促进农村劳动力的持续转移；另外，农民工的权益和地位日益受到政府和社会的关注和重视，《中共中央关于制定国民经济和社会发展第十二个五年规划的建议》提出"注重在制度上解决好农民工权益保护问题"。这些因素有利于推动农村劳动力转移的进程。同时，也要看到多年来一直存在的不利因素依然存在，如农村劳动力进城后的市民化待遇仍然没有解决，城乡分割的户籍制度的原有障碍依然存在，农民工社会保障制度的缺陷、子女入托入学的困难、就业服务制度的不规范、就业创业"融资难"等基本公共服务的城乡差距还客观存在，这些因素也将继续阻碍农村劳动力转移的进程。因此，要考虑进入年轻劳动力有限供给阶段后中国经济增长可持续性，笔者认为，新阶段应该从两个方面入手：一是强化人力资本投资，充分利用和延续中国"人口质量红利"；二是实现农村劳动力转移的制度创新。只要做到这两个方面，中国经济再持续增长30年应该没有问题。本研究后面的内容也将主要谈及农村劳动力转移的制度创新问题，兼述中国"人口质量红利"的利用和延续问题。

综上可见，新阶段农村劳动力转移问题处于一个制度调整变革时期，积极因素和不利因素并存，将表现出较强的复杂性、阶段性和反复性。

第二节 新阶段农村劳动力转移的
现状及其特征

一 农村劳动力转移过程的两个差异：基于制度视角

通过前面从制度变迁视角对农村劳动力转移历程的简单梳理，可以将农村劳动力转移过程归结为两个差异：一是流动有余而转移不足；二是限制的多而鼓励的少。

（一）流动有余而转移不足

通过本章第一节分析可见，农村劳动力流动的规模大而真正实现转移的少，因此在前面的分析中笔者在必要时加上"流动"二字，也对应本研究的基本概念界定。

一般来说，人口城镇化有三条途径：一是城镇人口的自然增长；二是农村人口迁入，即机械增长；三是行政区划或统计口径变化的影响。前两条途径是主要的，而中国人口城镇化过程则是三条途径都有。通常来讲，在经济起飞阶段，农村人口的净迁入对城市人口增加的贡献要大于城市人口的自然增长；在城市化中期，较高的自然增长率的贡献有可能超过净迁入；在城市化后期，由于生育率的快速降低，城市人口的增加往往又依靠农村人口的净迁入（Oberai，1987）。结合中国人口城镇化实际，可以这样认为，新中国成立初期（1949～1957年）的城镇人口增长可归结为起飞阶段的人口城镇化过程；1958～2000年可以归入城镇化中期，只不过由于户籍制度的影响，使得中国人口城镇化基本上是由城镇人口的自然增长率完成的；而2000年以后，由于"五普"统计口径的变化，使得中国城镇化率明显提高，只不过把很多在城市生活半年以上的农村劳动力以常住人口算入城市人口中。事实上，如果真正按照户籍人口来计算中国人口城镇化率，肯定要低于现在公布的城镇化水平。

从我国两种不同统计口径的城市化率来看，按户籍人口计算的城市化率明显低于按城镇人口比重来计算的人口城市化率，而且随着农村劳动力流动规模越大，其城市化率的偏离度总体趋势越大。以盛来运的研究[1]为例，1985 年、1990 年、1995 年、2000 年、2005 年，全国以城镇人口计算的城镇化率高于以户籍人口计算的城镇化率的比例分别为 3.51%、4.81%、4.74%、9.42%、15.29%；再以重庆市为例，根据重庆市政府的统计，2009 年城市常住人口为重庆总人口的 51%，但户籍城市化率仅从 1997 年的 25% 增加到了 28%，这一系列数据可以说明户籍制度对城市化率的限制和影响，也充分说明农村劳动力转移的"流动有余而转移不足"，同时也为加快户籍等相关制度创新预留了较大的空间。

农村人口向城镇转移首先源于农村劳动力流动。第一章国外文献回顾提及的一些劳动力转移理论（模型）认为，农村劳动力由边际劳动生产率为零的农业部门或农村转移到边际劳动生产率为正的工业部门或城市，是推动城市化和经济起飞的基本动力，也是推动资本积累和技术进步的动力。因此，经济发展过程中的劳动力转移问题一直受到人口学家、经济学家和社会学家的长期关注。"无论是刘易斯的二元经济模型，还是托达罗的人口迁移模型，以及后来的新经济迁移理论和劳动力流动的政治经济学分析模型，都充分证明了农村劳动力流动转移的必然性和必要性，强调了农村劳动力流动对经济增长、社区发展、工业化和城镇化的历史地位和重要作用。"[2]

然而，中国农村劳动力流动转移的道路是极其曲折的。改革开放以前的大部分年份里，除了极少数因招工、升学和参军而变更户籍的农村劳动力外，绝大多数处于既无流动也无转移的状态。改革开放初期，乡镇企业的蓬勃发展和非农产业的逐步发展，创造了新兴产业部门及其劳动力需求，城乡收入差距在缩小，吸引农村劳动力向农村及所在乡镇非农产业流动转移。由于这一时期城市经济体制改革还未开始，农村土地制度变革解放出来的劳动力还不能流向城市，而主要流向乡镇企业，创造了早期农村劳动力流动模式，即"离土不离乡"模式，也可以称农村劳动力处于有流动无转移或转移较少的状态。20 世纪 80 年代中后期，随着城市经济体制改革的推进和乡镇企业就业机会的减少，农村劳动力不得不面临着跨区域

①　详细数据请参见盛来运《流动还是迁移——中国农村劳动力流动过程的经济学分析》，上海远东出版社，2008，第 9 页。

②　盛来运：《流动还是迁移——中国农村劳动力流动过程的经济学分析》，上海远东出版社，2008，第 8 页。

流动的压力；人民公社制度的解体、统购统销制度的废除以及城市户籍制度的松动，为农村劳动力流动创造了有利的制度环境（蔡昉，2000，2003）；而且这一时期城乡收入差距扩大以及经济发展的地区不平衡，推动农村劳动力向城市或跨区域流动，且规模不断扩大。农村劳动力开启了"离土又离乡"的流动过程，形成了跌宕起伏的"民工潮"。从改革开放初期农村劳动力流动数量不超过200万人到2009年底的农民工总量为2.2978亿人，其间也经历过不少的起伏。

制造业和服务业历来是吸纳劳动力就业的主要产业部门。制造业是第二产业的主要产业部门，服务业是第三产业的主要部门，因此这两个部门在中国具有相当大的发展潜力，因而对劳动力有着很大的需求。中国的服务业占GDP的比重历来都比较轻。改革开放以来，我国三次产业结构1978～2009年变动如下：第一产业由28.2%下降到10.3%；第二产业由47.9%提高到43.3%；第三产业由23.9%提高到43.4%。而三次产业就业结构在1978～2009年间的变动如下：第三产业从业人员所占比重稳步增长，由12.2%提高到34.1%，从业人员达到26603万人；第二产业由17.3%提高到27.8%，从业人员达到21684万人；第一产业大幅下降，由70.5%下降至38.1%，从业人员为29708万人。[①] 由此可以看出，以服务业为主的第三产业就业人数占全部三次产业就业人数的比例较低。而在西方国家，由于第三产业就业弹性大，就业人口一般都占全部就业人口的60%以上，中国远远低于这一比例。在过去的30年间，中国第三产业增长率比GDP增长率平均快近10个百分点。如果按照这个趋势发展，今后该产业的增长速度至少仍然高于整体经济增长率。而且，随着人口城镇化的集聚效应、服务业就业市场的完善、人们思想观念的转变及相应的体制改革，第三产业就业人口及其比例还将继续增加，第三产业仍将迅速发展。

制造业对于中国经济发展和劳动力需求而言无疑有着重要的意义。从近代世界经济的发展历史来看，制造业中心是不断转移的。改革开放以来，中国的制造业特别是劳动密集型制造业产品取得了国际市场的竞争优势，制造业约占全国国内生产总值的40%、财政收入的50%和外汇收入的75%。在工业企业法人单位中，制造业就业人员所占比例已经达到

---

① 资料来源：《中国统计年鉴2010》，中国统计出版社，2010。

87%，吸纳了一半城市就业人口和农村流动人口，制造业已成为中国解决就业问题的主要产业领域。如果这一趋势持续下去，制造业也会在较长的时期内，继续作为吸纳劳动力的主要产业部门。按照经济发展的一般规律，服务业是在制造业充分发展基础上发展的，其就业机会及就业吸纳能力也是在制造业基础上创造的，那么要使以服务业为主的第三产业得到更好发展，必须进一步发展制造业，而且这也符合中国低成本劳动力资源的比较优势，是中国经济增长可持续性的要求。因此，中国在短期内并不具备放弃这一比较优势的条件，也不可能放弃这一比较优势，因为产业结构转换和升级并不是一蹴而就的事情，而是一个长期发展过程。

经过改革开放30余年积累起来的产业结构和产业优势必然有其本身的特性，符合中国产业发展的规律。尽管我国正处于劳动力有限供给的新阶段，产业结构调整也不是一个短期的过程，更不具备发展资本密集型产业占主导的条件，而且还面临着诸多的制约条件，也还未看到进行调整制造业比重的必要性。第三产业要成为吸纳劳动力就业的主导部门需要发达的现代农业和成熟的现代工业，如果没有发达的现代农业作为保障和成熟的现代工业作为支撑，第三产业的发展将是不可持续的。就目前的第三产业而言，既没有发达的现代农业作保障，也没有成熟的现代工业作支撑，以服务业为主的第三产业成为吸纳劳动力就业的主导部门还是一个长期的过程。所以，就目前的情况来看，国家的宏观经济政策也是在大力支持制造业等产业的发展，制造业比重大幅度下降的趋势还很难预期，相反，随着农业比重的下降和城镇化水平的提高，服务业和制造业在未来一段时间内将会有长足的发展，与之相应的自然是对劳动力的大量需求。此外，国家的宏观政策和"十大重点产业调整振兴规划"也将推动服务业、其他领域的制造业及之外的其他产业和部门的发展，这些产业和部门也构成了相当数量的劳动力需求，也会通过经济增长最终形成对新的劳动力需求，这些劳动力需求将为农村外出劳动力提供就业机会，成为吸纳农村劳动力非农就业的主要产业领域。

根据相关调查数据显示，制造业和建筑业仍然是农民工的主要就业领域，第三产业就业比重不断提高。第二次全国农业普查数据（2008）结果显示，外出就业农民工中，从事第一产业的占2.8%；从事第二产业的占56.7%；从事第三产业的占40.5%。根据问卷调查数据（见表3-3）显示，农民工就业的行业也主要在第二产业（占51.7%，主要是制造业、建筑业和采掘业）和第三产业（33.7%，主要是餐饮服务、个体商业、家政服务和运输等），这也说明制造业和建筑业是农民工就业的主要产业领域，这一特点还将继续存在。按照国际经验，这些农民工在城市获得非农就业，就理应成为城市社会的一员，然而中国的现实并非如此。

表 3 - 3　川黔渝地区 2124 名农村外出劳动力就业的行业分布

单位：人，%

行　　业	人数	百分比	累计百分比
制 造 业	493	23.2	23.2
建 筑 业	482	22.7	45.9
采 掘 业	123	5.8	51.7
家政服务	112	5.3	57.0
运　　输	84	4.0	60.9
个体商业	222	10.5	71.4
餐饮服务	295	13.9	85.3
其　　他	313	14.7	100.0
合　　计	2124	100.0	

资料来源：问卷调查数据，2009 年 1～2 月。

农村劳动力外出规模不断扩大，外出务工仍然是农村劳动力非农就业的主要方式，流动的稳定性增强。然而，他们中只有极少部分能够获得城市户口并长期居留城市，大部分不得不在城市和农村之间"往返"。根据国家统计局的农村住户调查，2005 年农村进城务工劳动力人数已达到 1.26 亿人，占农村劳动力的比重已达到 24.2%（国家统计局，2006）。但根据公安部统计，当年只有 600 万人左右的农村人口获得了城市户口，比官方公布的按常住人口的城市化率低 15 个百分点左右，并且每年变化很小。因此，受制度影响的农村劳动力"转移不足而流动有余"的差异十分明显。

由于户籍制度的制约，中国农村劳动力流动和转移与国际上一般迁移过程不同。国际上多数国家农村劳动力的流动过程是：只要在城市找到了工作，他们就可以在城市自动获得居民身份；而中国农村劳动力流动过程是不一样的，即使外出了，多数是要回来的，经过多次回流，也不一定能够获得城市居民身份，因为他们很难享受到城市户口及其附属的福利待遇，即中国农村劳动力流动过程是有流动无转移或转移很少。从某种程度上说，近些年的"民工荒"和"返乡潮"现象正是这一现状的反映，即就业稳定性差，一旦遇到城市就业压力的影响和外部的就业冲击，农村劳动力就只能选择返乡，回乡守着那份农村土地。因此，是应该探讨如何从制度上消除这种现象的时候了！

（二）限制的多而鼓励的少

本章第一节的分析还可以给予的启示就是：改革开放以来农村制度变迁大多都是在被动的情况下进行的。从总体来看，对于农村劳动力转移的相关制度安排是"限制的多而鼓励的少"，很多都是在农村劳动力已经流动并形成一定规模之后才考虑相关的制度设计问题，是在既成事实之后才被动设计相关制度的，这就造成制度安排滞后于现实需求，而且制度安排之间的协调性也较差。下面以户籍制度、社会保障制度和农村土地制度为例来分析这些制度是如何限制或阻碍农村劳动力转移的。

首先来看户籍制度。新中国成立初期，我国城乡劳动力是自由流动的，但随着相关农产品政策的推进，人口城乡流动开始受到限制，1958年通过的《户口登记条例》对农村农业人口迁入城市采取严格限制措施，随后这种城乡分离政策最终凝固化为以身份户籍管理为核心的城乡二元体制。改革开放后，由于农村生产力得到发展和人民公社制度解体，农民通过承包经营已成为事实上的农业经营主体，重新拥有了财产归属权和身份自由，而且禁锢劳动力自由流动的微观基础已不复存在，有着强烈的非农就业愿望。正是在这种情况下，为了适应农村分工分业尤其是非农产业发展的内在要求，1984年中央"一号文件"明确规定"允许务工、经商、办服务业的农民自理口粮到集镇落户"，即出现自理口粮户口，这一类型的户口属于准城镇户口，也就是说，在统计上这一类型户口列入非农业户口，但在待遇方面，不能完全享受城镇户口所享受的待遇或权利，这是"控制大城市规模，大力发展中小城市"的城镇化基本方针的具体表现之一，户籍制度才在被动的情况下有所松动，后来一些地方还实施了第三种户籍制度的尝试和非农户口进城指标等改革，不过户籍制度的实质没有改变。"1992年以后，户籍制度在其他改革措施的刺激下，出现了形形色色的改革方案，但总的来说，各级各地政府还是极力以户口作为控制的砝码和可利用的资源。"[1] 至今，由于市场经济体制的建立和完善，户口所附带的粮油及其他生活用品的供应和补

---

① 　陆益龙：《超越户口——解读中国户籍制度》，中国社会科学出版社，2004，第33页。

贴已经不复存在，但户籍制度使城乡居民在就业、住房、入学入托、社会保障等方面的隐性福利还是存在不小的差异。

其次，从社会保障制度来看。由于城乡二元户籍的影响，城乡社会保障制度的发展轨迹不同。新中国成立初期，1951 年政务院颁布的《中华人民共和国劳动保险条例》（1953 年和 1956 年进行了修订）的基本特征中就有一点：实行城乡分立制度，以体现城乡差别，即在城镇基本实现应保尽保，设立项目广泛，养老保险融资由企业与国家分层负责；在农村则重点体现在"五保"上，在医疗上实行的是农村合作医疗制度。虽然其后也经过一定的调整和变革，但基本上城镇只是改变保险资金的筹资模式，企业或单位成为职工保险赖以生存的唯一基础，而农村"五保"制度几乎全部停顿，但合作医疗却得到全面发展。改革开放后，城镇职工社会保障经过历次改革，基本上实行个人账户和统筹账户相结合的社会保障制度模式，"五险"（即养老、医疗、失业、工伤和生育）覆盖面逐步扩大。而在农村，实行联产承包责任制之后，农村恢复了"五保"制度，但合作医疗制度逐年萎缩，到 20 世纪 90 年代末几乎消亡；2003 年建立了"新农合"医疗制度，以替代前 30 年的"旧农合"，"新农合"的标准也比较低；2009 年正式公布了对农民实行"普惠式"养老金制度的指导意见，具体实施细则还在制订完善过程中和试点运行中；农民的其他保险几乎没有。这种城乡分割的不可携带的社会保障制度使农村劳动力只要离开其户籍所在地就无任何保障可言。当然，2010 年新通过的《社会保险法》对进城农民的社会保险作了规定，这在制度上前进了一大步，但并不能掩盖已有社会保障制度存在过的特征。

从 20 世纪 80 年代起，农村劳动力就开始进城非农就业，而且规模越来越大，但是很少考虑农民工的社会保障需求，关于农民工社会保障制度长期以来都处于缺失状态。从 1986 年开始算起，在流动了近 20 年后，农民工社会保障制度问题才在 21 世纪初纳入政府职能部门考虑制订的层面上，才逐渐有了农民工工伤保险、医疗保险，2009 年才向社会发布关于农民工参加基本养老保险办法的征求意见稿，也是一种自下而上制度变迁的结果，对于各地方政府而言仍是一种被动式的制度变迁。国务院在《关于解决农民工问题的若干意见》中提到，农民工已成为产业工人的重要组成部分，然而由于户籍的不同，在现实生活中，农民工与产业工人同工不同酬、同工不同时、同工不同权，二者在社会保障方面存在着巨大差别。

据山西省总工会2007年委托国家统计局山西调查总队对全省农民工进行的抽样调查结果显示[1]，2007年山西省就业的农民工中参加养老保险的占21.6%，参加医疗保险的占20.8%，参加工伤保险的占28.2%，参加失业保险的占12.3%，参加生育保险的占7.3%，其参保比例之低引人深思。这实际上是制度设计问题，首先是城乡二元户籍制度因素，由于户籍制度不同，使农民工的身份与社会地位"边缘化"；其次是农民工社会保障制度因素，其在设计时对农民工社会保险资金的可携带性和可接续性考虑不周，且各地社会保障的统筹层次不一样，使得农民工回到原户籍地之后其保障也是空白，所以才出现农民工大规模退保的现象。可见，农民工社会保障制度也是在农民工社会保障需求意愿不断表达的基础上才逐步产生的。

　　最后，再来看看农村土地制度。在此，笔者把农村土地承包制度和农村土地流转制度归入农村土地制度的范畴。家庭联产承包责任制是中国农民冒着极大的风险创造出来的，而后成为改革开放之后农村土地改革的主要政策方向，是农民首创精神的体现，产生和缔结了改革开放以来的首项重要制度创新，导致了人民公社制度解体以及一系列社会关系变革，使农村劳动力产生了外出流动的涌动。20世纪80年代后期以来，农户自发进行的土地使用流转，基本保持在1%~3%，沿海一些发达地区和城郊地区的比例稍高一些；全国平均农地流转率在5%~6%，发达地区的流转率在8%~10%，有些县市流转率已达到20%~30%，内地的流转率在1%~2%。[2] 90年代中期以后，由于土地收益的低下和城乡收入差距的继续扩大，使一些地区出现了耕种方式粗放甚至撂荒的现象；再加上农村劳动力外出就业人数的增加，使农村土地流转在中西部地区有所增加，农地流转开始受到理论界的密切关注。到21世纪初，随着产业结构的调整和相关农业政策的变化，如第二轮承包、农业税费等方面的变化，特别是农业产业化经营的兴起与农村劳动力转移的逐步推进，农村土地流转出现了速度加快、规模扩大、形式多样的趋势。从全国范围来看，土地流转的比例并不高，整体在10%左右，但区域之间的差异大，东部地区超过了10%，

---

①　韩淑娟：《农民工社会保障缺失的制度因素研究》，《山西师大学报》（社会科学版）2009年第5期。

②　陈锡文：《如何推进农民土地使用权合理流转》，《中国改革》（农村版）2002年第9期。

中部地区多在 5% ~ 10%，而西部地区低于 5%。[①] 2002 年，农村土地流转才引起立法机关和政府部门的重视，逐渐规范了农村土地流转程序，建立了相关的土地流转制度。党的十七届三中全会也明确提出了土地流转的原则、形式等内容。在十七届三中全会精神指导下，全国部分地区开始了农地流转的探索和实践，如贵州省湄潭试验区第四轮改革方案就主要是以土地制度为主题。笔者认为，农地流转是农村劳动力流动过程中基于原有农村土地承包制度的一种调整，也是农民首创精神的体现，而正是土地流转制度及其相关制度安排的滞后及不完善，使农村劳动力转移不足，不愿放弃农村土地，阻碍着农村劳动力的彻底转移。

农村土地承包制度及其土地流转制度都是农民及农户根据形势发展和自身需求基础上的创新和实践并最终由政府逐渐建立和完善的，这些制度推动着农村的经济发展和社会的文明进步。从其产生过程来看，基本上都是农民首创精神的体现，体现了农民和农户作为制度创新微观主体的价值。

总体来说，政府鼓励农村劳动力转移的制度安排较少，原有制度中有关限制农村劳动力转移的安排也没有及时进行调整和改革，农村劳动力转移面临着诸多的制度障碍，使农村劳动力难以在现有的制度框架体系内真正实现彻底有效转移。因此，改革开放 30 年后的下一个 30 年，应该在赋予农民公民权利的基础上，通过主动的、积极的制度创新来推动农村劳动力彻底从农村转移出来，使农村劳动力外出经历的不再是"外出→回流→……→再外出→再回流"的流动路径，而是"外出→回流→……→再外出→留城"的转移路径，使农村劳动力的流动转移过程统一起来，进而适应农业现代化和新型城镇化的要求，推动农村劳动力转移和融入城市，逐步实现农民工在劳动报酬、子女入托入学、公共卫生、教育培训、金融支持、住房租购以及社会保障等方面与城镇居民享有同等待遇，使农民工"生活得更加幸福、更有尊严，让社会更加公正、更加和谐"，实现体面劳动；同时加快社会主义新农村建设的力度和步伐，从而构建"既要让符合条件的农民工融入城市，也要让生活在农村的广大农民更加幸福"的城乡和谐社会。

二 现阶段农村劳动力流动转移的人口学特征

为了更好地研究新阶段农村劳动力转移的制度创新问题，在此，本书

---

① 刘守英：《中国的二元土地权利制度与土地市场残缺》，《农业经济导刊》2008 年第 9 期。

拟对当前农村劳动力流动转移的人口学特征作简单归纳，以便有效地认识农村劳动力转移制度创新的必要性和重要性。从改革开放以来农村劳动力流动转移的过程和实践来看，呈现出如下的人口学特征：

（一）文化教育结构特征

改革开放30余年来，农村外出劳动力受教育程度随着教育事业的发展而得到显著改善，20世纪80年代小学比重较大，至90年代初中比重较大，虽然进入21世纪后，初中文化程度的比例得到进一步的提升，但农村外出劳动力的整体素质并不高，难以适应产业结构调整与升级对劳动力素质的需要，尤其是在当今经济全球化背景下更是如此，这对中国经济可持续发展和包容性增长极为不利（见表3-4）。

表3-4 2006年农村外出从业劳动力总量及构成

	全 国	东部地区	中部地区	西部地区	东北地区
外出从业劳动力总量（万人）	13181	3846	4918	4035	382
外出从业劳动力性别构成（%）					
男性	64.0	65.8	62.8	63.1	70.2
女性	36.0	34.2	37.2	36.9	29.8
外出从业劳动力年龄构成（%）					
20岁以下	16.1	14.2	17.6	16.1	16.7
21~30岁	36.5	36.1	36.6	36.7	35.4
31~40岁	29.5	27.3	29.3	32.2	25.4
41~50岁	12.8	15.4	11.9	11.1	15.3
51岁以上	5.1	7.0	4.6	3.9	7.2
外出从业劳动力文化程度构成（%）					
文盲	1.2	0.9	1.1	1.7	0.5
小学	18.7	15.0	16.5	24.9	20.1
初中	70.1	70.9	73.0	65.5	71.8
高中	8.7	11.4	8.4	6.9	5.9
大专及以上	1.3	1.8	1.0	1.0	1.7

注：农村外出从业劳动力是指：农村户籍从业人员中，2006年到本乡镇行政管辖区域以外从业1个月及以上的人员。

资料来源：《第二次全国农业普查主要数据公报（第五号）》，国务院第二次全国农业普查领导小组办公室、国家统计局，2008-02-27。

从表 3 - 4 可以看出，在农村外出从业劳动力中，初中及以上文化程度的农村劳动力比重达 80% 以上。具体构成如下：文盲占 1.2%；小学文化程度占 18.7%；初中文化程度占 70.1%；高中文化程度占 8.7%；大专及以上文化程度占 1.3%。由农村外出劳动力受教育程度与全国农村劳动力资源受教育程度（见表 3 - 5）相比可知，除高中文化程度以外，农村外出劳动力文化程度构成高于全部农村劳动力文化构成，这也说明农村外出劳动力的整体文化程度高于农村从业劳动力。再从区域来看，东部、中部和东北地区农村外出劳动力文化程度均高于西部地区，说明西部地区教育发展水平尤其是其农村基础教育发展落后于国内其他地区，需要加快西部地区农村教育事业的发展。

表 3 - 5 2006 年农村劳动力资源总量及构成

	全 国	东部地区	中部地区	西部地区	东北地区
农村劳动力资源总量（万人）	53100	19828	14582	15142	3548
农村劳动力性别构成（%）					
男性	50.8	50.9	50.4	50.9	52.0
女性	49.2	49.1	49.6	49.1	48.0
农村劳动力年龄构成（%）					
20 岁以下	13.1	13.2	13.8	12.8	11.1
21~30 岁	17.3	18.8	15.4	16.9	18.4
31~40 岁	23.9	23.4	23.7	24.5	24.6
41~50 岁	20.7	21.4	20.9	19.1	23.5
51 岁以上	25.0	23.2	26.2	26.7	22.4
农村劳动力文化程度构成（%）					
文盲	6.8	4.6	6.7	10.7	2.6
小学	32.7	28.3	29.8	41.0	33.2
初中	49.5	53.9	52.0	39.7	56.7
高中	9.8	11.8	10.4	7.5	6.4
大专及以上	1.2	1.4	1.1	1.1	1.1

注：农村劳动力资源是指：2006 年末农村常住人口（即在本户居住 6 个月以上人口）中 16 周岁及以上具有劳动能力的人员。

资料来源：同表 3 - 4。

从表 3 - 6 的农民工问卷调查数据中也显示出相似的文化教育构成，甚至具有较高文化教育程度的农村劳动力外出务工的趋势更为明显。

表 3 - 6 川黔渝地区 2124 名农村外出劳动力文化程度构成

单位：人，%

文化程度	人 数	百分比	累计百分比
文盲/半文盲	128	6.0	6.0
小 学	377	17.7	23.8
初 中	1023	48.2	71.9
高中/中专/职高	429	20.2	92.1
大专及以上	167	7.9	100.0
合 计	2124	100.0	

资料来源：问卷调查数据，2009 年 1 ~ 2 月。

（二）年龄结构特征

农村外出劳动力的年龄构成始终以 20 ~ 45 岁之间的青壮年为主。下面分别以 1986 年、1993 年和 2006 年的相关数据进行比较分析，虽然各阶段数据缺乏统一性，但用于一般比较分析仍具有一定的应用价值。1986 年 18 ~ 44 岁的农村外出劳动力占农村外出劳动力的 90.2%，45 岁及以上外出劳动力占 6.5%（庚德昌，1989）；1993 年 18 ~ 40 岁的农村外出劳动力占农村外出劳动力的 82.3%，41 岁及以上占 15.1%（李璠、韩晓耘，1994）；而 2006 年 21 ~ 40 岁的农村外出劳动力占农村外出劳动力的 66%，41 岁及以上占 17.9%（见表 3 - 4）。这主要是因为进入 21 世纪以来，主要受劳动力供给趋势变化的影响，农村年轻劳动力供给增长趋势放缓，导致青壮年劳动力比重逐渐下降，进而影响农村外出劳动力的供给。另外，41 岁及以上农村外出劳动力比重在上升，也间接说明农村年轻劳动力无限供给的时代已经结束，而进入农村劳动力有限供给阶段。这些数据也表明，由 "80 后"、"90 后" 构成的第二代农民工逐渐成为农民工群体的主体，他们的意愿和需求对于劳动力市场供求关系的影响较大。

（三）性别结构特征

现阶段农村外出劳动力表现出严重的性别结构（男/女）"失调"，且渐呈递减趋势。以 2004 年和 2006 年为例，2004 年农村外出劳动力中，男性占 66.3%，女性占 33.7%，性别结构为 197；在东部地区务工农民工中，女性比例明显要高于中西部地区女性比例，东部地区农民工中女性占37.4%，中部地区农民工中女性占 26%，西部地区农民工中女性占23.6%。① 2006 年年底，农村外出从业劳动力中，男性劳动力 8434 万人，占 64%；女性劳动力 4747 万人，占 36%（见表 3-4），性别结构为 178。笔者调查的川黔渝籍农民工数据也显示，农村外出劳动力中，男性占64.9%，女性占 35.1%，性别结构为 185。可见，随着时间的推移，女性外出从事非农产业的比例在增加，一方面说明女性劳动者的地位得到提升；另一方面也说明我国产业仍以劳动密集型为主，尤其是轻工、纺织等行业，需要大量女性劳动力。从地区来看，2006 年东部地区（含东北地区）性别结构比较高，为 192（236）；中西部地区性别结构略低一些，分别为：169 和 171；与 2004 年相比有所改变，这可能与女性农民工要兼顾家庭和孩子有关。

（四）流动方式特征

农村劳动力的流动转移以外出为主要方式，这种外出方式有 3 个明显的特征：第一，依托亲缘和地缘基础上的社会网络来启动和展开的，以亲缘地缘为联系纽带的迁移链效应明显。对首次外出务工的农村劳动力而言，同乡的带引、亲朋的介绍是减少流动风险的有效途径。2004 年外出农民工中，65.3%的外出农民工是经老乡亲友的介绍或带领下外出务工②。笔者调查的农民工数据（见表 3-7）显示，跟随亲戚朋友外出就业的农民工比例最高，达 44.3%；而且，农村劳动力外出主要途径与其教育程度在 99% 水平下有显著的相关关系（见表 3-8），说明教育程度对其外出务工的途径选择具有影响作用。

第二，自发迁移比重大。自发性外出主要靠亲友介绍或帮带，就业成本低且成功率高，这也与农民工获得就业信息的渠道少、对社会就业中介机构社会信用的认同感低有关。据调查，88%的农民工通过自发方式外出③；笔者调查的农民工数据（见表 3-7）也显示，87.5%的农民工通过

① 盛来运、彭丽荃：《农村外出务工劳动力的数量、结构及特点》，《中国农村劳动力调研报告 2005》，中国统计出版社，2005，第 77 页。
② 盛来运、彭丽荃：《农村外出务工劳动力的数量、结构及特点》，《中国农村劳动力调研报告 2005》，中国统计出版社，2005，第 78 页。
③ 中国农民工问题研究总报告起草组：《中国农民工问题研究总报告》，《改革》2006 年第5 期。

非正式渠道外出；这同时也表明市场经济体制的逐步建立为农村劳动力外出务工创造了较好的环境和有利的条件。

表 3 - 7 川黔渝地区 2124 名农村劳动力外出主要途径分布

单位：人，%

外出途径	人　数	百分比	累计百分比
自己进城	641	30.2	30.2
企业直接来农村招工	181	8.5	38.7
跟随亲戚朋友	941	44.3	83.0
跟随工头进城	96	4.5	87.5
政府机构组织进城	50	2.4	89.9
由民间中介机构组织进城	53	2.5	92.4
其他途径	162	7.6	100.0
合　　计	2124	100.0	

资料来源：问卷调查数据，2009 年 1 ~ 2 月。

表 3 - 8 农村劳动力外出主要途径与教育程度的简单相关系数矩阵

		外出主要途径	教育程度
外出主要途径	皮尔森相关系数	1	0.063 **
	显著性（双尾）		0.004
	样本量	2124	2124
教育程度	皮尔森相关系数	0.063 **	1
	显著性（双尾）	0.004	
	样本量	2124	2124

注：** 相关性在 0.01 水平下显著（双尾）。

第三，组织化程度低。近年来，通过政府部门或中介机构组织和介绍外出就业的农民工逐步增多，但仍谈不上是主要渠道。2004 年外出农民工中，通过政府部门和中介机构组织外出的农民工分别占 1.9% 和 12.6%[①]；笔者的问卷调查数据也显示，通过政府机构和民间中介组织进

[①] 盛来运、彭丽荃：《农村外出务工劳动力的数量、结构及特点》，《中国农村劳动力调研报告 2005》，中国统计出版社，2005，第 78 页。

城的农民工分别为 2.4% 和 2.5%。这些数据说明我国还没有完全建立以劳动力供求为导向的市场中介组织,劳动力市场制度不完善,也缺乏有效的城乡、省际劳动信息网络。农村外出劳动力依靠亲缘、地缘关系决定外出去向的依据是舆论导向或他人介绍等非正式劳动供求信息渠道,带有一定的盲目性,必然造成流动转移的"马太效应",即经济热点开发地区的劳动力越聚越多,反之则越少,容易造成"民工慌"和"民工荒"。

(五) 流向区域特征

从转移的流向地域角度来看,农村劳动力的流动转移有就地转移和异地转移之分。① 农村劳动力转移的这两种转移模式实际上是统一的,是一个过程的两个阶段。从劳动力的流向来看,中西部地区是主要的输出地,东部地区是主要的输入地 (见表 3 - 9)。

表 3 - 9 2003 年和 2006 年农民工就业区域布局

单位:%

年 份	东部地区	中部地区	西部地区
2003	69.9	14.9	15.2
2006	70.1	14.8	14.9

资料来源:韩俊:《中国农民工战略问题研究》,上海远东出版社,2009,第 13 页。

从表 3 - 9 可知,2006 年在东部地区务工的农民工占全国农民工总量的比例为 70.1%,在中部地区务工的占 14.8%,在西部地区务工的占 14.9%。与 2003 年相比,东部地区略有上升,中西部地区略有下降,外出劳动力进一步向东部地区集中。这表明,东部地区吸纳农村外出劳动力的相对量增加,而中西部地区随着农村劳动力流动规模的扩大,其吸纳农村外出劳动力的绝对量也在增加,但相对比例却略有变化,说明东、中、西三地区经济势差拉大。

从劳动力流动的区域分布看,逐步由区域内就地转移向跨区域转移发展。城乡劳动力流动初期主要是在农村内部就地进行的。到 20 世纪 90 年代初,随着宏观经济出现了快速发展的趋势,在一些中心城市特别是沿海地区,非公有制经济得到了蓬勃发展,创造了大量的就业机会,而大量的

---

① 所谓就地转移其实质就是鼓励农村劳动力在本地非农部门从事经济活动,并由此促进农村地区的城市化;异地转移是指农村劳动力的跨区域流动。

乡镇企业在激烈的市场竞争中却处境艰难，于是农村劳动力开始跨地区流动。到 20 世纪 90 年代中后期和 21 世纪初，东部地区和大中城市仍是吸引农村外出劳动力就业的主要地点。根据第二次全国农业普查数据显示，外出从业劳动力中，在乡外县内从业的劳动力占 19.2%，在县外市（地区）内从业的劳动力占 13.8%，在市（地区）外省内从业的劳动力占 17.7%，去省外从业的劳动力占 49.3%。[1] 说明全国农村外出劳动力中，有近一半流向了省外地区。从外出农村劳动力就业的地点看，2006 年在地级以上大中城市务工的农民工占 64.8%，其中，在直辖市务工的占 9.4%，在省会城市务工的占 18.6%，在地级市务工的占 36.8%；与 2001~2005 年相比，在直辖市和省会城市务工的农民工比例有所下降，而在地级市和县级市务工的农民工所占比例上升（见表 3-10）。[2] 这可以反映出直辖市和省会城市的务工及生活成本高，农民工选择务工及生活成本相对较低的地级市和县级市就业，这种选择更为经济和理性。

表 3-10　川黔渝地区 2124 名农村劳动力外出就业地点的代际分布

单位：人，%

就业地点 \ 农民工	代际				合　计	
	第一代农民工		第二代农民工			
	人数	比例	人数	比例	人数	比例
本地所在乡镇	28	3.6	56	4.2	84	4.0
本地县域	141	18.2	163	12.1	304	14.3
本省（市）大城市	142	18.3	276	20.5	418	19.7
其他省（市）大城市	462	59.5	847	62.9	1309	61.7
其　他	3	0.4	4	0.3	7	0.3
合　　计	776	100.0	1346	100.0	2122	100.0

资料来源：问卷调查数据（其中 2 人未选），2009。

　　从笔者对川黔渝地区农村外出劳动力调查数据（见表 3-10）来看，该地区农民工跨省流动比例较高，近 61.7%，尤其是第二代农民工跨省流

① 《第二次全国农业普查主要数据公报（第五号）》，国务院第二次全国农业普查领导小组办公室、国家统计局，2008-02-27。

② 资料转引自韩俊《中国农民工战略问题研究》，上海远东出版社，2009，第 13 页。

动比例高于第一代农民工；而在县城的占 14.3%，第一代农民工选择本地县城的比例高于第二代农民工，说明本地县城在吸引第一代农民工就业方面比较有吸引力，而在吸引第二代农民工就业方面略弱一些，这说明第二代农民工的就业选择已与第一代农民工存在代际差异，这必将影响着他们未来的城市化意愿和城镇劳动力市场供给。值得注意的是，农村外出劳动力的就业地点与其未来工作打算和定居意愿之间存在着相关关系（见表3-11）。从表3-11可以看出，外出务工地点与将来工作打算在95%水平下有显著的相关关系，外出务工地点与未来定居意愿在99%水平下有显著的相关关系，而将来工作打算与未来定居意愿在99%水平下有显著的相关关系。

表 3-11 农村外出劳动力就业地点、将来工作打算和定居
意愿的简单相关系数矩阵

		外出就业地点	将来工作打算	未来定居意愿
外出就业地点	皮尔森相关系数	1	0.048 *	0.059 * *
	显著性（双尾）		0.029	0.006
	样本量	2122	2104	2106
将来工作打算	皮尔森相关系数	0.048 *	1	0.078 * *
	显著性（双尾）	0.029		0.000
	样本量	2104	2105	2103
未来定居意愿	皮尔森相关系数	0.059 * *	0.078 * · *	1
	显著性（双尾）	0.006	0.000	
	样本量	2106	2103	2107

注：* 相关性在 0.05 水平下显著（双尾）。
* * 相关性在 0.01 水平下显著（双尾）。

（六）产业行业结构特征

农村劳动力转移的主要内容之一就是产业转移，通过产业转移实现职业转换。改革开放以来，农村劳动力转移的产业结构特征往往与区域特征结合在一起，既有农村产业间的转移，也有产业内的地域性转移，还有跨区域的产业间转移，以及跨区域跨产业的转移等。关于农村外出劳动力就业的产业行业特征，不同部门的调查数据有一定的差异，但都反映了如下主要特征：农村外出劳动力就业的产业以第二产业和第三产业为主，如第

二次全国农业普查数据显示，2006 年年底，外出从业劳动力中，从事第一产业的劳动力占 2.8%；从事第二产业的劳动力占 56.7%；从事第三产业的劳动力占 40.5%。[1]

从行业结构来看，主要表现为以下两点：一是以制造业和建筑业为主。2004 年，农民工在制造业就业的占 30.3%，在建筑业就业的占 22.9%。[2] 到 2006 年年底，农民工在制造业就业的占 35.7%，在建筑业就业的占 20.5%。[3] 两年间，制造业的农民工比重最高，说明制造业吸纳农民工就业人数不断增加，这是与中国近几年制造业快速发展分不开的，而建筑业稳中有降。二是外向型制造业和城市服务业的就业比重逐步上升，第三产业就业比重不断提高。农民工在制造业内部逐步向电子电器业、制衣制鞋业、机械制造业等外向度较高的行业集中，在服务业内部则向住宿餐饮、批发零售、娱乐文化等城市服务业集中。劳动保障部的调查表明，2006 年农村外出务工人员就业较为集中的行业是电子电器业（13.5%）、制衣制鞋业（11.7%）、住宿餐饮业（9.4%），机械制造业（6.2%）、食品制造业（4.9%）、交通运输业（4.3%）、居民服务业（4%）等。[4] 从川黔渝地区农民工就业行业分布（见表 3－3）来看，第二、三产业是主要就业产业，共占 85.3%，具体行业依次为制造业（23.2%）、建筑业（22.7%）、餐饮服务（13.9%）、个体商业（10.5%）、采掘业（5.8%）、家政服务（5.3%）、运输业（4.0%），其他行业为 14.7%，说明 2008 年年底川黔渝地区农民工就业行业的多样化，也说明市场经济创造就业岗位的多样性。

结合前面的流动方式可以认为，农村外出劳动力就业行业分布与东部地区第二、三产业快速发展密切相关，说明东部地区经济发展快于中西部地区，尤其是各种劳动密集型行业发展较快，能够吸纳更多的农村外出劳动力。从整体来看，农村外出劳动力的产业分布主要是第二产业，改革开放 30 余年来这一格局依然未变，但也呈现出逐步由第二产业向第三产业

---

[1] 《第二次全国农业普查主要数据公报（第五号）》，国务院第二次全国农业普查领导小组办公室、国家统计局，2008－02－27。
[2] 数据转引自中国农民工问题研究总报告起草组《中国农民工问题研究总报告》，《改革》2006 年第 5 期。
[3] 国家统计局抽样调查数据。
[4] 资料转引自韩俊《中国农民工战略问题研究》，上海远东出版社，2009，第 12 页。

转移的趋势。这一趋势是经济社会现代化发展的必然结果，也将是未来劳动力需求的主要部门。这两个部门的发展如何，将对未来农村劳动力转移产生重要的影响。

第三节　新阶段农村劳动力转移的制度障碍及其层次分析

从制度因素视角分析了农村劳动力转移的历程、现状及其人口学特征之后，下面将探讨究竟是哪些制度制约或影响了农村劳动力转移，这些制度制约或影响着农村劳动力转移的哪些方面。

一　农村劳动力转移制度障碍的内容

前面提到，目前农村劳动力外出经历的是"外出→回流→……→再外出→再回流"的流动路径，为什么不是"外出→回流→……→再外出→留城"的转移路径呢？笔者认为，原因在于"外出→回流"或"再外出→再回流"之间由于制度障碍的作用，使农村劳动力尽管经历多次的"外出→回流"过程之后，最终也只能回到原流出地。

按照蔡昉（2001）的观点，我国劳动力流动包含了两个过程，即第一个过程是劳动力从迁出地流动出去，第二个过程是这些流动者在迁入地居住下来。改革开放以来，农村劳动力流动的第一个过程基本上已经实现，而第二个过程则面临着流动出去后并不能预期地在流入地长期居住下来，步履维艰。在此，笔者把我国农村劳动力外出务工也分为两个过程，即流动过程和转移过程。我国农村劳动力流动过程因为制度障碍因素，只能在流出一段时间后又回流到流入地，然后再外出、再回流，构成了中国农村劳动力的流动路径，即"外出→回流→……→再外出→再回流"；而如果在"外出"、"再外出"阶段经过制度创新之后能够留城，则属于中国农村劳动力的转移路径，即"外出→回流→……→再外出→留城"。这两个过程可以用图 3-1 表示。

这里的制度障碍涉及内容较多，应该说，一切不利于农村劳动力转移的制度安排都可以归结为制度障碍的范畴。关于农村劳动力转移的制度障碍，不同的学者对此有着自己的看法，相关的研究文献也较多，一般研究认为制度障碍的根源在于城乡二元体制，最为重要的是户籍制度及与之相

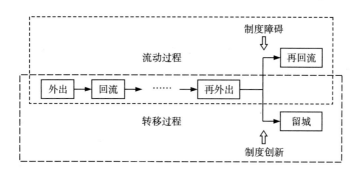

图 3 - 1　我国农村劳动力外出的流动过程和转移过程

配套的公共服务及管理体制。如蔡昉[1]认为，未完成的社会保障体制改革使迁移者无法获得必要的社会服务，但更加基本的制度约束则是尚未根本性改革的户籍制度，当农村劳动力转移不再受到制度约束时，迁移的两个过程都可以同时完成。Whalley 和 Zhang（2004）[2] 假设户籍制度是劳动力迁移的唯一障碍的条件下，通过一项模拟表明，一旦取消以户籍制度为代表的对于劳动力迁移的制度障碍，现存的收入不平等则会全部消失。李强[3]认为中国农村劳动力迁移的推拉理论模型与国际上相比存在巨大差异，其中最主要的差异在于户籍制度，户籍是影响中国城乡人口流动最为突出的制度障碍，它不仅对推拉发生一般的影响，而且还使得推拉失去效力；这样，中国人口流动将不再遵循一般的推拉规律，而推力和拉力之所以失去效力，是因为流动农民工在长期户籍制度的影响下心理发生了变形。盛来远[4]认为户籍制度、住房制度和土地制度对农村劳动力流动行为产生重要影响。其他学者对农村劳动力流动制度障碍的分析内容也比较多，除了前述的制度因素外，还分析了农村土地制度、教育制度、职业培训制度、社会保障制度、劳动就业制度、劳动力市场制度、组织制度、财政制度乃至政治制度等因素，甚至有些学者认为公共物品供给制度也是农村劳动力

---

① 蔡昉:《劳动力迁移的两个过程及其制度障碍》,《社会学研究》2001 年第 4 期。

② Whalley, John and Zhang Shuming, "hiequality Change in China and (Hukou) Labour Mobility Restrietions", *National Bureau of Eeonomic Research*, 2004, NBER Wbrking pp. 10683.

③ 李强:《影响中国城乡流动人口的推力和拉力因素分析》,《中国社会科学》2003 年第 1 期。

④ 盛来远:《流动还是迁移——中国农村劳动力流动过程的经济学分析》,上海远东出版社, 2008, 第 4 页。

流动转移的制度障碍。

由上可见，影响农村劳动力流动转移的制度障碍较多，甚至在这些制度因素影响下的地方政府公共政策制定、城市居民心理及农村劳动力进城的生活预期都可以归之为制度障碍的内容。比如农村劳动力在城市就业受到的歧视，主要从事城市劳动力不愿意做的最脏、最累、最苦、最险而收入最低的工作，城市劳动力就业一旦有任何"风吹草动"就归结为农村劳动力进城非农就业造成的竞争，这些都可视为制度障碍因素的影响和作用。

二 农村劳动力转移制度障碍的层次

前面对农村劳动力转移的制度障碍内容进行了一般性的总结，在此，笔者拟对农村劳动力转移的制度障碍进行分层。一般学者按照推拉理论模型把影响农村劳动力流动转移因素归之为推力因素和拉力因素，而李强（2003）认为，由于户籍制度使农村劳动力迁移流动的推拉失去了效力。笔者赞同这一说法，因为在中国社会，户籍制度承载着诸多内容而成为一切制度障碍的"症结"所在。为了更好地分析和把握农村劳动力转移的制度障碍，结合前面第一章界定的农村劳动力转移含义，即产业转移、地域转移及身份转变，笔者对农村劳动力转移的制度障碍进行了分析评价，从中选择了六项制度作为新阶段农村劳动力转移问题研究的制度变量，分别是户籍制度、农村土地制度、社会保障制度、劳动力市场制度、教育培训制度、金融制度。同时，按照不同制度对农村劳动力转移的影响和作用的侧重点不同，把农村劳动力转移的制度障碍分为"农村转出"的制度障碍和"城市融入"[①] 的制度障碍两个层次（见图 3 - 2），并将农村土地制度和金融制度纳入"农村转出"层次，把户籍制度、教育培训制度、社会保障制度和劳动力市场制度归入"城市融入"层次。这两个层次并非是截然分离的两个方面，而是一个相互制约、相互促进的统一过程，共同推动农村劳动力转移进程。这种相互制约、相互促进的关系不仅体现在两个层次之间，还体现在各自内部的制度变量之间的相互关系。

---

① 由于中国采取的积极发展中小城市和城镇的人口城市化模式，使之具有不同于西方人口城市化模式所没有的特点。因此，"城市融入"实际上也包括了"城镇融入"，本研究没有对"城市"和"城镇"二者做严格区分，其实质都是中国人口城镇化战略下的人口融入模式。

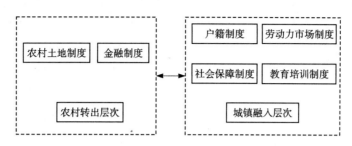

图 3-2　农村劳动力转移的制度障碍层次

（一）"农村转出"的制度障碍

"农村转出"层次主要涉及农村劳动力的产业转移和地域转移两个方面。这方面的制度创新能够推动农村劳动力向非农产业和城镇转移，提高他们在城镇的生存能力和发展能力。

1. 农村土地制度

土地是一种生产要素，土地制度安排决定了农民与土地的关系，也决定了劳动力要素与土地要素流动组合的方式。中国农村土地制度主要是农村土地承包制度，而本研究将土地流转制度也纳入农村土地制度范畴。通常，土地具有重要的保障功能，事实上，许多农民都在现实上和心理上对土地有着很强的依赖，视其为生命波折期的最后保障。而家庭联产承包责任制解决了农民的土地使用权问题，但是在土地产权、土地流转及土地资本化等方面的问题没有得到解决。

由于土地产权不清晰，使土地流转市场长期得不到发育，土地不能正常流转。即便农村外出劳动力想进行土地承包权流转，也不可能得到合理的补偿，以至于他们无法完全脱离土地、融入城市。因此，合理的土地产权制度和完善的土地流转制度不仅有利于土地的规模经营和农民增收，也有利于城乡人口的合理再分布和农村人口资源环境生态的协调发展，更有利于农村外出劳动力放心地转出土地，进而通过其他制度保障机制安心地在城市务工经商，谋求发展。

2. 金融制度

金融制度则涉及农村劳动力农村转出过程及转出前后的融资能力问题，亦即牵涉农村劳动力转移前的技能培训资金来源、转移过程的安置经费来源及其转移方式和转移后的融资渠道问题。从金融制度视角研究农村劳动力转移问题的学者相对较少，笔者认为，农村金融制度在农村劳动力转移前和转移过程中起着重要的作用，而城市金融机构提供的金融产品和金融工具则在农村劳动力转移后也起着一定的作用。

所能支配的金融资源的多少决定了农村劳动力所能承担的初始转移成本（罗明忠，2006），而转移之后的留城居住过程更离不开金融制度的大力支持。但长期以来，由于偏向城市和工业部门的金融制度安排和金融政策取向，使农村金融抑制相当严重，造成农户及农村劳动力的金融资源及其融资能力极为匮乏。因此，需要通过金融制度创新增加农村劳动力的融资能力，使其有一定的金融资源支付农村转出的初始成本，并能为其城市融入提供一定的金融支持。至于为什么将金融制度归入"农村转出"层次，笔者认为，金融制度尤其是涉农金融制度在农村劳动力初始转移过程中的作用更为根本，这是整个转移过程的起点。因此，从金融制度对农村劳动力转移的着力点来说，放在这一层次更为妥当一些，当然，这并没有否认其在"城市融入"中的作用，而且在本研究的全部分析过程中也没有忽视这一点。事实上，就目前而言，（涉农）金融制度在农村劳动力流动转移过程中并没有起到应有的作用，农民及返乡农民工创业的"贷款难"、"融资难"在一定程度上也说明了金融制度在农村劳动力转移过程中的角色缺位和功能缺失。

（二）"城市融入"的制度障碍

"城市融入"层次主要解决农村劳动力身份转变及其扎根城镇的问题。这方面的制度创新能够使农村劳动力在城镇稳定居住下来，并能够享受基本的公民权利和福利保障，从而使农村劳动力能在城市永久居住，使流动过程成为"过眼烟云"，从而完成其转移过程。

1. 户籍制度

前面提到，户籍制度是农村劳动力转移制度障碍的"症结"，以户籍制度为本源的制度障碍的存在，使暂时性的劳动力流动替代了永久性的人口迁移，也并没有缩小城乡收入差距，反而有扩大的趋势。首先，户籍制度的存在使绝大多数农村劳动力及其随流动人口的迁移预期只能是暂时性的或流动的，不能得到城市永久居住的法律认可，使得他们不能把城市当成自己的家园，认为自己只是城市的"过客"，进而成为城市的边缘人，农民因其身份的限制失去了自由迁徙的权利，被牢固地束缚在自己那份有限的土地上，制约着城市化的进程。其次，所有在就业政策、保障体制和社会服务供给方面都只考虑具有本地户口的人员，对外地人的区别对待，都根源于户籍制度，这在实际上起着阻碍农村劳动力城市融入的作用。比如实施农民工社会保障制度的效果并不明显，主要就是因为户籍制度的制约使农民工无法稳定下来。所有的待遇区别都是根据是否具有本地户口而被识别，所有的歧视性政策都是依据不同的户口登记地而针对不同人群实施的。最后，虽然城市偏向政策的许多方面都已经或正在进行改革，加上不彻底的户籍制度改革，共同为农村劳动力流动创造了条件，但没有解决农村劳动力转移所需要的基本条件。只要有户籍障碍存在，就存在着政策反复的可能性，也就可能导致农村劳动力流动转移的复杂性、反复性和阶段性。因此，只有进一步改革户籍制度，才能实现农村外出劳动力真正地融入城市，享受相应的公共物品制度供给和市民待遇。

2. 劳动力市场制度

劳动力市场制度是农村劳动力转移过程和转移之后在城市生存和发展的重要条件，因为就业对农村劳动力转移之后的经济生活来源有着重要影响。我国劳动力就业市场具有严重的城乡分割特征，这不仅使劳动力这个重要的生产要素不能自由流动以实现合理配置，不仅使劳动力资源配置无法达到最优状态，而且阻碍了农村劳动力有效转移。而且，城市劳动力市场又分为一级劳动力市场和二级劳动力市场。这种划分是由户籍制度衍生而来的劳动用工制度决定的，是一种制度性分割，使农村劳动力无法在城镇正规部门实现就业，非正规就业是农民工最主要的就业形式。这种二元劳动力就业市场导致劳动者在工资报酬、福利待遇和劳动权益等方面存在着明显差别，从而导致针对农民工的同工不同酬、工资克扣拖欠、劳动权益无保障等现象，这就减少了农民工的经济收入和权益保障程度，进而降低了农民工城市融入水平。因此，劳动力市场制度就成为影响农村劳动力城市融入的主要制度变量。

3. 社会保障制度

社会保障制度是农村劳动力转移后城市融入的重要支撑因素。目前，我国社会保障制度面临着"碎片化"[①]趋势。就已有的城乡社会保障体系来说，城镇居民的社会保障项目比较齐全、保障水平相对较高，而农村居

---

① "碎片化"即在城乡、区域、阶层和职业之间分别设置社会保障制度和项目且不能转移携带。

民的社会保障制度主要包括新型农村社会养老保险制度、新型农村合作医疗制度和少数家庭享有的"五保户"制度。随着农村家庭联产承包责任制的实施诱致了农村集体力量的削弱，"五保户"制度已经名存实亡。新型农村社会养老保险制度和新型农村合作医疗制度近几年才开始在农村开展，新型农村社会养老保险制度还在探索试点中，并且因各地经济发展水平的不同而差别很大。而流动于城乡之间的农民工的社会保障制度仍处于比较滞后的状态，不能适应农民工自身的特点。城乡社会保障的"碎片化"以及农民工社会保障制度的不完善，使农村外出劳动力无法在城镇长期生存与发展。因此，社会保障制度已成为制约农村劳动力城市融入的又一制度变量。

4. 教育培训制度

教育培训制度作为人力资本投资的基本制度，承载着有限供给阶段延续"人口质量红利"的功能，为开发人力资源发挥了许多重要的作用。现行的"重应试、轻技能"的农村教育模式以及不完善的农村技能培训制度使农村劳动力整体素质较低，就业技能较为缺乏。这种教育培训制度使农村人力资本存量较少的现实制约着农村劳动力转出之后的就业能力问题。同时，随着农业市场化程度的不断提高、农村产业结构调整的加快、整体国民经济的快速发展、城镇化进程的加快等对农村人力资本的积累和投资提出了迫切要求，要使农村外出劳动力适应这一形势发展对劳动力素质的需求，就必须重视农村外出劳动力的职业技能培训。因此，教育培训制度成为农村劳动力从农村转出后能否真正融入城镇的关键环节。

第四节 本章小结

农村劳动力向非农产业和城镇转移是劳动力转移就业的必经阶段，我国农村劳动力转移经历了一个具有自身特点的曲折过程。本章首先以实施改革开放为分界点分析了新中国成立以来的农村劳动力转移历程，总结出我国农村劳动力转移过程的两个差异：一是"流动有余而转移不足"，二是"限制的多而鼓励的少"。

以此为基础，笔者分析了中国农村劳动力转移的两个过程，即流动过程和转移过程，这两个过程之间的分界点就是源于农村劳动力转移的制度障碍。因此，本章围绕制度障碍的内容选择了六项制度作为新阶段农村劳动力转移就业研究的制度变量；同时，按照不同制度对农村劳动力转移的影响和作用的侧重点不同，把农村劳动力转移的制度障碍分为"农村转出"的制度障碍和"城市融入"的制度障碍两个层次，即"农村转出"层次包括农村土地制度和金融制度，"城市融入"层次涵盖户籍制度、教育培训制度、社会保障制度和劳动力市场制度。这两个层次是一个相互制约、相互促进的统一过程，共同推动农村劳动力转移进程。

第四章
新阶段农村劳动力"农村转出"的
相关制度分析

新阶段农村劳动力"农村转出"的重点是农村土地制度,农村土地制度变迁的背后有着人口因素的影响。新中国成立初期,由于社会秩序基本稳定,为了满足不断增长人口的土地需求,实行土地农民所有、农民经营的制度模式,改变了长期以来的土地私有制,使农村新增人口的土地需求控制在家庭之内。

改革开放以来,由于推行家庭承包责任制,导致人民公社制度解体,前一时期隐藏的人口土地需求爆发出来,加之第三次人口生育高峰期和生育率下降导致妇女劳动参与率提高,使得这一时期人口的土地需求更加强烈,这一人口土地需求因家庭承包责任制的推行而控制在农户之内,如贵州"生不增、死不减"的土地承包经营模式,即使有调整也是在承包期结束时的调整,从而有效维持了农村社会稳定。然而,由于承包期内家庭人口的增减变化并不反映在家庭土地增减上,出现了农户之间土地资源分布的不均衡,人多地少的农户出现了劳动力剩余,萌发了劳动力流动的冲动,导致20世纪80年代中期开始的"民工潮",这是一种典型的"人口压迫生产力"的结果。随后,由于农村劳动力流动规模的不断扩大和部分农村劳动力长期在城镇非农就业和居住生活,使一些农户有了土地流转的愿望,然而现行的农村土地制度又使其不能完全彻底脱离农村土地,这时农村土地制度对农村劳动力转移起着阻碍的而不是推动的作用。

同时,由于国家实施城市偏向的工业发展战略,农村土地资本化缺乏相应的制度保障以及金融机构支农强农功能弱化,使规模巨大的农村人口不能通过正式金融机构获得其生存发展的金融资源,使其"农村转出"的金融需求被大大地遏制了，农村劳动力转移面临着金融抑制的作用，大大阻碍了农村劳动力非农就业和进城务工居住的进程。

总体上说，现行的农村土地制度和农村金融制度对农村劳动力转移起着反向的阻碍作用。因此，必须思考如何从制度层面破除农村劳动力"农村转出"的制度障碍，完善农村土地确权流转制度，探索土地资本化的有效途径，增加农村劳动力的金融需求和提高满足其金融需求的供给能力，推动农村劳动力的"农村转出"进程，进而为农村外出劳动力"城市融入"创造丰裕的金融资源，推进农村人口的城镇化进程。

第一节 农村土地制度改革与降低农村劳动力 "农村转出"的土地保障功能

土地是最基本最重要的生产要素，土地制度也就成为现代社会的基本制度之一，是农村经济社会制度的核心。正确而合理地理解和认识农村土地制度的变迁和现状，对于实现农村土地制度创新、推动劳动力"农村转出"具有重要意义。

一 现代农村土地制度的变迁过程与现状

农村土地制度作为整个国家土地制度的重要组成部分，是土地制度在农村的反映，是土地制度理论在农村的具体化。新中国成立以来的农村土地制度变迁过程分为三个阶段：土地农民所有、农民经营阶段（土地归农民所有）、由土地农民所有、集体经营过渡到土地集体所有、集体经营阶段（土地农民所有→土地集体所有）、家庭联产承包经营阶段（土地集体所有），这三个阶段的演变构成了农村土地制度产权变迁的过程。从这一变迁过程来看，土地产权制度是核心。

（一）土地农民所有、农民经营阶段（1949～1952年）

新中国成立以前，农地制度矛盾非常突出，主要表现在：农地所有权集中在少数地主和富农手中，大多数农民只能租种土地。相关数据表明[1]，占农村人口不到15%的地主和富农合计占有大约80%的土地；而占总人口近90%的中农、贫农、雇农、佃农和其他仅占有20%左右土地。这一

---

[1] 《第一次国内革命战争时期的农民运动资料》，人民出版社，1983，第2页。

土地结构表明了当时农村土地的所有制性质，即土地私有关系，这种土地产权制度极不合理，成为近代中国人民革命战争的重要原因之一。随着新中国的成立，旧的农村土地制度被彻底摧毁，开始了新中国成立以来的第一次农村土地改革。这次农地改革是在农村土地私人占有基础之上进行的，把封建地主所有的土地产权制度改革为农民个体所有的土地产权制度，即"耕者有其田"、"分田到户"的土地农民私有，实现了土地革命时期的民主革命纲领，极大地解放了农村生产力。1950 年 6 月 28 日，中央政府颁布了《中华人民共和国土地改革法》，该法和第一部宪法都明确规定："国家依照法律保护农民土地所有权和其他生产资料所有权。"

至 1952 年底，90% 以上的农业人口的土地改革基本完成，使全国 3 亿多无地、少地的农民无偿获得 7 亿亩土地和其他生产资料。实践证明，这种新的农地产权制度真正把土地的经济功能、政治功能和社会功能三者有机地结合在一起，既有利于农业生产恢复和农村经济发展，又满足了农民对所有权的心理需求。而从制度供给角度而言，农民所有、农民经营的土地制度改变了土地改革前的制度非均衡状态，符合当时的制度环境，极大地解放了长期被封建制度束缚的生产力，激发了广大农民的生产积极性，促进了农业生产的恢复和发展。土地改革完成之后，家庭作为农地所有者与经营者的双重身份，对农地经营的分配有了很大的收益支配权，除少量的国家税收以外，农户几乎全部获得农地的经营收益，其他社会势力失去了随意提取农地经营收益的正式和非正式路径。

（二）由土地农民所有、集体经营过渡到土地集体所有、集体经营阶段（1953～1978 年）

由于农民个体经济在农业生产中所面临的局限以及农民土地私有所带来的弊端，走农业合作化道路成为当时中国农村土地制度变革的必然趋势。从 1953 年春开始，全国各地出现了普遍试行土地入股、统一经营的状况，并成立了一定数量的初级农业生产合作社。1953 年末，中央强调初级农业生产合作社正日益成为引导互助合作运动继续向前发展的重要环节[①]。第二次农村土地制度改革可划分为三个时期。第一个时期是合作化时期，大致经历了互助组、初级农业生产合作社和高级农业生产合作社，

---

① 中共中央党校党史教研室选编：《中共中央关于发展农业生产合作社的决议》，参见《中共党史参考资料》（八），人民出版社，1981，第 15 页。

历时 4 年左右的时间，农民土地所有制逐步过渡为劳动群众集体农地所有制，即农民土地私有制被宣布废除，取而代之的是农业生产合作社集体所有制。高级农业合作化实质上是从根本上废除了土地私有制，变农民土地所有制为农业合作社集体所有。这一转变，推动了土地制度的又一次改革，变"农民所有、集体经营"为"集体所有、集体经营"，标志着中国农民土地私有制改造的成功实践和农村集体土地所有制的根本确立。至此，农村土地制度已完全具备了社会主义的性质。

从 1957 年开始的人民公社化运动就是在农地产权理论与实践越来越"左"的基础上促成的。人民公社化的途径是在高级合作社基础上小社并大社，通过人民公社化运动，原属于各农业合作社的土地和社员的自留地、坟地、宅基地等一切土地，连同耕畜、农具等生产资料以及一切公共财产都收归公社所有。至 1958 年 11 月初，全国共有人民公社 26572 个，参加的农户占农户总数的 99.1%①，人民公社化运动在全国范围内得以全面实现。

1958 年 12 月，党的八届六中全会关于人民公社若干问题的决议中明确规定：人民公社应当实行统一领导、分级管理的制度，并且规定一般可以分为公社管理委员会、生产队（即基本核算单位）、生产小队（即组织劳动的基本单位）三级。1959 年，党中央进一步明确规定：公社应当实行"三级管理，三级核算，并且以队的核算为基础"，此后逐渐形成了"三级所有，队为基础"的农村土地所有制度和土地经营制度，人民公社对土地进行统一规划、统一生产、统一管理，分配上实行平均主义，公有化程度越来越高，土地的经营使用权完全掌握在政社合一的人民公社手中，国家通过高度集中统一的计划来控制和管理土地的生产经营活动，土地上的任何权利都不能转移、出租。这种集体所有、集体经营的农村土地制度实质上是一种强制性制度变迁，增加了制度的执行成本，造成了农村土地产权制度的非均衡，产生了较大的消极作用，在一定程度上抑制了农民生产的积极性和创造性，是一种低效率的农地产权制度。这种集体所有、集体经营的农地制度一直持续到改革开放前后。

（三）集体所有、家庭承包经营阶段（1978 年底至今）

1978 年 12 月党的十一届三中全会开启了改革开放的潮流。改革开放

---

① 农业部计划局：《农业经济资料手册》，农业出版社，1959，第 36 页。

首先从农村开始，改革的核心是农村土地制度，农地产权模式以"大包干"、"小包干"等方式创建了多种形式的农业生产责任制，以不可阻挡之势在全国范围推开。至 1981 年 10 月，在全国农村基本核算单位中，建立各种形式生产责任制的比例已达 97.8%，其中"包产到户"、"包干到户"的达到 50%。[①]

1982 年 1 月 1 日，中共中央批转《全国农村工作会议纪要》，对迅速推开的农村改革进行了总结，该文件明确指出"包产到户"、"包干到户"或"大包干""都是社会主义集体经济的生产责任制。不论采取什么形式，只要群众不要求改变，就不要变动"[②]。1983 年，中央下发《当前农村经济政策的若干问题》，提出了"联产承包制采取了统一经营与分散经营相结合的原则，使集体优越性和个人积极性同时得到发挥"，是"在党的领导下中国农民的伟大创造，是马克思主义农业合作化理论在我国实践中的新发展"[③]。1984 年的中央一号文件[④]强调在继续稳定和完善联产承包责任制基础上，进一步延长土地承包期限。至 1984 年，全国近 99% 的生产队实行了家庭联产承包责任制[⑤]。至此，集体所有、家庭经营的农地产权模式初步形成。

实行土地承包经营制以后，土地的所有权没有改变，但土地的使用权转移到农民的手中，过去的集体经营变成了现在的农户个体经营，这种产权模式保证农地的集体所有权和农户的独立经营权，对农地经营收益分配关系进行了调整，"交够国家的，留够集体的，剩下都是自己的"是这次土地产权制度变革取得巨大成功的真实写照。根据这一时期的国家统计公报显示："1982 年，由于在农村继续推行和完善联产承包责任制，进一步调动了广大农民的生产积极性，加上多数地区气候条件较好，农业生产获得了大丰收。1982 年农业总产值为 2785 亿元，比上年增长 11%，大大超

---

① 刘广栋、程久苗：《1949 年以来中国农村土地制度变迁的理论和实践》，《中国农村观察》2007 年第 2 期。

② 《全国农村工作会议纪要》，《中共中央国务院关于"三农"工作的十个一号文件（1982～2008 年）》，人民出版社，2008，第 3 页。

③ 《当前农村经济政策的若干问题》，《中共中央国务院关于"三农"工作的十个一号文件（1982～2008 年）》，人民出版社，2008，第 20 页。

④ 《中共中央关于一九八四年农村工作的通知》，《中共中央国务院关于"三农"工作的十个一号文件（1982～2008 年）》，人民出版社，2008，第 40～41 页。

⑤ 林毅夫：《制度、技术与中国农业发展》，上海三联书店，1992，第 101 页。

过计划增长 4% 的要求"①。1988 年，粮食产量由 1978 年的 30476.5 亿斤提高到 39401 亿斤，使农民的收入由 1981 年的 223 元增加到 1988 年为 544.9 元。② 实践表明，农村土地产权制度如何安排，直接影响到中国亿万农民的社会主义劳动积极性、农民的致富道路和农村生产力的发展，直接关系到中国特色社会主义道路的成败。

随后，家庭联产承包经营制度逐渐上升到法律的轨道上来，并对农村土地流转制度也作了法律规定。1988 年 4 月，第七届全国人大常委会对 1982 年的《宪法》修正案规定："任何组织或者个人不得侵占、买卖或者以其他形式非法转让土地。土地的使用权可以依照法律的规定转让。"这一宪法修正，为土地转让由理论到实践奠定了法律依据，进一步拓展了土地制度的内涵。1993 年 4 月，"家庭承包经营"作为国家一项基本经济制度被写入修正后的《宪法》，至此，多年来人们对家庭联产承包制度的争论和误解得以解决和消除。1998 年，"土地承包经营期限为 30 年"被写入修订后的《土地管理法》，稳定土地承包关系得到了法律的保障。

然而，从 20 世纪 90 年代开始，农村土地的比较效益开始呈现下降的趋势，城乡收入差距也有扩大趋势。有些地方，土地不能增值，反而成为农民的负担。一些外出务工的农村劳动力不但不能将自己承包的土地流转出去得益，还要请人耕种并付代耕费，土地成了农民的"负资产"，这种现象使全社会不得不重新审视农地产权模式存在的制度缺陷。2002 年 8 月通过的《农村土地承包法》明确规定中国实行农村土地承包经营制度；国家依照法律保护农村土地承包关系长期稳定；国家保护承包方按照法律依法、自愿、有偿的原则，进行土地承包经营权流转，并就土地流转作了相关规定，这实际上就为建立和完善农村土地流转制度③、规范农村土地流转市场提供了法律保证，以国家法律的形式最终确立下来，标志着国家从

---

① 《中华人民共和国国家统计局关于 1982 年国民经济和社会发展计划执行结果的公报》，http：//www.stats.gov.cn/tjgb/ndtjgb/qgndtjgb/t20020331_ 15376.htm。

② 《中华人民共和国国家统计局关于 1988 年国民经济和社会发展的统计公报》，http：//www.stats.gov.cn/tjgb/ndtjgb/qgndtjgb/t20020331_ 15382.htm。

③ 农村土地流转主要是指农村土地承包经营权的流转，即在保持农村土地所有权不变、不改变土地用途和不损害农民承包权益的前提下，拥有土地承包经营权的农户按照依法自愿有偿的原则，通过转包、出租、互换、转让和股份合作等形式流转土地承包经营权，实现土地承包经营权在不同市场主体之间的流动和转移。

法律上规定了农村土地制度在未来一段时期内的实施方向。之后，国家又出台了一系列相关农村土地制度的法律法规，以此加强农村土地制度建设。2004～2011 年，中央又连续以"一号文件"的形式发布了有关"三农"的文件，这其中也有关于农村土地制度的指导意见和政策措施，如坚决落实最严格的耕地保护制度，切实保护基本农田，保护农民的土地承包经营权；同时，土地所有制形式也随之得到了空前的强化。值得一提的是，党的十七届三中全会明确指出"土地制度是农村的基础制度"，对目前农村现有的土地承包制度及其土地流转作了相应的规定，这对于当前农村土地制度改革和创新具有指导性意义。

通过对农村土地制度变迁过程的回顾，笔者认为，农村土地制度是以土地产权制度为核心的一系列制度所构成的制度体系，它反映了以农地为载体的农村社会经济关系，反映了农业劳动者、土地与农地产出之间的相互关系。农村土地制度"一经建立，便规定了人与人之间因土地占有和利用而发生的各种关系。因此，对土地关系的确定，就成为农村社会的全部经济关系，进而为农村社会的经济发展确定了一个基本框架，农村社会经济制度就在此基础上建立。农村土地制度反映着农村土地经济关系"[1]。

二 现行农村土地制度产权的缺陷

(一) 产权与产权制度理论

中外经济学者将产权纳入理论分析框架，并非意味着产权具有独特的经济学意义。何谓产权？马克思主义经济学和新制度经济学及学界基本认可的概念是：产权是指由物的存在及关于物的使用所引起的人们之间相互认可的行为关系。产权安排确定了每个人相对于物时的行为规范，每个人都必须遵守他与其他人之间的关系，或承担不遵守这种关系的成本。尤为重要的是，产权是需要界定边界的，排他性是产权的决定性特征，排他性权利界定是产权发挥作用的前提条件。它不仅意味着不让他人从一项资产收益，而且意味着资产所有者要排他性地承担对该资产使用中的各项成本，包括承担确保排他性的成本。新制度经济学的分支产权经济学认为，

---

① 石莹、赵昊鲁：《马克思主义土地理论与中国农村土地制度变迁》，经济科学出版社，2007，第13页。

只要是产权界定清晰，就可以降低成本，使效率最大化产生激励作用，使资源配置合理，而不论产权归谁所有。当产权得到运用时，除了排他性成本之外，还会产生交易成本（交易费用）。① 按照张五常的观点，交易成本包括一切不直接发生在物质生产过程中的成本。②

通过上面的分析可知，产权实质上是一种制度安排，界定明确的产权，是降低交易成本的必要条件，而不是充分条件。只有建立完善的产权制度，使产权得到明确界定并有效转化，才能实现资源的有效配置，而且，界定产权及产权制度的主要目的就是用于交易和转化。一方面，人们在相互交往的过程中形成了一定的社会经济关系，在这种交往关系中逐步产生了产权，有了产权制度；另一方面，在理论上探讨产权时，基本上是可以假定产权获得了制度形式的，也是最有效的制度形式。因此，产权制度可以描述为一系列用来确定每个人相对于非共有资源或稀缺资源使用时所拥有地位的经济社会关系准则，是产权关系的制度化或制度化的产权关系，是最基础性的制度。产权制度包括由社会认可的非正式约束和国家规定的正式约束两部分，产权关系的制度化实际上也包含着上述两个方面的内涵。

从科斯定理的基本思想出发，人们开始探讨不同类型的产权制度安排对于经济效率的影响。从经济学意义来讲，一种产权结构是否有效率，主要视它能否为在其支配下的人们提供将外部性较大的、内在化的激励。在新制度经济学的学术遗产里，可以看到很多闪光的产权制度思想。例如，在新制度经济学的核心里，到处可见制度、交易成本和经济成果之间的相互作用；最有效的制度安排需要一种协调政府和个体作用的平衡机制；制度结构会限制人类行为并将他们的努力导向一定的社会规则所期望的方向和结果；提供公共物品的公共部门过于单一化，妨碍了人们在组织制度创新方面的创造力发挥；等等。

（二）农村土地制度的产权关系

从前面的产权制度理论分析可知，界定产权及产权制度的目的之一在于交易和转化，这就为分析农村土地制度的产权关系奠定了理论基础。从现行的农村土地承包制度来看，它是土地产权中所有权与使用权分离的产

---

① 张红宇：《中国农村的土地制度变迁》，中国农业出版社，2005，第12页。
② 张五常：《经济解释》，商务印书馆，2000，第407页。

物，更是中国特色背景下一种农地制度变革的基本趋势。下面主要探讨现行农村土地制度及其相应的产权安排的缺陷。

农村土地制度的核心在于土地产权制度安排的创新与完善。通常而言，产权制度应包括所有权、占有权、使用权、处置权和收益权五个部分，其中，所有权是权利束的基础。所有权与占有权属于同一产权主体，具体到中国农村土地产权制度却是分开的，中国农地的所有权属于集体（国家）；占有权和使用权属于农户或农民，农户之间在土地转租情况下则占有权和使用权可能发生分离，使用权发生转移；处置权属于集体（国家）和农户；收益权主要应属于农户，在土地流转的情况下集体可以提留一小部分。本研究的切入点是农民的农地所有权、占有权、使用权、处置权和收益权的变化。按照农地产权制度各部分内容的激励作用，可以区分产权结构中各部分内容的层级关系。

收益权是产权的最基本权利，它是通过产权所获得的自由支配的权利和利益，即通过所有权、处置权、占有权和使用权所获得的收益均需要收益权的获得来提高产权主体的权利和利益。农地收益权包括农地经营获得的所有收益，即对农地的处置权、所有权、占有权和使用权所产生的收益进行支配，具有高于其他四项权利的激励度，可以称收益权为一级产权。

农地处置权是二级产权，是指产权主体有权对农地所有权、占有权和使用权进行处置的权利，但不包括对收益权的处置，它是基于所有权衍生出来的，它的激励作用应该高于所有权。由于中国农地制度安排的特殊性，农地处置权隶属于所有权和占有权，有限隶属于使用权。

农地所有权是三级产权，是指农地的产权归谁所有。在现今中国，农村土地所有权属于代表国家的集体组织。占有权和使用权是所有权的派生，隶属于所有权。通常情况下，占有权和使用权是同一主体，同属于四级产权。但也有占有权和使用权分离的情况，如农户之间因各种原因发生的租种土地行为（即通常的土地出租权）就是一例，在这种情况下，占有权所产生的激励度要低于所有权所产生的激励，它是产权主体占有土地的权利，是四级产权；而使用权是产权主体使用农地的权利，属于五级产权。需要说明的是，为了适应农村土地流转的需要，本书按照五级产权的思路画出中国农村土地产权制度的产权关系（见图 4 -1）。

由上可见，占有权和使用权是所有权的派生，收益权和处置权是所

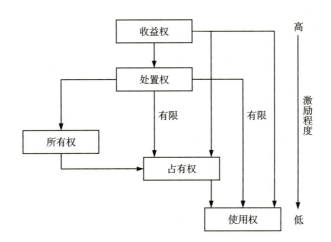

图 4 - 1　基于激励功能的中国农村土地制度五级产权关系

有权、占有权和使用权的具体体现，所有权制度与占有权（使用权）制度共同构成了土地产权制度的核心内容。因此，秉承这一思想，在本研究中，土地产权制度的主要内容就是围绕这一产权理论思路展开的，即把土地所有权制度纳入土地产权制度的研究框架之内。一般认为，农村土地产权制度是指构成土地产权结构与产权关系的制度安排，土地的所有权、占有权、使用权、处置权和收益权构成了农村土地产权制度的主要内容。

（三）农村土地产权制度的缺陷

比较新中国成立以来的三次农村土地制度变革，可以看出前两次均是强制性占主导的制度变迁，由于与当时农村生产力的适应程度不同，在不同时期所起的效果迥异；第三次变迁起初是一种自下而上的诱致性制度变迁，后由于制度初期的高效率而被国家予以法律上的肯定，成为一种自上而下的强制性制度变迁模式。"可见，如果土地产权制度安排不符合农民对土地收益的合理预期，就不具有对农民生产积极性的激励机制，土地资源就难以得到最优化的配置，整个社会的效益也必然不能实现最大化的目标。"[1]

由于自然、社会和经济条件的地区差异以及地权的多面性和复杂性为

---

[1]　罗重谱：《我国农村土地产权制度变迁与创新研究》，《地方财政研究》2009 年第 3 期。

农地制度的多样化创造了条件。各个地区土地禀赋条件的不同，导致各地农村的土地利益结构发生变化，从而产生出不同的农地制度类型。目前，中国主要有六种农地制度类型[①]：第一种类型是农户经营加"大稳定、小调整"。这是最普遍的一种类型，被中等发达地区广泛采用。第二种类型是由山东平度县首创的两田制，其核心思想是通过土地招租的形式来模拟市场的土地交易。第三种类型是以机械化集体耕作为特点的苏南模式。以上三种类型要么意味着农户地权的残缺，要么意味着农户不再直接享有地权。除第一种类型为农户自发的选择外，后两种类型均带有地方政府行为的痕迹。第四种类型是以贵州湄潭县为代表的"生不增、死不减"模式，除 1984 年进行过一次调整以外，至今仍未进行过一次土地调整。这种制度目前已在贵州全省推广，并以地方法规的形式确定耕地承包期 50 年不变，非耕地承包期 60 年不变。第五种类型是以浙南为代表的温州模式。第六种类型是以广东南海为代表的土地股份制，它是解决土地的法律所有与土地的占有和经营之间矛盾的一次成功的尝试。

中国农地制度虽然多样化，但多样化的核心是地权个体化程度的差异，以家庭联产承包为主体的农村土地制度并没有变化。中国现行的以家庭联产承包为基础、统分结合的双层经营的农村土地制度，在改革初期取得了巨大的经济效应，是中国经济体制改革的成功典型之一。然而，土地作为一种有限且有价值的自然资源，其供给具有典型的稀缺性，这种稀缺性不仅表现为土地供给总量与土地需求总量的矛盾，而且表现为由于土地位置固定性和质量差异性所导致的某些地区及某种用途的土地供给的稀缺性。土地资源的特殊性决定了土地制度的设计和改革必须兼顾公平和效率。农村土地承包这种产权制度虽然兼顾了公平和效率，但更多地偏向公平，使土地资源利用效率各地不一、普遍不高，成为制约当前农村经济发展的重要因素，这其中有产权制度本身的缺陷在内。总体而言，家庭承包制度是建立在所有权和占有权（使用权）分离的基础上的，仍然存在着产权主体虚置或模糊、产权客体模糊、使用权缺损、产权权能残缺等缺陷。

1. 农地产权主体模糊

《宪法》规定，农村土地归集体组织所有。《土地管理法》第 10 条规

---

① 姚洋：《中国农地制度：一个分析框架》，《中国社会科学》2000 年第 2 期。

定："农民集体所有的土地依照法律属于村农民集体所有的，由村集体经济组织或者村民委员会经营、管理。"从法律条文上看，农村土地集体所有权界限十分清楚，而《民法通则》中规定农村土地所有权归行政村，而村属于乡（镇）政府的派出机构。这样，村民委员会就成为既具有自治职能又具有政治职能两个不同性质的组织，同时成为土地所有权主体，而村民委员会是农村群众性自治组织，不是农村集体经济组织，并不具备作为产权主体的法人资格。而且，近年来，部分农村地区还存在集体组织和集体经济的功能"弱化"问题，这就造成中国农村集体土地所有权主体是不明确的，而且所有权的边界也是"虚化"的，导致产权是虚置的，产权关系紊乱，使农村土地的管理监督往往处于缺位的状态。一方面，所有权主体不能约束来自政府方面的侵权行为；另一方面，所有权主体也不能约束和监督使用者即农户在使用土地过程中的机会主义行为。"在实际中，国家成为土地的实际所有者，国家行使与掌握了土地所有权的绝大部分，因此，土地所有权的最终归属实际是不明确的。"[①]

　　根据笔者对川黔渝地区的调查数据显示，村集体对自由出让土地（即买卖土地）、出租土地、出售土地使用权等"没有规定"的分别占34.5%、43.5%、47.4%，对因非农就业影响土地耕种时，村集体对此"没有规定"的占有效百分比的59.9%，而只收回责任田、收回离开的人的全部土地、强制继续种植和强制转让土地的分别占有效百分比的18.7%、9.5%、7.0%和4.9%（见表4-1），说明集体组织在确保土地收益方面并没有积极作为，这在某种程度上是产权主体模糊的结果，进而导致村集体对获得城镇户口的人或农户的承包地难以行使真正的产权主体。根据笔者在贵州省湄潭县实际调研发现，该县大部分村集体对于农村土地流转基本上是农户与种植大户的土地流转，村集体只在二者之间土地流转存在难以协调的障碍时才充当"调解员"角色，这也说明了村集体难以行使真正的产权主体。笔者的调查数据显示（见表4-2、表4-3），农村集体组织对获得城镇户口的人或农户的承包地没有相关规定的比例为52.3%，"只收回责任田"的占18.0%，"收回离开的人的全部土地"的占10.4%，"同意送给别人耕种"和"强制继续种植"的分别占14.3%和5.1%；而且，被调查者所在的村集体对于土地抛荒"不管"的占

---

① 刘传江等：《中国农民工市民化进程研究》，人民出版社，2008，第39页。

64.3%，而"管"的只占35.7%。这些实际上是产权主体不明、村集体组织未能及时行使产权的后果。

表4-1　川黔渝地区集体组织对非农就业影响土地耕种时的行为态度

单位：人，%

集体组织的行为态度	人　数	百分比	累计百分比
收回离开的人的全部土地	234	9.5	9.5
只收回责任田	459	18.7	28.2
强制转让土地	122	4.9	33.1
强制继续种植	172	7.0	40.1
没有规定	1472	59.9	100.0
合　　计	2459	100.0	

资料来源：问卷调查数据（有246人未选），2009年1~2月。

表4-2　川黔渝地区集体组织对获得城镇户口的人或农户的土地的行为态度

单位：人，%

集体组织的行为态度	人　数	百分比	累计百分比
收回离开的人的全部土地	256	10.4	10.4
只收回责任田	441	18.0	28.4
强制继续种植	124	5.1	33.4
同意送给别人耕种	351	14.3	47.7
没有规定	1283	52.3	100.0
合　　计	2455	100.0	

资料来源：问卷调查数据（有250人未选），2009年1~2月。

表4-3　川黔渝地区集体组织对土地抛荒的态度

单位：人，%

集体组织对土地抛荒的态度	人　数	百分比	累计百分比
管	879	35.7	35.7
不管	1583	64.3	100.0
合　　计	2462	100.0	

资料来源：问卷调查数据（有243人未选），2009年1~2月。

2. 农地使用权缺损

由于农村土地集体所有，因此从理论上讲，每个生长在这一集体地域的成员都有权分享土地的使用权，并且在这一集体地域内出生的每一个成员同原有成员一样，都有权分享对该集体地域的使用权而不需要支付任何成本。由于农村社区的范围既可以是静态的社区全体成员，也可以是动态的社区成员，这就使农村社区边界处于变动之中。尽管农地承包经营权受到国家法律保护，但由于社区成员权赋予农村社区内每个成员平等地拥有该集体土地的权利，由此生成的土地成员权或承包经营权就必然要求社区土地能随着人口的变化而进行周期性调整，更何况在中国农村，农地资源仍承负着沉重的社会福利保障功能。① 而且，在传统观念里，集体成员应该天然地无差别地享有集体所有的土地，而且这种观念已转化为一种制度安排——土地随着人口的变化进行周期性调整。因此，在一些人地矛盾尖锐的地区仍在定期或不定期进行土地调整和分配，这种土地分配导致农地使用权缺损，土地产权缺失，投资预期受大量不确定因素的影响而具有高度不确定性，导致农民耕作的短视化，极大地影响了农民对土地进行长期投资的积极性，不利于土地资源的长期可持续利用。

3. 农地产权权能残缺

现有的家庭承包责任制虽然实现了土地所有权与使用权的分离，农户拥有了承包经营权，但农户的权利并不是充分和完备的，农民在土地权利上只有占有权和使用权，而没有完全的处置权和收益权。农村土地的这种产权特性，使农村土地既具有部分的社区公共产品属性，又具有部分的私人产品属性，农民产权权利的不充分性使之无法适应现代农业和市场经济发展的变化和要求；而在土地流转过程中，承包经营权又发生分化，演变成承包权（即占有权）与经营权（即使用权）两部分。具体来说，主要体现在以下两个方面：第一，农地集体所有权权能残缺。理论上，农村集体拥有法定所有权，集体应当可以行使占有、使用、处置、收益的完全权利，但是客观事实上，中国的农地集体所有权是一种不完全的权利，法律对农村土地集体所有的属性作了多方面的限制。如《土地管理法》规定，农村集体所有者不能买卖土地产权，只能依法在一定期限内有偿出租或让

---

① 钱忠好：《农村土地承包经营权产权残缺与市场流转困境：理论与政策分析》，《管理世界》2002 年第 6 期。

渡土地使用权；农村集体所有者不能随意改变所属耕地的用途，因特殊情况确需征占自己所有耕地时，必须经国家有关部门批准。可见，农民土地集体所有权的最终处置权属于以各级政府为代表的国家，集体土地所有权的经济利益得不到保障，最突出的例子就是土地流转过程中的最终处置权和部分经营收益权属于国家，尤其是在土地变更用途的最终处置权及由此产生的收益。第二，农民承包经营权权能残缺。《农村土地承包法》第三条规定"国家实行农村土地承包经营制度"；第四条规定"国家依法保护农村土地承包关系的长期稳定"。通常认为，农民的土地承包权为物权而非债权。作为物权，就应该尊重农民拥有的权利。但在实际运作中，农民没有拥有对土地真正意义上的物权。农民对土地只具有经营权，有限的出租权、转让权和收益权，由于农民的农地产权不完整，常常使农民的使用权、处置权、收益权受损；农民的土地使用权不稳定，在相对较短的土地承包期内，农民承包的土地面临着被收回的可能；农民的土地处置权不充分，农民承包土地除在用途和权属转移上受到国家的终极控制外，抵押的权利也被严格限制；在土地财产权利分配中，农民完全处于弱势，必然导致农民的土地收益权受侵犯。

此外，农民的土地承包权不能作为融资条件，在既有的法律制度框架下，土地资本化的实现路径面对一定的制度约束，不利于缓减农村经济发展的资金约束和金融抑制。目前，国内部分地区已经开始了农村土地确权行动，农户有了土地使用权证、宅基地和房屋产权证等，而且《物权法》也在很大程度上支撑经过确权改革之后农户承包地、宅基地、林地等物权权利边界，但实事求是地讲，这种农村土地产权仍然残缺。这种残缺，主要表现在现行法律的创制过程中，过度追求农村土地的保障功能和静态安全，没有随着社会主义市场经济体制框架的形成而与时俱进地考虑农村土地配置功能和动态效率，广大农民通过土地资本化来获得财产性收入的难度不小。①

正是现行农村土地产权制度的这些特征，致使农村集体组织或村民委员会及农户很难在土地侵权中通过正式渠道维护自身的土地权益，导致其在土地流转或土地征用中处于不对等的谈判地位，这实际上也就使农民权益不能从制度上得到保障。

---

① 陈家泽：《创造级差地租的"三河样本"》，2009 年 11 月 27 日《成都日报》。

三 农村土地产权、土地流转制度与农村劳动力"农村转出"的关系

（一）农村土地产权制度与土地流转的关系

由于农村土地制度存在着上述的产权缺陷，使得农村集体组织或村民委员会以及农民都没有全部产权，作为控制和调节土地流转的市场杠杆——地租和地价未能真正显现出来，土地使用权有偿转让仍受到很大限制，影响了农村土地流转制度和土地流转市场的发育和完善。农村土地流转是农村土地承包制的进一步深化和量变而产生的质的飞跃，它并非人们主观意志的突然萌动而生成的举措，是一系列社会经济条件牵引所应运而生的发展趋势与运动轨迹。现行农地制度安排使农村土地承包经营权流转受到诸多限制，必然影响农村土地流转市场的发育和农地市场供给。根据笔者于2010年7~8月在贵州部分农业县的实地访谈来看，各地都存在着土地流转行为，只是各地土地流转的规模与各自所在地的区位条件、人均耕地、涉农产业发展和村集体组织建设等紧密相关，如贵州省湄潭县农村土地流转规模较大，存在转让、转包、出租、入股、互换等多种流转形式，由于县内各镇（村）组织建设的情况不一，具体流转实施形式也各不相同；又如贵州省施秉县内各乡镇土地流转也不相同，人均耕地较多的乡镇（如牛大场镇）很少有土地流转现象，而且很少有农村劳动力外出务工现象，而人地关系紧张的乡镇不仅外出务工的劳动力较多，而且大量存在土地出租的情况（如马号乡、双井镇等），而且还存在免费出租（如双井镇）的现象，这些土地流转现象实为农村劳动力迁移流动的结果。

从表4-4可以看出，川黔渝地区农村劳动力外出之后，其承包地主要由父母或其他直系亲属耕种的占52.1%，这是目前农村劳动力外出之后土地耕作的主要形式；暂时由别人耕种、自己收取田土的少量收入的占22.5%；暂时无偿送别人耕种的占12.9%，这对他们来说土地没有相应收益；掏钱请人耕种的占6.4%，这说明土地对他们来说，其承包地成为他们的"负资产"。而从土地流转意愿（见表4-5）来看，愿意转包的占32.3%，说明对于这一部分农村劳动力来说，继续承包土地并非是他们的理想选择；而且土地转包现象对于农村地区来说也并非新鲜事物，根据笔者的调查（见表4-6），有49.7%的被调查者所在的农

村地区存在土地转承包现象，说明规范和完善农村集体土地流转制度和市场具有重要的现实性和必要性，而且也是完善土地家庭承包制的应有之义。

表4-4　川黔渝地区农村劳动力外出后的承包土地耕种情况

单位：人，%

农民工外出后的农村土地承包情况	人　数	百分比	累计百分比
父母或其他直系亲人	1107	52.1	52.1
暂时由别人耕种，自己收取田土的少量收入	478	22.5	74.6
暂时无偿送别人耕种	274	12.9	87.5
自己掏少量钱请别人耕种，收入归别人	135	6.4	93.9
其　他	130	6.1	100.0
合　计	2124	100.0	

资料来源：问卷调查数据，2009年1~2月。

表4-5　川黔渝地区农村劳动力土地流转意愿的情况

单位：人，%

农村土地流转意愿	人　数	百分比	累计百分比
愿意继续承包	457	18.6	18.6
愿意转包	795	32.3	50.9
维持现状	1209	49.1	100.0
合　计	2461	100.0	

资料来源：问卷调查数据（有244人未选），2009年1~2月。

表4-6　川黔渝地区被调查农村劳动力所在地的土地转承包现象

单位：人，%

农村土地转承包现象	人　数	百分比	累计百分比
有	1229	49.7	49.7
没有	826	33.4	83.1
没有听说过转承包	417	16.9	100.0
合　计	2472	100.0	

资料来源：问卷调查数据（有233人未选），2009年1~2月。

社会主义市场经济的主体除了企业、中介组织等法人实体和政府外，就是公民个体，即居民。而对于农村土地流转制度而言，其流转市场的主体应该是农民或农户。因此，在一定的制度框架内，明确界定农村土地承包经营权的相关产权，赋予农民更多的土地权利，完善农村土地流转市场，这是建立和完善农村土地市场的关键。

农村土地产权制度建设主要是将农民对土地的承包权产权化，以利于多种形式的土地承包经营权流转，确保所有的土地流转都在农民自愿自主的前提下依法进行，目的是促进土地承包经营权依法流转，而不是借着土地流转的名义"打农民的主意"。农民是拥有土地承包经营权的产权主体，通过产权利益机制建设，可以避免农民的承包地被任意或强制征占。以成渝城乡统筹试验区成都市的农村土地产权制度改革为例，成都将宪法赋予农民的权益通过建立现代产权制度的形式确立给农民，即"还权赋能"，使农村集体成为由无数个真正拥有承包权产权主体地位的农民所组成（见图4-2）。

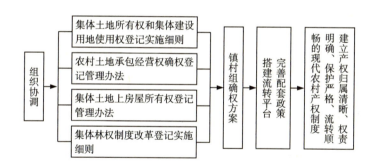

图4-2 成都市温江区农村产权制度改革流程

成都市在推进农村土地产权制度改革过程中采取了四项主要措施[①]。一是土地确权。明确农民及集体组织对承包地、宅基地、集体建设用地、林权等物权关系，明确农村集体土地所有权、土地使用权，由区（市）县人民政府对农村集体土地所有权和土地使用权进行登记造册，并核发土地所有权证书、土地使用权证书。二是成立农村产权流转担保

---

① 陈伯君等：《农村土地制度产权改革与农村增收——以成都实验区农村土地产权改革前后的变化为样本》，《南方论坛》2009年第3期。

公司，开展农村土地、房屋产权抵押担保贷款。三是组建农村产权交易所，形成市、县、乡三级服务平台。四是加快农村金融建设和农村金融制度改革步伐，为推动农村土地资本化创造条件。通过这些措施，使得成都市农村产权制度改革成绩显著，土地流转规模较大。截至 2008 年年底，全市共有 222 个乡镇（涉农街办）、1676 个村（涉农社区）、24004 个组（社）开展了农村产权制度改革试点，涉及农户 1195891户；完成入户摸底调查 1039268 户，完成土地测绘 827261 户，完成确权结果公示 570977 户，完成确权颁证 314949 户。① "2008 年 10 月，成都市建立了全国首家农村产权交易所，开始积极探索在明晰产权基础上实现流转的有效模式，截至 2009 年一季度末，交易所完成农村土地承包经营权流转 28316 宗，林权流转 1578 宗，集体建设用地流转 8931 宗，农村房屋所有权流转 110 宗。"②

重庆市于 2008 年 12 月 4 日正式挂牌成立了"重庆农村土地交易所"，其成立的目的是要扩大农村土地的流转范围，将城市建设用地增加与农村建设用地减少相挂钩，开展农村土地使用权或承包经营权流转服务。该交易所成立至 2009 年一季度共交易两次，涉及土地 7 宗，面积 1410 亩，金额约 2 亿元。③

通过农村土地产权制度改革，提升了农民的市场主体地位，增强了农民的土地观念和财产意识，使农民有了充分的话语权，不仅激发了农民的积极性和创造性，而且促进了农村土地流转，加快了土地规模化流转，转变农业生产方式。如成都市龙泉驿区黄土镇洪安村，在确权颁证后流转了3500 亩土地给黑金果业有限公司，用于标准化绿色葡萄生产基地建设。据调查，3500 亩总纯收入为 1100 万元，每亩平均收入 3142 元，在流转前每亩纯收入 1000 元的基础上增加收入 2142 元。④

从成渝两地实施农村土地产权制度改革的效果来看，农村土地产权制

---

① 陈伯君等：《农村土地制度产权改革与农村增收——以成都实验区农村土地产权改革前后的变化为样本》，《南方论坛》2009 年第 3 期。

② 成都市发展和改革委员会：《深入推进统筹城乡发展的改革创新研究》，《成都发展》2009 年第 8 期。

③ 丁新正：《农村集体建设用地流转的终点、难点和对策》，《重庆交通大学学报》（社科版）2009 年第 8 期。

④ 陈伯君等：《农村土地制度产权改革与农村增收——以成都实验区农村土地产权改革前后的变化为样本》，《南方论坛》2009 年第 3 期。

度改革是激活农村市场主体、赋予农民自我发展能力的关键，推动着农村土地流转制度和市场的建立和完善，规范了土地交易行为，保障了农民的土地财产权益。第一，农民土地产权清晰并且获得了相应的财产权利，为其作为市场主体进行选择奠定了基础；第二，增强了农民对地权稳定性的预期。大量理论研究均表明，地权不稳定是制约农民对土地进行投资和实现土地流转的主要因素，增强农民对地权稳定性的预期有利于农村土地流转，使土地经营走向规模化，加速农业现代化的进程。根据笔者在重庆市綦江区、九龙坡区和成都市温江区、大邑县的小型农户问卷调查显示：二轮承包至今，当地的大部分承包地都因为人口变动等原因进行了调整，而54.7%的农民认为确权颁证后土地就不会再调整了，即使调整也有"本本"（即产权证书）作保障了，并且67.1%的农户认为土地确权后他们的土地会经营得更好，增加了土地投资的干劲，土地确权将有利于他们的流转。第三，搭建了产权交易的平台，为土地流动奠定了基础。通过对重庆市綦江区、九龙坡区和成都市温江区、大邑县的小型农户问卷调查，数据显示：76.5%的农户都希望自己的土地能流转出去，而土地确权将有利于他们的流转，并且认为土地规模化经营将有利于农业和农村的发展。第四，培养了农民的权利意识，推进了基层民主的进程。一方面产权制度改革过程本身就是一个民主化的过程，包括确权中争议的裁决等都是通过民主过程产生的；另一方面产权制度改革的结果，即明晰了产权界定，本身就是民主的内容。

　　贵州省湄潭农村改革试验区是根据中共中央 1987 年 5 号文件"关于有计划地建立改革试验区"的精神，在时任贵州省委书记胡锦涛亲自倡导和支持下，贵州省委、省政府在做了大量的调查研究基础上，针对全国推行家庭联产承包责任制后出现的新情况、新问题，与中央有关部门商定、结合湄潭发展商品经济的基础条件，经国务院批准设立的贵州省最早的一个国家级农村改革试验区。湄潭试验区以来，前后经历了 20 年三轮的改革：1987～1993 年，湄潭县试验区进行了第一轮农村改革试验试点工作，试验课题内容为"土地制度建设及农产品商品基地建设"；1994～2000 年，湄潭试验区根据全国农村改革试验区第八次工作会议的安排，承接了"农村税费制度改革"课题内容；2000 年底，湄潭试验区继续承接了全国农村改革试验区"农村税费改革与基层组织建设"试验课题任务。2008 年开始进行第四轮农村改革实验，主要是以土地制度建设为主题，加快农业产业化发展、新农村建设和城镇化发展，配套农村金融体制改革，着力深化影响和制约统筹城乡发展的体制机制改革。试验内容的核心：解决农村土地分散、农业规模效益低的问题，加快推进农业产业化和现代农业建设；解决农村建房一户多宅、建设用地浪费较大的问题，推进宅基地流转；探索农房产权抵押，为农业生产融资、增加农民财政性收入创造条件；等等。从其实施过程来看，主要采取的做法是：重新摸清土地资源，掌握全县土地资源的真正"家底"，接着对宅基地、林地、房屋三权进行确权、登记、颁证（农村承包土地按原有权属不变，参与流转面积以实际丈量亩分为准）；建立健全从县、乡镇到村的农村土地流转工作领导机构，试点建立了镇、村级农村土地承包经营权流转市场（土地流转中心），并统一制定了土地流转合同，配套制定了农村土地承包经营权流转的相关制度 13 项，合同的统一和流转管理制度的建立，为土地规范流转搭建了平台；创新相关土地管理制度，如《湄潭县农村土地承包经营权流转实施办法（实行）》、《湄潭县农村集体建设用地使用权流转实施方案》、《湄潭县城乡建设用地增减挂钩（暂行）管理办法》。通过实施这些措施，规范了农村土地流转，推动了土地向高效农业快速流进，促进农业种植的规模化和集约化经营。一是实现土地规范流转。通过流转市场和管理制度的建立，2 万余亩耕地的民间流转行为得到了规范，矛盾纠纷得到了遏制。二是实现土地适度规模流转。截至 2010 年 12 月底，全县以转包、转让、出租、入股、互换等形式流转耕地面积达 12.6 万亩，占法定耕地面积 48 万亩的 26.25%。三是实现了城乡建设用地优化调配。通过实施"退宅还耕、增减挂钩"项目，全县退宅 3146 户，共节约集体建设用地 472.3 亩。节约的建设用地既可用于本乡镇公益性建设，又可流转出作为工业和城镇建设用地。通过土地制度改革，解决和缓解了湄潭试验区农业产业化建设和城镇化建设无地的困境，土地资源实现了优化配置。

党的十七届三中全会提出对土地管理实行"产权明晰、用途管制、节约集约、严格管理"的原则，为进一步完善农村土地管理制度提供了理论依据和具体思路，而对于农民来说，"产权明晰"是最关键的，也是最重要的。只有产权明晰了，才能使农村土地这一稀缺资源得到有效利用，才能使土地集约化得到最大限度的发挥，才能有利于农村土地流转，改变农村土地经营规模较小的局面，满足发展适度规模农业的需要，有利于吸引各种要素资本和技术向农业的流入，形成农业规模化集约化生产，增加土地收入和农民收入，加速农业现代化的进程，进而促进农村经济社会发展，这完全符合中国农村土地财产权利制度变化发展的规律。

（二）土地流转制度与农村劳动力 "农村转出" 的关系分析[①]

劳动力和土地都是农业生产的两大基本要素，只有优化组合才能带来农业的高效率产出。农村劳动力转移和土地流转实质上都属于生产要素的流动，二者之间不是单一的直线，而是能够相互交叉而发生作用的曲线。从中国的现实情况来看，土地不仅仅具有创造价值、创造财富的功能，更重要的是具有传统的生存保障功能，这实际上加强了农民与农村土地的密切联系，使土地成为农民生产生活保障的基础。"如果土地仅仅只有生产资料的功能，在没有制度障碍的情况下，农民将能够比较单纯地按照自己的意愿选择职业、进行职业转换的同时转让农地的产权。"[②] 在中国农村社会保障等制度缺失的情况下，土地成了农民唯一的生存保障资源，具有最基本的社会保障功能，体现为一定的经济保障和养老保障，对农村劳动力起着一定的失业保险作用。

从经济发展的一般规律来说，农村劳动力非农就业是工业化和城市化的一种必然，这就需要加快农村劳动力与农地的流动转移。然而，由于农村土地流转制度不健全以及二元制度下城市相关制度安排的排他性，使得农村劳动力或在农村从事非农经营而兼营农业，或进城务工而春节时回乡与家人团聚，这就形成了中国特色的 "民工潮"。因此，他们只能像 "候鸟" 一般在城市和农村之间往返奔波，这既不利于农村土地的规模化集约化经营和农业现代化建设，更不利于农民工的 "农村转出" 和 "城市融入"。即使一部分农民通过几年的务工，在城市初步站稳了脚跟，甚至举家外出，家里的承包地只好撂荒或出资由他人代为经营，所有这些既说明土地成为流动农村劳动力的最后生存保障功能，同时也说明推动农村劳动力转移 "农村转出" 与 "城市融入"、彰显农村土地流转制度的重要性。

由于中国农村土地承包制度是一种身份特权，只要具有农民身份，就不能剥夺其享有一份土地的成员资格。而农村土地流转制度不够完善，缺

---

① 土地征用不在本研究考虑之列，因为土地必须与国家 18 亿亩耕地的 "红线" 结合起来，如果用于农业的土地征用，完全可以通过土地流转的模式实现土地集中。

② 刘传江等：《中国农民工市民化进程研究》，人民出版社，2008，第 43 页。

乏对转让土地承包经营权的农户给予一定经济补偿的相关规定，使得农村劳动力很难真正地走出农村，融入城市。因此，完善的农村土地流转制度可以实现以效率为中心的生产要素的合理流动和优化配置，实现土地、资本、劳动力等生产要素适应农业市场化发展的需要，促进农业的区域化布局和规模化集约化经营，还可以调整农村劳动力就业结构，全方位多渠道地增加农民收入。这样，农民不仅可以到已流转的土地上当"农业工人"，更重要的是向二、三产业转移，推动人口城镇化进程。

据此，笔者认为，农村土地流转制度与农村劳动力转移是相互促进、互为条件的关系。从定性的角度来看，首先，农村土地流转以农村劳动力的大规模转移为前提。没有农村劳动力的大规模转移，也就不存在着土地流转的意愿和行为，因而首先要有可流转的土地存在，即要有土地流转愿望的农村劳动力存在。由于现有人口大部分集中在农村并以农业为生，而且现有的农村土地制度基本上是按照"均田"原则来进行分配的，承载着相应的社会保障功能。因此，如果没有大量的农村劳动力转移到二、三产业就业，就不可能有可流转的土地。故而农村土地流转必须以农村劳动力的大规模从农村转出为前提。

其次，农村土地流转可以推动农村劳动力的转移。农村土地流转可以促使土地经营规模的扩大，提高农业的机械化程度和劳动生产率，从而使农民从土地的束缚中"解放"出来，推进农村劳动力的转移。在巩固所有权、稳定承包权（占有权）的基础上，放开经营权（使用权），加强农村土地流转，建立健全土地所有权、承包权、经营权"三权"分离的机制，这样既可以照顾目前农村均分土地的现实，又可以满足农民的土地情结，实现土地的保障功能，还可以推动农业产业化进程，走规模化经营之路。这种形式可以让农民大胆地、安心地、有序地实现转移，并逐渐淡化对土地的依恋和依赖；同时，又不会产生突发性的大规模的农村人口外流，影响和损害农业生产和农村社会经济，它是促进农村人口渐进而有序流动的较好方式。

从定量分析的角度来看，农村土地流转制度与农村劳动力转移二者之间存在正相关关系。根据刘传江等[1]以重庆市土地流转和农村劳动力转移的统计数据分析二者的关系，得出重庆市农地流转和农村劳动力转移之间

---

[1] 刘传江等：《中国农民工市民化进程研究》，人民出版社，2008，第51页。

高度正相关，相关系数（R）达到 0.963；在不考虑其他因素的条件下，农地流转每增加 1 万亩，农村转移劳动力将增加 1.461 万人。衣保中等[①]对吉林省农村土地流转和农村劳动力转移的相关分析来看，二者之间也呈高度正相关，相关系数（R）达到 0.994；在不考虑其他因素的条件下，农村劳动力转移每增加 1 万人，农地流转将增加 662.67 公顷，说明农村劳动力对农地流转有重要影响；在不考虑其他因素的条件下，农地流转每增加 1 万公顷，农村劳动力转移将增加 14.91 万人。这些实证分析结论显示了农地流转对农村劳动力转移的巨大影响，也许从其他地方的统计数据来分析其相关性并没有这么高，但还是可以得出这样的结论：土地流转与农村劳动力转移之间确实存在着正相关关系，并且对农村劳动力转移有着显著影响。再从成都市的具体实践来看，以双流县为例，农民将手中的土地交给村集体经济组织，由村集体经济组织与农业项目公司签订流转协议；土地流转后，农民每年每亩地收取 900 斤大米的租金，三年后开始递增，每年每亩递增 50 斤，到 1200 斤时封顶。这就使土地由原来的无偿使用转变为有偿使用，使农民能够获得稳定的收益；另外，农业项目公司也要雇用当地农民务工，每天工资约 40 元。同时，从土地闲置出来的年轻人可以进城务工，使其从第一产业转向二、三产业。这样，农户的经济收入比农村产权制度改革前提高了很多，还推动了成都市的城市化进程，2008 年，成都城市化率由 2007 年的 62.58% 上升到了 63.58%。[②]由此说明，农村土地产权制度改革能够加快土地流转进程，促进农村劳动力转移，推动城市化进程。

　　通过以上对农村土地流转制度与农村劳动力转移的关系分析，笔者认为，现行的农村土地流转制度成为农村劳动力"农村转出"的制度障碍之一，阻碍了农村外出劳动力在城市的积淀、融入和发展，进而延缓了人口城镇化进程。因此，建立健全农村土地流转制度对于农村劳动力转移起着推动作用。

---

① 衣保中等：《吉林省农村土地流转和农村劳动力转移的相关分析》，《农业科技管理》2008 年第 4 期。

② 陈伯君等：《农村土地制度产权改革与农村增收——以成都实验区农村土地产权改革前后的变化为样本》，《南方论坛》2009 年第 3 期。

第二节　金融制度改革与增加农村劳动力 "农村转出"的金融资源供给

从广义上讲，金融是各种信用活动和货币流通的总和。金融制度是指规范金融交易的规则和组织安排，它界定人们在金融交易过程中的选择空间，约束和激励人们的金融行为，降低金融交易费用和竞争的不确定性所导致的金融风险，进而保护债权债务关系，促进金融交易的顺利进行。也就是说，金融制度是金融交易赖以进行的社会形式，它表现为一系列人们在金融交易过程中所应遵循的规则，它本身并不独立存在，而必须有实际的载体如金融机构、金融资产、中央银行、金融法规条文等。金融制度通过某些规则和组织安排为金融交易过程提供激励与约束机制，界定金融交易的选择空间，降低金融交易费用，为金融交易关系提供了必不可少的保障机制，使个人对他人的金融行为预期成为可能。对于本研究而言，与农村劳动力"农村转出"关系更为密切的是农村金融制度，因此本节主要侧重于农村金融制度，而在农村劳动力转移之后的"城市融入"过程才提及城市金融服务农民工的制度创新。

此处的农村金融制度是指在统筹城乡发展进程中对现有农村金融制度的改革、发展和创新，使之切实为农户需求、粮食安全和农村经济发展提供金融支持和金融服务的一种农村金融制度安排，使之成为一种服务农村劳动力转移的新型农村金融制度，其本身包括三个层次，即政策扶持制度（最上层）、组织监管制度（中间层）、金融服务制度（基础层）等。

一　金融制度与农村土地的联结：农村土地金融机构

农村金融是现代农村经济的核心。改革开放以来，农村土地金融机构开始纳入国内学者研究和政府实践的视野，出现了与农村劳动力转移相连的金融模式，即农村土地银行，或称农村土地金融机构，并开始探索农村土地金融机构的运作模式以促进农村经济发展和农村劳动力转移。应该说，这些理论与实践丰富了农村金融制度的内容。

（一）农村土地金融机构的理论模式

国内学者在理论上归纳了相应的建构模式，即"西方模式"和"农发行改建模式"。①

1. "西方模式"

"西方模式"即由国家根据干预土地市场或扶持农业发展的需要，自上而下地组建农村土地银行，此种模式具有明显的政策性金融机构的特征，这种类型的农村土地银行是一种金融中介组织，能够开展以土地为标的物的一系列金融服务。该模式中的农村土地银行并不开展存贷农地业务，它的设立也不是为了促进农地流转市场的发展，而是为了办理土地金融业务。

2. "农发行改建模式"

"农发行改建模式"是国内学者提出的以中国农业发展银行为依托而构建的农村土地银行模式。该模式中的农村土地银行不仅是一种以土地为标的物的政策性金融机构，而且还是土地流转的中介组织机构，有助于把农地流转到农业大户手中经营，为农业规模经营奠定基础，这种机构既可达到服务"三农"、支持农业现代化和新农村建设的目的，也可促进农村土地流转市场的发展，在支持弱势产业发展的同时也促进了农村土地承包经营权的流转，因而不失为一种理性选择。此模式不仅能充分利用农发行的网点资源、人力资源、擅长金融业务等优势，还可避免地方政府或村集体过多干预农民的土地投资选择行为，更符合依法自愿有偿原则，并充分利用市场机制流转土地、优化资源配置。

（二）农村土地金融机构的实践模式

在实践方面，国内各级地方政府也开始了农村土地金融机构的实践，先后形成了"湄潭模式"、"江津模式"、"平罗模式"和"成都模式"。

1. "湄潭模式"

"湄潭模式"是目前为止国内最早的农地金融制度实践，它是采取土地金融公司的模式来运作的。1988年2月，贵州省湄潭县开始萌生创建土地银行的想法，成立一种专门承担农业中长期信贷职能的金融机构，旨在为当时湄潭县推行的非耕地资源开发和中低产田改造融资；同时，土地银行的筹建也是推进农村金融体制改革、促进土地流转与集中、建设土地信用制度所必需的。在各方的推动下，1988年8月，贵州省湄潭县土地金融

---

① 张存刚、邵传林：《基于"土地银行"视角的农村土地流转模式研究》，《甘肃金融》2009年第7期。

公司挂牌成立，该公司注册资本金 300 万元，是实行自主经营、独立核算、自负盈亏、民主管理的股份制金融企业。1990 年中央清理整顿金融公司期间，资本金问题使湄潭县土地金融公司重新注册改名为"湄潭县土地开发投资公司"。直到 1992 年 10 月，公司贷款摊子已铺开，而绝大多数到期的农村贷款本息均难收回，每年已无力安排新的贷款组织进一步开发。至 1997 年土地开发投资公司被撤销，共亏损 550 万元，至此湄潭县的试点以失败告终。而从其贷款去向来看，主要还是流向农村企业生产组织，而真正流入农户家庭的比例并不多。

从湄潭县土地金融公司成立的过程可以得出如下启示：第一，从制度构建设想的提出直至土地金融公司的成立，地方政府始终给予积极的支持和推动。地方政府事实上成为制度构建的付费者。第二，地方政府在农地金融组织体系构建中发挥着决定性作用。湄潭试验失败的原因是：制度构建的着眼点没有放在如何塑造一个适合中国国情的农地抵押社会化的风险分摊机制上。[1] 在组织体系构建上，没有充分利用现有农村金融机构，因而缺乏良好的组织基础。在业务运营上，缺乏一整套规避与分散农地金融风险的有效的运行机制与制度安排。由于上述各方面原因，该农地金融制度模式运行绩效很低，并最终导致试验失败。

2. "江津模式"

"江津模式"源于 2005 年国家开发银行重庆分行在江津牌坊村以农村土地承包经营权作为抵押贷款的试点。2001 年，江津市政府引入澳门恒河果园集团发展柑橘产业，但由于当地农村的管理现状很难满足该公司需要的产量和质量。当地政府意识到必须走规模化道路，但资金是最大的难题。2005 年形成了"改组合作社，以农户的经营承包权为基础进行公司化"的思路。同年，重庆分行决定在江津牌坊村开始试点，以农村土地承包经营权为抵押进行贷款，于 2005 年 9 月正式挂牌成立重庆仁伟果业有限责任公司。该公司成立以后运作良好，果园生产从根本上改变了过去重栽不重管、外出进城打工户无人管、果树长势参差不齐的现象。新公司彻底扭转了原专业合作社内部管理松散、主体不明、权责不清的局面，切实增强了农民的信心和决心。[2]

---

[1] 罗剑朝、聂强、张颖慧：《博弈与均衡：农地金融制度绩效分析——贵州省湄潭县农地金融制度个案研究与一般政策结论》，《中国农村观察》2003 年第 3 期。

[2] 高汉：《论农村土地金融制度的建立与发展》，《金融与经济》2005 年第 10 期。

"江津模式" 的经验是：第一，采用合作金融形式为农地金融发展提供了融资平台。通过合作社将农民的土地使用权折资入股，结合农户的生产资料，促进了柑橘生产的专业化、规模化。第二，以农民土地承包经营权为条件向公司参股，这实质上是现行农村土地管理制度下，农村土地使用权 "物权化" 的一种表现形式，它在一定程度上减少了土地对农村劳动力外出务工就业的束缚，使农民能够安心从事非农就业工作，从而有利于农业增产和农民增收。第三，合作金融组织办成农民自己的信用机构，提高了管理水平。

3. "平罗模式"

"平罗模式" 是在土地承包经营权流转和土地适度集中规模经营方面进行的探索和创新，它是指为了促进土地流转而专门设立农村土地银行，所进行的业务表面上看来类似于商业银行的存贷款业务，亦即在不改变土地用途的前提下，农民自愿把自己的耕地存入合作社，由合作社向存地农民支付 "存地费"；合作社再把土地 "贷" 给经营大户或企业，并收取 "贷地费"。2006 年 5 月以来，宁夏回族自治区平罗县在全县成立了 39 个 "土地银行"，又称为农村土地信用合作社。

无疑，"平罗模式" 的实践对构建现代农村金融制度和农村土地流转制度提供了一种新的思路，但是该模式中的农村土地信用合作社不同于一般意义上的农村土地银行，其农村土地信用合作社的组建是由地方政府主导推动的，由村领导担任基层社的负责人，通过政府行政审批而设立。通过这种土地银行模式集中整合现有土地，将土地债券化后，可将土地财产变成可分割可流动的财物，扩大流通范围，广泛吸收社会资金。一是土地利息让农民土地使用权在经济上得到了实现，土地使用权有了作为一般物权不可侵犯的神圣特征；二是排解了农民从事非农经营的后顾之忧，农民随时可以离土离乡，若遇风险，还可再将土地从银行取出来经营，以保起码的衣食之源；三是通过 "土地银行" 直接与金融机构办理业务往来，有助于金融机构减少调查成本、风险等。[①] 从逻辑上讲，此模式的缺陷在于地方政府或村集体为了追求自身利益在某种情况下有可能过度干预农户的行为，从而违背

---

① 谭亚勇：《宁夏 "土地银行" 试验对构建中国农地金融制度的启示》，《经济研究导刊》2008 年第 13 期。

土地流转的自愿性，进而损害农民的土地使用权，这在当前双方对话权不平等的情况下更有可能；另外，这种农村土地信用合作社没有法人资格，与其他经济组织或金融机构存在着业务往来的不便，不能完全承担运营风险和责任。

4. "成都模式"

2008 年 12 月，成都彭州市首家农业资源经营合作社（土地银行）——磁峰镇皇城农业资源经营专业合作社正式挂牌营运，这是成都在农村土地产权制度改革的基础上大胆创新而组建的从事土地权属存贷经营业务的村级集体经济组织，这种模式可以称为"成都模式"。① 该"土地银行"的运作模式是参照商业银行的运作模式：农民自愿将零散、小块、界线明晰的土地承包经营权存入"土地银行"，"土地银行"按照一定的价格给付农民租金（土地存款利息）；"土地银行"再将土地划块后贷给愿意种植的农户或企业，收取租金（土地贷款利息），种植农户或企业则按照规划和"土地银行"的要求进行种植；"土地银行"赚取差额利息用于自身发展和建立风险资金等。通过农村土地银行，农村外出劳动力可以把自己承包土地的经营权（使用权）让渡给土地银行，从银行获取贷款，作为启动资金在城市创业；土地银行把这些土地经过整理后，租赁给有需求的农民和农民企业家，提高土地的使用效益；在土地承包经营权不改变的情况下，重新回乡的农民可以从土地银行中提取土地，进行耕作，维持基本的生活来源。

至此，农村土地银行纳入政府实践的范围，逐步形成各具区域特色的农村土地银行，这不仅有利于盘活农村土地资源和促进农村土地流转，而且还为盘活农村劳动力市场、促进农村劳动力转移提供了条件。

以上的农村土地金融机构运作模式为农村劳动力转移提供了一定的资金来源，缓解了农村劳动力转移的金融抑制，也为农村劳动力彻底转移和"城市融入"创造了一定的金融资源。可见，农村土地金融机构实际上为农村劳动力转移的金融支持提供了一条可行的制度创新路径，即农地金融制度创新。应该说，农地金融制度创新是农村劳动力获取有效金融资源的主要途径，它可以为农村劳动力转移积累一定的转移成本。

---

① 陈家泽、周灵：《成都探索"土地银行"》，《决策》2009 年第 9 期。

二　金融制度与农村劳动力转移的关系分析

应该说，中国实行偏重工业和城市的二元制度在农村金融制度上也有体现，主要表现在新中国成立以来的农村金融制度经历了几次大的制度变革。经过 60 多年的改革与发展，农村金融发生了从无到有、从小到大的巨大变化。特别是最近几年，党中央、国务院高度重视农村金融改革，颁布了一系列涉农金融措施，改善了农村地区的金融供给与金融服务，逐渐建立起一个多元化的农村金融体系。

但从总体上来看，农村金融制度建设滞后于整个农村经济制度变迁，也制约着农村劳动力的融资能力，对农村劳动力转移金融抑制的作用明显，阻碍着农村劳动力的非农就业和转移行为。究其原因，可能是由于金融在现代经济发展中具有重要作用，可以说现代经济就是金融经济，金融制度的每一步改革都必须以相应的金融条件和经济基础作为后盾，任何一项金融制度改革的失效都会导致灾难性的后果，这也要求制度供给者在考虑金融制度变革时比其他经济改革更为谨慎，宁愿滞后也要等相应的实体经济部门新的制度模式成长起来之后才进行改革。因此，农村金融制度建设与国家要求正确处理改革、稳定、发展三者的关系密切相关，也符合并服务于国家工业化和城市化战略的需要，通过现代工业和城市优先发展然后再通过"两个反哺"的制度模式来指导农村金融制度改革，这似乎是一种理性选择。现在是深化农村金融制度改革的重要时期，需要通过农村金融制度改革创新来提高农民及农户的金融资源和融资能力。为此，首先要明白农户金融资源与农村劳动力转移的关系。

（一）金融制度制约下的农户金融资源与农村劳动力转移的关系

根据笔者对川黔渝地区农村劳动力大额（1000 元以上）金融需求满足渠道的调查数据（见表 4-7）来看，亲戚等血缘群体成为农村劳动力主要的求助对象（50.9%）；父母成为第二代农村劳动力的第二求助对象（15.8%），说明他们有一定的"啃老"因素；有 14.8% 的被调查者向农村信用社或其他金融机构贷款；而民间借贷组织和高利贷在农村金融中有一定的市场空间。这实际上说明正规金融和非正规金融在缓解农村劳动力金融约束方面所起的作用并不是很大。

表4-7 川黔渝地区农村劳动力大额金融需求的满足渠道

大额金融需求渠道	代 际				合 计	
	第一代农村劳动力		第二代农村劳动力			
	数量(人)	比例(%)	数量(人)	比例(%)	数量(人)	比例(%)
向父母要	49	5.8	242	15.8	291	12.2
向亲戚借	479	56.7	731	47.7	1210	50.9
向农村信用合作社或银行贷款	133	15.7	220	14.4	353	14.8
民间借贷组织	22	2.6	56	3.7	78	3.3
高利贷	47	5.6	72	4.7	119	5.0
其他	115	13.6	212	13.8	327	13.8
合 计	845	100.0	1533	100.0	2378	100.0

资料来源：问卷调查数据（327人未选），2009年1~2月。

从农民工外出融资的来源看（见表4-8），父母和亲戚等血缘亲缘群体成为农村劳动力外出融资的主要渠道，尤其是第二代农村劳动力在"向父母要"方面比例更高，农村信用社或银行成为只占不足10%的比例，而民间借贷组织和高利贷等非正规金融组织扮演着一定的作用。

表4-8 川黔渝地区农村劳动力外出融资的来源情况分析

融资来源	代 际				合 计	
	第一代农民工		第二代农民工			
	数量(人)	比例(%)	数量(人)	比例(%)	数量(人)	比例(%)
向父母要	76	9.9	387	28.9	463	22.0
向亲戚借	495	64.5	601	44.8	1096	52.0
向农村信用合作社或银行贷款	67	8.7	116	8.7	183	8.7
民间借贷组织	15	2.0	42	3.1	57	2.7
高利贷	38	4.9	53	4.0	91	4.3
其他	77	10.0	142	10.6	219	10.4
合 计	768	100.0	1341	100.0	2109	100.0

资料来源：问卷调查数据（有15人未选），2009年1~2月。

再从农村外出劳动力在城镇的消费支出（见表4-9）来看，食品、日用品成为主要的消费支出，其次是住宿，其他的相对较少，大多属于温饱型消费。根据笔者的调查数据显示，农村劳动力每月支付房租平均为218.15元，生活费为362.80元，来回车费平均为371.29元。这也就是说，每个农民工每月平均至少花费580元以上，笔者调查的农民工2008年平均收入大致1299.44元，基本消费支出约占44%以上。而按照一般的工资支付以月或者季度支付的话，那么农民工一次外出的成本至少需要1000元以上。从这一角度来说，农村劳动力外出是一次较大支出的选择行为，是以未来收入预期为基础的。

表4-9 川黔渝地区农村外出劳动力城镇消费主要支出的分布情况

排 位	支 出	人 次	百分比
1	食 品	1085	24.7
2	日 用 品	876	20.0
3	住 宿	825	18.8
4	医 疗	424	9.7
5	购买衣服	303	6.9
6	交友、娱乐	296	6.7
7	学习技术	215	4.9
8	其 他	362	8.3

资料来源：问卷调查数据（有15人未选），2009年1～2月。

以上数据说明，农村金融机构在支持农村劳动力转移方面的作用有限，农村金融机构与农户难以"亲密接触"，这与农村金融机构本身规避金融风险有关，但却与其设立宗旨脱离，这就导致农村劳动力的融资能力下降。此外，农村劳动力转移除了受其他制度因素的影响外，还受个人及其家庭能够承担的转移成本的影响，而且农户拥有金融资源的多少决定了农村劳动力能够承担的初始转移成本。"金融资源的制约也不再只是一点交通费和住宿费，而是受人力资本提升要求的技能培训和职业教育与再教育的金融资源制约，以及在更高层次上的通过创业实现劳动力转移的金融资源制约问题。"[①] 事实上，现代金融制度下农村劳动力的融资能力及其拥有的金融资源影响其转移的全过程。

---

① 罗明忠：《农村劳动力转移的"三重"约束：理论范式及其实证分析》，《山东经济》2008年第11期。

1. 金融资源的多少影响劳动力转移前的人力资本投资水平

虽然人力资本投资包含较多的内容，但对于个人及农户来说，最主要的是对教育培训和医疗保健的投资，这两方面的投资状况取决于个人及其农户拥有的金融资源。

（1）金融资源的多少影响着农村少年儿童初级教育和中等教育投资的水平和力度。一般而言，农户从经济理性的角度出发，总是希望产出最大化，在金融资源的制约（或在"金融贫困"的条件）下，往往做出让自己孩子辍学的决策，因为对于他们来说，教育是一种消费而不是一种投资，而让孩子辍学务工则是一种近期理想且现实的经济抉择。这可以解释为什么贫困儿童少年失学。

（2）金融资源的缺乏影响着农村劳动力进行职业技能培训的投资。由于各方面因素的影响，目前农村教育的应试因素仍然较大，而技能培训仍然较少，农村少年初中毕业以后只有部分升入高中，较多的是进入劳动力市场，而进入高中的也有相当部分未能进入大学。因其基础教育期间接受的职业技能培训较少，要么在农村务农，要么外出务工，而在城市务工也只能从事低端职业层次的就业。所以，为了实现农村劳动力的有序转移就业，在完成基础教育之后还必须接受职业技能培训和技能资格鉴定，以取得相应的技能及资格证书，这又必须支付相应的技能培训成本。这对于农户而言，要承担这样一笔费用也不是一件很容易的事情。"如果没有一定的金融资源供其支配，不少劳动者就只好放弃技能培训，受马太效应的影响，这些劳动者就会陷入恶性循环的轨道，难以实现流动和转移的目标，甚至根本就不具备转移的基本技能要求。"[①]

2. 金融资源的多少对农村劳动力转移过程具有直接的制约作用

农村劳动力转移是一个职业、身份和地域的改变，必须具备一定的金融资源才能完成转移过程，比如寻找工作本身需要的成本。农村劳动力经过"外出→回流→再外出"过程之后，在城镇寻求职业的过程中必然需要支付相应的就业成本。具体包括：①工作信息费用。信息投资也是一种人力资本投资途径，而且获取信息是有偿的，因而农村劳动力在劳动力市场获取就业信息往往必须支付一定的成本。比如为了寻找工作信息与相关部

---

① 罗明忠：《农村劳动力转移中的金融约束及其突破》，《南方金融》2008 年第 3 期。

门及人员联系的通信费用、寻找工作而缴纳的职业中介费用、寻找工作信息而购买刊载用工信息的报纸的费用或上网搜寻工作信息的费用等。一般说来，农村劳动力流动过程中的迁移距离越大，支付的转移成本越高；转移的城市规模越大，支付的转移成本越大。②外出及工作寻找过程的交通费用和住宿、饮食费用。距离越远费用可能越高，至少交通费越高；转移的城市不同，相应的住宿、饮食费用不同。贫困地区的不少农户因无力承担这部分前期费用又无相应的金融资源支持，即使有好的岗位，也难以成行就业。即使成行，也是依靠其亲缘群体的帮扶居多，较少能够获得正式金融的支持。③待业过程中的生活费。如果金融资源丰富能够支付待业过程中的基本生活费用，那么农村劳动者在进行工作寻找时就可能做到尽可能全面地信息搜寻，有利于提高其与资方谈判的地位，敢于对用工企业损害其合法权益的不合理要求予以回绝；否则，为了在城市"安身立命"，农村外出劳动力只能迁就这些不合理要求而就业或者放弃工作搜寻而"回流"，一般而言，选择前者的较多，这就天然地增加了劳动权益保护和农村劳动者维权的难度。

3. 金融资源的多少影响农村劳动力转移后的就业能力和定居稳定性

农村劳动力实现转移后更是离不开金融支持，这里的金融支持不仅是农村金融支持，还包括获得城市金融机构的支持，因为农民工在城市居住和工作生活需要更多的金融资源和金融服务。

（1）金融资源的多少影响农村劳动力在城市的就业能力和就业可持续性。现代社会是一个终身教育的社会，农村劳动力实现转移就业之后，还面临着继续教育和职业流动的问题，这就涉及农村劳动力在城市就业的可持续性问题。继续教育即培训需要支付相应的直接成本（比如培训费、教材资料费和资格鉴定费等）和间接成本（比如机会成本、生活成本等），而职业流动即职业变动需要支付相关的工作搜寻成本，这些支出都是一笔不小的开支，一般的农村家庭是难以支付的，而且城市的贫困家庭亦然如此。因此，初入城市的农村劳动力对于这类金融服务的需求较为刚性。而且，农村外出劳动力务工成本评价与未来工作打算在99%水平下显著相关（见表4-10），这就说明了金融资源的多少影响着农村劳动力在城市的工作打算和定居意愿。

表 4 - 10   农村外出劳动力务工成本评价与未来工作打算的简单相关系数矩阵

		务工成本评价	未来工作打算
务工成本评价	皮尔森相关系数	1	0.078＊＊
	显著性（双尾）		0.000
	样本量	2109	2104
未来工作打算	皮尔森相关系数	0.078＊＊	1
	显著性（双尾）	0.000	
	样本量	2104	2105

注：＊＊ 相关性在 0.01 水平下显著（双尾）。

（2）金融资源的多少影响农村劳动力转移之后的居住稳定性，而不再"回流"。农村劳动力在城市转移就业之后，必然涉及相关的医疗、失业、养老、住房等社会保险的缴费支出，这些支出实际上关系到转移后的农村劳动力能否在城市稳定居住，尤其是在转移初期，这是一般家庭难以支付的，尤其是在目前的二元体制下更是如此。所以，实现留城初期的农村劳动力更需要城市金融机构的金融服务。由此可见，金融资源的多少影响实现转移后农村劳动力的就业能力和居住稳定性。这些都是需要实现金融制度创新尤其是农村金融制度创新。

（二）金融制度与农村劳动力转移的关系

通过前述分析，笔者认为，金融制度与农村劳动力转移存在着直接的互动关系，农村金融制度的完善和创新有利于农村劳动力的转移，而农村劳动力转移也有利于金融规模的扩大和服务水平的提高。

一方面，农村劳动力不管是外出务工还是回乡创业致富，都需要农村金融机构的贷款支持，而农村金融机构出于防范风险的目的以及其他因素的考虑，无法满足农户及农村劳动力的贷款需求。据黄培红[①]等对山西大同市浑源县某镇的调查数据显示，全镇近 3000 名外出务工人员中，有57% 的人有贷款需求，而该镇农村信用社满足外出务工人员贷款需求仅仅达到 24%；而且，农村外出劳动力返乡创业由于自有资金有限，回乡创业对农村金融服务的需要依然很大，特别是创业初期更需要金融机构的正式支持。根据笔者在贵州施秉县的实地调查发现，资金短缺及"融资难"是

---

① 黄培红等：《金融支持农村剩余劳动力的调查及建议》，《华北金融》2009 年第 3 期。

农村劳动力返乡创业的主要因素之一。

另一方面，农村劳动力转移能够带动农村的物资流动、资金流动和信息流动，增加农村的非农经营收入，从而有利于农村金融机构的发展和农村金融体制的完善。此外，农村劳动力 "农村转出" 之后还会通过各种途径反哺农村，给农业生产展带来资金和信息，推动农村经济发展，提高农村金融和农村资金活动的层次。当然，城市金融机构也可以通过 "两个反哺" 机制为 "农村转出" 之后的农村劳动力城市就业或稳定居住提供一定额度的中长期金融贷款服务，这样更有利于农村劳动力在城市的稳定就业，增强其生存发展能力，有利于整个城乡社会的和谐发展。

由于农村劳动力转移就业禀赋的天然不足以及长期以来的二元经济结构影响，使得农户家庭的金融资源先天不足，且由于农村劳动力转移过程的复杂性和曲折性，这就引致农村劳动力转移的金融服务需求不同于以竞争为取向的其他金融服务需求，有其自身的独特性。主要表现为：

首先，农村劳动力转移的金融服务需求具有长期持续性。由于制度方面的原因，中国农村劳动力转移将是一个长期的过程，这不仅是因为一个农村劳动者完成转移需要经历一个 "外出→回流→再外出→留城" 的过程，主要还因为中国人口规模的庞大，使得农村劳动力转移完成是一个长期持续的过程，这决定了农村劳动力的金融服务需求也具有长期持续的特征。"在相当长的时期内，农村劳动力直接转移与间接转移的全过程均需要相匹配的金融服务，这种长期持续性需求特点要求金融当局及其金融机构作出战略规划，以适应农村劳动力转移过程中不同个体和群体潜在的金融服务需求在方向、层次和深度等方面的变化。"[①]

其次，农村劳动力转移的金融服务需求具有品种多样性。农村劳动力转移过程中，需要不同层面上的金融服务，既包括农业吸纳名义过剩劳动力的金融服务，也包括农村劳动力 "农村转出" 的金融服务，具体到不同的劳动者及其群体，金融服务又表现出不同的差异性特征。而且，在农村劳动力同一转移过程中，又分为外出、回流、再外出、再回流或留城等不同阶段，不同形式的转移和转移的不同阶段决定了金融服务的品种多样性。虽然不是每个农村劳动者都必须经历同一转移过程的这些阶段，但对

---

① 温涛等：《农村劳动力有序转移的金融约束与金融支持》，《财经理论与实践》2004 年第 2 期。

于大多数农村劳动者而言却又事实如此。

再次，农村劳动力转移的金融服务需求具有动态变化性。农村劳动力流动转移的速度和规模时刻都在发生变化，在不存在外部非经济因素的前提假设下，整体趋势是流动速度先快后慢，流动增量从少到多然后又变小，流动存量由小到大；转移速度先慢后快，转移增量先小后大，转移存量由小到大。当农村劳动力流动的速度和规模处于上升阶段时，金融服务需求的数量和频率也处于递增状态，反之亦然。而且，随着农村劳动力转移规模和阶段的变化，对金融服务的需求也存在相应的变化。当存在经济波动因素及政府干预等非经济因素时，农村劳动力流动的金融服务需求的动态变化性表现得更为明显，如2008年年底的农民工"返乡潮"就引致相应的回乡创业潮，这对农村金融服务需求提出了相应的资金要求。

当前，农民最大的财富就是农村土地、宅基地和农村房屋，因此，要突破农村劳动力转移的金融抑制，提高农村劳动力的金融资源供给，除了完善既有的金融制度和增加金融服务之外，还必须做好农村土地金融这篇大文章。

从发展趋势来看，农村土地金融应该成为现代金融业的一种形式，它是指农村土地经营者以土地产权向金融机构融资的行为关系的总和，是市场经济条件下农村金融体系的重要组成部分。以农村土地占有权和使用权（即土地承包经营权）为核心的农村土地金融制度，是对农村土地产权关系和土地经营制度改革的有益探索，它的建立和完善将有助于缓解当前农村劳动力转移金融资源匮乏的局面，为农村土地承包制注入新的活力，推动土地规模化经营。

目前，中国农村人均耕地面积和土地经营规模较小，2006年仅为1.4亩。因此，通过以土地占有权（使用权）为抵押物的农地金融制度创新，可以在一定程度上促进土地的相对集中，逐步实现土地的适度规模经营，使农村劳动力获得一定的农业发展基金和转移就业基金，进而推动农村土地流转，加快农村劳动力转移，使土地集中到农业大户手中，以发挥规模经济效应，这样的农地金融创新才具有实际意义和可操作性。

以农村土地占有权（使用权）为抵押物获得农业发展资金和转移就业基金，首先要为实现土地规模效应创造条件，需要解决的问题是农村劳动力转移。要扩大农业从业人员的人均土地面积只有依靠农村劳动力向非农产业转移。农村劳动力大量转移到非农产业就业，且这些劳动力转移后获得相对长期稳定的职业和收入是土地形成规模经营的基本前提条件。一般而言，农村劳动力转移的自由度比较大，向非农产业及其他产业转移的规模也就比较大。随着经济社会的发展和经济体制改革的深化，农村劳动力转移的规模越来越大。根据国家统计局的数据，截至 2009 年底，全国农民工总量为 22978 万人，占同期农村劳动力的比例为 23.57%。[①] 要实现如此规模的农村外出劳动力彻底转移，一方面要完善城市劳动力市场及相关就业保障制度安排，另一方面要建立健全农地金融制度，使农村外出劳动力可以通过土地流转获得外出就业和生存的初始资本积累，突破其自身金融资源的约束。由此可以预见，随着中国经济的发展，农村劳动力逐步向非农产业转移和城市居住，农户经营的土地规模持续扩大，将是一个长期趋势。农户经营规模扩大了，土地抵押在实践上也就具有了可操作性。

目前，中国农村金融抑制现象大量存在，特别是在欠发达的农村地区，农村金融供给型抑制问题尤为突出。由于农村政策性金融机构职能缺位，包括邮政储蓄银行在内的国有商业银行将农村资金转移到城市和非农领域，以及农村信用社的功能弱化，使农村劳动力转移面临着金融抑制的问题。因此，要突破农村劳动力转移的金融抑制，首先要通过农村土地金融制度创新来实现，也就是说，农地金融制度创新是缓解农村劳动力转移金融抑制的首要而有效的制度路径安排；同时，农村金融制度也应回归农村金融的本质，即应满足农户的真正需求。为此，应该调整农村金融结构原有的贷款方向，为农户及农村劳动力转移提供必需的金融服务，弥补农户金融资源的先天不足并增强其造血功能，使农村劳动力转移趋于有序而合理，达到有效整合农村金融和创新农村金融制度的目的。

根据笔者在贵州省湄潭农村改革试验区的实地调查来看，该试验区金融制度改革的做法主要是：一是创新农地金融制度。通过土地确权赋能和建立土地流转市场，盘活土地所有权、房屋产权和林权，推进土地资源转变为资本，逐步实现农村土地资本化。二是围绕"诚信"打造金融环境。以金融信用县的创建为着力点，出台相关"诚信金融"的实施意见，以黄家坝镇改革试验为试点，从打造"诚信政府"开始，开展村组、企业、农户信用的评级授信，营造"重合同、讲信誉、守法纪"的诚信环境，实现

---

① 2009 年末 15~59 岁人口数为 92097 万人，60 岁及以上人口数为 16714 万人，其中，65 岁及以上人口数为 11309 万人，以此推算出 15~64 岁人口数为 97502 万人。资料来源：国家统计局：《2009 年国民经济和社会发展统计公报》，2010-02-25。

农户、企业凭信用贷款。三是创新金融产品。金融部门围绕"三农"推出"一次授信、分次使用、循环贷款"、"整贷整还"、"整贷零还"、"零贷零还"等金融产品,满足社会需求。四是壮大涉农金融担保机构。注资组建"湄潭县现代农业信用担保有限公司",并引入社会资本成立瑞丰小额贷款担保公司,增强金融担保公司的运行能力。五是改善农村金融生态。围绕"三农"优化金融服务,增加金融网点,创新抵押方式,提高企业和农户授信等级,切实解决农民、涉农企业、种植大户"贷款难"的问题,扩宽"三农"融资渠道,吸引外来资本注入。2010 年全县金融支持"三农"贷款额已达 13.25 亿元,比 2008 年同期增加 20%,通过金融制度改革,农户得到了实惠,企业赢得了效益,政府赢得了环境。

通过湄潭试验区金融制度创新实践的经验可以看出,金融制度不仅包括农地金融制度,也包括其他金融产品乃至金融信用和环境,这些金融制度创新对于增加农民收入、发展农村经济具有重要的现实意义。土地只有转变成资本,才能实现有效的土地流转;土地权人通过土地融资变现,享受土地使用权的既得利益。

第三节　本章小结

"农村转出"层次的制度障碍主要解决农村劳动力的产业转移和地域转移问题。本章主要着眼于分析农村劳动力"农村转出"制度障碍的相关变量,通过本章分析可以得出如下结论:

第一,农村土地制度是以土地产权制度为核心的一系列制度所构成的制度体系,它反映了以农地为载体的农村社会经济关系,反映了农业劳动者、土地与农地产出之间的相互关系。然而,我国家庭承包制度是建立在所有权和占有权(使用权)分离的基础上的,仍然存在着产权主体虚置或模糊、产权客体模糊、使用权缺损、产权权能残缺等缺陷。可见,现行的农村土地流转制度阻碍了农村外出劳动力在城市的积淀、发展和融入,进而延缓了人口城市化进程。因此,农村土地制度创新主要在于确权流转,即改革农村土地产权制度和健全农村土地流转制度。确权流转是推进农村产权制度改革和实现农村土地资产资本化的核心环节,是激发农村巨大生产力的根本途径,也是破解农村劳动力"农村转出"土地制度障碍的主要渠道。因此,农村土地制度创新是农村劳动力"农村转出"的前提。

第二，现代金融制度下农村劳动力的融资能力及其拥有的金融资源影响其转移的全过程。也就是说，金融资源的多少影响农村劳动力转移前的人力资本投资水平，对农村劳动力转移过程具有直接的制约作用，进而影响农村劳动力转移后的就业能力和定居稳定性。而且，金融制度与农村劳动力转移存在着直接的互动关系，金融制度的完善和创新有利于农村劳动力的转移，而农村劳动力转移也有利于金融规模的扩大和服务水平的提高。因此，金融制度创新主要是农地金融制度创新，增加农村劳动力转移的金融资源供给，在此基础上，还需要降低农村金融交易成本，完善商业性和政策性金融机构的涉农资金制度和农村金融环境制度建设，加强农村劳动力转移的金融支持。

当然，还需要其他相关制度创新的支持，这在后面的章节里会继续阐释。比如，完善社会保障制度，扩大城乡社会保障的覆盖面与保障水平，增强农村劳动力转移的风险抵御能力，在更大程度上减轻农村劳动力转移就业的后顾之忧，提高农村劳动力转移就业的预期收益，增强其转移就业的信心和决心，等等。

第五章
新阶段农村劳动力"城市融入"的
相关制度分析

　　新阶段农村劳动力"城市融入"对于人口城市化进程与社会和谐稳定来说无疑具有重要的现实意义，因为农村劳动力进城不仅需要完成空间上的移民，更需要广义的社会文化上的移民，这其中就涉及他们在生活方式、消费方式、价值观念、社会心理等多方面的转变。这就预示着农村劳动力"城市融入"是在经济层面、社会层面和心理层面与城市社会逐渐接轨和融入的过程，这是一个渐进的过程，受到城市社会和劳动力自身因素的综合影响，如制度、禀赋等。

　　已有研究成果表明，农村劳动力"城市融入"可分为三个层次或三个阶段：经济层次、社会层次和心理层次，这三个层次是依次递进的阶段。农村劳动力从农村流出来到城市，首先要找到一份相对稳定的工作，获得相对稳定的收入和安身立命的住所，才能在城市中生存下去。经济层面的适应是城市立足的基础，完成了初步的生存适应之后，社会交往是农村外出劳动力城市生活的进一步要求，反映了农村外出劳动力融入城市生活的广度。心理层面的适应属于精神上的，它反映了农村外出劳动力对城市生活方式等的认同程度以及农村外出劳动力"城市融入"的深度，只有心理和文化的适应，才能说明农村外出劳动力完全融入了城市社会。新的观念、心态和意愿等这些内在精神性因素的深刻变化，是农村外出劳动力在城市经过较长时期的生存环境适应的必然结果。从经济层面经社会层面到心理层面的这三个阶段，融入的程度逐渐加深，融入的层次逐渐提高，只有从心理层面融入了城市，才算彻底完成了由"农村人"转化为"城市人"这一社会化过程，也才真正实现了由"乡土中国"向"城市中国"

的社会转型。这三个层次是互相联系、不可分割的。

笔者认为,在众多因素中,对农村外出劳动力"城市融入"产生根本性影响的是制度因素,因为制度作为一种规则,具有刚性的特点。在这三个融入层次中,第一层次和第二层次受制度性因素的影响较大,第三层次受制度性因素的影响相对弱一些,但取决于前面两个层次的融入程度。其中,户籍制度是本源。其次是文化因素,因为一个社会不仅需要完善的制度,更需要彻底实施制度的社会文化条件,否则,再完善的制度也只是纸面上的制度,所以,制度必须根植于群众之中,这就凸显制度文化的重要性。人口文化制度就是研究如何为推动人口制度安排与制度创新营造一个良好的制度文化环境,同时也研究人口文化制度的倡导、建立、利用和创新问题,对于人口制度的贯彻效果起着重要的影响。一般的制度包含正式制度和非正式制度,而对非正式制度的研究可以纳入人口文化制度的研究领域,这也是符合制度人口学学科研究的基本范式。而且,由于文化源自人们的内心世界,农村外出劳动力只有在社会文化上真正地融入城市,才算完成了转移过程。在此,本书重点研究正式制度的变迁和创新,对于农村外出劳动力"城市融入"的人口文化制度暂不予以研究,而且对于后面即将提出的制度创新主体而言,也主要是正式制度变迁。因此,本章主要探讨农村外出劳动力"城市融入"的正式制度创新。当前,农民工尤其是第二代农民工正处于中国城市化进程的加速发展时期,既面临着一种融入城市的大好机遇,也面临着因制度障碍形成的一种被城市淘汰的风险。如何规避这种风险,首要的就在于推动以第二代农民工为主体的农民工"城市融入"制度创新。

根据问卷调查数据显示(见表 5-1),子女教育、稳定工作、城镇户口和社会保障成为农村外出劳动力最希望获得政府帮助的前四位因素,这对于农村外出劳动力"城市融入"而言也是最主要的四个因素。

表 5-1 川黔渝地区农村外出劳动力希望政府给予的帮助

单位:万人,%

城镇务工最希望政府给予的帮助	人数	百分比	累计百分比
能够使本人在城镇落户,解决户口	338	15.9	15.9
使子女能够像城镇子女一样地接受教育	438	20.6	36.6
提供廉租房	230	10.8	47.4

城镇务工最希望政府给予的帮助	人数	百分比	累计百分比
提供购买低价住房的机会	251	11.8	59.2
提供较稳定的工作	430	20.2	79.5
提供城镇医疗、失业保险等社会保障	314	14.8	94.3
其他	122	5.7	100.0
合　　计	2123	100.0	

资料来源：问卷调查数据，2009 年 1～2 月。

　　而且希望政府给予的这些帮助与其未来工作打算和定居意愿有显著的相关关系（见表 5-2），这也说明推进农村劳动力"城市融入"制度创新的必要性和重要性。就目前的城市住房制度设计而言，申请廉租房及购买低价住房的机会往往是针对具有城镇户口的市民，农民工能够享受这种待遇的城市很少，即使一些城市允许农民工享有这样的机会，但相对于城市居民来说，也只能算做城市政府的一种"姿态"，距离彻底向农民工完全放开还为时尚早，这间接说明户籍制度对于农民工的影响作用，也是笔者没有将住房制度纳入研究范畴的考虑因素，因为住房也是城镇居民面临的一个现实难题。

表 5-2　农村外出劳动力希望政府给予的帮助、未来工作打算与
将来定居意愿的简单相关关系矩阵

		希望政府给予的帮助	未来工作打算	将来定居意愿
希望政府给予的帮助	皮尔森相关系数	1	0.095**	-0.063**
	显著性（双尾）		0.000	0.004
	样本量	2123	2104	2106
未来工作打算	皮尔森相关系数	0.095**	1	0.078**
	显著性（双尾）	0.000		0.000
	样本量	2104	2105	2103
将来定居意愿	皮尔森相关系数	-0.063**	0.078**	1
	显著性（双尾）	0.004	0.000	
	样本量	2106	2103	2107

注：**　相关性在 0.01 水平下显著（双尾）。

第一节　户籍制度改革与加快农村劳动力
"城市融入"的身份转变

在中国，户口与人口之间的联系可谓高度密切。户口与每一个人息息相关，基本上到了妇孺皆知的程度。不过，户口现象的背后是户籍制度。

所谓户籍制度是指围绕户籍这个中心进行管理的一整套规范的总和，具体来说，是指与户口登记和管理相联系的行为规则、组织体制和政治经济发展制度以及相关政策的总和。现代户籍制度是国家依法收集、确认、登记公民出生、死亡、亲属关系、法定地址等公民人口基本信息的管理制度，以保障公民在就业、教育、社会福利等方面的权益，以个人为本位的人口管理方式。中国的户籍制度有狭义和广义两种解释。狭义的户籍制度包括户口登记制度、户口迁移制度和人口管理居民身份证制度；而广义的户籍制度是与户籍密切联系的一系列社会管理制度的总称，即在狭义户籍制度的基础上还要加上定量商品粮油供给制度、劳动就业制度、医疗保障制度等辅助性措施，以及在接受教育、转业安置、通婚子女落户等方面又衍生出的许多具体规定。它们构成了一个利益上向城市人口倾斜、包含社会生活多个领域、措施配套、组织严密的二元体系[1]，政府的许多部门都围绕这一制度行使职能。正是户籍制度的这些附属功能使现行户籍制度与现代经济发展越来越不相适应。由于本研究的户籍制度改革最根本的是摒除与户口相关联的种种利益分配不公现象，所以在此所分析的"户籍制度"，是从广义的角度理解的户籍制度，然后通过户籍制度创新回归到狭义的户籍制度内涵。它的内涵和外延应该包括与户口管理相联系的行为规则、组织体制和政治经济法律制度以及相关政策的综合。

从社会角度看，户籍制度可以为公共决策提供人口信息，是政府制定政策的基础和依据。其主要功能包括：一是政府职能部门通过对公民基本情况的登记管理，确认公民的民事权利能力和民事行为能力，证明公民身份；二是通过户籍登记为政府制定经济社会发展规划和实施包括治安管理

---

① 蔡昉：《民生经济学："三农"与就业问题的解析》，社会科学文献出版社，2005，第122页。

在内的各项行政管理提供人口数据及相关基础性资料。就功能而言，中国的户籍制度远远超出了"提供基本的人口数据资料"和"为公民个人行使民事权利提供相应证明"的基本价值，还有其特殊的功效，即还承担着资源配置、利益分配以及限制户口身份转换、强化二元制度体系、控制人口城乡流动和自由迁徙等功能。这些功能是在中国特定的社会背景下形成的，可分为两大类，一类是附属功能，二类是限制功能。"附属功能就是附属于户籍制度的门类繁多的社会福利制度。限制功能就是限制人口迁移和流动的功能。"① 这些附属功能和限制功能都将在本章后面的内容中略有涉及，在本节主要探讨其限制功能。

一 现代户籍制度的形成与变迁：兼论户籍制度与农村劳动力转移问题

为了进一步控制劳动力从农村流出，同时保障城市居民充分就业以及其他福利的不外溢，国家要做出把城乡劳动力分隔开的制度安排，而户籍制度就是其中最重要的制度。中国户籍制度就是在计划经济时代为推行重工业优先发展的赶超型战略而建立起来的，也是当时的经济发展战略和控制城乡劳动力迁移流动的二元结构所决定的。在当时物资稀缺的计划经济下，推行不利于增加就业机会的资本密集型重工业优先发展战略，必须通过计划分配机制把各种资源按照产业发展的优先次序进行配置，导致以资本和劳动力为代表的资源要素没有必要也不可能根据市场价格信号自由流动。这一制度通过在城乡之间实行严格的迁徙和流动限制，为支持工业化发展、稳定城市秩序、保障城市供给、控制城市规模发挥了重要的作用（Cheng & Seldon，1994；蔡昉、林毅夫，2003）。通览新中国成立60余年来的户籍制度形成及改革历程，根据对劳动力迁移流动限制的松紧程度，可分为三个阶段。第一阶段是劳动力自由迁移流动阶段（1949～1957年），这一阶段的户籍管理逐步制度化。第二阶段是劳动力迁移流动控制阶段（1958～1978年），由于计划体制僵化、发展战略失误、政治运动频繁，导致这一阶段的户籍制度非常态化管理，是限制人口迁移流动最严格的阶段。第三阶段是劳动力迁移流动逐步放松阶段（1978年至今），也可称为户籍制度改革阶段。

---

① 王文录：《我国户籍制度及其历史变迁》，《人口研究》2008年第1期。

（一）劳动力自由迁移流动阶段

新中国户籍制度是适应并服务于新中国成立初期的政治经济形势而形成和确立的，基本上是按照"先城市、后农村"的步骤逐步形成的，这主要是由于城市与乡村相比，人口相对集中，新民主主义政权更为稳固，户籍管理工作较易开展，而此时党的工作重心已由乡村转移到城市并开始了由城市领导乡村的时期。

1949~1951年为城市户口管理制度的形成期，主要是为了稳定当时城市的社会秩序，服务于剿匪反霸斗争的需要，所以这一时期户口工作的重点是在城市澄清人数户数，摸清每个人的阶级关系。1951~1954年为农村户口登记制度的建立期。随后，1955~1956年逐步建立了全国经常性户口登记制度。

历史地讲，1949~1956年使处于形成过程的新中国户籍管理制度由政出多门逐渐统一到公安部门，这一过程是与新中国成立初期的经济社会发展水平相适应的，在稳定社会秩序、配合国家建设等方面，都发挥了巨大作用。1956~1957年，新中国户籍制度开始引入限制劳动力自由迁移的功能，主要体现在各地政府劝阻人们盲目迁移进城的通知和制止农村劳动力盲目外流的指示，政府逐步将控制劳动力自由迁移的功能引入户籍管理，使户籍制度开始有附属功能，但是在正式制度上并没有予以规定。

从总体上看，这一阶段的户籍制度演变呈现由宽松到渐趋严格的特征，但基本遵循了《中华人民共和国宪法》赋予的"中华人民共和国公民有居住和迁徙的自由"。因此，1949~1957年成为中国公民自由迁徙阶段，也是户口迁移量持续增长的阶段。1951~1953年间，城市人口净迁移率平均每年为33.1%；1954~1957年间，城市人口净迁移率平均每年为28.1%。[①] 这一阶段城乡劳动力流动保持着强劲的发展势头，处于短暂发展的"春天"。从这一时期的户籍制度演变来看，第一次人口生育高峰导致人口数量不断增长，控制城乡人口流动、有效配置劳动力资源逐渐成为人口户籍制度变革的方向。

（二）劳动力迁移流动控制阶段

在前一阶段提到的农村和城市户籍制度的不同形成过程，实际上已有

---

① 高珮义：《中外城市化比较研究》（增订版），南开大学出版社，2004，第66~69页。

了二元户籍制度的雏形，只是由于劳动力迁移流动的障碍并不十分严格。而在这一阶段，城乡分治的二元户籍制度得以强化、固化，而且严格限制户口迁移，尤其是严格限制农村人口向城市迁移。

1958～1965 年是二元户籍制度逐步强化的时期。1958 年《中华人民共和国户口登记条例》（以下简称《条例》）的颁布，标志着我国户籍制度开始由自由迁徙转向迁移流动控制。该条例以法规的形式限制农村劳动力向城镇迁移，其直接原因乃是由于城市人口的剧增给政府带来的财政压力，其深层原因还是为了支持工业化战略的实施和计划经济建设。① 1958 年 10 月，公安部在《关于人民公社化后怎样管理农村户口的几点意见》中提出，户口管理工作"由人民公社管理，由生产队登记"，"户口登记簿可以和社员基本情况登记簿合而为一"编印等几条意见。从此，户籍管理制度开始与人民公社制度相互融合，筑起城乡隔绝的两道闸门，成为稳定和维持城乡二元经济社会结构的两个最主要制度保障。政府通过人民公社政权组织的经济化、行政活动的政治化和管理方式的军事化，直接介入了农业生产和农民生活的全过程，限定了农村的基本生产资料即土地和劳动力的使用方式，保障了统购统销制度的有效实施，保证了农民长期固守在农村从而也导致农民对人民公社的依附，这就形成了"在传统的经济体制下，束缚劳动力在城乡之间流动的基本制度是农产品的统购统销制度、人民公社制度和户籍制度"②，被称为制约劳动力流动的"三套马车"。通过户籍制度，国家把整个社会分割开来：有农业户口的"农村人"和有城镇户口的"城市人"。基于这个划分，在农村把户口同土地相结合，在城市使户口逐步与劳动就业制度、社会供应制度和社会福利保障制度相结合，实行严格的管理来阻止城乡劳动力的社会流动。至此，限制农民进城的二元户籍制度基本形成。

1966～1976 年是二元户籍制度进一步强化的时期。这一时期的"上山下乡"运动演化成一种"接受贫下中农再教育"的运动，另外还有数百万机关干部和职工下放到农村劳动。这些都是在国家行政干预下的非正常人口流动，是典型的"逆城市化"现象。1975 年，市镇人口占总人口

---

① 彭新万：《我国"三农"制度变迁中的政府作用研究（1949～2007）》，中国财政经济出版社，2009，第 126 页。

② 蔡昉：《劳动力迁移的两个过程及其制度障碍》，《社会学研究》2001 年第 4 期。

的比例，由 1965 年的 18% 下降到 17.3%。① 从总体来说这一时期户籍制度基本承袭既往框架，但户籍的限制性功能日趋强化。

1977～1978 年是二元户籍制度在"拨乱反正"中的恢复和固化时期。知识青年和大批下放干部的返城，使迁入城市的劳动力又骤然陡增，从而导致政府再次采取严格限制劳动力自由流动的政策。至此，城乡间城市劳动力迁移的限制达到了顶峰，二元户籍制度逐步强化且正式形成。

总之，这一阶段户籍制度的"自由迁移"的政策终止，代之以"控制户口迁移"的政策，由城市迁往农村的劳动力大大超过了由农村迁往城市的劳动力。而且，基于户籍制度为基础的劳动力市场制度、教育培训制度、社会保障制度及其他福利分配制度逐渐建立起来，形成比较典型的城乡二元结构。与此相应的是，这一时期经历了第二次人口生育高峰，人口死亡率持续下降，城乡人口数量都在增长，由于城市基础设施薄弱，导致严格人口管理和控制人口流动是此时户籍制度的主流。"以商品粮供应为基准，将城乡居民人为地分割为在发展机会和社会地位上均存在差异的两个板块，形成了事实上的人身等级制度的户籍制度，限制着人口的合理流动，抑制了经济的发展，在很大程度上制约着中国工业化和城市化的进程。"② 至此，中国的户籍制度不单单是户口本身，而且成了居民"身份"的标志。由于户籍制度能够有效地把农村人口控制在城市体制之外，城市福利体制就可以相应地建立起来了，除了诸如住房、医疗、教育、托幼、养老等一系列排他性福利之外，以保障城市劳动力全面就业为目标的排他性劳动就业制度，是这种福利体制的核心。把城乡劳动力分隔开的户籍制度，以及与其配套的城市劳动就业制度、城市偏向的社会保障制度、基本消费品供应的票证制度、排他性的城市福利体制等，曾有效地阻碍了劳动力在部门间、地域上和所有制之间的流动，使中国城乡处于分割状态，造成了资源配置的扭曲和低效率。有了某地的户口，就意味着能够享受本地政府为其提供的一系列福利待遇，而没有本地户口的人只能望其项背。长期以来，中国都是一个城乡分治的二元社会，新中国成立以来的相关制度安排更是放大了这种差距，导致中国的农村和城市之间无论在经济、习

① 资料来源：国家统计局社会统计司编《中国社会统计资料》，中国统计出版社，1985，第 15 页。
② 陈甫军、陈爱民：《中国城市化：实证分析与对策研究》，厦门大学出版社，2000，第 34～36 页。

俗、文化、教育、生活方式等诸多方面的二元特征，激进式的改革路径也许会导致更多的社会问题和社会矛盾。当然，中国户籍制度在当时也发挥了一定的积极作用，尤其表现在减轻城市在工业化进程中的就业压力、保障城市工业的优先发展、维护城市的社会稳定等方面。

（三）劳动力迁移流动逐步放松阶段

在改革开放的大背景下，户籍制度阻碍资源要素流动的弊端日益显现出来，成为农村劳动力"城市融入"的本源性制度障碍，是制约农村劳动力转移最主要的制度屏障，户籍制度及其附于其上的福利制度是影响农村劳动力"城市融入"及其彻底转移的主要制度因素。为此，国家逐步调整和改革二元户籍制度，户籍制度严格限制劳动力迁移流动的特征开始发生转变，劳动力迁移流动的限制逐渐放松，同时中国人口总和生育率下降至更替水平以下，人口数量从初期的低速增长到惯性增长，城市劳动力供给态势开始减弱，而由于经济开放搞活和外贸经济发展，增加了劳动力需求，使乡城劳动力流动越来越频繁，这为进一步深化户籍制度及相关城市融入制度改革提供了契机，也为21世纪提出"城乡统筹"战略创造了一定的人口条件。只有这样，劳动力资源和人才资源才能够在城乡之间自由流动，才能实现人力资本要素的合理配置和有效利用。从这一时期户籍之地改革的历程来看，大致分为三个时期。

1979～1991年是劳动力迁移流动限制的解冻时期。党的十一届三中全会后，农村土地家庭承包制的实行极大地调动了农民的劳动积极性，劳动效率也得到极大提高，但随之而来的农村劳动力过剩问题日益凸显。过剩的农村劳动力由不发达地区向发达地区、由农村向城镇流动是必然趋势，这一时期国家对农民进城务工、经商的政策放宽，也推动了农村劳动力的城镇化流向。特别是20世纪80年代中后期，大量农村剩余劳动力不断涌向城镇，产生了"民工潮"现象，这一现象对原有二元户籍制度形成了巨大挑战。在这一劳动力流动形势下，二元户籍制度开始解冻。

为了满足相当数量外出务工人员的要求和促进集镇的发展，同时也为了加强集镇户口管理。1984年10月，国务院颁发的《关于农民进入集镇落户问题的通知》规定，凡申请到集镇务工、经商、办服务业，或在乡镇企事业单位长期务工的农民和亲属，准予自理口粮落户集镇。这一政策的实施，使城乡劳动力流动成为可能，我国户籍制度改革在集镇开始由指标控制向准入条件控制过渡。

　　为规范流动人口的管理，1985 年 7 月，公安部颁发了《关于城镇暂住人口管理规定》，这一法规与 1984 年的《关于农民进入集镇落户问题的通知》可视为国家对乡镇之间、城乡之间公民迁徙自由的初步放开，标志着中国公民在非户籍所在地长期居住具有了合法性。同年 9 月，全国人大常委会颁布了《中华人民共和国居民身份证条例》，开始实行居民身份证制度。经过几年的实践，中国的身份证制度终于确立，使户籍管理工作开始由单独的户管理向人户结合的管理方式过渡，为户籍制度的进一步改革奠定了基础。

　　总之，1978～1991 年的十余年间，党和国家对二元户籍制度进行了诸多调整与变动，从而有力地松动了冻结已久的城乡二元户籍制度，促进了人才和劳动力等资源要素在一定范围内合理流动，从而促进了城乡经济的快速发展。但总的来看，这一时期的户籍制度改革仍是在二元户籍制度框架内所作的局部调整，在适用对象和适用范围方面都有很大的局限性。随着社会主义市场经济的建立，户籍制度的进一步改革势在必行。

　　1992～2001 是市场经济条件的劳动力迁移流动限制的有限突破时期。市场经济条件下劳动力等资源要素的自由流动是一种必然的趋势，因此，户籍制度改革迫切需要适应社会主义市场经济发展的形势。于是，相应的二元户籍制度框架开始实现有限突破，主要表现在小城镇户口迁移以"最低条件、全面放开"为特点，一般大、中城市户口迁移以"取消限额、条件准入"为特点。

　　这一时期户籍制度的相关改革如下：1992 年 8 月，公安部发出《关于实行当地有效城镇居民户口的通知》，决定在部分区域实行当地有效城镇户口制度。同年 10 月开始，广东、浙江、山东、山西、河南、河北等地先后开始试行"当地有效城镇居民户口"，即"蓝印户口"①，其基本原则是户口在当地有效，户主按常住人口管理，户籍统计为"非农业人口"。这是我国户籍制度改革过程中的一项过渡性措施。从此，户口准入制度开始扩大到小城镇。1997 年，国务院批转公安部《关于小城镇户籍制度改革试点方案》，小城镇户籍改革开始受到广泛关注。1998 年国务院批转《公安部关于解决当前户口管理工作中几个突出问题的意见》，不再提限制

---

　　① 蓝印户口是指在本市辖区范围内，对具备一定条件的非本市辖区常住户口人员，经本市公安机关核准登记，在一定期限内有效，并在规定年限内转为本市常住城镇居民户口的一种准常住户籍管理形式。

到中等城市落户的规定。2001 年 5 月，国务院全面推进小城镇户籍制度的改革，进一步放宽农村户口迁移到小城镇的条件，并且允许各地可按照具体情况推进本地户籍制度改革。截至 2001 年底，绝大多数小城镇的户籍已基本上对农民开放。这一政策的出台也为接下来打破中等城市的户籍迁移限制寻找到突破口。2001 年 8 月，石家庄户籍制度的改革，标志着大城市户籍制度开始进入以住房和职业（收入）为基本条件的"准入条件"制阶段。

在这一时期，与二元户籍制度附属功能相关的制度也开始作了相应调整。这些制度的调整与改革，逐渐削弱了户籍制度的附属功能，有力地推动了户籍制度改革，也为劳动力资源要素的自由流动创造了条件。总之，1992～2001 年是我国户籍制度突破二元框架结构、围绕市场经济体制进行渐进式改革的十年。在此期间，国家把小城镇户口改革作为户籍制度改革的突破口，从逐步到全面渐次放开小城镇户口迁移的限制。虽然，这与城乡户籍制度一体化的最终目标仍有较大差距，但是这种渐进式改革路径是基本符合中国国情的。

20 世纪 90 年代中期以来，大规模跨区域的农村劳动力流动给城市带来的交通压力和环境压力，迫使政府对这一问题重新考虑和认识。而且随着流动劳动力规模的持续扩大，学者们关于劳动力流动对经济增长的贡献等相关研究成果的出现，政府对农村劳动力流动的积极后果进行了深刻的思考和重视，影响着政府的政策制定。之后，农村劳动力流动政策从限制农民流动逐步转向接受流动、鼓励流动。而由于不彻底的户籍制度改革，使得农村劳动力流动有余而转移不足，农村劳动力在城市可以"立业"，但无法"安家"，没有城市户口，意味着没有城市居民的身份，也就享受不到城市居民可以获得的一切福利待遇，使得劳动力这一重要的资源要素在流动之后面临着诸多问题，受着不公正的待遇，这与市场经济的宗旨相违背。教育培训制度、社会保障制度、劳动力市场制度、医疗卫生制度对城市户口、农村户口的双重标准，使得农村劳动力只能游离于体制之外，户籍制度成为这一系列制度不公的核心载体。因此，随着社会主义市场经济的完善，加速取消户籍制度的限制更是迫在眉睫。

2002 年至今是市场经济条件下劳动力迁移流动限制的加速变革时期。随着中国加入世界贸易组织和以市场为导向的经济体制改革的不断深入，现行户籍制度的弊端日益暴露出来，成为束缚中国经济社会发展的瓶颈因素之一。党的十六大明确提出统筹城乡发展的战略思路，统筹城乡发展的最终目标是要使农村居民、进城务工人员及其家属与城市居民一样，享有各个方面平等的权利、均等化的公共服务和同质化的生活条件。十六届三中全会确立了完善社会主义市场经济体制的决议，迫切需要完善 "健全统一、开放、竞争、有序的现代市场体系"，要求资源要素在全国城乡范围内的自由流动和市场配置，这就使建立全国统一市场和赋予 "农民" 以国民待遇的要求更加紧迫和突出，实现公民平等权益。这就为新阶段继续深化户籍制度改革提供了新的努力方向，建立城乡一体化户籍制度是这一时期我国地方户籍制度改革的基本方向。这一时期，中央和国务院的有关文件表现出对农村劳动力流动的积极支持和鼓励，明确提出城乡统筹就业的政策，这种政策倾向既明确且稳定，2004～2010 年，中央连续发出 7 个 "一号文件"，以不同主题推动了我国进入以工促农、以城带乡的科学发展新阶段，并且这种对待劳动力流动的鼓励政策，通过改善农村外出劳动力的就业、居住、劳动权益保护、子女教育和社会保障等相关辅助性制度和政策，逐渐成为可执行的措施。2007 年 6 月，国家批准成渝地区为全国统筹城乡综合配套改革试验区。这些政策变化，归根结底是中国政府对于现实中制度需求所做出的积极反应，因而是顺应经济发展阶段性变化要求的。

这一时期相关户籍制度改革基本现状是：由于各省市经济发展状况不同，特别是城市综合发展水平存在较大差异，因此，国家在坚持中央基本政策统一的前提下，给予地方充分的户籍改革自主权，并采取了 "分类指导，兼顾不同" 的指导原则，将户籍制度改革的权限下放。因此，以综合发展水平较高的一些大城市作为建立城乡统一户口管理制度的试点，总结经验教训并逐步向外缘推进，是这段时期我国户籍制度改革的特点所在。

应该说，这一时期各省市区户籍制度改革力度之大，超出了之前的两个阶段。从具体改革实践上来看，为克服城市建设的发展水平不同和管理成本的大小不一，各地采取了以固定住所和稳定收入为基本条件，各城市的具体情况设置 "准入门槛"，以避免出现一哄而上、管理失衡的现象。[①]

2009 年 12 月，中央经济工作会议在部署 2010 年经济工作的主要任务时提出，要把解决符合条件的农业转移人口（可理解为：农村外出劳动力）逐步在城镇就业和落户作为推进城镇化的重要任务，放宽中小城市和

---

① 马桂萍：《中国户籍制度改革的历史演进（1978～2008）》，《新乡学院学报》（社会科学版）2008 年第 2 期。

城镇户籍限制。2010 年 10 月，《中共中央关于制定国民经济和社会发展第十二个五年规划的建议》提出"要把符合落户条件的农业转移人口逐步转为城镇居民作为推进城镇化的重要任务。大城市要加强和改进人口管理，中小城市和小城镇要根据实际放宽外来人口落户条件"，这就成为未来五年我国人口城镇化战略的指导原则。这是中央统筹城乡发展、构建城乡经济社会发展一体化新格局的又一重要战略举措，为未来农村劳动力转移提供了较好的制度安排。这一政策措施的提出，将有助于推动农村外出劳动力身份的真正转换，推动城镇化的落实，同时也将为农村和现代农业的发展及土地承包经营权流转、土地规模经营等提供坚实的制度保障。

当然，要确保农村外出劳动力真正融入城市，户籍本身不过是一个身份的改变，除了放宽户籍限制外，还必须有一系列的配套措施。要尽快将农村外出劳动力纳入城市的社会福利和社会保障体系当中，让他们都能真正享受到与城市居民同等的待遇，如廉租房、经济适用房及子女上学等基本公共服务，只有这样，符合条件的农村外出劳动力才能成为真正意义上的城市人口。2009 年 12 月 27 日，温家宝总理接受新华社记者采访时表示要稳妥地推进户籍制度改革。由于具体实施办法还在制订当中，希望最终出台的户籍制度具体改革能够为常年在外的农村外出劳动力跨省落户问题提供一个可行性的解决方案，使他们不再"候鸟式"地钟摆流动。

根据笔者掌握的资料，2010 年 6 月，广东省开展农民工积分制入户城镇工作，争取 2010~2012 年引导 180 万名左右的本省户籍农民工及其随迁人员入户城镇①；同年 7 月，重庆市以建设两江新区为动力，宣布全面启动统筹城乡户籍制度改革，该改革方案涵盖土地、社保、教育、医疗等多方配套政策，使农民的农村权益在户籍转换过程中和城市保障顺利对接②，根据《重庆市统筹城乡户籍制度改革意见》及《重庆市户籍制度改革配

---

① 《广东省人民政府办公厅关于开展农民工积分制入户城镇工作的指导意见〔试行〕》，2010 年 6 月 7 日。

② 《重庆启动统筹城乡户籍制度改革》，2010 年 7 月 30 日《人民日报》。根据该报道，重庆户籍制度改革分为两个阶段：2010~2011 年为第一个阶段，将重点推进 300 多万有条件的农村居民转为城镇居民，解决在城镇有稳定职业和住所的 200 多万农民工及其家属、40 万失地农民和 70 万农村及大中专学生的户口问题。第二个阶段是 2012~2020 年，在此期间，重庆市将进一步放宽城镇入户条件，力争每年转移 80 万~90 万人，到 2020 年新增城镇居民 700 万人，非农籍人口比重提升到 60%，主城区聚集城镇居民达到 1000 万人，区县聚集城镇居民 600 万人，小城镇聚集城镇居民 300 万人，形成自由互通、权益公平、城乡一体的户籍制度体系。

套方案》，其户籍制度改革对象主要是重庆籍农民工及具有重庆户口的农村人口。

通过以上分析，可以这样认为，截至目前，农村劳动力要在本省（直辖市、自治区）行政区域内实现变更户口的制度障碍已经弱化，但是对于农民工跨区域（省、直辖市、自治区）变更户籍的难度仍然较大，因为这不仅涉及一个省市区的资源承载能力，而且还与各省大中城市的公共资源和公共服务能力有关。由此也可以认为，全国户籍制度改革需要中央政府作为制度创新宏观主体发挥制度顶层设计的作用。

通过对 2002 年以来中央及地方户籍制度与政策的改革与实践来看，各地的户籍改革都是从各自地方的利益出发来推行相应的改革，而有利于农村劳动力真正融入城市的户籍制度仍在探索之中，各地也没有形成卓有成效的实践经验。因此，要真正改革户籍制度，使资源要素合理配置和自由流动，除了户籍制度自身的改革外，还需要剥离户籍制度的附属功能，即还需要其他有利于农村劳动力转移制度安排的相应变革，才能使户籍制度改革真正适应市场经济的大潮前进。

总之，改革开放 30 余年来的中国户籍制度改革经历了"劳动力迁移流动限制的解冻—劳动力迁移流动限制的有限突破—劳动力迁移流动限制的加速变革"的演进脉络，这条演变路径的选择不仅适应了改革开放和社会主义市场经济发展的客观要求，而且也是实现公民基本平等权利即居住和迁徙自由、择业自由的现实需求，也有利于建立全国城乡统一的劳动力市场、推动劳动力资源要素在全国范围内的合理流动。

二　户籍制度与农村劳动力"城市融入"的理论分析

劳动力资源要素的自由流动是市场经济运行的主要条件之一，而中国户籍制度却阻碍着这一生产要素的自由流动，它把劳动力或者劳动力的某种性质限制在户籍登记地，使他们无法随着自己的职业、居住地的变化而变动，特别是农村户口把农民紧紧地束缚在他们所在地域的有限的小块土地上。尽管改革开放使劳动力流动的限制逐步放宽，但由于户籍制度衍生出来的其他一系列政策和制度，如教育培训制度、社会保障制度、劳动力市场制度等公共服务供给制度形成了强大的阻力，使农村劳动力只能年复一年地往返于农村与城市之间，这实际上也阻碍着农村劳动力外出之后的"城市融入"。

目前，中国已进入了各项制度加速变革的时期，而农村劳动力"流动有余而转移不足"的根本原因是其在"城市融入"方面仍面临着诸多障碍，尤其是制度障碍。在所有阻碍劳动力流动的因素中，尚未根本改革的户籍制度是最为基本的制度约束，是妨碍城乡劳动力市场发育的制度根源，是农村劳动力"城市融入"制度障碍的核心表现，它是导致陆学艺提出的"城乡分割，一国两策"的关键因素。

李强认为："以户籍管理制度为标志的城乡分割制度是农民流动的最大制度成本和城市化及城市融入的最大障碍。"[1] 户籍制度被认为是一种"社会屏蔽"（Social Closure）制度，即它将社会上一部分人屏蔽在分享城市的社会资源之外。首先，户籍制度的存在使绝大多数农村劳动力及其随流家属不能得到城市永久居住的法律认可，他们的迁移预期只能是暂时性的或流动的，最终只能是"回流"。其次，所有在就业政策、保障体制和社会服务供给方面对外地人的歧视性对待，都根源于户籍制度，并通过是否具有本地户口而实施。再次，在城市现有的制度安排下，农村外出劳动力面临的是一系列有利于城市居民的制度，如劳动力市场制度、社会保障制度、医疗保障制度、教育培训制度等。虽然，这些城市偏向的相关制度都已经或正在进行改革，但只要被人为地贴上了"户口"的标签，使得原本与户籍无关的制度却与户籍的性质产生了千丝万缕的联系，就存在着政策反复的可能性。在这个意义上，户籍制度已经超越其本身单纯的人口登记和统计的功能，而成为所有制度障碍体系中的基础性制度。

现在面临的问题是，中国城乡分割的二元户籍就业制度不仅使农村劳动力转移就业受到了制度刚性约束，而且使农村劳动力通过向城市转移就业来增加收入的途径也被堵塞了，造成了农民的制度性失业。

（一）户籍制度制约农村劳动力"城市融入"经济层面的表现

对于农村劳动力"城市融入"这一过程来说，经济融入是首要前提。经济层面的融入是农村劳动力融入城市社会的第一步，而在现行户籍制度约束下，农村劳动力进入城市后，无法取得与城市市民平等竞争的权利和待遇，这就决定了他们在劳动关系中处于更加弱势的地位，致使农村劳动力在城市寻找工作的成本大大增加，进而增加了农村劳动力转移的制度成本。

---

[1] 李强：《我国城市农民工劳动力市场研究》，《大连民族学院学报》2000 年第 7 期。

第一，农村外出劳动力就业环境处于恶劣的境地。由于户籍及其他制度制约因素的限制，农村劳动力很难进入城市正规部门就业，其所从事的工作往往是"城市人"不愿意做的劳动安全卫生条件较差的工作，而且稳定性差，甚至被认为是城市被雇佣者中劳动条件最艰苦、工作居住环境最差最脏、危险性最高的职业群体，就业环境普遍比较恶劣。据国务院发展研究中心① 2007 年对劳务输出县 301 个村的调查，外出就业中因职业病、伤残回乡的人数为 1017 人，死亡 519 人，分别占被调查农村劳动力的 0.28% 和 0.14%，分别相当于 2006 年外出就业人数的 0.63% 和 0.31%。即使有少数农村劳动力能够在正规部门实现就业，他们也都是临时性就业，没有劳动合同保护，工作环境和条件较差。

第二，农村外出劳动力工资水平普遍较低，"同工不同酬"。农民工在与用工企业的工资博弈中，不仅缺乏足够的工资信息，而且由于农村劳动力的买方垄断，很多企业把当地最低工资标准作为农民工工资水平或参照物，没有建立以贡献和效益为依据的工资增长机制，使农民工通常不得不面对被迫接受低工资的现实。"20 世纪 90 年代，扣除物价因素后，农民工的实际工资收入基本上没有增长。2004～2007 年外出农民工实际工资年均增长 7% 左右，增幅比同期城镇职工实际工资年增长率低 3～4 个百分点，两者的工资差距继续加大。与城镇就业者相比，农民工人均月工资仅为其一半左右。农民工的劳动小时工资水平更低。"② 在部分企业，农民工不仅报酬低，而且被随意拖欠、恶意拖欠及克扣工资的现象较为普遍，同时超时劳动的现象普遍存在，而且十分严重，这些都变相降低了农民工的工资。农民工工资收入偏低对其城市生活带来了较大的困难，导致其消费水平及生活质量低下，影响其在城市定居和城市融入。

第三，农村外出劳动力生存于城市边缘。在现有的户籍制度下，农村劳动力进城后往往处于相对弱势的地位，加之农民工相关社会保险制度不健全，各地用工企业与农民工签订劳动合同的工作进度不一，签订比例不高，用工管理欠规范，劳动时间较长，加班成了"家常便饭"之事。据劳动和社会保障部 2004 年对 40 个城市的抽样调查，农民工劳动合同的签订率仅为 12.5%。现行"阳光工程"的培训对象主要是尚未外出的农民，

① 韩俊：《中国农民工战略问题研究》，上海远东出版社，2009，第 32 页。
② 韩俊：《中国农民工战略问题研究》，上海远东出版社，2009，第 31 页。

城市政府及劳动技能培训机构组织的就业培训对象主要是城镇下岗失业人员，企业也不愿意对农民工进行在岗和转岗技能培训。[①] 根据问卷调查数据（见表 5 - 3），2008 年年底农民工签订劳动合同情况仍不理想，有 31.2% 的农民工签订了劳动合同，有口头协议的占 44.2%，而没有任何形式的合同的占 24.6%。

表5-3 川黔渝地区 2124 名农村外出劳动力劳动合同签订情况

单位：万人，%

签订劳动合同情况	人数	百分比	有效百分比
有书面劳动合同	663	31.2	31.2
有口头协议	938	44.2	75.4
没有任何形式的合同	523	24.6	100.0
合　　计	2124	100.0	

资料来源：问卷调查数据，2009 年 1 ~ 2 月。

第四，农村外出劳动力劳动与社会保障待遇缺失。由于没有正式户籍身份，农村劳动力进城后往往得不到公正对待，普遍存在着"同工不同时"、"同工不同权"等问题，在劳保、就业、教育培训、医疗、福利、社会保障、住房等方面面临着一系列困难。一方面，城市"取而不予"。农村外出劳动力没有享受到同城市居民一样的教育培训、社会保障、社会救助等基本公共服务。另一方面，企业"用而不养"。目前在多数地方，办理失业保险、医疗保险等都要求有本地户口抑或城镇户口，这就使得农村外出劳动力在城市面临着更加困难的境地。另外，城市就业压力也在不断增大，为了安置本地下岗职工和促进城市居民的就业，许多城市制定了限制农民工就业的规定。"一些城市以优先保障市民就业为理由，仍在招工程度、招工比例、务工领域、行业工种等方面设置门槛和壁垒，使农民工遭受就业歧视。"[②] 这种歧视来源于户籍制度引致的公开的歧视。

（二）户籍制度制约农村劳动力"城市融入"社会层面的表现

"社会层面的融入涉及农民工在行为举止、生活方式、价值观念和社

---

① 国务院研究室课题组：《中国农民工调研报告》，中国言实出版社，2006，第 13 页。
② 国务院研究室课题组：《中国农民工调研报告》，中国言实出版社，2006，第 13 页。

会交往等方面的从农民向市民的转变。"① 社会层面的融入涉及培育农村劳动力城市市民属性和享受城市现代文明生活方式。相对于农村，很多农民工获得了较之以前更高的收入，当然这并不意味着他们享有更好的社会地位，也不表明他们对城市的认同。他们进入城市，不仅意味着进入城市地理空间范围，还意味着进入城市社会空间。农村劳动力进城以后，面临着不同于农村初级社会群体的城市社会这一次级社会群体，他们必然在价值观念上发生变化，以能尽快适应城市生活和城市环境为其生存之首要任务。因此，必然在行为举止、消费方式和生活方式上积极向城市生活方式靠近。然而，由于户籍制度及其衍生的相关制度的影响，造成农民工身份与职业、角色的背离，已经成为一种事实上的障碍。

第一，现行城乡二元户籍制度把中国公民分成市民和农民两种身份，尽管这种二元户籍制度经过了一定的改革，但是传统的这两种身份划分并没有多大的改变，特别是在影响人们数十年的根深蒂固的社会心理层面更是如此。在户籍制度的社会屏蔽作用下，各种不同身份之间存在明显差异，影响了农民工与城市市民的交往，使农民工社会交往仅局限在以血缘和地缘为核心的初级社会关系中。"无论生活还是找工作，农民工更多地局限于熟人朋友之间的联络，与社区居民很少来往。"② 以初级社会关系为基础的社会网络在经济上和精神上的支持能使刚进城的农民工很快适应环境，在一定程度上防止其沦为城市化的失败者；另一方面，这种社会网络强化了农民工生存的亚社会生态环境，保护了农民工身上所具有的传统观念和小农意识，阻碍着其对城市的认同与归属。③ 作为城市外来者，农民工交际圈封闭在狭窄的乡土社会关系网络中，割断了从社会交往和互动中习得并接受城市人相同价值观的机会链接，进一步限制了他们与务工所在城市融合的广度和深度。

在此，笔者以对成渝国家统筹城乡综合改革配套试验区进城农民工社会交际网络调查④为例，在本次调查中，笔者采用边燕杰"春节拜年网"

---

① 黄荣清等：《转型时期中国社会人口》，辽宁教育出版社，2004，第291页。
② 韩俊：《中国农民工战略问题研究》，上海远东出版社，2009，第34页。
③ 朱力：《论农民工阶层的城市适应》，《江海学刊》2002年第6期。
④ 课题负责人于2009年3～4月以成渝试验区务工就业的农民工为研究对象，调查研究农民工的代际禀赋变化及其消费行为。本次调查按照抽样原则在重庆和成都的主城区各发放问卷250份，共500份，回收有效问卷472份（其中，重庆225份，成都247份），有效回收率为94.4%。

的测量指标对两代农民工个人社会网络进行衡量。①网络规模的测量。通过对问卷的回答，可以直接将被调查农民工所提到的与其有过相互拜年联系的亲属、朋友和其他熟人的人数加总，就基本上反映了农民工核心社会网络中成员的数目，也就是网络规模的大小和数量的多少。根据调查数据计算，得出成渝试验区第一代农民工网络规模的平均值为31，第二代农民工网络规模的平均值为38。②网络密度和异质性的测量。农民工社会网络以亲缘和地缘关系为主，业缘及衍生型社会关系较弱。因此，笔者以农民工社会网络中"亲戚"和"老乡"关系所占比重作为衡量农民工"网络密度或异质性"的指标。网络密度越高，说明网络异质性越差，相应的，社会资本禀赋越高。根据调查资料计算，得出成渝试验区第一代农民工网络密度平均值为37.39，第二代农民工网络密度为25.12。③网络结构的测量。对于这个指标的测量可以通过"春节拜年网"中地位资源的总量来获得（由于具体做法相对复杂，限于篇幅对具体计算过程和数据省略）。根据调查资料统计分析结果显示，虽然成渝试验区农民工的社会资本结构是得分较高的职业类别所占比例较低，得分较低的职业类别所占比例很高，但数据还是显示了第二代农民工拥有职业地位得分较高的职业类别的百分比大大高于第一代农民工，总体高出约12%。通过对农民工社会资本禀赋的实证分析可见，成渝试验区第二代农民工无论是网络规模、网络密度，还是网络结构都要好于第一代农民工，而且，这些社会网络资源有着家庭内在延续效应，第一代农民工的外出经历会影响第二代农民工对外出务工的看法，这在某种程度上增加了第二代农民工的社会关系网络资源，但从整体上看，农民工的社会交际网络规模都比较小，大都局限于以地缘、血缘和亲缘关系为主。他们的人际交往圈通常都束缚在亲戚、老乡或其他农民工的范围内，而与城市居民的交往只限于生产、生活方面的联系，感情交往极少。另外，由于大部分农民工的劳动强度比较大，很少有闲暇时间，所以他们平时极少参加文体活动，即使偶尔有空闲，他们的消遣方式也比较单一，以聊天、打牌、睡觉为主。

第二，现行城乡二元分割的户籍制度还造成农民工身份与角色的背离，这是户籍制度障碍的直接后果。由于城乡二元社会结构的松动，瓦解了户籍制度的地域限制，农村劳动力获得了流动的权利，准许进城就业，但是依附在户籍制度上的身份标签（Status Stigma）及其他制度限制在很大程度上并没有消除，"市民"和"农民"仍然是区分社会等级的一个重要标准。究其原因，是农民工的角色与身份的错位。在英文中，身份和地位是同一个词，即 Status，身份是社会地位的另一种表述。角色可以通过自身的努力发生变化，但身份却往往需要制度的认可。

一般来说，社会中的每个人都应该是地位与角色的统一，当一个人获得了某种职业，他就具体地扮演这个社会角色，随之也获得了相应的社会身份。可这种角色转换和身份转换的一致性发生在农民工身上却不一致，他们职业上的变动仅仅是操作层面上得到社会的认可，而制度层面却未被认可，制度仍然认为他们是农民，这就造成身份（地位）与角色的背离。从角色看，他们扮演的是工人，工人的角色使农民工抛弃了农民的日出而作、日落而息的传统习俗，习惯了固定工作日和休息日的生活，已基本上能像城市人的生活规律和行为方式那样工作和生活着，然而他们未被户籍制度认可，未被城市居民所认同，身份仍然是农民，而非城市人的身份却使他们不能同等享受城市人的医疗保险、养老保险、失业救济等一系列福利待遇。

农民工身份（地位）与角色的错位，是他们没有融入城市生活的一个基本表现，他们既是离开了土地的农民又是没有城市人身份的市民，被称为"新市民"或"准市民"，这种身份对农民工融入城市的外推力是显而易见的。这种身份与角色的错位在第二代农民工身上更为明显，他们在城市面临着进退两难的困境！

由于这种职业身份与户籍身份的分离，使农民工无法得到制度上的保障，无法享受以户口为基础的城市居民能享受的各种社会福利。同时，户籍制度在城市与就业机会相关，真是"制度安排的惯性使改变了生活场所和职业的农民仍然游离于城市体制以外，从而造成了流动农民工的生活地域边界、工作职业边界与社会网络边界的背离"[①]。可见，农民工既不完全等同于农民又不能等同于市民。这一现象充分表明，由户籍制度导致农民工角色和身份的不一致，是农民工融入城市之难的主要障碍因素之一。伴随着户籍制度衍生出的一系列相关制度也延缓着农民工"城市融入"的步伐。

（三）户籍制度制约农村劳动力"城市融入"心理层面的表现形式

心理层面的融入是农村劳动力融入城市社会的最高层次，也是真正实

---

① 李强：《影响中国城乡人口流动的推力与拉力因素分析》，《中国社会科学》2003 年第 1 期。

现"城市融入"的关键一步。而在户籍制度约束下，农民工在城市生活中感受到的最大困难是户籍方面的偏见和歧视。户籍制度把在城市生活的人口分为城市人口和外来务工人口，城市给予这两部分人的待遇是极其不同的，这就造成农民工在城市生活缺乏认同感和参与感，难以融入城市经济社会生活中。当然，农村劳动力难以从心理上真正融入城市也与其人力资本禀赋有关，即自身的科学文化素质，这就与后面将要谈到的另一制度变量——教育培训制度有关。

第一，户籍制度使农民工无法形成对城市的"归属"意识。由于户籍身份决定了城市人与农村人不同的社会地位，城市人不自觉地用身份偏见和集体排斥的本能来维持自己的社会地位，保持与农民工之间的社会距离。这种群体性偏见与歧视使农民工无法形成对城市的"归属"意识。虽然农民工群体已经在城市中工作生活了20多年，但城市人对其偏见与歧视依然存在。

偏见是一种基于某种信念上的认识态度，歧视则是一种基于偏见上的外显行为，不能说有偏见的人必定有歧视行为，但一般情况下两者相连。城市人对农民工的偏见主要表现在认为农民工素质低下，或者不遵守公共秩序，是一个犯罪率高的群体等。而某些城市人对农民工的歧视也可见于日常生活中，比如语言上的诬蔑、人格上的侮辱、职业上的排斥等，往往将自己视为"一等公民"、高人一等，而将农民工视为"二等公民"，这就为两者划出了明显的界限，置于两个对立的群体。两个群体虽生活在同一空间下，表面上也有所交往，但是在心理层面上，城市人群体有着排斥和戒备，农民工群体有着高度的社会疏离感，成为游离于城市的既缺乏保障也缺乏约束的群体。

一般而言，群体成员都会对其群体有团结、忠诚、亲密及合作的态度，这就是对群体的心理认同和归属意识，农民工既然被排斥在城市人群体之外，自然不会产生对城市的归属感，所以大多数农民工只是把自己当成城市的"过客"。而"过客"意识使他们不会自觉履行对城市的责任与义务，不必进行个人职业积累和信誉积累，这反过来又恶化了他们的形象，加深了城市人对他们的偏见，使得大量农民工在城市里处于非城非乡、进退失据的尴尬状态，处于一种"双重边缘人"的状态。

第二，户籍制度塑造了大多数农民工回流的强烈愿望。由于地位和待遇上的不平等，身份（地位）与角色的错位，使大多数农民工游离于城市保障体系之外，工作稳定性差，合法权益无保障。在这样的现实面前，他们想要改变自我，凭借个人的能力和素质适应城市生活，最终融入城市，将是一个漫长而艰辛的过程。目前，进入城市务工的农民工大多只能住在工棚、免费宿舍、单位租房、私人租房等，很少或没有自己合法的固定住所（见表 5-4），因此，他们很难在所在城市实现持续定居而成为飘浮不定的流动人口。

表 5-4　川黔渝地区农村外出劳动力住房情况

单位：万人，%

居住方式	本地所在乡镇	本地县城	本省（市）大城市	其他省（市）大城市	其他	合计
租住私人的房子	20	61	154	441	3	679
租住单位提供的宿舍	18	74	77	248	1	418
单位提供的免费宿舍	11	25	64	291	1	392
租住亲戚或朋友家	13	25	21	29	0	88
住工棚	13	67	61	197	2	340
其他	9	49	36	97	0	191
合　　计	84	301	413	1303	7	2108

资料来源：问卷调查数据（有 16 人未选），2009 年 1~2 月。

　　按照马斯洛的需要层次理论，住房是人类生存的一个基本需要，是最基本的需求层次，而且能够给人带来归属感。然而，对于收入较低的农民工来说，既无力购买价格如同天文数字般的普通商品房，又因无城市户口而难以享受作为城市中低收入者身份享受保障性住房或廉租房，尽管部分城市已建有或开建农民工公寓，但其农民工公寓的定位模糊也无法成为农民工的固定住所，结果是无法拥有属于自己的固定住所，而没有合法固定住所又不能取得城市户口。这样，农民工享受不到城市公共服务，只能游离于农村和城市之间。久而久之，可能会由累而生厌，由厌而生退，农民工因认识到在城市扎根的不可能而萌生退意，重新返回农村生活不是不可能的。"尽管一些农村劳动力在城市里拥有了较好的经济条件，不少人也拥有了相对稳定的工作和社会关系，但是问及他们的长远打算时，绝大多数都准备回乡。从长期的观察来看，农村劳动力进入城市务工总有这样的循环：年轻的不断出来，年纪大一些的就回家乡去了。"①

根据笔者对影响农民工城镇定居的主要因素调查（见表 5－5）来看，农村户口是除收入和住房之后的主要因素，有 14.7% 的农民工认为农村户口是影响其城镇定居的主要因素，这也间接说明户口对于农民工"城市融入"的影响程度。

表 5－5　影响川黔渝地区农民工城镇定居的主要因素

单位：万人，%

影响因素	人　数	百分比	累计百分比
没有稳定的收入	811	38.5	38.5
农村户口	310	14.7	53.2
子女入学	227	10.8	63.9
住房	330	15.7	79.6
文化教育水平不高	235	11.1	90.7
医疗、养老等社会保障	138	6.5	97.3
受到歧视	50	2.4	99.7
其他	7	0.3	100.0
合　　计	2108	100.0	

资料来源：问卷调查数据（有 16 人未选），2009 年 1~2 月。

总之，城乡二元户籍制度是造成农村劳动力难以实现"城市融入"的主要制度障碍。这种制度障碍的持续存在，将会对中国城市经济社会发展产生消极的影响，由于农民工现象将在我国社会较长时间内存在，如果没有相应的户籍制度创新，那么中国社会面临的不仅仅是一个城乡二元结构社会，而且同时也会面临一个城市二元和地区二元的社会，这种影响可能更具有根本性。据国务院发展研究中心 2007 年对劳务输出县 301 个村的调查，改革以来因外出就业累计实现迁移定居的农民工，只相当于目前外出就业农民工的 1.7%②。若参照这一比例计算，2009 年底在本乡镇以外就业的 14533 万农民工中，只有约 247 万农民工通过相应方式获得了城镇

---

① 惠宁、霍丽：《中国农村剩余劳动力转移研究》，中国经济出版社，2007，第 79~80 页。
② 韩俊：《中国农民工战略问题研究》，上海远东出版社，2009，第 36~37 页。

户口，而绝大多数农民工虽然在城市居住半年以上，但都没有能够在城市获得相应的市民资格、平等待遇和实现安居乐业。因此，这就增加了改革和实践户籍制度的紧迫性和必要性。

第二节　劳动力市场制度改革与增加农村劳动力"城市融入"的经济收入

谈到劳动力市场，往往与就业联系在一起。的确，劳动力市场与就业紧密相连，但是，劳动力市场的功能并非仅仅是就业，还兼有其他的功能。鉴于对劳动力市场的认识，笔者认为应该从多个层面去理解。因为就劳动力市场本身而言，是一个内涵丰富的复杂事物，既包括一定的场所，又包括一定的关系，还包括一定的体制机制乃至制度，其中，制度更具有根本性。由此推之，劳动力市场制度是一种保障劳动力市场形成、正常运转并能有效发挥作用的制度安排，包括劳动力市场产生的制度条件和保障劳动力市场有效运行的制度安排两部分。在劳动力市场中，制度起着决定作用，它决定着劳动力市场的特征，决定着劳动力资源配置效率。

在明确了劳动力市场制度的概念之后，就需要对劳动力市场制度的要素构成做一个简单的说明。关于劳动力市场制度的要素构成，不同的学者因分析对象和立场的不同而提出了不同的观点。在此，笔者认为，现代劳动力市场制度由三部分组成：①就业制度，由雇佣制度、就业服务制度、劳动力流动制度、退休制度、工作时间制度等要素构成。②工资制度，它包括工资生成制度、工资支付制度、奖金制度、最低工资制度等内容。③劳动关系协调制度，即集体谈判制度、工人参与制度、劳资争议处理制度和劳动者合法权益保障制度。有的学者认为社会保障制度也属于劳动力市场制度的范畴，笔者认为，社会保障制度的内涵较广，如果把社会保障制度纳入劳动力市场制度范畴之内，变相地缩小了社会保障制度的内涵，进而不利于现代社会保障制度的建设。因此，本书把社会保障制度作为独立的一项制度变量来分析，并非是排斥社会保障制度在劳动力市场制度中的作用，而是为了更加突出社会保障制度在现代经济发展中的必要性和重要性，而完善的社会保障制度能够有利于劳动力市场的有效运行、有利于提高劳动力资源的配置效率、有利于劳动力的自由流动和保障现代经济发展的功能并没有改变。

一 劳动力市场制度与农村劳动力"城市融入"的关系分析

(一) 中国劳动力市场及其市场制度状况

中国作为一个典型二元结构的发展中国家，其劳动力市场发育和一般的发展中国家并无二致，具有发展中国家劳动力市场的一般特征。关于发展中国家劳动力市场的相关理论也在前面的农村劳动力转移理论（如二元劳动力市场理论）文献中有所阐释，在此，笔者拟谈谈劳动力市场结构。一般认为，发展中国家的劳动力市场结构分为城市正规部门、城市非正规部门和农村就业部门三个层次。而且，二元经济发展就是一个在劳动力市场分割条件下的发展过程，大多数发展中国家的劳动力市场功能不尽健全。因此，在经济发展阶段的转折时期，发育劳动力市场和完善劳动力市场制度，是其应有之义。很多发展中国家的劳动力市场功能障碍主要来自劳动力市场的分割，如地区之间的分割、部门之间的分割、城乡之间的分割，以及个人身份上的分割。劳动力市场的这些分割与发展中国家的二元经济特征有着密切联系，互为因果，即一方面农村具有连续不断的劳动力过剩供给，另一方面制度性的因素也阻碍城乡劳动力市场的一体化。

对于中国来说，在二元经济发展过程中，劳动力市场经历了从无到有、从低级到高级的演变过程；在经济体制改革过程中，劳动力市场也经历了计划体制向市场体制转轨的过程。中国劳动力市场在演变过程中呈现典型的"二元性"特点，即"城乡二元性"和"城市二元性"的特点。城乡二元市场或城乡二元劳动力市场是指城市劳动力市场（即城市正规部门和城市非正规部门）和农村劳动力市场（农村就业部门）；而城市二元市场是指城市劳动力市场存在的一级劳动力市场和二级劳动力市场。一级劳动力市场与城市正规就业部门大致相似，基本上没有失业之虞；二级劳动力市场即城市非正规就业部门、正规部门的非正规就业岗位。一般来说，城市劳动力特别是受过高等教育的劳动力更容易进入一级劳动力市场，而农村外出劳动力更易于进入二级劳动力市场。

由"二元性"可以看出中国劳动力市场分割的这一特点。从劳动力市场分割的形成原因来看，主要有如下几种：一是由于歧视或文化习俗造成的劳动力市场分割；二是由于技术进步以及竞争因素造成的劳动力市场分割；三是由于法规或政策造成的劳动力市场分割，即制度性分割。在中国，为劳动力城乡之间顺畅流动设置制度障碍的，是户籍制度导致的劳动力市场严重分割，是一种制度性分割（赖德胜，1996；李萍，1999；吴宏洛，2004），成为中国劳动力市场的主要特征。"这种劳动力市场的制度性分割是制度变迁的结果。在一定程度上，它也是制度变迁和经济发展得以顺利进行的前提。"① 劳动力市场的制度性分割使得改革开放 30 余年后，城乡劳动力市场格局几经变革，但始终没有得以实质性改变。目前，中国劳动力市场的制度性分割包括两个方面，即由所有制决定的体制性分割和由区域差异决定的城乡二元劳动力市场分割。

　　总体来说，中国劳动力市场制度是沿着两条不同的路径变迁的：一是政府主导下的强制性制度变迁，主要是城镇劳动就业体制改革以及由此带来的工资收入分配制度和劳动关系协调制度改革；二是农村劳动力的流动转移，基本上是一种自下而上的诱致性制度变迁，后又经政府的积极参与而演变成一种自上而下的强制性变迁。需要说明的是，中国劳动力市场制度变迁是多种制度因素作用的结果，包括户籍制度、土地制度、社会保障制度、产业政策、所有制结构以及国有企业用工制度等。在这些众多因素中，户籍制度、社会保障制度、产业政策以及所有制结构则是最主要和最直接的。劳动力市场分割是中国劳动力市场制度变迁过程中始终存在的一种现象，它对于劳动力的供求双方的影响完全不同，形成了一个利益失衡的结构，即作为劳动力供给方的劳动者处于弱势地位，而作为劳动力需求方的政府或企业则处于较为强势的地位。而且，这种劳动力市场分割也对农村劳动力转移产生了重要影响，使绝大多数的农村劳动力只能在城市非正规部门和农村二、三产业实现非农就业。

　　前面谈到，"城市融入" 分为三个层次，而劳动力市场制度对农村劳动力 "城市融入" 来说，其影响主要在于能否通过就业在城市立足，实现经济层面的 "城市融入"，进而实现社会层面和心理层面的 "城市融入"。因此，本节主要关注劳动力市场制度与农民工城市就业的关系及其对农民工经济层面 "城市融入" 的影响。

------

① 吴宏洛：《论劳动力市场的制度性分割与非农就业障碍》，《福建师范大学学报》（哲学社会科学版）2004 年第 5 期。

（二）农民工与城市劳动力在城市劳动力市场上的关系

按照前述的新古典迁移理论观点，移民进城后能否取得社会经济地位提升的关键在于移民的人力资本（教育程度和工作经验等），而移民能否融入城市社区不仅取决于个人因素（人力资本），也取决于城市社区的社会结构，即政府政策、市民社会与公共舆论。而城市社区的移民政策和公众舆论在很大程度上又取决于迁入地政府或民众对移民在当地劳动力市场上的作用的判断。[①] 移民在迁入地劳动力市场的作用可分为两种：替换（Substitute）和补充（Complement），前者表明移民与当地劳动力形成竞争关系，而后者则表明移民的就业与当地劳动力处于互补状态（Borjas，1987）。

二元劳动力市场理论也表明，一方面，由于工资回报与职业声望的高度相关，并且劳动力市场中的工作有着内在的分层序列，形成了劳动力市场的工资联动机制，一份工作的工资增长会带来工作分层序列中一系列工作的工资成比例增长（Structural Inflation）。因此为了不带来工资增长的连锁效应，雇主倾向于雇用愿意接受低工资的移民工人。另一方面，对于工人来说，工作的目的不仅仅是获得工资，也是累积和保持社会地位。因此，在职业分层的最底端，总是存在着工作的动力问题（Motivational Problem）。雇主愿意雇用那些只关心收入，而不关心工作声望的工人——移民工人，起码在他们移民的初期如此（Massey et al.，1993）。这两方面的结合形成了当地劳动力和移民工人在工资回报和职业声望方面的差异。

对于我国农民工来说，虽然不存在一般劳动力迁移理论中所涉及的冲突与融合障碍，但却存在着另外一种制度障碍：户籍制度以及基于户籍制度的城市劳动力市场制度设置（蔡昉，2001；陈映芳，2005）。中国城乡以及城市二元劳动力市场不是建立在劳动者能力和素质的基础上的，而是以户籍制度及由此而生的身份制为标准建立起来的。两种劳动力市场的区分并不是纯技术性的，一级劳动力市场更多的是受到了制度性的保护，农村劳动力进城后绝大多数只能在二级劳动力市场上实现非正规就业。所以，非正规就业在某种程度上体现了城市劳动力市场的分割性。尽管许多农村外出劳动力的文化水平偏低，但诸多研究都表明，他们仍然属于农村

---

① 谢桂华：《农民工与城市劳动力市场》，《社会学研究》2007 年第 5 期。

流出地的精英群体，他们当中的许多人经过适当的培训可以胜任城市一级劳动力市场的工作；然而，由于他们固有的农民身份却使他们丧失了这种机会。因此，农民工被限制在城市二级劳动力市场的根本原因在于城乡分割的户籍制度。即使他们在劳动技能方面达到了一级劳动力市场的要求，由于制度性的障碍，也难以进入该市场。这样，城市劳动力市场就明显形成了"城市人"和农民工相互隔绝的二元结构，即城市二元结构开始形成。

据此，可以认为，农村劳动力与城市劳动力在城市劳动力市场的关系是补充关系，只是城市劳动力市场的补充者而非竞争者。而且，城市政策的制定者或城市政府在劳动力市场制度安排上也倾向于制定保护本地城市劳动力的政策安排，在城市就业困难的时期尤为如此。

（三）农民工非正规就业对其城市经济融入的影响

一般来说，农村劳动力进入城市就业在过程上分为两个阶段：第一阶段，首先在城市中实现非正规就业，到一定时期后，在第二阶段才实现正规就业。目前在城市的农村劳动力仅仅处于第一阶段，所从事的职业大多是体力劳动；而其要进入正规就业，需要突破户籍、学历等主要特征的准入限制。正是由于城市劳动力和农村劳动力在城市劳动力市场上处于不同的劳动就业部门和职业层次，形成了基于户籍身份的城市二元劳动力市场。

农民工非正规就业主要是通过二级劳动力市场来实现就业。从问卷调查数据来看，农民工非正规就业信息来源（见表5-6）主要是亲戚朋友介绍（占有效百分比的65.3%），而利用其他渠道的信息来源并不多；而农民工在变换工作（见表5-7）时，仍以亲戚介绍和熟人介绍等地缘血缘关系为主，劳动力市场就业信息渠道占有效百分比的10.3%；前面表3-8的数据也显示87.5%的农民工通过非正式渠道外出。而且，农民工签订劳动合同情况（见表5-3）仍不理想，只有31.2%的农民工签订了劳动合同，这就导致农民工在依法维护劳动权益方面缺乏必要的法律依据。这些数据表明，城市劳动力市场在农民工就业中的作用并不大，也许正是农民工就业是以血缘、亲缘和地缘为主的非正式渠道，使其劳动权益保护没有保障，使农民工被剥夺了其应得的劳动权益，主要表现为二者在工资收入和劳动权益上的差异。

表 5 - 6　川黔渝地区 2124 名农民工就业信息来源情况

单位：万人，%

就业信息来源	人　数	百分比	累计百分比
亲戚朋友介绍	1388	65.3	65.3
地方政府与劳动部门	179	8.4	73.8
网络渠道	128	6.0	79.8
劳务中介机构	114	5.4	85.2
电视、报纸等媒体	36	1.7	86.9
用工招聘会	115	5.4	92.3
其他	164	7.7	100.0
合　　计	2124	100.0	

资料来源：问卷调查数据，2009 年 1~2 月。

表 5 - 7　川黔渝地区 2124 名农民工变换工作的信息来源情况

单位：万人，%

更变工作信息来源	人　数	百分比	累计百分比
劳动力市场就业信息	218	10.3	10.3
亲戚介绍	671	31.6	41.9
老乡或熟人介绍	725	34.1	76.0
职业介绍机构	150	7.1	83.1
新闻媒体或广告	137	6.5	89.5
其他	223	10.5	100.0
合　　计	2124	100.0	

资料来源：问卷调查数据，2009 年 1~2 月。

1. 农民工非正规就业导致城市劳动力市场上工资收入差距显著

非正规就业为农民工提供了就业和获得经济收入的机会，为企业和社会创造了经济效益，为城市经济发展和市民社会生活作出了积极的贡献，它是未来一段时间内数以亿计的农民工就业的主要形式。而就农村劳动力与城市劳动力的工资收入来看，政府偏向城市劳动力的就业保护性政策使城乡劳动力之间几乎不存在竞争，使农村劳动力在城市劳动力市场上工资收入明显低于城市劳动力的工资收入。根据笔者调查的 2008 年年底农民工月收入分布（见表 5 - 8）计算的月平均工资为 1299. 44 元，占同年全国城镇单位在岗职工平均月工资 2435. 75 元①的 53. 35%。

表 5 - 8　川黔渝地区 2124 名农民工月收入分布情况

单位：万人，%

月均收入	人　数	百分比	累计百分比
800 元以下	280	13. 2	13. 2
800 元 ~ 1400 元	1074	50. 5	63. 7
1400 元 ~ 2000 元	554	26. 1	89. 8
2000 元以上	216	10. 2	100. 0
合　　　计	2124	100. 0	

资料来源：问卷调查数据，2009 年 1 ~ 2 月.

已有的研究结果②发现，农村外出劳动力与城市劳动力就业岗位间的工资差异，近一半是由于歧视引起的，二者即使就业于相同的岗位，二者的工资也有差异。外来劳动力与城市劳动力就业岗位内工资差异的 39%，是由歧视等不可解释的因素引起的。同一就业岗位对外来劳动力的歧视，可以是多方面的。第一，在所有条件都相同的条件下，农民工没有城市户籍"身份"而支付给其低于城市劳动力的工资，这可以看做纯粹意义上的歧视。第二，农民工进入单位后，通常从事最底层、最低级的工作，即使有足够的工作能力，也很难有机会进入管理层，或从事需要较高技术的工作。第三，农民工与城市劳动力在政策方面受到区别对待。

在解释城乡劳动力收入差异时，一是工资歧视比工作歧视更为重要；二是这两个群体的收入都随人力资本的提高而增加，并且在人力资本回报方面并不存在群体间的显著差异（Meng & Zhang，2001）。在非

---

① 2008 年全国城镇单位在岗职工平均工资为 29229 元，比上年增长 17. 2%，扣除物价因素，实际增长 11. 0%。国有单位在岗职工年平均工资为 31005 元，城镇集体单位为 18338 元，其他单位为 28387 元。全国城镇单位在岗职工日平均工资为 111. 99 元，比上年增加 12. 68 元。资料来源：国家统计局综合司：《2008 年度人力资源和社会保障事业发展统计公报》，2009 - 05 - 19。

② 王美艳：《城市劳动力市场上的就业机会与工资差异——外来劳动力就业与报酬研究》，《中国社会科学》2005 年第 5 期。

正规部门内就业，农民工受教育程度、参加培训等人力资本特征对收入有着显著的贡献，职业培训对农民工经济地位获得的重要性甚至不亚于正规教育的作用；而那些在正规部门非正规就业的农民工，人力资本对收入的贡献不仅不显著，反而被严重扭曲。[①] 有学者分析认为[②]，在控制了人力资本禀赋等个人特征后，城市劳动力的人均收入一般高于农村外出劳动力；在控制了劳动力外出务工或就业的选择偏误后，城市就业劳动力与农村外出劳动力的收入方程存在结构性差异，并且其中许多系数存在显著差异；就农村外出劳动力与城镇就业劳动力的收入差异而言，这种差异并不能完全由个人特征差异及行业间差异解释，这既可能是由于未考虑的因素（如受教育程度的异质性、劳动技能的差异等）也在收入决定中起作用，更可能反映了城镇劳动力市场上不同户籍就业劳动力在经济福利方面被区别对待的事实。这一工资歧视现象是中国转型时期劳动力市场发育不健全的产物，影响了农民工收入水平的提高和城市生活状况的改善。

不仅如此，农民工工资还经常被拖欠，拖欠时间长短不一。由于二级劳动力市场就业政策的缺失或不规范，加上农民工缺乏政府和法律的有效保护，使得一些雇主或用人单位敢于任意克扣、拖欠甚至拒不支付农民工的工资，这已经成为农民工在就业中所面临的最为严重的问题。

根据笔者的调查数据（见表5-9和表5-10），农民工工资能够按时拿到和基本按时拿到比例分别为23.9%和56.5%，通过自己催讨和其他途径能拿到的12.3%，而有过根本拿不到经历的占到4.1%；而在农民工受歧视方面，近80%的被调查农民工在城市受到工作搜寻、交往、工作过程、消费等各种不同的歧视。这些数据说明农民工在城市劳动力市场上受到的不公正待遇情况比较严重。

总之，非正规就业农民工的工资歧视或城乡劳动力就业工资收入的这种不公正待遇，会使农民工徘徊于正规就业之外，延缓了农民工"城市融入"的程度。从表5-5可以看出，有811名（38.5%）的农民工认为受劳动力市场影响的工资收入成为影响其城镇定居的最主要因素。

---

① 李萌：《劳动力市场分割下乡城流动人口的就业分布与收入的实证分析——以武汉市为例》，《人口研究》2004年第6期。
② 金成武：《城镇劳动力市场上不同户籍就业人口的收入差异》，《中国人口科学》2009年第4期。

根据问卷调查数据显示，工资收入与培训内容有相关关系（见表5-11）；而且，工资收入还影响农民工未来的定居意愿选择（见表5-12），这些数据或关系足以说明劳动力市场制度创新对于农村劳动力"城市融入"的重要性。

表5-9　川黔渝地区2124名农民工工资支付情况

单位：万人，%

工资支付情况	人　数	百分比	累计百分比
能按时拿到	507	23.9	23.9
基本按时拿到	1199	56.5	80.4
通过自己催讨	172	8.1	88.5
通过朋友帮忙拿到	50	2.4	90.9
有过根本拿不到的经历	88	4.1	95.0
在政府帮助下才能拿到	39	1.8	96.8
其他	67	3.2	100.0
合　　计	2122	100.0	

资料来源：问卷调查数据（其中2人未选），2009年1~2月。

表5-10　川黔渝地区2124名农民工在城市劳动力
市场受歧视情况

单位：万人，%

受歧视情况	人　数	百分比	累计百分比
没有受歧视的经历	429	20.2	20.2
找工作时曾受到歧视	648	30.5	50.7
交往中曾受到歧视	108	5.1	55.8
在工作过程中曾受到歧视	422	19.9	75.7
在消费时曾受到歧视	325	15.3	91.0
受城镇居民歧视	181	8.5	99.5
其他	11	0.5	100.0
合　　计	2124	100.0	

资料来源：问卷调查数据，2009年1~2月。

表 5 - 11   农民工的工资收入与培训形式的简单相关系数矩阵

		务工收入	培训形式
务工收入	皮尔森相关系数	1	0.052*
	显著性（双尾）		0.018
	样本量	2124	2112
培训形式	皮尔森相关系数	0.052*	1
	显著性（双尾）	0.018	
	样本量	2112	2112

注：*   相关性在 0.05 水平下显著（双尾）。

表 5 - 12   农民工的工资收入与未来定居意愿选择的简单相关系数矩阵

		务工收入	未来定居意愿
务工收入	皮尔森相关系数	1	0.047*
	显著性（双尾）		0.031
	样本量	2124	2107
未来定居意愿	皮尔森相关系数	0.047*	1
	显著性（双尾）	0.031	
	样本量	2107	2107

注：*   相关性在 0.05 水平下显著（双尾）。

2. 农民工非正规就业导致城市劳动力市场上就业权益的不平等

由于城市劳动力市场的分割性特征，使农民工即使在劳动技能方面达到了一级劳动力市场的要求也很难进入该市场。这样，农民工在城市劳动力市场上的劳动就业权益受到损害。

（1）大多数农民工没有平等的就业权及与不平等相连的农民工健康权。建立在制度安排基础上的二元劳动力市场，首先倾向于优先保证城市劳动力就业，甚至直接动用行政手段限制农民工进入城市较好的行业和工种，增加了农民工在城市就业的困难程度，导致他们很难进入正规部门就业，使他们只能在城市二级劳动力市场就业，不得不从事一些"脏、累、苦、险"的工作，其健康权在这些工作岗位上普遍得不到保障，劳动强度大，工资待遇低，劳动保护设施差，安全生产标准不达标，农民工由此而患职业病的情况时有发生。同时，一些经济手段也加大了城乡间劳动力流动的成本，雇用外来劳动力的企业被要求缴纳一定的管理费，农民工在城市还受到社会保障、义务教育、公共服务和权益保护等方面的歧视性待遇。

（2）农民工劳动权益的保护和依法维权意识严重缺失。由于城市二元劳动力市场的制度安排以及劳动合同签订率较低，导致农民工在劳动权益遭受侵犯时维权"无门"，地方劳动监察部门也因各种原因未能真正发挥对农民工劳动权益的保护作用；另一方面，农民工也对城市劳动监察部门缺乏信任，未将其作为保障权益的主要部门，而是采取其他渠道来维护自己的权益。从问卷调查数据（见表 5 - 13）来看，当农民工遭遇工资拖欠、人身伤害等侵害时，通过自己直接向单位维权和联合工友共同维权的比例分别为 21.6% 和 22.6%；其次是运用法律手段解决，占 20.2%；紧随其后的是找朋友帮忙，占 17.5%；找政府部门解决的占 11.3%，而自认倒霉的占 6.6%。从这些数据可见，农民工在维护自身劳动权益时，主要还是采取比较传统的方式，这通常与其自身的地缘、业缘和就业方式有关。而从代际来看，第二代农民工通过法律途径进行维权的比例高出第一代农民工约 6.5 个百分点，说明第二代农民工的依法维权意识要高于第一代农民工，但从总体来说，农民工群体依法维权的意识还需要进一步提高，这样才能真正有利于农民工的城市社会融入。而且，这种维权意识与其教育程度有显著的相关关系（见表 5 - 14），这说明劳动力市场制度建设和加强农民工人力资本投资有利于促进农民工的"城市融入"。

表 5 - 13　川黔渝地区 2124 名农民工劳动权益的维权方式

维权方式	代　际				合　计	
	第一代农民工		第二代农民工			
	数量(人)	比例(%)	数量(人)	比例(%)	数量(人)	比例(%)
自己直接向单位维权	168	21.6	290	21.5	458	21.6
联合工友共同维权	205	26.4	275	20.4	480	22.6
找朋友帮忙解决	131	16.9	240	17.8	371	17.5
找政府部门解决	91	11.7	148	11.0	239	11.3
运用法律手段解决	125	16.1	304	22.6	429	20.2
自认倒霉	53	6.8	87	6.5	140	6.6
其他	3	0.4	4	0.3	7	0.3
合　计	776	100.0	1348	100.0	2124	100.0

资料来源：问卷调查数据，2009 年 1～2 月。

表 5 - 14　农民工维权方式与教育程度的简单相关关系矩阵

		教育程度	维权方式
教育程度	皮尔森相关系数	1	0.099**
	显著性（双尾）		0.000
	样本量	2124	2124
维权方式	皮尔森相关系数	0.099**	1
	显著性（双尾）	0.000	
	样本量	2124	2124

注：** 相关性在0.01水平下显著（双尾）。

而从农民工未采用法律手段进行维权的可能原因（见表 5 - 15）来分析，法律知识欠缺、打官司太烦琐、打官司花钱太多和对通过法律手段进行维权缺乏信心等成为最主要的原因。而在代际方面，第二代农民工的原因与第一代农民工略有不同，主要表现在，第二代农民工在法律知识和法律维权信心方面低于第一代农民工，这也许与第一代农民工有着较多的社会阅历和较强的心理承受能力有关。这些数据说明对农民工进行维权的普法很有必要，为农民工提供快捷便利的司法服务、增强农民工司法维权的信心是目前基层司法改革的当务之急。

表 5 - 15　川黔渝地区 1695 名农民工未采用法律手段维权的可能原因分布

可能原因	代　际				合　计	
	第一代农民工		第二代农民工			
	数量（人）	比例（%）	数量（人）	比例（%）	数量（人）	比例（%）
不了解劳动等法律法规	181	29.1	341	31.8	522	30.8
对通过法律手段能否维护自己的权益没有信心	104	16.9	210	19.5	314	18.5
打官司花钱太多	142	22.9	196	18.2	338	19.9
打官司太烦琐	120	19.5	194	18.0	314	18.5
其他	72	11.6	135	12.5	207	12.2
合　计	619	100.0	1076	100.0	1695	100.0

资料来源：问卷调查数据，2009 年 1 ～ 2 月。

（3）经济权益受损致使农民工消费行为出现代际差异。在一级劳动力市场，城市劳动力就业的工资与福利一直由政府有关部门明文规定，用人单位一般也能规范地执行，具有制度化的保证性。而在二级劳动力市场就业的农民工则被"制度化地"剥夺了许多应得的经济利益，形成对农民工在经济利益方面的制度性歧视，由此导致农民工工资偏低、生活困难，降低了其在城市的消费水平和消费方式，工作生活质量低下，并影响其子女的人力资本投资，不利于他们融入城市社会。根据笔者对成渝地区进城农民工消费行为研究结果来看，由于农民工代际禀赋差异，他们在消费观念及消费行为上出现了代际变化。主要体现在：第一，第一代农民工的消费行为以自身的生存需要为主，以家庭和未来的生存发展为取向。因此，其消费支出结构中基本生活保障性的生存资料消费比例较高，精神文化消费支出的比例较少，其消费行为仍属于农村传统温饱型的消费方式。而第二代农民工的消费生活状况已迈入小康型的水平线上，其消费支出更多地关注自身消费的质量和舒适度，更注重精神方面的消费和享受，其消费行为则有着向现代城市适应性的消费方式转变。第二，两代农民工代际禀赋差异及其消费行为的代际变化，使得两代农民工产生了不同的身份认同，进而导致了不同的消费方式选择。第一代农民工在身份认同上仍把自己当做农民，其最终归宿还是回乡务农，导致了第一代农民工的消费以农村传统温饱型的消费方式为主。第二代农民工消费行为的背后是他们逃脱城市边缘的努力，他们不再满足于城市生产者的身份，而是要成为城市消费者和生活者，其深层原因在于对自身"农民"身份的否定，受城市生活方式和现代消费观念的影响，他们逐渐趋向于城市型消费方式。

（4）农民工的民主政治权利缺失。农民工群体一直作为边缘化的特殊群体而工作生活着，长期游离于城市政治生活之外，他们的合法政治权利没有得到充分而有效的保障，导致在城市社会政策制定中他们的利益诉求得不到回应和保障。第一，农民工的选举权利被边缘化，而且 2010 年 3 月新通过的《选举法》也并未涉及农民工选举问题。现行选举制度与户籍制度是直接联系的，按照现行《选举法》的规定，各级人大代表的名额是根据户籍人口核定的，农民工难以在就业地参与所在社区的选举，只能回原户口所在地参加选举。由于回乡参加选举的成本过高，而且选举结果与自身近期利益关系不大，农民工基本放弃行使选举权利，或只能通过委托家人代投等方式参加。根据"六普"数据显示，这种人户分离且离开户口登记地半年以上的人口为 2.61 亿人，其中市辖区内人户分离的人口为 0.40 亿人，不包括市辖区内人户分离的人口为 2.21 亿人。这种人户分离的状况使流动人口选举权利被边缘化。二是不能参与城市社会管理。农民工虽然户口在农村，但他们的生活已与所在城市紧密结合在一起。他们无时无刻不受所在城市的经济、政治、文化等多方面的影响。能否参与所在城市的管理，将直接影响农民工权益的实现。目前存在的诸如农民工社会保障、子女受教育、住房、工资拖欠等问题，无一不与农民工能否参与所在城市的管理决策有着很大关系。然而由于户籍制度，农民工被排斥在城市社区的组织、活动和管理之外，难以融入社区生活，产生了许多社会问题。而且，他们的利益诉求难以在城市公共政策制定中得到充分反映。在这种情况下，城市社会管理就很难得到农民工群体的支持，潜在的社会矛盾也就不可避免。

造成农民工就业权益不平等的原因是多方面的。不可否认的是，户籍制度及以此为基础的二元劳动力市场结构在农民工劳动权益受损问题上扮演了重要的角色。总之，户籍制度及其相应的城市偏向的二元劳动力市场制度严重阻碍着农民工"城市融入"的进程。不论是过去还是现在，农民工都是现行就业体制中的弱势群体。

二 农村外出劳动力就业与城市劳动力市场的供求均衡分析

前面谈到，劳动力市场分割是中国劳动力市场制度变迁过程中始终存在的一种现象。农村劳动力进城之后，只能在城市非正规部门就业，即二级劳动力市场实现就业。下面，本书分析农民工二级劳动力市场就业对城市劳动力市场的影响。

（一）劳动力供求与均衡工资率理论

在此，首先以完全竞争的劳动力市场为例来分析均衡工资率。在竞争性市场的较高工资率下，总的劳动力供给量一般会随着工资的上升而增加，即劳动力供给曲线是向右上方倾斜的。根据微观经济学理论，在完全竞争的劳动力市场中，单个厂商的劳动力需求曲线是向右下方倾斜的，在水平的方向上将各厂商对劳动力的需求曲线加总，即得到一条向右下方倾斜的市场劳动力需求曲线。它与劳动力供给曲线①一起构成了劳动力供求

---

① 劳动力供给曲线就是劳动力供给数量随工资率变化而变化的曲线。一般来说，劳动力供给曲线是一条向上倾斜的曲线。传统的劳动经济学研究对其做了如下假定：①假定个人把时间用于一种或两种事情上：工作或者享受闲暇。②假定一个人有一个不变的小时工资率，而且在这个工资率下能够按照自己的愿望工作尽可能多的时数。③假定人们追求效用最大化。为分析劳动力供给选择，把人们看做只从两个范畴获得效用是有益的；假定闲暇消费和物品消费都具有递减边际效用。

曲线图（见图 5 - 1）。

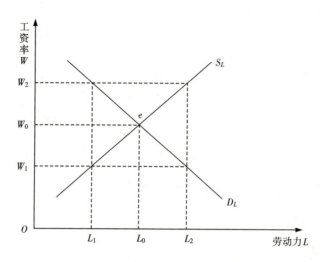

图 5 - 1　劳动力供求曲线与均衡工资

如图 5 - 1 所示，将劳动力供给曲线和劳动力需求曲线结合在一起，就可以清晰地看到均衡工资的形成过程。S_L、D_L 分别代表劳动力的供给曲线和需求曲线。当工资为 W_2 时，劳动力的市场供给量是 L_2，而市场对劳动力的需求只有 L_1，劳动力供给过剩，迫使工资下调；当工资为 W_1 时，劳动力的市场供给量是 L_1，而市场对劳动力的需求达到了 L_2，劳动力供给不足，迫使工资上升，最终回到 W_0 处；只有当工资为 W_0 时，劳动力的市场需求量与市场供给量相等，才能形成劳动力市场的均衡。这时，劳动者提供的劳动力正好等于厂商希望利用的劳动力数量。在竞争性市场条件下，一个特定的劳动力供给和劳动力需求曲线会确定一个单一的实际工资率，即均衡工资率，W_0 就是均衡工资率，L_0 是均衡的就业量。对于企业而言，他们会根据利润最大化的原则来招聘工人，直到最后一个工人的 MRP_L 等于 W_0。只有在 W_0 这个均衡工资率下，劳动力供给与劳动力需求数量才会相等。

劳动力供求变化规律，也可称为劳动力价格规律，因为在市场上供求与价格（工资）之间是双向运动、相互作用的。劳动力市场运行正是劳动力价格变化调节着劳动力的供求，并使之趋向相对平衡。这也就是市场经济"看不见的手"对社会劳动力调节作用的表现。然而，需要指出的是，如果说劳动力价格（工资）与劳动力供给成正比关系，那么，劳动力工资与劳动力需求则成反比例关系，工资愈高，劳动力需求愈低。这是因为，在市场经济条件下，企业全部生产经营活动都是以追求最大利润为目的的，企业的这种利润动机必然对劳动力市场产生具体行为。这就是企业为了追求高额利润或是为了保持一定的利润水平，往往要控制或把成本趋向零限，特别是在市场劳动力价格（工资）水平上涨时，它必然要裁减劳动力或选用更熟练的劳动力（或选用低工资劳动力）来代替原有劳动力。这时劳动力需求就会受到冲击，影响劳动力供求平衡。但是，当企业加强人力投资而导致边际生产率提高，也就是当劳动力的边际生产率等于或大于劳动力的边际成本，企业对劳动力的需求也可以增加，即在一定限度内劳动力价格提高（工资上涨），也不至于降低劳动力需求和企业利润。

由此可见，在劳动力市场上劳动力的供求必须遵循一定的规律。当劳动力过剩，存在相当数量的失业或潜在失业人口时，劳动力供给的数量大于社会对其需求的数量，即劳动力供大于求。造成劳动力供大于求的原因很多，或者是由于物质资源的供给数量不足，或者是由于劳动力资源数量增长过快，还可能是由于经济运转中的一些具体问题所造成的。

一般来说，分析劳动力供求关系的变化应该从两个基本方面入手：一是总量变化，二是结构变化。总量变化反映了在不同时期内劳动力供求规模扩张或收缩过程，而结构变化反映了劳动力供求在同一时期内不同部门及地区、行业、产业之间所发生的增减关系变化。在经济发展中，人口的自然变动、制度改革、体制变迁、价值观念的变化都会影响劳动力供求总量和结构上的变化，并且在外因与内因的共同作用下，劳动力的供给与劳动力的需求将始终处于不断的变化过程中。当一个国家或地区缺乏劳动力，企业和社会扩大生产时难以找到充足的就业人员时，劳动力供给的数量小于社会对其需求的数量，即劳动力供不应求。在生产持续发展、经济增长率长期保持在高水平的状态下，劳动力资源相对或者绝对减少，即可能出现劳动力的供不应求。劳动力供给的数量与社会对其需求量达到均衡状态，即劳动力供求均衡。要达到宏观上的这种均衡，实际上还包括质量、职业类别、地区分布等在内的多方面的均衡。

以上是劳动力供求的一般理论，而在劳动力市场实际运行中，劳动力市场制度需要考虑的因素很多，如地理区位、技术手段、人口规模、劳动力资源等。新阶段中国劳动力供求关系变化只是全国总体而言的变化，而具体到东中西部地区及各省市自治区，其劳动力供求关系可能是完全不同的供求状态。正是各地区劳动力供求状态的差异才使城乡劳动力市场制度及其运行更为必要，尤其是跨区域的和全国性的劳动力市场，也使本研究具有相应的研究价值和社会意义。

（二）二级劳动力市场劳动力供求的均衡

通过前面对劳动力供求与均衡工资率的分析，笔者拟在此基础上探讨城市二级劳动力市场的劳动力供求均衡问题。农村劳动力进城引起了城市劳动力市场尤其是二级劳动力市场的变化，如图 5 - 2 所示。

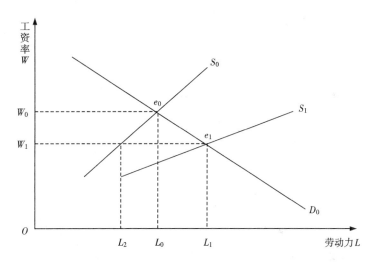

图 5 - 2　城市二级劳动力市场劳动力的供求均衡模型

图 5 - 2 的横坐标为劳动力（L），纵坐标为工资率（W）。D_0 曲线是劳动力市场需求曲线，随着劳动力工资率的提高，所需劳动力数量逐渐减少。S_0 是劳动力供给曲线，随着劳动力工资率的升高，市场提供的劳动力数量增加。两条曲线交于一点 e_0，即此时劳动力的市场工资为 W_0，市场劳动力均衡数量为 L_0。S_1 为农村劳动力大量进城以后新的劳动力供给曲线，可见劳动力价格所对应的供给量增加，且 S_1 较 S_0 平缓，说明劳动力供给的价格弹性变大，每增加 1 个单位价格，劳动力供给增量变大。当供给曲线变化以后，均衡点发生了移动，新的均衡点为 e_1，即由于农村劳动力进入城市劳动力市场导致均衡价格下降至 W_1，而总的劳动力数量变大至 L_1。通过图 5 - 2 可见，由于均衡价格下降，原来在二级劳动力市场就

业的城市劳动力数量 L_0 降至 L_2，$L_1 - L_0$ 的工作岗位由农村劳动力就业，从而造成了 $L_2 - L_1$ 的城市失业劳动力数量。由此可见，就短期的城市二级劳动力市场供给而言，农村进城劳动力与城市劳动力形成了竞争关系，而只要 W_1 大于农村劳动力进入城市的成本（包括城市费用的实际成本和农村收入的机会成本或农村平均收入水平），农村劳动力就会源源不断地涌入城市。事实上，由于受中国城市偏向的制度安排及与此相关的城乡二元结构的影响，农村劳动力进城的成本小于其在城市务工收入，所以说，农村劳动力进城是一种理性经济选择的结果。

　　图 5 - 2 对农村劳动力进城原因和城市二级劳动力市场在农村劳动力进入后发生新的均衡作了清晰说明。然而，这个模型是静态的，只能表明一个时间点的状态，而且仅仅局限于二级劳动力市场的讨论。如经济规模扩大和产业结构调整，城市劳动力市场也将增大对劳动力的需求。

（三）城市劳动力市场的供求平衡

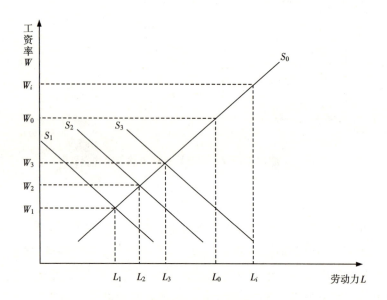

图 5 - 3　城市劳动力市场供给变化

　　图 5 - 3 的横坐标表示劳动力的需求 L，纵坐标表示工资率 W，S_0 为城市二级劳动力供给曲线，S_1、S_2、S_3 为农村劳动力在不同阶段的供给曲线。在第一阶段，二级劳动力市场的需求为 L_0，当城市中只有城市劳动力时，工资率为 W_0，而当农村劳动力进城以后，在同一阶段，同样大小需

求的劳动力市场，城市劳动力与农村劳动力进行了竞争，均衡工资率为W_1。这时，L_1点表示二级劳动力市场被城市与农村劳动力共同瓜分，城市劳动力份额为L_1，农村劳动力份额为$L_0 - L_1$。由于城市经济发展对劳动力需求量的增大，低端劳动力需求也增大，即L_0增至L_i（$i = 1$，2，3，…）时，同时农村劳动力供给曲线向右水平移动同样距离至S_2、S_3、…、S_i，工资率上升至W_2、W_3、…、W_i，即就业量和工资率不断达到新的均衡点。由此可见，农村劳动力大量涌入城市后，短期内的确会对城市劳动力就业造成一定的冲击，但是，从长期来看，劳动力低成本引起的规模效应以及社会财富在更广范围分配之后的需求刺激，均会拉动城市劳动力就业机会的增加，相应也增加了二级劳动力市场的就业机会。

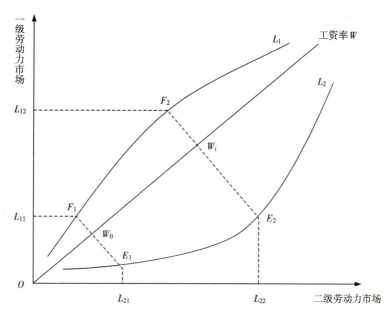

图 5 - 4　城市劳动力市场的供求平衡

图 5 - 4 描述的是在城市劳动力市场的供求变化，L_2表示二级劳动力市场的劳动力供给，L_1表示一级劳动力市场的劳动力供给，工资率曲线为W。第一阶段，在城市劳动力市场上，二级劳动力市场的劳动力供给为L_{21}，一级劳动力市场供给为L_{11}，工资率为W_0；劳动力曲线偏离工资率越远，表明工资越低；相比较而言，劳动力曲线L_1离工资曲线较近一些，

劳动力曲线 L_2 偏离工资曲线较远一些。第二阶段，农村劳动力开始进城，由于劳动力供给增加，就业竞争加剧，整体工资水平下降，劳动力曲线 L_2 偏离工资曲线更远，说明农村劳动力涌入城市后，劳动力供给增加，整体工资率降低，$L_{22} - L_{21}$ 是农村劳动力在城市就业最艰苦的阶段；而一级劳动力市场劳动力供给并没有显著的变化，呈稳定增加态势，工资水平逐步上升，这其中可能有二级劳动力市场就业的劳动力由于人力资本积累而实现劳动力市场的跃进，到一级劳动力市场就业。第三阶段，这时农村劳动力供给开始减少，二级劳动力市场的劳动力供给将不再无限供给，劳动力成本上升导致工资率上升，开始向工资曲线 W 靠近，这时二级劳动力供给曲线 E_2 表示农村劳动力供给的转折点到来，农村劳动力供给开始减少，劳动力成本上升，"人口数量红利"开始减弱，进入第二次"人口红利"期——即"人口质量红利"阶段，通过相应的制度创新和人力资本投资，提高劳动参与率，二级劳动力市场供给仍继续增加，但工资水平也在提高；而一级劳动力供给曲线在 F_2 点后供给态势也呈上升趋势，工资水平同样呈上升趋势。也就是说，二元劳动力市场的劳动力供给曲线达到和突破 E_2、F_2 时，即工资水平达到 W_i 时，工资水平普遍上升将是一个持续的趋势。这时，由于人力资本水平提升导致劳动力素质和成本的上升，整个社会的工资支出将增大，相应的，企业的经济效益也在提高。因此，笔者将 W_i 称为劳动力成本的拐点，也是制度变革和二元劳动力市场突破的临界点。在这一拐点之后，城市二元劳动力市场之间的工资收入差距将逐渐走向缩小，但职业和岗位的差别仍然存在。

从中国实际情况来看，农村劳动力进城非农就业之后，劳动力供给已经接近 E_2 点，年轻劳动力有限供给的新阶段已经到来，劳动力成本开始上升，已经进入加快劳动力市场制度建设、推动和实现农村劳动力"城市融入"和市民化的关键时期，而这一时期的关键就是突破城市二元劳动力市场，进而突破城乡二元劳动力市场。

第三节　社会保障制度改革与解除农村劳动力 "城市融入"的后顾之忧

社会保障作为市场经济条件下一种不可缺少的经济社会发展稳定机制，是国家经济社会政策的重要内容。关于社会保障制度与农村劳动力城市融入或转移问题，学界的研究成果颇为丰富。社会保障制度包含的内容本身较为广泛，不同的学者研究与劳动或就业相关的问题时，都会把社会保障（制度）纳入研究范畴之内，无论是把社会保障制度作为一项与户籍制度相附属的福利制度，还是将其作为劳动力市场制度的一个构成部分进行研究，都体现了社会保障制度对于农村劳动力转移或现代社会的重要性。当然，把社会保障制度放在何种研究框架内，其具体研究内容略有不同。比如，将劳动者的相关保险制度作为社会保障制度的内容纳入劳动力市场制度建设的应有之义就是其中一例。

社会保障，英文直译为"Social Security"，顾名思义就是国家和政府为社会成员提供基本生活保障，使其不致因各种原因而失去生存能力；那么，社会保障制度是指国家和政府通过立法和行政措施，对由于社会和自然等原因不能维持其基本生活的社会成员提供具有经济福利性的、社会化的国民生活保障，同时根据经济和社会发展状况，逐步增进公共福利水平，提高国民生活质量的社会安全制度。[①]

现代意义上的中国社会保障制度，是从 20 世纪中期新中国成立后才逐渐建立与发展起来的。中国社会经济结构的"二元化"是导致社会保障制度"二元化"的重要原因。目前，城镇已经初步建立了比较完整的社会保障体系，养老保险金已经基本上实现了社会统筹，建立了国家、企业和个人共同负担的基本模式，医疗、养老、失业、工伤、生育等险种有了进一步的完善，建立了特殊群体的社会福利制度（如老年人、儿童、残疾人等）、社会救济制度（如低保、灾害救助、流动乞讨人员救助等），完善了住房保障制度（如住房公积金、廉租房等）以及优抚安置等，基本涵盖了社会保障的所有项目。政府在大力推进城镇社会保障制度的同时，在农村也逐渐推行社会养老保险、合作医疗保险等缴费型社会保障和最低生活保障制度等非缴费型社会保障工作；此外，农村的救灾救济、"五保户"供养制度和优抚安置等针对农村部分群体的社会保障制度也在完善之中。在此，本书主要研究与农村劳动力在城市就业及"城市融入"关系较为密切的社会保险这一子系统，并适当兼及社会救助、社会福利等社会保障子系统。

---

① 匡萍波、申鹏等：《当代中国人力资源开发研究》，贵州人民出版社，2007，第 121 页。

一 农民工社会保障制度现状

在进入本节正题之前，笔者拟简单交代一下农民工在外出前的社会保障状况，以便于更深入地分析和说明农民工社会保障制度的现状。

从表 5 - 16 可见，农村劳动力外出前主要以参加新型合作医疗保险为主，占 62.0%，养老保险、集体福利保障及其他保险占 16.4%，而没有社会保障的占 21.6%。这些数据说明农民工在农村的社会保障状况并不乐观，而且由于在调查年度（2008 年年底）的城乡相关社会保险不能转移接续，实际上农民工外出后几乎处于"零"社会保障的状况，这说明农民工社会保障制度建设的必要性和紧迫性。

表 5 - 16　川黔渝地区农民工外出前参加社会保障情况

单位：万人，%

保险项目	人　数	百分比	累计百分比
养老保险	109	5.2	5.2
合作医疗保险	1307	62.0	67.2
集体福利保障	135	6.4	73.6
其他保险	101	4.8	78.4
没有	457	21.6	100.0
合　计	2109	100.0	

资料来源：问卷调查数据（有 15 人未选），2009 年 1～2 月。

中国社会保障制度是以城市和农村为界限划分的二元社会保障制度，绝大部分社会保障资源配置在城市。而且，随着市场经济体制改革引致资源要素的自由流动，人口跨户籍所在地流动已经成为一种必然趋势，但由于受城乡二元制度安排的惯性影响，农村劳动力进城之后不能实现身份的转变，导致他们不能享受与城市人口同样的社会保障待遇，而他们农村转出之后，其在农村仅有的少许社会保障也不能转移接续到城市，至少在 2010 年前如此，再加之农村社会保障制度的不完善，使农村劳动力在城市就业却面临着诸多社会风险，进而产生了强烈的社会保障需求。

在此背景下，进入 21 世纪以来，有关农民工社会保障问题开始纳入各级政府决策部门的视野，农民工社会保障制度建设也被提上了议事日程。从 1992 年 1 月民政部要求外来劳务人员原则上在其户口所在地参加养老保险以来，中央政府和部分地方政府陆续出台了一系列农民工社会保障的相关政策并积极进行实践。农民工社会保障的政策散见于意见、法规和地方性条例。目前，各地的农民工社会保障制度仍处于探索试行阶段，多种制度模式并存。目前的农民工社会保障制度主要是从农民工社会保险制度入手并以此为主，而在农民工社会救助和社会福利制度方面，由于绝大多数城市以户籍为载体的社会救助和社会福利政策形成了对农民工的制度性排斥，满足农民工需求的社会救助和社会福利制度建设却明显滞后。无论是在保障性住房、社会福利，还是在最低生活保障方面，农民工群体在城镇能获得的社会保障相当有限。

（一）中央层面的农民工社会保障制度

从中央层面来看，从 2001 年国家发改委明确规定进入城镇就业的农民工要按照有关规定参加相应的社会保险到 2010 年 10 月全国人大常委会通过的《中华人民共和国社会保险法》（简称《社会保险法》）第九十五条规定的"进城务工的农村居民依照本法规定参加社会保险"，不到 10 年的时间，政府在社会保障方面从忽视农民工权益到积极建构农民工社会保障，体现农民工社会保障在政策上逐渐突破二元户籍限制，以人为本，共享社会成果的公平性。

最早的关于农民工社会保险的政策是 2001 年 7 月国家发改委发布的通知中提出对进入城镇就业的农民工要按照有关规定参加相应的社会保险。2001 年 12 月，原劳动和社会保障部《关于完善城镇职工基本养老保险政策有关问题的通知》对参加养老保险的农民合同制职工的养老保险关系的转移接续和享受待遇的条件作了具体规定。

2003 年国务院公布的《工伤保险条例》①，首次将农民工纳入保险范围。2004 年中央"一号文件"明确提出要保障进城就业农民的合法权益。2004 年 5 月，原劳动和社会保障部《关于推进混合所有制企业和非公有制经济组织从业人员参加医疗保险的意见》明确要求逐步将与用人单位形成劳动关系的农民工纳入医疗保险范围；同年 6 月，在《关于农民工参加工伤保险的有关问题的通知》中指出，农民工参加工伤保险、依法享受工伤保险待遇是《工伤保险条例》赋予农民工的基本权益，要求用人单位必

---

① 《工伤保险条例》于 2004 年 1 月 1 日正式实施，该条例对参保对象、缴费方式、缴费费率、工伤认定、劳动能力鉴定、保险待遇、监督管理和法律责任等方面作出了具体规定，从而使工伤保险制度经历了劳动保险、社会保险试点后，最终得以确立。

须及时为农民工办理参加工伤保险的手续。

2005 年 12 月 31 日，中共中央、国务院《关于推进社会主义新农村建设的若干意见》中要求：逐步建立务工农民社会保障制度，依法将务工农民全部纳入工伤保险范围，探索适合务工农民特点的大病医疗保障和养老保险办法。[①]

2006 年 1 月国务院颁布的《关于解决农民工问题的若干意见》强调，根据农民工最紧迫的社会保障需求，坚持分类指导、稳步前进，优先解决工伤保险和大病医疗保障问题，逐步解决养老保障问题，这实际上为以后解决农民工社会保障制度提供了制度安排和政策设计的方便。随后在农民工参加医疗保险的"专项扩面行动"和"平安计划"中明确将矿山、建筑等高风险企业的农民工基本覆盖到工伤保险制度之内，全面推进农民工参加工伤保险。而且，农民工养老保险从 2007 年 7 月 1 日开始实施。

2009 年 12 月 28 日，国务院转发人力资源和社会保障部与财政部《城镇企业职工基本养老保险关系转移接续暂行办法》对包括农民工在内的参加城镇企业职工基本养老保险的所有人员，其基本养老保险关系可在跨省就业时随同转移，发行全国通用的社会保障卡，实现了养老保险关系在全国范围内的转移接续，理顺了转出地和转入地之间的利益关系，由以前的分割式的、地方式的保障变成全国一体化的保障，即由"地方粮票"变成了"全国粮票"。2009 年关于医疗体制改革和医疗保障制度的文件较多，其中以《流动就业人员基本医疗保障关系转移接续暂行办法》为最，农民工社会保障制度建设又前进了一大步。

2010 年 10 月通过的《社会保险法》第十九条、第三十二条和第五十二条规定，职工跨统筹地区就业的，其基本养老保险关系、基本医疗保险关系、失业保险关系随本人转移，缴费年限累计计算，再加上第九十五条规定的"进城务工的农村居民依照本法规定参加社会保险"等，这就为健全农民工社会保障制度提供了法理基础。

通过中央层面的农民工社会保障制度建设过程的回顾可以看出，农民工社会保障制度逐渐纳入中央政府的社会保障视野。从这一趋势来看，农

---

① 《中共中央国务院关于"三农"工作的十个一号文件（1982～2008 年）》，人民出版社，2008，第 122 页。

民工社会保障制度将是近期社会保障制度建设的重点之一。

（二）地方性农民工社会保险制度

从地方政府层面看，各级地方政府按照上述有关部委的通知要求，结合本地实际制定了一些农民工社会保险方面的政策。根据各地制定、实施的农民工社会保险项目来看，大致可归结纳为"城保"、"双低"、"综合保险"、"仿城"和"农保"五种典型的制度模式。

1."城保"模式

"城保"模式即将农民工社会保险项目放在城镇社会保险制度框架下安排，通过城镇社会保险制度的扩面，直接把农民工纳入城镇社会保险制度体系，在向农民工提供社会保险的同时扩大城镇社会保险制度的覆盖面，以应付未来人口老龄化造成的社会统筹基金支付危机，实现制度的可持续性。目前，"城保"模式的社会保险仅限于社会养老保险、工伤保险和医疗保险三个险种。这一模式在广东省首先采用，因而被部分学者称为"广东模式"，国内其他省市也在某些社保项目上采用了这一制度模式。

2."双低"模式

"双低"模式即在现行城镇职工社会保险制度的基础上进行微调，根据农民工特点适当降低参保门槛，通过低费率低享受的"双低"办法，将农民工纳入城镇养老保险制度体系。这种统账结合的制度模式，由单位和个人共同缴费。同时，适应农民工的流动性保障需求，允许保险关系的转移接续和保险待遇一次性发放。这一模式主要被浙江等省采用，可称为"浙江模式"。

3."综合保险"模式

"综合保险"模式即建立有别于城镇职工的、专门针对农民工特点的社会保险，是指政府和劳动保障部门将农民工的养老、医疗和工伤等多种风险置于一个制度框架下，依托商业保险公司运作的一种强制性商业保险模式，其制度核心是将工伤、养老、医疗作为一揽子保险进行统一保障。这一模式首先在上海试行，故称为"上海模式"，随后在成都、大连等地也开始实施。

4."仿城"模式

"仿城"模式即参照城镇职工社会保险制度，适应农民工的群体特征和实际保障需求而建立的一种制度，包括养老、工伤、医疗、失业四个险种，以北京市最为典型，可称为"北京模式"。

5. "农保"模式

"农保"模式考虑到农民工流动性强和将来可能返乡的特点，直接将农民工纳入农村社会保险体系。各地在乡镇企业就业的部分农民工实行该模式。

从各地模式的具体内容和实际操作来看，各自的运行效果不一，而且在实践中也存在着不少的问题，比如资金来源、统筹方式、保险项目次序等问题，这些都是各种模式需要认真考虑的，并且 2009 年底出台的政策文件还没有纳入各地的实践之中，新《社会保险法》的具体实施细则尚待出台。由于之前缺乏统一的中央政策或农民工社会保障缺乏制度的"顶层设计"，各地农民工社会保障政策仍处于试行阶段，存在多种改革模式并存的局面。从长期来看，这些模式中一些不合理的制度安排在某种程度上也体现了"属地化"原则，使农民工社会保障权益并不能真正得到落实。但是，从中央相关文件和已出台政策来看，其思路应该是倾向于"城保模式"或"农保模式"，至少从《流动就业人员基本医疗保障关系转移接续暂行办法》和《社会保险法》来看是如此，即不单独针对农民工群体另行设立社会保障制度，这有助于消除社会保障的"碎片化"趋势，最终构建"一元化"的中国社会保障制度。同时也应看到，对于农民工"城市融入"起着重要作用的社会救助和社会福利几乎是空白，这从农民工对城市经济和区域经济的贡献来说，为他们建立这样一份社会保障体系也是真正的"民生建设"中应有之义。可见，中国社会保障制度向"一元化"方向建设还有着很长的路要走！

二 社会保障制度与农村劳动力"城市融入"的关系分析

前面谈到，城市融入分为三个层次，而社会保障制度对农村劳动力"城市融入"来说，其影响主要在于社会层面的"城市融入"。如果说户籍制度是解决农村劳动力"城市融入"的角色身份问题，劳动力市场制度是解决农村劳动力"城市融入"的经济收入问题，那么，社会保障制度是解决农村劳动力"城市融入"的社会根基问题，是农村劳动力永久性留在城市的安全屏障。

（一）社会保障制度与农村劳动力经济层面"城市融入"的关系

笔者认为，社会保障制度有利于降低农民工"城市融入"的成本，有利于农村劳动力的"留城"进程。在前面第三章谈到，由于制度因素的作用，中国农村劳动力外出过程分为流动过程和转移过程，而农村劳动力转移的各项成本影响其"城市融入"的程度。这里，笔者用城市生活能力指数这一指标来度量农村劳动力"城市融入"的成本。

"劳动力能够转移到城市的一个必备条件就是必须具备城市生活能力。简单地说，就是其所得必须能够支付其城市生活成本。"[①] 在此，用"城市生活能力指数（θ）"来加以度量，表示如下：

$$城市生活能力指数（\theta） = \frac{工资收入 + 非人力财富}{城市基本生活成本} \qquad (5.1)$$

劳动力赖以生活的收入来源主要有两个方面：工资收入和非人力财富。工资收入实质上是劳动者将无形的人力财富转化为有形财富的过程。在市场交换条件下，就业作为收入分配的主要手段，劳动者通过城市劳动力市场寻找工作机会就业来获取工资收入，这也往往是其收入的主要来源。非人力财富是指有形的财富，诸如货币持有量、债券、股票、资本品、不动产等，这里将其（用 W 表示）视为农村劳动力在转移过程中可获得的除工资之外的额外支持，如动产收入、社会福利保障收入、外出务工之前从事农业生产的收入积累、发生大额支出时来自家庭或亲戚朋友的解囊相助或借款等，这些都是典型的获取非人力财富的过程。

城市基本生活成本 C 至少包括两个部分：一是消费成本 C_1，即城市日常基本生存成本。农村劳动力进入城市首先必须能够获取养活自己的基本生活费，C_1 大致包括住房、水电煤气、交通、通信、餐饮、着装、日用品开销、医疗费用等。根据对成渝国家统筹城乡综合改革配套试验区务工的农民工消费（2008 年度）来看，第一代农民工月均消费为 682.58 元，第二代农民工月均消费为 823.41 元，这可以看做农民工的消费成本。二是转移成本 C_2。农村劳动力在转移过程中需要支付用于进城的路费和路途中的其他开支，为获取在城市的暂住证和就业证及其他相关证件而形成的证卡成本，因寻找工作的开支而形成的求职成本，背井离乡面对陌生环境而产生的心理成本等，这些都构成劳动力的转移成本。当然，这一成

---

① 唐茂华：《成本收益双重约束下的劳动力转移》，《中国农村经济》2007 年第 10 期。本研究的城市生活能力指数的相关说明及计算公式引自该文，以此来度量农村劳动力"城市融入"的成本问题。该基础模型及决策依据请参见该文。

本是农村劳动力在城市社会支付的可预见的直接成本，与农民工市民化成本的测算并不一致，因为农民工市民化成本测算更多是从政府公共服务供给视角进行的。

通过（5.1）式可以看出，非人力财富（W）对于农民工的长期城市生活能力有着重要影响。对于普通农民工来说，他们的非人力财富（W）可能来源于社会福利保障收入、外出务工之前从事农业生产的收入积累、土地流转的收益、发生大额支出时来自家庭或亲戚朋友的解囊相助或借款。然而，正是由于农业生产收入较低才外出务工，所以其务工之前的收入积累和亲友的资助都非常有限，并在长期来看也不会有多大变化；目前，来自政府的社会保障资助也相当有限。因此，就目前情况而言，农民工的非人力财富（W）几乎接近于土地承包权流转的收益。而在农民工未来一生中能够增加其非人力财富（W）的，只有源于政府的社会保障和福利收入。根据国内学者关于农民工市民化成本的测算[1]，一个农民工成为城市市民需要政府支出的成本约为 8 万元（2009 年不变价），其中与社会保障直接相关的主要是居民合作医疗保险、基本养老保险以及民政部门的其他社会保障，这部分收入可归为农民工的非人力财富（W）；除远期的基本养老保险外，这部分收入在政府支出的绝对额和相对额中都是较少的，而且有些公共服务已为农民工事实享受。这就说明，如若政府能为农民工提供完善的社会保障体系，那么他们的非人力财富就积累越多，长期城市生活能力就越强，"城市融入"水平相应也就越高；反之亦然。因此，从增加农民工"城市融入"的可持续性而言，逐步提高政府补贴基本养老金水平是增加农民工非人力财富（W）的主要源泉。

社会保障制度是影响农民工"留城"过程的重要因素。不完善的社会保障制度是农民工无法在城市永久定居的主要原因之一，造成农民工在城市遭遇风险和面临困境时就只有"回流"，这就凸现农村土地作为农民最后"完全网"的社会保障功能，进而影响了农民工"城市融入"的市民化程度。

（二）社会保障制度与农民工社会层面"城市融入"的关系

改革开放尤其是以市场经济为导向的经济体制改革以来，劳动力和

---

① 参见国务院发展研究中心课题组《农民工市民化：制度创新与顶层政策设计》，中国发展出版社，2011，第 250~252 页。

资本等资源要素能够通过市场自由流动，但是，市场经济并不意味着把劳动力推向市场就万事大吉了，健康有序的市场经济需要构建稳固的社会安全网，为社会各个阶层提供包括医疗、就业、养老、工伤等方面的保障，使他们享有最基本的安全感。我国社会保障制度并没有囊括所有的公民，城镇社会保障及福利制度是以户籍制度为基础建立起来的，只有城市户口的居民才能享受，农民工虽然在城市工作和生活，但并不能享受与城镇居民一样的工伤、失业、医疗、住房和养老等方面的保险待遇。

大量农民工频繁往返于城乡之间，呈现典型的"两栖"特征，究其原因，有制度和农民工个人方面的原因。从表象上看，农民工难以融入城市主要是户籍制度的存在。事实上，更深层次的原因则是户籍制度背后所隐藏的各种福利保障体系，其中，不完善的社会保障制度对农民工社会层面的"城市融入"起着重要的阻碍作用。在社会保障制度设计方面，城乡二元的户籍制度自然就将农民工排斥在城镇社会保障体系之外。由于农民工在城市社会只有经济上提供劳动的义务，没有政治参与、社会保障方面的权利，没有他们自己利益的诉求机制，使他们长期游离于城镇社会利益分配体制之外，他们与城市的关系就是一种简单的雇佣化的经济关系，而不发生政治联系、社会联系。由于农民工不能享受相应的城镇社会保障待遇，必然导致农民工产生后顾之忧，使农民工无法在城市扎"根"，在遭遇风险和面临困境时，就只能"回流"到农村，这必然严重影响农民工进一步融入城市社会。

近几年来，随着我国东部沿海地区外来农民工不断增多，相关社会保障需求日益强烈，虽然农民工流入规模较大的省市出台了一些相关规定，形成相应的各种农民工社会保障模式，农民工已被部分纳入城市管理部门设计的社会保障体系之中。然而，就已有的各地农民工社保模式来看，由于早期缺乏中央政府的农民工社会保障制度的"顶层设计"，导致地方政府在制定农民工社会保障法规政策时主要出于本地工作政绩需要以及地方保护出发，基本上都是中央政策要求下被动行为的结果，具有不完善性、不可转续性以及制度门槛过高等缺陷。在实际操作中，许多地方政府对企业依法组织农民工参加社会保险、为农民工缴纳养老保险费的强制力度不够；一些地区社会养老保险费征收基数、征收方式与农民工收入的实际情况脱节；除养老保险外，绝大多数地区仍把农民工排除在其他社会保障项目之外，即使有，也是内外有别；农民工普遍没有失业保险、医疗保险、生育保险和社会救助体系；在工伤保险方面，用工单位很少主动为农民工办理，有的即使办理了，其待遇也与城镇职工有很大差异。从笔者调查的农民工所在用人单位为其缴纳"三金"（失业保险金、医疗保险金和养老保险金）的调查数据（见表5-17）来看，只有10.3%的用工企业为农民工按国家政策全额缴纳了"三金"，部分缴纳"三金"的有19.5%，而完全没有缴纳"三金"的占22.4%，而回答"不知道"的占47.8%，这可以说明用人单位没有宣传且没有为其缴纳。这些数据说明，川黔渝地区农民工外出后真正享受的社会保障较少，这与农民工就业的产业和职业的社保需求明显不相称，说明其面临着较大的社会风险。

表5-17 川黔渝地区农民工务工单位为其缴纳"三金"的调查情况

单位：万人，%

单位缴纳"三金"情况	人　数	百分比	累计百分比
按照国家政策全额缴纳"三金"	217	10.3	10.3
只缴纳了部分"三金"	412	19.5	29.8
完全没有缴纳"三金"	471	22.4	52.2
不知道	1009	47.8	100.0
合　　计	2109	100.0	

资料来源：问卷调查数据（有15人未选），2009年1～2月。

从农民工从事的职业来看，大多从事的是"脏、累、苦、险"的工种，受工伤、疾病困扰的可能性非常大，工伤保险和医疗保险应该是最急需的险种，而城市政府在这方面的行政行为并不理想，难以满足农民工的实际需求。对于城镇居民来说，有病看病，这是人们惯常的思维。而根据问卷调查数据（见表5-18）显示，对于农民工来说并非完全如此，有18.7%的被调查农民工在生病后的选择是不去看病，正是验证了"有病，没病，不看病"这一穷人的顺口溜；只有重病时才会上医院或买点药吃的占38.1%，这与城镇医疗费用相对于农民工收入而言较贵有关；而且，调查数据显示有77.8%的被调查农民工有着生病的经历，由此可见，农民工身体健康面临着何等的状况。

表 5 - 18　川黔渝地区农民工生病后是否会去医院看病情况

单位：万人，%

生病看病情况	人　数	百分比	累计百分比
会去	911	43.2	43.2
不去看病，挺挺就会好	394	18.7	61.9
只有重病时才会上医院	569	27.0	88.9
病重买点药吃就行	234	11.1	100.0
合　计	2108	100.0	

资料来源：问卷调查数据（有 16 人未选），2009 年 1~2 月。

在养老保险方面，农民工受传统以家庭保障和亲属互助作为核心的农村养老模式以及农村养老制度缺失的影响，形成了一种僵化的思维模式，使他们没有形成依靠社会保障制度作为生活依靠的习惯，养老意识不强，加之现有的制度安排也使他们对今后在城市养老的预期不高，尤其是对于那些早期外出务工的"60 后"、"70 后"农民工（即第一代农民工）来说，他们外出的目的就是挣钱回家，创业和"留城"只是他们中的少数现象，城市社会保障体系对他们来说所起的效果并不明显。这两方面的因素使农民工的参保率很低，绝大多数仍然游离于社会保障的"安全网"之外。这一点可从农民工参保险种意愿的代际分布（见表 5 - 19）来看，第二代农民工在工伤保险、医疗保险和养老保险方面的参保意愿比例低于第一代农民工的相应参保意愿，这可能与第二代农民工的年龄、身体健康状况和从事职业有关；而第二代农民工的失业保险参保意愿明显高于第一代农民工，高出 7.1 个百分点，说明第二代农民工在城市长期就业方面的意愿高于第一代农民工，这也说明在"城市融入"意愿方面存在着农民工的代际差异。总体来看，农民工的参保意愿的首要选择是工伤保险（占23.4%），这与其从事职业密切相关；其次是医疗保险（21.1%），失业保险（17.5%）、养老保险（12.9%）和最低生活保障（10.7%）。同时，从农民工认为外出就业最需要的保险项目分布人次（见表 5 - 15）来看，也基本上反映了这一次序，即首先是医疗保险和工伤保险，其次才是失业保险和养老保险及其他险种，这就为加快农民工社会保障制度建设提供了思路。而且，农民工参保意愿与就业行业之间在 99% 水平下存在着显著的相关关系（见表 5 - 21），这说明加快发展农民工社会保障制度的现实性和必要性。

表 5 - 19　川黔渝地区第一代农民工与第二代农民工参保意愿比较

参保意愿	代　际				合　计	
	第一代农民工		第二代农民工			
	数量（万人）	比例（%）	数量（万人）	比例（%）	数量（万人）	比例（%）
工伤保险	191	24.9	303	22.6	494	23.4
医疗保险	175	22.8	269	20.1	444	21.1
养老保险	117	15.2	154	11.5	271	12.9
失业保险	100	13.0	269	20.1	369	17.5
最低生活保障	80	10.4	145	10.8	225	10.7
不需要，不如多给点钱	71	9.2	120	9.0	191	9.1
其他	34	4.4	80	6.0	114	5.4
合　计	768	100.0	1340	100.0	2108	100.0

资料来源：问卷调查数据，2009 年 1～2 月。

表 5 - 20　川黔渝地区农民工认为外出就业最需要的保险项目分布情况

排名	保险项目	人次	比例（%）	比例（%）
1	医疗保险	1450	29.0	68.9
2	人身意外伤害保险	1266	25.3	60.1
3	失业保险	921	18.4	43.8
4	养老保险	581	11.6	27.6
5	交通工具保险	345	6.9	16.4
6	家庭财产保险	184	3.7	8.7
7	其　他	256	5.1	11.2
合　计		4481	100	233.6

资料来源：问卷调查数据（有 19 人未选），2009 年 1～2 月。

表 5 - 21　农民工参保意愿与就业行业的简单相关系数矩阵

		就业行业	参保意愿
就业行业	皮尔森相关系数	1	0.111＊＊
	显著性（双尾）		0.000
	样本量	2124	2108
参保意愿	皮尔森相关系数	0.111＊＊	1
	显著性（双尾）	0.000	
	样本量	2108	2108

注：＊＊ 相关性在 0.01 水平下显著（双尾）。

还需要说明的是，各地现有的农民工社会保障模式对农民工来说只是标志性意义层面的社会保障，而距离实质性意义上的社会保障相去甚远。标志性意义层面上的社会保障是指因个人被城市接纳而拥有的社会保障，而实质性意义上的社会保障就是说个人在失业、年老以及遭受意外时依然能有能力在城市中生存下去。[①] 目前各地都在试行将没有城市户口的农民工纳入城镇社会保障制度框架内，使农民工真正融入城市社会。毫无疑问，这些农民工社会保障制度会推进农民工的"城市融入"，但农民工应享有的这些社会保障项目由于诸多的原因并没有得到有效执行；而且，这些农民工社会保障项目相对于城市居民所享有的社会保障来说仍是较少的项目，仅仅是标志性意义层面的社会保障，也就是城市社会摆出这样一个姿态接纳农民工融入城市，而农民工真正需要的是实质性意义层面的社会保障。要让农民工享受实质性意义的社会保障还需要社会保障制度的不断变革和创新，这是一个较长的过程。

对于农民工来说，最重要的就是拥有足够的能力来满足其未来一生的城市生活能力，它可以是农民工自己的储蓄（存款），也可以是完善的社会保障体系。对于在二级劳动力市场就业的大多数农民工来说，依靠自己微薄的工资收入来存款以满足未来之需较不现实，只有寄希望于城市的社会保障体系，而现实却是农民工在城市生活遭遇困境后，基本生活难以得到有效的保障，他们无法享用城市的敬老院、康复疗养中心等福利设施，无法享用医疗、交通、住房、高温作业等补贴以及社区帮扶，城市社区统计再就业率是不考虑城市农民工的，哪怕他们事实上已经在城市生活和工作了多年。这种现状使得他们不得不返回农村，靠农村土地这一最后的社保屏障为生，这无疑加重了农民工对未来预期的不确定性，必然阻碍农民工"城市融入"的社会化程度。由此可见，社会保障制度对于农村外出劳动力社会层面的"城市融入"具有重要的作用。因此，笔者认为，可以把完善农民工社会保障制度作为农民工在城市立足之"根"，通过其他相关的制度安排把农民工的这个"根"做足做实，使其更好地实现"城市融入"。

（三）社会保障制度与农民工心理层面"城市融入"的关系

社会保障制度是农民工在城市工作生活的"安全网"和"稳定阀"，健全其农民工社会保障网络、提升其社会保障水平对农民工形成城市归属

[①] 刘传江、徐建玲等：《中国农民工市民化进程研究》，人民出版社，2008，第213页。

感和塑造主人翁意识均具有重大意义。然而，由于不完善的社会保障制度及其他因素的影响，进城农民工在为城市作贡献的同时，也会在心理上对城市社会产生一种主观的"相对剥夺感"。这种相对剥夺感是农民工基于城市社会诸多不平等的待遇而产生的，尤其是对 20 世纪 80 年代以后出生的第二代农民工来说，他们也不再像第一代农民工那样把农村作为其自身的最终归宿，他们有着较强的留城意识和城市发展意愿，而他们通过与其城市同辈群体相比发现，无论他们在饮食、服饰和行为方面多么市民化，他们也难以真正融入城市而成为其中的一员，其原因在于他们除了在工资差距之外，还有户籍和社会保障等方面的差异。这往往是农民工在城市社会行为失范的主要原因之一，而完善的社会保障制度有利于消除农民工的这种"相对剥夺感"，有助于城市社会的和谐稳定。

当前，中国正处于黄金发展期与矛盾凸显期并存的阶段，最大的威胁不是综合国力支撑不了未来民生的需要，而是还没有切实有效地落实社会正义。而社会保障制度实际上扮演着一种社会财富再分配的职能，它是社会运行的"稳定阀"。

农民工作为中国制度变迁和社会转型时期出现的特殊群体，从其发展趋势来看，他们应该是过渡性的群体，要么成为农民或农业生产者，要么成为城市市民。随着户籍制度及其相关制度的完善，农民市民不再是一道不可逾越的鸿沟时，农民市民的身份转变之间不再面临"社会屏蔽"时，农民工这一名词应该逐步退出历史舞台。通过分类分层分阶段地实现城乡基本社会保障制度一体化，最终实现农民工城市融入的程度和水平。因此，健全农民工社会保障制度和完善城乡社会保障制度，最终实现"一元化"的社会保障制度，实际上就是从根本上解决民生问题、开发第二次人口红利和实现经济增长可持续性的重要途径之一。

第四节　教育培训制度改革与增强农村劳动力"城市融入"的可持续性

教育和培训作为人力资本投资的主要途径，在现代经济发展中具有重要作用。根据笔者对人力资本投资理论的认识，认为现代人力资本投资主要有以下五种途径：①教育投资，是指在各种正规学校里系统接受初等、中等、高等文化知识教育的投资，它是整个人力资本投资中最核心最基础的组成部分；②职业培训投资，是指为提高生产能力与学习能力、掌握新技能而进行的投资，它更侧重于对实际生产知识与操作技能的培养和提高；③保健投资，是指通过对医疗、卫生保健等服务进行投资来提高人的健康水平，进而提高人的生产能力；④人力迁移投资是指通过一定的成本支出实现人口与劳动力在地域间或产业间的迁移流动，获取就业信息，抓住就业机会，以创造更高的经济收入、社会收益或代际收益；⑤信息投资，是指在人类已进入信息社会的时代背景下，信息成为知识经济的基础，劳动者为了就业、增收及其可持续生计而进行的信息搜集、获取和利用的投入，这是高素质人力资源的基本要求。其中，教育培训是人力资本投资的最主要内容。也就是说，随着物质生活条件的日益改善，保健投资对经济发展的影响远远不如教育培训投资重要，教育对当前（甚至未来数代人）的生产力提高具有绵延不断的影响；而人力迁移投资本身就是本项目研究对象——农村劳动力具有的特征之一，这无疑也是增加人力资本的一种手段；获取和利用就业信息的投入是农村劳动力进城之后必须支付的转移成本，也是现代社会所必需的，从这个意义上说，信息投资无疑会增加农村劳动者的人力资本水平。

本书将教育和培训作为一个整体概念出现，其目的在于：一方面强调教育与培训内容的广泛性，既涉及农村劳动力文化知识和思想品质的培养，也涉及职业技能的培训；另一方面强调教育培训类别和形式的多样性，农村劳动力教育与培训既需要正规学校教育发挥培养功能，也需要非正规教育培训部门的积极参与。这实际上是把教育培训放在农村人力资本形成、聚集或投资这一层面来分析，是为了分析人力资本投资如何更好地促进农村劳动力转移就业这一问题。

通过对教育培训及人力资本投资进行简单阐释，本书对教育培训制度界定如下：教育培训制度是指作为农村人力资本积累主要途径的教育培训及其相关的其他制度，主要包括农村教育制度、城乡职业技能培训制度和农民工子女教育制度，具体而言，就是农村的基础教育制度、各类中等职业教育制度、成人教育制度、农民工进城之后的技能培训制度及其随流子女教育制度。教育培训制度作为人力资本投资的主要构成部分，其发展状况如何对人力资本形成具有决定性作用，尤其是免费的教育培训制度更是如此。当然，教育培训制度的完善并非直接导致农村人力资本的提升，但是相关的城乡教育培训制度安排对于农村人力资本形成还是有着决定性影响的，决定着农村人力资本存量的富裕程度。

一 现阶段农村劳动力的人力资本特征分析

从目前的就业形势看，现在进行产业结构调整导致的主要不是周期性或摩擦性失业，而是结构性失业。基于此，通过教育培训特别是职业技能培训提高劳动力的文化程度和技能水平，增加人力资本的存量，使其具有更强的竞争力，这样才能真正适应城市二、三产业发展的要求；另一方面，随着经济发展水平的提高和新兴产业的兴起，缺乏转岗就业技能的农村劳动力转移就业的难度越来越大。因此，亟须对农村外出劳动力进行职业教育培训，而进行职业培训就必须对其人力资本特征有一定的认识，使培训得以有效开展和取得应有效果。

从严格意义上来说，农村劳动力的人力资本是由教育、培训、医疗保健、迁移、信息获取等投资途径形成的知识和技能。而人力资本与其载体——人口紧密相连，因此考察农村劳动力的人力资本特征在一定程度上通过一定的人口特征来反映，主要包括年龄、性别、教育程度和技能水平等几个方面。在此，以《第二次全国农业普查主要数据公报（第五号）》（见表 5 – 22 和表 5 – 23）、2005 年 1‰人口抽样调查（见表 5 – 24）和问卷调查（见表 5 – 25 和表 5 – 26）为主要数据来源来简要分析农村劳动力的人力资本特征。

表 5 – 22　2006 年末农村劳动力资源总量及构成

	全　国	东部地区	中部地区	西部地区	东北地区
农村劳动力资源总量（万人）	53100	19828	14582	15142	3548
农村劳动力性别构成（%）					
男性	50.8	50.9	50.4	50.9	52.0
女性	49.2	49.1	49.6	49.1	48.0
农村劳动力年龄构成（%）					
20 岁以下	13.1	13.2	13.8	12.8	11.1
21～30 岁	17.3	18.8	15.4	16.9	18.4
31～40 岁	23.9	23.4	23.7	24.5	24.6
41～50 岁	20.7	21.4	20.9	19.1	23.5
51 岁以上	25.0	23.2	26.2	26.7	22.4

	全 国	东部地区	中部地区	西部地区	东北地区
农村劳动力文化程度构成（%）					
文盲	6.8	4.6	6.7	10.7	2.6
小学	32.7	28.3	29.8	41.0	33.2
初中	49.5	53.9	52.0	39.7	56.7
高中	9.8	11.8	10.4	7.5	6.4
大专及以上	1.2	1.4	1.1	1.1	1.1

注：农村劳动力资源是指 2006 年末农村住户常住人口（即在本户居住 6 个月以上人口）中 16 周岁及以上具有劳动能力的人员。

资料来源：第二次全国农业普查领导小组办公室和国家统计局：《第二次全国农业普查主要数据公报（第五号）》，2008 年 2 月 27 日。

表 5 - 23　2006 年末农村外出从业劳动力总量及构成

	全 国	东部地区	中部地区	西部地区	东北地区
外出从业劳动力总量（万人）	13181	3846	4918	4035	382
外出从业劳动力性别构成（%）					
男性	64.0	65.8	62.8	63.1	70.2
女性	36.0	34.2	37.2	36.9	29.8
外出从业劳动力年龄构成（%）					
20 岁以下	16.1	14.2	17.6	16.1	16.7
21～30 岁	36.5	36.1	36.6	36.7	35.4
31～40 岁	29.5	27.3	29.3	32.2	25.4
41～50 岁	12.8	15.4	11.9	11.1	15.3
51 岁以上	5.1	7.0	4.6	3.9	7.2
外出从业劳动力文化程度构成（%）					
文盲	1.2	0.9	1.1	1.7	0.5
小学	18.7	15.0	16.5	24.9	20.1
初中	70.1	70.9	73.0	65.5	71.8
高中	8.7	11.4	8.4	6.9	5.9
大专及以上	1.3	1.8	1.0	1.0	1.7

注：农村外出劳动力是指农村住户户籍从业人员中，2006 年到本乡镇行政管辖区域以外从业 1 个月及以上的人员。

资料来源：同表 5 - 22。

表5－24　2005年16岁及以上城乡劳动力受教育水平构成

单位：%

受教育水平	城镇劳动力			农村劳动力		
	男性	女性	全部	男性	女性	全部
小学及以下	19.86	30.06	25.04	42.94	58.95	50.98
初　中	40.80	37.73	39.24	46.03	35.01	40.50
高　中	24.30	20.68	22.47	9.79	5.35	7.56
大专及以上	15.04	11.52	13.25	1.23	0.69	0.96
合　计	100	100	100	100	100	100

资料来源：2005年1‰人口抽样调查微观数据，转引自蔡昉等《中国人口与劳动问题报告No.10：提升人力资本的教育改革》，社会科学文献出版社，2009，第165页。

1. 年龄特征

2006年末，农村劳动力的年龄特征主要表现为全国整体年龄结构略为平稳，31～40岁年龄组所占比例大于其余各年龄组，各大区域分布也大体上呈此分布态势。而同期的农村外出劳动力年龄特征就表现出"年轻化"趋势；虽然各个年龄段都有外出务工者，但30岁以下劳动力成为主体，其所占比重超过了50%，达52.6%，其中中部地区比例最高，达54.2%，西部次之，东北再次之。

2. 性别结构特征

从全国来看，2006年末，农村劳动力资源的性别结构（男/女）为103，处于性别比的正常值区间，东西部地区与全国基本一致；中部地区为101.6，低于正常值；东北地区为108.3，高于正常值。而农村外出劳动力的性别结构则主要体现为男性为主体的特征，整体来看，男性占64%，女性占36%；其中东北地区男性甚至占70.2%，高于其他的东中西部地区。笔者的问卷数据显示，2124名外出农民工的性别结构也以男性为主体，男性占64.9%（1378名）；女性占35.1%（746名）。

3. 文化教育程度特征

从全国来看，2006年末，农村劳动力整体文化素质以初中及以下为主，仅初中文化程度就接近50%，说明总体而言，农村劳动力的文化程度仍偏低，小学及文盲教育程度仍占较大比重，高中以上教育程度的比重仍较小；从各个区域来看，西部地区农村劳动力的文化素质要低于其他三个地区。而农村外出劳动力的文化素质则呈现高于同期农村劳动力平均文化素质水平的特征；虽然仍以初中文化程度为主，但初中文化程度所占比例已占农村外出劳动力的 70% 以上,只有西部地区占 65.5%,初中及以上文化程度所占农村外出劳动力的比例在 80% 以上,西部地区只有 73.4%,东北地区为 79.4%,这主要与西部地区农村劳动力整体文化素质低于其他地区有关,这主要是源于非农就业岗位比农业生产对劳动者文化素质普遍要求更高一些,因此文化程度高的劳动力比文化程度低的劳动力在获取非农就业机会和职业胜任力方面优势更为明显。通过比较各个区域农村外出劳动力文化素质与该区域农村劳动力整体文化素质说明,农村外出劳动力的文化素质与流出地农村劳动力整体文化素质具有相关关系,这也间接说明教育培训制度对于农村劳动力转移就业的重要性。从表 5-24 可以看出,与城镇劳动力相比,2005 年农村劳动力在受教育方面明显低于城镇,而且农村女性劳动力低于农村男性劳动力,这足以说明城乡教育资源配置的差异以及由此引起的农村劳动力人力资本低下的后果。

另一方面,农民工文化教育程度呈现代际分布。以调查数据(见表 5-25)为例,农村外出劳动力文化教育程度代际差异明显,第二代农民工初中以上文化教育程度明显高于第一代农民工,尤其是在高中及以上文化教育方面,第二代农民工比第一代农民工高 20.1 个百分点,较高的文化教育程度构成必然导致第二代农民工在择业、收入、劳动权益保护及"留城"方面高于第一代农民工,他们将是农民工市民化的主体。

表 5-25　川黔渝地区 2124 名农村外出劳动力教育程度构成分布

教育程度	代　际				合　计	
	第一代农民工		第二代农民工			
	数量(人)	比例(%)	数量(人)	比例(%)	数量(人)	比例(%)
文盲/半文盲	89	11.5	39	2.9	128	6.0
小学	223	28.7	154	11.4	377	17.7
初中	345	44.5	678	50.3	1023	48.2
高中/中专/职高	101	13.0	328	24.3	429	20.2
大专及以上	18	2.3	149	11.1	167	7.9
合　计	776	100.0	1348	100.0	2124	100.0

资料来源:问卷调查数据,2009 年 1~2 月。

4. 技能素质特征

技能素质是指农村劳动力从事某项工作所必需的专业技术和能力。

农村劳动力获得专业技能的主要途径有两种：一是"干中学"，二是专门培训。其中，"干中学"主要发生在劳动者长期工作中的经验积累，"干中学"形成的技能素质与劳动者的工作时间长短紧密相关。一般而言，劳动者工作年限越长，其积累的经验资本将越大。而专门培训是指劳动者在工作前或工作中脱产接受专业技能培训，它可以使劳动者短期内快速掌握某种技能，具备适应某种工作的能力要求，但专业培训离不开劳动者相应的教育文化基础，因为后者是前者成功实施的前提条件。[①]国家统计局农村调查总队的调查显示，2001年，农村劳动力中受过专业技能培训的仅占13.6%；在2001年当年转移的农村劳动力中，经过专业培训的劳动力比例为12.7%。从专业技能看，2004年农村仅有15.5%的从业人员接受过专业培训，多达84.5%的从业人员未接受过专业培训。[②]

在此，以调查数据为例，在2124名农民工中，有34.2%（727名）在务工之前参加过培训，有65.8%（1397名）未参加过培训。而从这727名农民工参加的培训项目来看（见表5-26），跟师傅学手艺占28.6%，其次是当地社会机构培训（19.9%）、职高培训（18.9%）和当地政府组织（15.0%），这足以说明农村职业培训教育欠发达的现状，也说明农村职业教育还有广阔的发展空间。

表5-26 川黔渝地区727名农民工务工前所受培训情况

单位：万人，%

务工前培训情况	人 数	百分比	累计百分比
当地政府组织	109	15.0	15.0
当地社会机构培训	145	19.9	34.9
职高培训	137	18.9	53.8
跟师傅学手艺	208	28.6	82.4
其他	128	17.6	100.0
合 计	448	100.0	

资料来源：问卷调查数据（有1307人外出前未受过培训），2009年1~2月。

---

① 陈浩：《农村劳动力非农就业研究——从人力资本视角分析》，中国农业出版社，2008，第108页。

② 胡世明：《农村人力资本基本特征及其发展对策》，《闽江学院学报》2007年第3期，第93~99页。

从农民工外出后用人单位及培训费用支付的情况来看，有 38.7% 的
（809 名）农民工没有接受过技术培训，有 61.3%（1315 名）的农民工接
受过技术培训；而从是否免费来看，20.5% 的农民工享受免费且有工资的
技术培训，60.3% 的农民工享受免费技术培训但没有工资，而 19.1% 的农
民工接受的不是免费培训。

从农民工务工后参加的培训以及对培训的看法和培训需求（见表
5－27、表 5－28 和表 5－29）来看，41.3% 的农民工是通过"干中学"
途径进行培训的；在对培训的看法方面，在培训费用、培训效果以及培
训实用性上看法表现出较大的一致性，说明需要改进针对农民工的培训
经费支出结构、培训内容和培训形式。而在培训需求方面，农民工的培
训需求呈现多样化的特征，其中有 9.3% 的农民工选择"人际交往技
能"培训，并且也存在着一定的代际差异，说明农民工尤其是第二代农
民工开始注重扩大交往对象，这是有利于农民工"城市融入"的培训。
而且，表示愿意继续接受培训的农民工比例也较高，占 40.5%。从农村
劳动力的培训愿望和培训需求来看，农民工对技能培训有着强烈而又多
样化的需求。可见，获取技能人力资本是农村劳动力非农就业和流动转
移的重要环节。

表 5－27 川黔渝地区 2124 名农民工务工后参加培训情况

单位：人，%

工作后培训情况	人　数	百分比	累计百分比
劳动部门提供	167	7.9	7.9
工作地政府部门组织的	182	8.6	16.5
个人独立自愿参加	287	13.6	30.1
在工厂边干边学	872	41.3	71.4
其他	604	28.6	100.0
合　计	2112	100.0	

资料来源：问卷调查数据（有 12 人未选），2009 年 1～2 月。

表 5 - 28　川黔渝地区 2124 名农民工对参加培训的看法

单位：人，%

培训态度	代　际				合　计	
	第一代农民工		第二代农民工			
	数量（人）	比例（%）	数量（人）	比例（%）	数量（人）	比例（%）
愿意继续接受培训	291	37.8	565	42.1	856	40.5
花费太高	116	15.1	175	13.0	291	13.8
花费时间太多	70	9.1	124	9.2	194	9.2
对找工作没有太大帮助	89	11.6	164	12.2	253	12.0
培训效果不好	102	13.2	215	16.0	317	15.0
没有必要	102	13.2	99	7.4	201	9.5
合　计	770	100.0	1342	100.0	2112	100.0

资料来源：问卷调查数据（有 12 人未选），2009 年 1～2 月。

表 5 - 29　川黔渝地区 1657 名农民工最希望的培训需求

单位：人，%

培训需求	代　际				合　计	
	第一代农民工		第二代农民工			
	数量（人）	比例（%）	数量（人）	比例（%）	数量（人）	比例（%）
岗位技能培训	230	29.9	328	24.5	558	26.5
特殊工种技能培训	222	28.9	336	25.1	558	26.5
人际交往技能	63	8.2	134	10.0	197	9.3
计算机技能培训	97	12.6	279	20.8	376	17.8
基本文化素养教育	88	11.5	104	7.8	192	9.1
一般管理知识	37	4.8	88	6.6	125	5.9
法制知识	31	4.0	72	5.4	103	4.9
合　计	768	100.0	1341	100.0	2109	100.0

资料来源：问卷调查数据（有 15 人未选），2009 年 1～2 月。

二　教育培训制度与农村劳动力"城市融入"的关系分析

　　教育培训制度主要是推动农村劳动力城市就业和增强其"城市融入"的可持续性问题。正如前述，教育培训制度决定着农村人力资本形成，进而影响着农村劳动力人力资本禀赋的富裕程度。农村劳动力转移不仅仅是城镇人口的简单增加，它更是城市生活方式普及和农民工市民化的过程，它客观上要求发展农村教育以提高农村劳动力的科学文化素质，为农村劳动力转移提供软性的文化智力和观念支持；农村教育的各个层次都对农村劳动力的转移起到了多方面的促进作用。因此，本书主要从人力资本投资视角来分析教育培训制度与农村劳动力转移的关系。

（一）教育培训制度对农村劳动力"城市融入"的作用

教育培训制度通过人力资本形成对农村劳动力"城市融入"具有直接的决定性作用，那是因为，即使有完善的劳动力市场体系和社会保障制度，但是这些制度对于农村劳动力发挥作用的前提是农村劳动力需要具备一定的就业能力和经济能力，而通过教育培训制度所形成的人力资本就能增强农村劳动力的非农就业能力和就业稳定性。人力资本理论已经证明，个人的文化教育素质、技能水平等人力资本因素对劳动力转移至少会有以下影响：决定对环境认知的水平、准确度和全面性，影响个人对收入、社会地位的预期，影响个人对转移后的主观感受，进一步影响个人对转移行为的决策，同时也决定个人转移后的职业及收入、社会地位[1]；而且，人力资本还是影响农村劳动力非农就业发展的第一层次因素。总体来说，人力资本对农村劳动力"城市融入"的制约作用主要表现在以下四个方面。

1. 人力资本水平影响农村劳动力转移的可能性大小

教育培训制度完善的直接后果就是为提高农村劳动力的人力资本禀赋创造条件，人力资本禀赋较高的农村劳动力思想观念、商品意识和从事多种职业的能力更强，更具有获取信息、把握就业机会和开拓能力，也增强了农村劳动力转移后的适应能力，这些能力是农村劳动力成功转移的重要条件。

第一，拥有较高人力资本禀赋的农村劳动力更倾向于利用城市劳动力市场信息实现自主就业，进而提高转移决策的质量。在市场经济体制下，作为人力资本禀赋组成部分的信息获取能力高低对劳动者能否实现就业起着至关重要作用。人力资本存量丰富的劳动者更能有效地对劳动力市场信息进行收集、整理、加工和判断；相反，人力资本水平低的劳动者更多依靠个人关系来寻找工作机会。对于初次转移的农村劳动者来说，能否获取

---

[1]　申培轩：《农村劳动力转移及其对高等教育的需求》，《武汉大学学报（人文科学版）》2004 年第 3 期。

大量准确的就业信息对转移方向与稳定就业具有十分重要的影响。

现阶段大多数农村劳动力在城市非农就业是通过亲缘、地缘关系获取信息，即就业信息来源于亲戚、朋友或乡邻，自己很少从各种可能的渠道中获取信息。通过这种方式转移的农村劳动力带有很大的盲目性，大大降低了转移的可能性；而拥有较高人力资本禀赋的农村劳动力则较多利用招聘广告或媒体等各种可能的信息渠道和更为广泛的社会网络寻找符合自身人力资本条件的工作，并加以分析判断，能在较短时间内找到合适的工作，大大降低了工作搜寻成本和违约风险成本。

以调查数据（见表 5-30）为例，从总体来看，川黔渝地区农村外出劳动力就业信息来源主要还是以血缘和地缘为主（占 65.3%），依托地方政府和劳动部门的占 8.4%，其余的渠道比较分散；而从代际来看，虽然第二代农民工仍以血缘和地缘关系为获取就业信息的主要渠道（占63.6%），但在其他就业信息渠道方面呈现多元化的特征，比如在利用网络渠道、劳务中介机构、电视报纸等媒体、用工招聘会等方面均高于第一代农民工，再结合前述的农民工文化教育程度的代际差异，可以认为第二代农民工的人力资本禀赋诱致了这种就业信息获取的代际差异，进而使第二代农民工较快地实现就业，减少就业成本。

表 5-30　川黔渝地区农村劳动力获取就业信息渠道的代际分布情况

就业信息渠道	代 际				合 计	
	第一代农民工		第二代农民工			
	数量（人）	比例（%）	数量（人）	比例（%）	数量（人）	比例（%）
亲戚朋友介绍	531	68.4	857	63.6	1388	65.3
地方政府与劳动部门	70	9.0	109	8.1	179	8.4
网络渠道	31	4.0	97	7.2	128	6.0
劳务中介机构	34	4.4	80	5.9	114	5.4
电视、报纸等媒体	9	1.2	27	2.0	36	1.7
用工招聘会	38	4.9	77	5.7	115	5.4
其他	63	10.1	101	7.5	164	7.7
合　计	776	100.0	1348	100.0	2124	100.0

资料来源：问卷调查数据，2009 年 1~2 月。

第二，拥有较高人力资本禀赋的农村劳动力就业稳定性高，相应的工资收入也高，抵御失业风险能力较强。"一般而言，劳动者素质越高，特别是文化水平和职业技能越高，在城市务工的稳定性也越强。因为那些受教育程度较高的人，能够比别人掌握更多的信息，从而更能经受城市经济社会变化对就业冲击带来的影响。"[①] 在务工行业和职业的选择上，人力资本禀赋较高的农村劳动力有着更多地在城市一级劳动力市场就业的机会；而且，在户籍制度等其他相关制度创新的条件下，人力资本禀赋较高的农村劳动力就可以通过自身的努力在城市一级劳动力市场就业，具有较强的抵御失业风险能力。这样，即使在经济波动时期，受到裁员的往往首先是那些文化程度及劳动技能较低的员工，金融危机影响下的农民工"返乡潮"就是明证。这时，较高的人力资本就成为农民工在城市劳动力市场实现就业及其稳定性的优势，而人力资本禀赋较低的劳动者仍只能在低端职业实现就业且稳定性差。而且，在务工地域的选择上，人力资本禀赋较高的农村劳动力有更大的选择空间，他们在经济相对发达、交通更为方便的城镇实现就业的概率远远高于人力资本禀赋较低的劳动力。

因此，拥有较高人力资本禀赋的农村劳动力具有更多的选择优势，他们可以在不同层次的岗位中进行挑选而实现行业或者产业间的多层面转移就业。所有这些对农民工工资收入也都是有直接影响的，进而也就影响其抵御失业风险的能力。

第三，较高的人力资本禀赋意味着农村劳动力更易于融入城市社会。一般而言，人力资本禀赋较高的农村劳动力拥有更多的知识和阅历，具有较高的开放性和适应性，更容易摒弃传统农村社会中形成的封闭性和保守性，转移到城市后的心理落差较小，对新的生活和工作环境拥有较强的适应能力和应付能力，更能融入城市生活。其典型表现就是人力资本禀赋较高的农村劳动力对城市生活的认可与向往、对市场交易活动与社会经济发展具有很强的应对能力，能够较快地适应城市的规章制度、生活习惯、语言等，这一状况使其与人力资本禀赋较低的农村劳动力相比，转移的欲望更强烈，融入城市生活的速度也更快。因此，实现彻底转移的可能性也较大，这一点尤其体现在第二代农民工的"留城"意愿选择上。

[①] 阙春萍等：《人力资本投资与农村劳动力非农就业转移的理论思考》，《福建农林大学学报》（哲学社会科学版）2009 年第 4 期。

2. 人力资本水平影响农村劳动力转移的速度

人力资本禀赋的高低对农村劳动力转移速度的影响主要表现为农村劳动力转移的巩固率。农村劳动力转移巩固率的高低对转移成本影响较大，通常而言，转移巩固率越高，就越能减少转移者来回奔波、求职等待的时间和次数，降低转移成本，从而提高转移经济效益。一般来说，农村劳动力转移的巩固率与农村劳动力的人力资本水平正相关。拥有较高人力资本禀赋的农村劳动力转移概率大于人力资本水平较低的农村劳动力，这是因为从低生产率、低收入的传统农业部门向高生产率、高工资的现代城市工业部门转移，关键是农村外出劳动力必须具备较高的人力资本，才能满足流入地劳动力市场的需求。[1] 由于人力资本禀赋较高的农村劳动力具有较强的失业风险抵御能力，他们更能适应城市的生产生活方式，实现稳定就业，进而在"城市融入"方面具有可持续性。而人力资本禀赋较低的农民工因缺乏技能而出现找工作难、就业稳定性差等情况，延缓了农村劳动力转移进程和影响"城市融入"的可持续性问题。

就目前情况看，绝大多数农村劳动力外出就业前基本上没有参加过专业性的技能培训。[2] 笔者的问卷调查数据也证明这一点。随着经济发展水平的提高和新兴产业的兴起，缺乏转岗就业技能的农民工就业难度越来越大，相当一部分农民工由于人力资本禀赋较低，缺少从事非农产业所需要的劳动技能，很难真正融入城市，即使暂时能在城市歇息而最后的归宿也是被迫离开城市而"回流"；而具有较高人力资本禀赋的农村劳动力由于接受新知识的能力强，比较容易适应新的工作岗位，对社会资源开发能力、知识的消化吸收能力和创新能力也较强，因而易被新的产业部门认可，从而减少在经济波动时期"回流"现象发生。有研究表明[3]，教育既可影响个人是否可进入非农产业工作，而且也是一个避免被解雇的安全保障，认为受过至少9年义务教育的人极有可能在非农劳动中继续工作，而且不会被解雇。由此可见，人力资本水平的高低对于农村劳动力的城市就业、彻底转移及其转移速度具有直接影响，进而影响其"城市融入"的程度和水平。

---

[1] 何晓琦：《农村劳动力转移与人力资本投资政策》，《中共福建省委党校学报》2004 年第5 期。

[2] 李培林：《农村劳动力——中国进城农村劳动力的经济社会分析》，社会科学出版社，2003，第 8~19 页。

[3] 张林秀等：《经济波动中农户劳动力供给行为研究》，《农业经济问题》2000 年第 3 期。

　　下面，笔者以受调查农民工的文化教育程度与工资收入来进一步分析人力资本水平对农村劳动力转移的影响。从表 5 - 31 可以看出，川黔渝地区农民工工资主要集中在 800 ~ 1400 元之间，约为 1299.44 元。从被调查农民工文化教育程度与工资收入的显著性分析（见表 5 - 32）来看，在 0.05 的显著性水平下，低文化教育程度与高文化教育程度的农民工在工资收入上存在显著性差异，即文盲/半文盲和小学文化教育程度与初中、高中/中专/职高和大专及以上文化教育程度之间存在着显著性差异；而小学和文盲半文盲之间的收入之间没有显著差异，初中、高中/中专/职高和大专及以上之间的收入没有显著差异，这明显不符合人力资本投资的收益原则，这一点还可从图 5 - 5 显示出来。这一分析结果一方面说明农村劳动力文化教育水平提高之后，城市社会和用工企业对高学历（指高中及以上学历）农民工和第二代农民工的工资收入没有形成相应的制度安排，而仍以对待低学历（初中及以下学历）农民工和第一代农民工的那一套管理模式和收入分配机制那样应对农民工教育程度及人力资本禀赋都提高的高学历（指高中及以上学历）农民工和第二代农民工。20 多年来，城市社会对农民工就业环境和管理模式没有"与时俱进"，使高学历农民工工资收入优势并没有显示出来，这也可在一定程度上解释了"民工荒"现象存在的原因；另一方面也反映农村"重应试教育，轻技能培训"的教育模式并没有直接导致教育收益的提高，更凸显加强农民工职业技能培训、加快农村基础教育制度改革的重要性。

表 5 - 31　川黔渝地区 2124 名农民工文化教育程度与月均收入分布

		月均工资收入分布				
		800 元以下	800 ~ 1400 元	1400 ~ 2000 元	2000 元以上	合　计
教育程度	文盲/半文盲	26	67	19	16	128
	小　　学	60	215	74	28	377
	初　　中	109	535	289	90	1023
	高中/中专/职高	50	196	133	50	429
	大专及以上	35	59	41	32	167
合　　计		280	1072	556	216	2124

　　资料来源：问卷调查数据，2009 年 1 ~ 2 月。

表 5 - 32　川黔渝地区农民工教育程度与月均收入的显著性分析

独立变量：月均工资收入

（I） 教育程度	（J） 教育程度	均差值 （I－J）	标准误差	显著性	95% 置信区间	
					低点	高点
文盲/半文盲	小　　学	0.01	0.085	0.909	－ 0.16	0.18
	初　　中	－ 0.16 *	0.078	0.043	－ 0.31	0.00
	高中/中专/职高	－ 0.23 *	0.083	0.006	－ 0.39	－ 0.07
	大专及以上	－ 0.22 *	0.097	0.021	－ 0.41	－ 0.03
小　学	文盲/半文盲	－ 0.01	0.085	0.909	－ 0.18	0.16
	初　　中	－ 0.17 *	0.050	0.001	－ 0.26	－ 0.07
	高中/中专/职高	－ 0.24 *	0.058	0.000	－ 0.36	－ 0.13
	大专及以上	－ 0.23 *	0.077	0.002	－ 0.38	－ 0.08
初　中	文盲/半文盲	0.16 *	0.078	0.043	0.00	0.31
	小　　学	0.17 *	0.050	0.001	0.07	0.26
	高中/中专/职高	－ 0.07	0.048	0.116	－ 0.17	0.02
	大专及以上	－ 0.07	0.069	0.330	－ 0.20	0.07
高中/中专/ 职高	文盲/半文盲	0.23 *	0.083	0.006	0.07	0.39
	小　　学	0.24 *	0.058	0.000	0.13	0.36
	初　　中	0.07	0.048	0.116	－ 0.02	0.17
	大专及以上	0.01	0.075	0.922	－ 0.14	0.16
大专及以上	文盲/半文盲	0.22 *	0.097	0.021	0.03	0.41
	小　　学	0.23 *	0.077	0.002	0.08	0.38
	初　　中	0.07	0.069	0.330	－ 0.07	0.20
	高中/中专/职高	－ 0.01	0.075	0.922	－ 0.16	0.14

注：　*　均差值在 0.05 水平下显著。

　　而且，在年轻劳动力有限供给的新阶段，人力资本水平的提高还可以促进劳动生产率的改善，进而弥补劳动力成本上升带来的竞争优势减弱的状况，延续中国劳动力成本优势。蔡昉等（2009）的研究表明，从总体上看，教育每提高 1 年，劳动生产率就会上升 17%。从教育的阶段性效果上看，随着学历的提高，教育收益表现出先上升（由无学历一直到本科学历）后下降（由本科学历到研究生学历）的趋势。而在前面的分析可以看出，农村劳动力文化程度以初中及以下为主，农村外出劳动力也以初中为主；根据王美艳（2009）以 2005 年 1‰人口抽样调查数

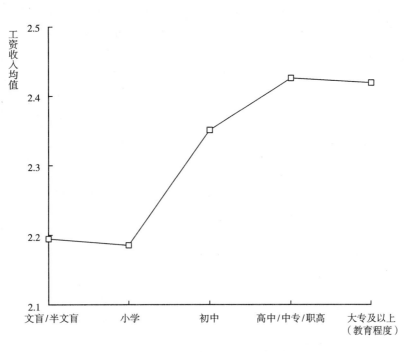

图 5 - 5 川黔渝地区 2124 名农民工月均工资收入均值折线图

据计算结果显示,农村男性劳动力平均受教育年限为 7. 52 年,女性劳动力为 6. 08 年,也就是说,农村男性劳动力接受过不到初中二年级的教育,女性接受的教育略高于小学毕业,这就说明通过教育培训提升人力资本的空间比较大。因此,通过教育培训提升农村劳动力的人力资本水平,能够改善整个社会的劳动生产率。如果将农村劳动力的教育水平普遍提高到高中水平,且改变教育的内容和方式,那么整个社会的劳动生产率将提高 20% 以上,如果再进一步提升的话,社会的劳动生产率将会实现累进提高,事实上也就增强了农村劳动力学习新知识、新技能的能力,降低了转入其他行业的成本,就业范围和就业机会都将变大,农村劳动力转移的速度也会加快。劳动力转移的进展缓慢,固然和制度、体制、城市市民对农民的歧视有关,也与农村劳动者自身的人力资本禀赋息息相关。

3. 人力资本影响农村劳动力转移的职业层次

以受教育程度为主要变量的人力资本直接决定劳动者的工作期望进而影响其就业岗位的差异,是决定农村劳动力转移就业层次的重要因素。人力资本禀赋越高，工作期望也就越高，选择职业层次也高，反之就低。因为具有较高人力资本的农村劳动力比较注重个人才能的发挥和自身价值的实现，在选择职业时关注工作环境、工作条件和发展前途等；人力资本水平较低的农村劳动力更注重经济报酬，在选择职业时较少关注劳动强度、发展前途等。

中国农村劳动力的人力资本状况与其社会经济发展的结构特征呈现某种程度的不一致。整个社会经济正在从一种比较传统的、以大工业特别是以第二产业为特征的社会经济形态，逐步向以知识产业、信息产业、高技术产业或第三产业为主要特征的社会经济形态过渡。农业作为第一产业和传统产业，它对人力资本的要求相对较低；而第二、三产业是与工业化和城市化相伴而生的，大多属于现代经济部门，对人力资本要求较高。由于农村基础教育和职业教育发展相对滞后，受到专门技能训练的农村劳动力比重低，制约了农村劳动力进城后的职业层次，农村劳动力转移往往只能选择在建筑等部门干体力活。

以 2008 年公布的第二次全国农业普查主要数据（见表 5－33）为例，全国有 56.7％的农村外出劳动力在第二产业就业，40.5％的在第三产业就业。由表 5－27 与表 5－16 各个区域的相关数据比较可知，东北地区由于农村劳动力的整体文化程度相对较高，外出劳动力在第二产业就业的比例明显低于其他地区，而在第三产业就业的比例明显高于其他地区，分别为44.2％和51.5％；而西部地区由于农村劳动力的整体文化程度相对较低，外出劳动力在第二产业就业的比例明显高于其他地区，在第三产业就业的比例明显低于其他地区，分别为 58.4％ 和 38.0％，这就说明，文化程度的高低影响和制约了农村外出劳动力的职业层次取向。因此，人力资本影响着农村劳动力转移的职业层次和就业产业结构。

表 5－33　2006 年末农村外出劳动力流向及从业情况

单位：%

外出劳动力产业构成	全　国	东部地区	中部地区	西部地区	东北地区
第一产业	2.8	2.5	2.2	3.6	4.2
第二产业	56.7	55.8	57.1	58.4	44.3
第三产业	40.5	41.7	40.7	38.0	51.5

资料来源：第二次全国农业普查领导小组办公室和国家统计局：《第二次全国农业普查主要数据公报（第五号）》，2008 年 2 月 27 日。

4. 人力资本促进农民工市民化，加深农民工"城市融入"程度

通过前面的分析说明农民工受教育程度高于农村劳动力整体文化程度，那么，农民工的受教育程度也肯定明显高于农村"留守"劳动力的平均教育文化程度，文化教育程度高的农村劳动力更容易进入城镇非农产业就业和发展，也就是说，人力资本有助于推动农村劳动力由"农民"向"农民工"的转变，而由"农民工"向"城市市民"的转变也离不开人力资本的作用，即实现农民工市民化。

如果对农村劳动力的未来期望进行比较，同样可以发现类似的规律，即文化教育程度较高的农村劳动力更愿意选择在本地县城或本省（市）大城市，而文化程度较低的农村劳动力则选择本地所在乡镇或本地农村。如果将这种期望作为农民工城市融入程度的主要衡量标准的话，那么人力资本水平越高，农民工"城市融入"程度也就越高。笔者的调查数据（见表5-34）也基本上反映了上述规律，即小学及以下教育程度大多数选择在本地农村、本地乡镇和本地县城；初中教育程度选择县城的比例最高；高中及相应教育程度选择本省（市）大城市和其他省（市）大城市的较高，两者占半数以上；大专及以上教育程度的选择与高中相似，只是比例更高，占60%以上；而且农民工的教育程度与培训需求在95%水平下具有显著的相关关系，与未来工作打算、将来定居意愿在99%水平下具有显著的相关关系（见表5-35），这实际上就说明了人力资本水平在农民工市民化和"城市融入"方面具有一定的影响作用。

农村劳动力能否实现市民化的关键在于自身的人力资本状况。"进城农民的整体素质是取得市民资格的重要条件，决定着由农民向市民转化的成功率。整体素质高的农民，进城后一方面容易获得较多的就业机会，容易取得相对稳定的职业和收入；另一方面又容易融入城市，培育市民观念，承担市民义务，得到市民认同。"[①] 而社会的现实情况是，由"农民工"向"城市市民"转化的速度很慢并且规模很小，这除了社会经济条件、城市公共服务体系及其相关制度安排等限制性因素外，农村劳动力自身文化程度、劳动技能、思想观念等人力资本因素也已成为影响他们向市民转化的重要障碍。

[①] 滕建华：《农村人力资本投资于农村劳动力流动的相关性分析》，《农业技术经济》2004年第4期。

表5-34 川黔渝地区2124名不同教育程度的农民工转移地点选择意愿

单位：人，%

		转移地点选择意愿					
		本地农村	本地所在乡镇	本地县城	本省（市）大城市	其他省（市）大城市	合　计
教育程度	文盲/半文盲	38	31	26	19	10	124
	小　学	102	91	83	65	35	376
	初　中	182	203	311	170	149	1015
	高中/中专/职高	42	63	99	129	93	426
	大专及以上	9	24	29	53	51	166
	合　计	373	412	548	436	338	2107
	文盲/半文盲	30.6	25.0	21.0	15.3	8.1	100.0
	小　学	27.1	24.2	22.1	17.3	9.3	100.0
	初　中	17.9	20.0	30.6	16.7	14.7	100.0
	高中/中专/职高	9.9	14.8	23.2	30.3	21.8	100.0
	大专及以上	5.4	14.5	17.5	31.9	30.7	100.0
	合　计	17.7	19.6	26.0	20.7	16.0	100.0

资料来源：问卷调查数据（有17人未选），2009年1~2月。

表5-35 农民工教育程度、培训需求、未来工作打算与
定居意愿的简单相关系数矩阵

		教育程度	培训需求	将来工作打算	未来定居意愿
教育程度	皮尔森相关系数	1	0.054 *	0.068 * *	0.070 * *
	显著性（双尾）		0.014	0.002	0.001
	样本量	2124	2109	2105	2107
培训需求	皮尔森相关系数	0.054 *	1	0.072 * *	0.090 * *
	显著性（双尾）	0.014		0.001	0.000
	样本量	2109	2109	2100	2102
将来工作打算	皮尔森相关系数	0.068 * *	0.072 * *	1	0.078 * *
	显著性（双尾）	0.002	0.001		0.000
	样本量	2105	2100	2105	2103
未来定居意愿	皮尔森相关系数	0.070 * *	0.090 * *	0.078 * *	1
	显著性（双尾）	0.001	0.000	0.000	
	样本量	2107	2102	2103	2107

注：* 相关性在0.05水平下显著（双尾）。
　　* * 相关性在0.01水平下显著（双尾）。

　　因此，较高的人力资本水平能够提高农村劳动力向"城市市民"转化的机会，尽快使其从"农民工"转为"城市市民"，进而推动人口城市化和社会现代化的进程。只有大力提升农民工的人力资本水平，即通过提升人力资本使他们增强自身的竞争能力，容易取得相对稳定的职业和收入，扩大知识面，善于接受新生事物，思想观念上易于放弃传统的农村生产生活方式，较快适应城市生活方式，更快地融入城市生活，深化"城市融入"程度。

（二）农村劳动力转移（"城市融入"）对人力资本形成的作用

1. 农村劳动力转移对人力资本形成的集聚效应

　　根据人力资本理论的基本观点，劳动力迁移本身是人力资本投资的一种途径。绝大多数农村劳动力的流动转移主要以收入预期为基础，在劳动力转移过程中不仅增加了个人的收入，还增加了个人的工作经历、获得相关信息和技能等，这些是人力资本投资与积累的过程。也就是说，农村劳动力转移及其"城市融入"对提升人力资本也起着一种集聚作用。

　　加大人力资本投资能促进农村劳动力综合素质的提高，有利于农村劳动力转移就业和"城市融入"；而在农村劳动力转移和"城市融入"过程中，劳动者通过"干中学"和职业技能培训积累了知识和经验，使自身的综合素质得以提高，从而又提升了人力资本水平。人力资本为农村劳动力转移提供了基础，推动着农村劳动力转移和"城市融入"；而劳动者转移后由于提高了劳动能力、优化了人力资本配置、调动了工作积极性和创造性，同样也就增加了人力资本存量，提高了人力资本效率。因此，农村劳动力转移与人力资本提升是一种相互促进的互利关系，协调好两者的关系，不仅有利于农村劳动力顺利转移，同时也对城乡人力资本存量的提升和城乡经济发展产生着积极的作用。

　　农村土地流转制度和农村金融制度为农户积累了一定的资金和提供了获取金融支持的便利，使农村劳动力的金融资源大大增加，从而为农户及农村劳动力转移突破金融抑制创造了条件，进而为农村外出劳动力提升其人力资本创造了金融条件。"劳动力转移本身也增加了农村及城市的人力资本存量，促进农村庞大的人力资源优势转化为人力资本优势的形成过程，把在某种程度上类似低档物品的'劣质'劳动转化为稀缺要素，利于中国经济持续增长。"[①] 这说明农村劳动力转移和农村人力资本投资二者

---

① 王志祥：《劳动力转移、人力资本投资与新农村建设》，《中国集体经济》2007 年第 1 期。

都具有正外部性，这一正外部性决定城市政府、企业组织及用工部门在劳动力转移与人力资本方面投资的动力。同时，农村劳动力转移及农村人力资本提升后的收益直接为农村劳动力本人及农户所有，农村劳动力本人及农户也具有进行人力资本投资的积极性和主动性。事实上，农村劳动力转移与农村人力资本投资往往是农户家庭的理性决策行为的结果。

2. 农村劳动力流动对人力资本形成的示范效应

首先，农村劳动力外出就业并不是一个单向的过程，与外出就业随之而来的是资本回流，既包括物质资本即汇款大量流入农村，也包括人力资本回流，即在外流动的农民工形成回乡创业群体，这种物质资本回流和人力资本回流促进了农村人力资本投资，推动农村社会经济发展。尽管回乡投资并不是回流的主体，但由于农民工基数庞大，回乡创业者的总数仍不容忽视。许多农民工返回农村，把务工的积蓄、熟练的技能和市场阅历用于经营特色农业，创办乡镇企业和商业，吸纳了相当数量的农村劳动力。

其次，人力资本水平高、流动性强的农村劳动力在先期转移后，对其他农村劳动者有一定的示范效应，这种效应还带来农村价值观的转变，外出劳动力成为传播先进文化和现代城市文明的重要渠道，对于农村制度变迁有着重要的现实意义。这主要表现在人力资本禀赋高的劳动者凭借丰富的经验成为先行者，带动许多农村劳动者形成集体转移模式。从近年来的情况看，农村劳动力向城市转移，已不是劳动力流动初期劳动者单纯追求个人收益最大化的阶段，更多地表现为追求在城市扩大视野、增长见识、掌握技术等人力资力积累，这在第二代农民工身上表现得更为明显。通过城市的"扩散效应"，这些农民工回乡也能为农村经济发展起重要的促进作用。事实上，农村劳动力外出务工的主要社会依托是传统的社会网络，半数以上的农民工是在亲友村邻的介绍、带动下进城找工作的。甚至从某种程度上可以说，是外出劳动力激活了农村人力资源市场。

通过本节的分析，可以看到教育培训制度、人力资本积累与农村劳动力转移之间通过相关制度创新能够形成良性的互动关系（见图5-6）。

也就是说，教育培训制度影响人力资本的总量与结构，而人力资本又影响农村劳动力转移的规模、速度和层次。当转移的农村劳动力能够满足社会劳动力需求时，劳动力资源就会由此而得到充分有效的利用，经济就会得以增长。经济的发展使政府拥有更多的经济资源来不断增加教育培训投资。教育培训投资的增加又会不断提升人力资本、完善人力资本结构，

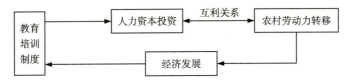

图 5 - 6　教育培训制度、人力资本投资与农村劳动力转移的关系

进而促进农村劳动力转移，最终实现教育培训投资、人力资本增加、劳动力充分利用的良性互动。

第五节　本章小结

　　"城市融入"层次主要解决农村劳动力身份转变及其扎根城市的问题，这对于人口城市化进程来说无疑具有重要的现实意义。本章主要分析农村劳动力 "城市融入" 制度障碍的 4 个制度变量，着重分析这 4 个制度变量如何与农村劳动力 "城市融入" 的三个层面紧密相连，探讨各个制度变量与农村劳动力 "城市融入" 的关系。通过分析，可以得出如下结论：

　　第一，户籍制度主要涉及农村劳动力 "城市融入" 的角色身份问题。我国户籍制度是在计划经济时代为推行重工业优先发展的赶超型战略而建立起来的，也是当时的经济发展战略和控制城乡劳动力迁移流动的二元结构所决定的。根据对劳动力迁移流动限制的松紧程度，可分为三个阶段，即劳动力自由迁移流动阶段（1949～1957 年）、劳动力迁移流动控制阶段（1958～1978 年）、劳动力迁移流动逐步放松阶段（1978 年至今）。在所有阻碍劳动力迁移流动的因素中，尚未根本改革的户籍制度是最为基本的制度约束，是妨碍城乡劳动力市场发育的制度根源，是造成农村劳动力难以实现 "城市融入" 的主要制度障碍。因此，户籍制度改革的目标应是建立与社会主义市场经济体制相适应的城乡一体化的户籍制度，实现公民迁徙和居住的平等自由、城乡之间实现双向自由流动、区域之间实现资源优化配置，使农民工能够通过制度推动和自身努力实现 "城市融入"，享受城市现代生活方式。

　　第二，劳动力市场制度主要解决农村劳动力 "城市融入" 的经济收入问题。由于城镇劳动力和农村劳动力在城市劳动力市场上是补充关系，各自处于不同的劳动就业部门和职业层次，形成了基于户籍身份的城市二元劳动力市场。农村外出劳动力非正规就业主要是在二级劳动力市场实现就业，使其劳动权益保护没有保障，在工资收入和劳动权益两个方面表现为明显的差异。从城市劳动力供求均衡分析来看，农村劳动力进城就业在短期内的确会对城市劳动力就业造成一定的冲击，但从长期来看，劳动力低成本引起的规模效应以及社会财富在更广范围分配之后的需求刺激，均会拉动城市劳动力就业机会的增加，相应也增加了二级劳动力市场的就业机会；而且，农村劳动力进城非农就业之后，劳动力供给已经接近 E2 点，年轻劳动力有限供给的新阶段已经到来，劳动力成本开始上升，已经进入了加快劳动力市场制度建设、推动和实现农村劳动力"城市融入"和农民工市民化的关键时期。这就决定了中国城乡劳动力市场一体化建设首先要健全城镇劳动力市场制度，尽可能缩小不同市场间的劳动力市场制度差异，这是一个劳动力资源配置的创新过程，即改革传统的劳动力资源配置制度，健全城乡平等的劳动力市场制度；其次，消除劳动力在不同劳动力市场间流动的障碍，促进劳动力的自由流动，即消除农村劳动力城乡流动的制度障碍；最后，实现劳动力资源在各个劳动力市场间的统一配置，形成同质劳动力的统一工资率，这也是实现城乡劳动力资源统一配置的过程。

第三，社会保障制度主要解决农村劳动力"城市融入"的社会根基问题，是农村劳动力永久性留在城市的安全屏障。社会保障制度是影响农民工"留城"过程的重要因素，是农民工城市立足之"根"，是其在城市工作生活的"安全网"和"稳定阀"。农民工对社会保障制度的强烈需求是决定社会保障制度创新的主要因素，在一定程度上决定了城乡社会保障制度变迁的社会基础和潜在动力。因此，近期来看，主要是建立健全服务于农民工群体的社会保障制度体系，使农民工社会保障制度进可衔接"城保"，退可纳入"农保"，然后通过国家经济实力和政府财力的不断提升，"农保"也逐渐纳入"城保"之中，进而实现一元社会保障模式的最终目标，这就决定了社会保障制度创新的路径选择，即通过健全农村社会保障体系和完善城市社会保障体系，逐步实现全国范围内城乡基本社会保障制度统筹发展，最终实现城乡基本社会保障制度一体化，使社会保障制度成为现代社会公民享有的一项基本制度保障，这也符合社会保障制度演变从城市延伸到农村的基本规律。这一规律是经济发展到一定程度、具备一定社会经济政治条件后的结果，是工业化发展进入成熟阶段、工业剩余反哺农业的产物。

第四，教育培训制度主要涉及推动农村劳动力城市就业和增强其城市融入的可持续性问题。教育培训制度作为人力资本投资的主要构成部分，决定着农村人力资本形成，进而影响着农村人力资本禀赋的丰裕程度。教育培训制度通过人力资本形成对农村劳动力"城市融入"具有直接的决定性作用，这主要源于人力资本水平影响农村劳动力转移的可能性大小、转移速度及其职业层次，能促进农民工市民化、加深农民工城市融入程度；而农村劳动力转移及其"城市融入"对提升人力资本也起着一定的集聚效应和示范效应。可见，教育培训制度、人力资本积累与农村劳动力转移之间通过相关制度创新能够形成良性的互动关系；换句话说，教育培训制度影响人力资本的总量与结构，而人力资本又影响农村劳动力转移的规模、速度和层次。因此，教育培训制度创新的立足点在于构建农民工职业培训体系，完善农村基础教育体系，通过教育培训制度改革逐步推动教育培训资源的城乡均衡配置，实现城乡教育培训制度一体化，进而提高农村劳动力的人力资本水平和推动农村劳动力资源的充分利用。

综合以上结论，笔者认为，户籍制度创新决定了农村劳动力"农村转出"之后能否进得了城，即它是"城市融入"的基础条件；社会保障制度创新是农村劳动力进城之后能否"留得下"的现实问题，是农村劳动力永久性留在城市的安全保障；劳动力市场制度是农村劳动力进城之后能否"留得住"的关键问题；教育培训制度则是农村劳动力进城之后能否"过得更好"的主要问题。

第六章
新阶段农村劳动力转移制度
创新的理论模型分析

"人类制度和人类性格的一些已有的与正在取得的进步，可以概括地认为是出于最能适应的一些思想习惯的自然淘汰，是个人对环境的强制适应过程，而这种环境是随着社会的发展、随着人类赖以生存的制度的不断变化而逐渐变化的。"（Thorstein B. Veblen，1899）制度创新理论同样遵循这一发展规律。通过前面对农村劳动力转移相关制度障碍层次的分析，可以看到它们之间的相互关系，这为本章理论模型构建奠定了前期的研究基础。理论来源于实践，是实践经验的总结，又高于实践。笔者将按照这一思路来安排本章的框架结构，分析新阶段农村劳动力转移的制度创新理论及其理论模型，以此作为本书理论的核心内容。

第一节　新阶段农村劳动力转移制度
创新的两个基本前提

一　农村劳动力转移制度创新的基本前提之一：维护国家粮食安全

农业是国民经济的基础和社会稳定的保障，也是经济发展和历史前进的原动力。"无粮不稳"是千百年来一个颠扑不破的真理，也说明了粮食问题的重要性。粮食作为一种重要的战略物资，是关系经济安全和国计民生的重要商品，和石油一样，其安全自给问题是影响经济社会发展全局的重大战略性问题，这在当前复杂多变的国际形势和加快农村劳动力转移的现实背景下尤为如此。正如前述，中国农村年轻劳动力供给逐步减少，再加上人口城市化进程中的农村劳动力流动转移和"留城"，理论上和事实上必将造成农业从业人员尤其是农村青壮年劳动力的减少，这不利于提高农业劳动生产率和发展现代农业。笔者认为，在消除农村劳动力转移制度障碍、推动农村劳动力转移制度创新的同时，必须确保中国的粮食安全，这是农村劳动力转移制度创新的基本前提或必要条件之一，也是与农村劳动力转移过程紧密相关的重要方面，否则一切劳动力转移均无意义。

（一）中国农村劳动力转移与粮食安全的关系

中国人口规模庞大导致中国粮食问题的特殊性，决定了中国粮食供给系统的封闭性，必须依靠国内自身的农业生产实现粮食安全自给，这是中国 13 亿多人口的特殊国情以及复杂多变的国际环境决定的。新阶段农村劳动力转移过程中的粮食安全保障面临着诸多挑战。

首先，人口城镇化导致耕地总面积在减少，而且这种减少的趋势并没有得到有效遏制，弱化了粮食安全的土地基础。人口城镇化实质上是人口再分布过程，是经济发展本身产生的一个自然结果，是社会发展和文明进步的标志。由于中国特殊的地理位置使有效土地资源的地区差异明显，耕地质量地区分布存在严重的不平衡性，东部耕地质量明显优于中部和西部。虽然国家实行了最严格的耕地保护制度和耕地占补平衡策略，但由于人口城镇化建设引起的土地需求因素，耕地面积减少将是一个不可避免的长期趋势，这种趋势只能减缓却不能遏制，特别是在中国正处于人口城镇化的加速发展时期更是如此。然而，耕地净减少最快的也是耕地质量较好的东部地区。从耕地面积变化的空间分布上来看，耕地条件较好的省区减少耕地的数量更多，耕地净减少最快的是广东、浙江、江苏、山东、北京、天津及辽宁等沿海省份和湖北、湖南、四川等中西部省份；耕地净增加省区都是土地条件相对较差的如内蒙古、黑龙江、新疆等。[①] 而且，随着城市人口的自然增加、经济的持续发展、工业乃至基础设施建设都需要大量建设用地，占用耕地将不可避免。另外，农村劳动力向城市转移、未来农村人口数量降低将导致农村人口的总体粮食需求减少，未来我国粮食需求的增长将主要来自城镇人口的增长，城镇化水平的提高将成为粮食需

① 张永恩等：《城镇化过程中的中国粮食安全形势和对策》，《农业现代化研究》2009 年第 3 期。

求增长的主导因素。因此，需要在推动农村劳动力转移制度创新的同时确保自身的粮食安全。

其次，农村劳动力迁移流动引起农村土地耕作粗放化，影响了粮食生产的稳定性。农村劳动力迁移流动在一定程度上弱化了粮食生产的人力和物力基础，导致农村土地耕作粗放化。在一些经济发达的地区和外出劳动力较多的欠发达地区，农村劳动力大规模迁移流动使农业从业劳动力素质显著下降，许多地方务农的已不再是青壮年劳动力，而是一些所谓的"386199部队"，对农业生产造成许多不利影响，而且农村劳动力迁移流动过程本身也是农村人力资本流失的过程，这种流失将影响农业劳动生产率的提高和农业科技耕作水平的进步。一些农村劳动力流出家庭将土地转包或找人暂时耕种，这些接包户或暂耕户往往会对接包或暂耕土地采取短期化、掠夺性经营，种田管理趋于粗放化、简单化，很难把一些高效的栽培管理技术全部落实到位，这不仅不利于粮食生产的稳定高产，同时这种农业粮食生产不注重规模效用的发挥，不能适时采取规模经营的方式，不能实现资源的最优配置和最佳组合。此外，大量农村青壮年劳动力外出，使一些地方的农田水利等农业基础设施建设缺乏基本的劳动力，弱化了农业生产长期稳定的基础。

再次，由于农村土地流转制度有待建立健全，农村劳动力迁移流动导致大量的弃耕抛荒现象发生，成为威胁中国粮食安全最危险的因素。前述的农村劳动力迁移流动引起的农村土地耕作粗放化，除了农民的土地保障意识及其对农地的浓厚感情等传统因素之外，主要是由于农村土地流转制度缺陷导致的农村土地弃耕抛荒现象，尤其是在经济发展较快的珠三角和长三角地区，这些地区也是粮食主销区。土地抛荒是这些主销区粮食无法自给的主要因素，这将直接导致粮食产量的减少，在某种程度上也降低了农业劳动生产率水平。虽然近几年来，中国粮食总产量稳定增长，国际粮价的波动对我国没有明显的影响，但是，一旦中国粮食总产量有任何波动，那么这种影响将是根本性的。因此，完善农业粮食生产条件，不但需要坚持18亿亩的土地"红线"，还要改善土地生产的制度条件和技术条件。

通过以上分析可见，当前中国粮食安全面临着严峻的挑战，需要在实现农村劳动力转移制度创新的同时，构建保障中国粮食安全的长效机制，确保粮食安全。这种粮食安全是动态的，不仅是满足当前人们生活水平需要的粮食安全,而且还要满足城镇人口增长及人们生活水平提高后的粮食需求,进而推动中国现代化进程。

(二)进一步完善中国粮食安全的长效机制

通过对中国粮食安全问题的认识,结合《中共中央关于制定国民经济和社会发展第十二个五年规划的建议》提出的"把保障国家粮食安全作为首要目标,加快转变农业发展方式,提高农业综合生产能力、抗风险能力、市场竞争能力",笔者认为,可以通过中央实施新农村建设的制度安排来探讨确保中国粮食安全的长效机制,这其中主要包括完善农村土地流转制度、加大农业基础设施的财政投入机制、构建农业从业人口的素质提升机制、加快农业产业化机制和优化粮食生产的外部环境,从而发展现代农业和实现中国粮食安全。

1. 加大农业投入的财政支持力度,完善农业基础设施

农业基础设施是现代农业发展的支撑条件。2009 年底和 2010 年初,西南五省市持续干旱,导致数千万人饮水困难和数千亩农作物产量受灾,西南局部地区米价上扬的报道见诸报端,历史罕见的特大干旱影响着这些地区的粮食安全,进而影响全国范围内某些粮食种类的有效供应。2011 年夏秋,南方部分省区持续的干旱造成部分农村地区人畜饮水困难、土地耕作物绝收,影响也较为深远。尽管持续干旱的原因有全球气候异常、降水量持续偏少和温度持续偏高等因素,但不可否认的是,长期以来城市偏向的财政资金投入机制与农业水利基础设施投入不足之间不无关系。事实上,西南地区并非中国水资源缺乏的地区,而是水资源最为丰富的地区,这些特大干旱凸显了水利投入的历史欠账,因为农村缺水主要是"工程性缺水",这与财政投入主要是针对大中型水库有关。西南地区大多数是岩溶地区,由于地理地貌条件限制不易于修建大型水库,导致农业水利基础设施落后,缺少抗旱骨干工程,已有的水利工程抗旱保障率低,一些水利工程长期处于病险状态,缺少及时恢复修建,这就凸显了加大农业财政投入力度的重要性。

因此,要确保粮食安全的可持续性,首先需要加大农业财政投入力度,完善农业基础设施保障机制。主要表现为:探索建立财政投入资金在以水利为重点的农业基础设施建设中的主导作用,通过市场机制形成以政府投入为主体、多方投入的农业基础设施建设资金保障体制,同时建立以有偿使用为原则的农村基础设施市场化管理运营机制;提高对农业投入的财政支出比重，增加对农民粮食种植的投入和利益补偿，特别是要稳定粮食价格，保证粮食生产充足的资金来源和各种要素投入的增加；加大政府对农业政策性补贴的力度，如采取价格支持政策、减免税收、建立农业保险等，完善涉农金融机构为农业提供信贷支持的体制；因地制宜地引导不同地区农业结构的调整方向，有针对性地加大粮食主产区的粮食种植投入与补贴力度，通过更加积极的调控手段，真正引导粮食主产区的农业大户种植粮食；加大粮食科技投入，建立以政府为主导的多元化农业科技投入体系，为培育新型农业粮食品种和推广优质农业粮食产品创造条件。这样，通过加大农业投入，使从事农业的农村劳动力可以获得较高的农业收入，稳定这部分农村劳动力从事农业的积极性，稳定粮食生产。

2. 构建农业从业人口的素质提升机制，稳定农业生产人才

保障中国粮食安全、发展现代农业和实现土地规模经营，需要一定的人力资本作为支撑和保证，这是促进农村劳动力转移之后农业从业人员增收需要具备的人力条件，这样才能稳定农业生产和培育农村乡土人才。因此，需要构建农业从业人员的素质提升机制。这种机制主要表现在：在加强农村基础教育的素质教育的同时，还需要在中等教育阶段适当开设一定的农业技能课程和科技种植课程；利用因农村适龄儿童减少而闲置的校舍资源创办农民学校，建设农村人口文化大院和农家书屋，成为农业从业人员再教育和继续培训的主要场所；通过政府财政投入免费甚至财政补贴的途径发展农村远程教育，加快农业技术推广的培训力度；加快农业生产的市场化、信息化和专业化建设，通过农业技术推广和农村市场流动，培育懂知识、懂市场、懂生产、懂技术的新型农民，从而为提高农业从业人员收入水平创造条件。

3. 加快发展现代农业，推动农业产业化进程，提高农业的边际生产率

发展现代农业，加快农业产业化经营仅仅依靠经济杠杆调动农村劳动力种粮积极性的刺激作用有限，还需要通过农村劳动力转移来减少隐性失业的农村劳动力，为土地集约化经营和农业产业化发展创造基本的人口条件。因此，要加快农业产业化，除了通过相关的制度创新来推动农村劳动力转移之外，还必须建立相应的保障粮食生产和农业收益的长效机制，通过土地规模经营和农业产业化提高农业就业人口的收入水平，最终实现农业边际生产率与非农就业人口实际收入水平的差距逐步缩小，这也成为农村从业人员人力资本提高之后的必然要求。主要表现为：严格执行基本农田保护的国策，引导土地向优质粮食作物和科技粮食作物流转；积极开展农户宅基地和自留地的整治工作，积极探索农户集中居住的农村城镇化模式，完善农村集居地的基础设施和公共服务，提供人口容纳度和资源承载力，进而提高农村宅基地和自留地的返耕水平和利用效率；用市场的力量，引导和调整农业生产的种植结构，提高种植效率，引导农民提升粮食生产水平；通过农业科技投入开发和培育农业新品种，提高单位土地的粮食产量；要尊重和保护农民的土地产权和经营自主权，用示范试点的方法，引导农民发展现代农业和有机农业；发展生态农业，探索具有区域特色的生态农业模式，建立农村循环经济体系，促进农业绿色发展生态富民，实现经济、社会、生态效益的统一；积极发展农产品就地初级加工，增加农业从业人员的预期收入等。

4. 健全农业粮食生产的服务体系，优化粮食生产的外部环境

保障中国粮食安全还需要优化粮食生产的外部环境，这是保障农业产业发展和农民利益的需要。主要表现在：完善有效的粮食市场管理制度，约束中间商的购销行为，规范粮食交易市场，形成有序竞争的粮食流通市场；构建粮食现代物流体系，加强对粮食产销衔接的支持；健全和完善粮食安全预警体系；大力扶持、培育和支持促进农业产业化发展的龙头企业，鼓励粮食生产的龙头企业积极参与市场竞争，树立品牌意识，守法经营管理，在粮食市场中发挥示范带头作用；构建完整的农业社会化服务体系，提高粮食生产的社会化服务水平；金融机构尤其是县以下的各类涉农金融机构要开展农户小额贷款和为农业经营大户授信，提供"灵活、便捷、及时"的金融服务和资金支持。

二　农村劳动力转移制度创新的基本前提之二：城乡基本公共服务均等化

由于城市偏向的发展战略形成了城乡二元体制，使农村基本公共服务供给明显不足。改革开放以来，农村劳动力城乡流动并没有使城乡差距得以缩小，城乡差距经过改革之初的短暂缩小之后不断扩大，这种不断扩大的城乡差距已经影响到城乡经济社会的协调发展。这种城乡差距不仅表现在经济发展水平和居民收入水平上，更反映在政府提供的公共医疗、义务教育、资源配置等基本公共服务上。城乡基本公共服务供给的严重失衡，已成为新阶段城乡统筹发展的焦点，而基本公共服务均等化有利于推动农村劳动力转移的制度创新。因此，把城乡基本公共服务均等化作为农村劳动力转移制度创新的基本前提或必要条件，是基于二者相互关系的角度考虑的。

目前，中国人口总和生育率降至更替水平，人口处于惯性增长，而且农村劳动力流动转移改变着城乡人口再分布，城乡人口规模即将在"十二五"期间发生"倒置"，即生产生活于城市的人口将逐渐超过农村人口，这就为推行城乡基本公共服务均等化创造了一定的人口条件，让农村人口享受基本公共服务同样也成为城乡一体化发展的必然选择。

（一）中国基本公共服务的内容及其均等化

所谓基本公共服务是指政府为了回应社会基本公共服务需求，为了维护国家经济社会的稳定，保护公民基本的生存权与发展权，以公平正义为价值取向，运用手中所掌握的公共资源为社会所提供的产品和服务的总称。关于均等化，可以理解为是一种理念与目标追求，它是一个使受益者均质、同等受益的动态过程，也是最终分配的结果。

党的十六大以来，党中央、国务院对逐步实现城乡基本公共服务均等化等重大民生问题非常重视，自 2006 年全国人大通过的"十一五"规划纲要提出"逐步推进基本公共服务均等化"以来，在党和国家的重要文献中多次强调逐步实现基本公共服务均等化的重要性，如 2008 年的十七届三中全会通过的决定首次提出了"城乡基本公共服务均等化"的目标；2010 年《中共中央关于制定国民经济和社会发展第十二个五年规划的建议》提出"着力保障和改善民生，必须逐步完善符合国情、比较完整、覆盖城乡、可持续的基本公共服务体系，提高政府保障能力，推进基本公共服务均等化"。这些政策文件为逐步实现城乡基本公共服务均等化提供了坚实的制度条件和政策保障，而且也是弥补市场公共品"供给失灵"的重要安排，不过这些基本公共服务均等化的发展思路主要是从公共财政转移支付的角度提出的，正如前面说的，侧重于"均等化"，而对于基本公共服务的内容没有明确的说明或界定。

中国基本公共服务的内容是随着经济社会的发展和人民生活水平的日益提高而提出来的。改革开放 30 余年来，尤其是进入 21 世纪以来，城乡社会对基本公共服务的需求呈全面增长态势，但由于国内经济发展和社会发展不够协调、区域和城乡发展不平衡，这已经成为全面建设小康社会、促进社会协调发展的制约因素。按照中国现阶段确定的基本公共服务内容的原则以及基本公共服务本身的性质，笔者认为，中国目前实现基本公共服务的内容主要包括：一是关系到基本生存权的"基本民生性服务"，主要包括就业服务和基本社会保障等；二是关系到基本能力基础性发展权的"公共事业性服务"，主要包括义务教育、公共卫生和基本医疗、公共文化等；三是关系到基本能力可持续性的"基础环境性服务"，主要指公益性基础设施和生态环境保护等；四是关系到基本能力保障权的"公共安全性服务"，主要包括生产安全、消费安全、社会安全和国防安全等。

（二）中国城乡基本公共服务均等化与农村劳动力转移制度创新的关系分析

通过对中国基本公共服务内容及其均等化的分析可以看出，农村劳动力转移制度创新与其有着一定的必然联系，尤其是在城乡基本公共服务方面更是如此。本书从基本公共服务内容的视角来探讨中国城乡基本服务均等化与农村劳动力转移制度创新之间的关系。

1. 基本民生性公共服务和公共事业性公共服务与农村劳动力转移制度创新的关系

从前面基本公共服务内容可以看出，基本民生性公共服务和公共事业性公共服务包含的内容分别涉及农村劳动力转移的以下制度障碍：与就业服务相关的劳动力市场制度，与基本社会保险和基本医疗相关的社会保障制度，与义务教育相关的教育培训制度。如果能够在这两方面的公共服务实现城乡均等化，那么，农村劳动力转移的制度障碍将会得到有效缓解，将有助于劳动力的乡城流动和农民工市民化进程。而且，这三项制度障碍的创新目标最终都是实现城乡一体化，这无疑也与城乡公共服务均等化有着"殊途同归"之处。应该说，基本民生性公共服务和公共事业性公共服务与农村劳动力转移制度创新的关系是一种互利发展的关系。

2. 基础环境性公共服务与农村劳动力转移制度创新的关系

基础环境性公共服务所涉及的内容大多是公益性基础设施和环境保护方面的内容，与农村劳动力转移关系较为密切的是公益性基础设施，这就涉及农村劳动力转移的户籍制度、农村土地制度和金融制度等方面的制度障碍，虽然说这三方面的制度障碍不完全是基础环境性公共服务的内容，但是基础环境性公共服务的城乡均等化无疑有助于推动和促进这三方面的制度创新，而且这三项制度的创新还有助于实现基础环境性公共服务的城乡均等化。因此，二者之间是相互促进、相互推动的关系。

3. 公共安全性服务与农村劳动力转移制度创新的关系

包括生产安全在内的公共安全性服务城乡均等化有利于维护农村劳动力劳动权益，改善农民工的就业条件和就业环境，从而有利于推动农村劳动力转移。虽然说公共安全性服务与农村劳动力转移制度创新之间的联系并不如前面两点那样紧密，但公共安全的城乡均等化有利于农村劳动力转移之后的"城市融入"，并能提高其城市社会生活的融合程度。

据此，笔者认为，城乡基本公共服务均等化有利于农村劳动力转移的制度创新，有利于降低农村劳动力转移制度创新的供给成本；而农村劳动力转移的制度创新则有助于降低城乡基本公共服务均等化的推进难度，推动城乡基本公共服务均等化进程。农村劳动力转移是一种特殊的资源配置活动，历史经验证明，不论是先发国家还是后发国家，在农村劳动力转移过程中，都需要政府发挥其公共服务的功能。从这一角度来说，推动农村劳动力转移制度创新是城乡基本公共服务均等化的主要任务之一，城乡基本公共服务均等化是促进农村劳动力转移制度创新的有效手段。因此，从总体上看，城乡基本公共服务均等化与农村劳动力转移制度创新之间是一种互利共赢的关系。具体来说，通过制度创新推动农村劳动力转移进程，有助于推动城乡基本公共服务均等化水平。这主要表现在：第一，农村劳动力转移能够提高农村基本公共服务的平均水平。农村基本公共服务总量本来不高，加上庞大的农村人口基数，农村基本公共服务的平均水平过低也是事实。随着大量农村劳动力转移到城市，将大大平抑城乡基本公共服务的平均水平。第二，农村劳动力转移既提高了农民收入水平，同时又将给外出农民带来观念、生活和文化等方面的改变，将促使农民在基本公共服务方面的需求发生根本性改变。第三，农民支付能力得到大幅提高后，将促进新农村建设，也将带动农村基本公共服务发展，从而缩小城乡之间的差距。就当前中国而言，推行城乡基本公共服务均等化的关键在于制度创新，重点在于通过新农村建设推动农村的基本公共服务建设，逐步使城乡居民逐步享受基本的公共服务保障。

实现基本公共服务均等化，是适应改革发展新形势的需要，是协调重大利益关系、推进公共资源分配制度改革的重要途径，可以平衡城乡之间、区域之间、不同社会群体之间发展的非均衡状态，缓解社会领域的种种矛盾和问题。而实现基本公共服务均等化，关键在于制度安排与制度创新，尤其是公共财政制度、收入分配制度、城乡协调发展制度和公共服务型政府制度。这其中的关键是公共服务型政府制度，这涉及基本公共服务供给的政府责任问题；而核心是城乡协调发展制度，原因在于基本公共服务均等化最突出的问题是机会不均等，尤其是城乡分割体制使广大农民和进城农民工没有享受到应有的"国民待遇"，例如，在就业、教育、医疗、社保等基本公共服务方面，城乡之间存在巨大的落差。即使是已经进入城市的农民工依然存在身份问题，不仅工资低，而且还没有社会保障，加之僵化的户籍制度等，严重影响了劳动力在城乡之间的合理流动，这种对"人"的分割是一种深层的不均等。① 这就需要加快农村劳动力转移进程，加快建立有利于改变城乡二元结构的体制，最终建立健全覆盖城乡的公共服务体系。

实现城乡基本公共服务均等化，归根结底是在城乡居民之间合理配置公共资源，以提高社会总体的福利水平，涉及公平与效率的权衡问题。因此，实现基本公共服务均等化的制度创新就需要围绕上述四项制度来形成互为体系的创新体系，其具体创新路径要依制度创新主体的不同而采取不同的路径模式。由此可见，实现基本公共服务均等化是一个渐进的过程，考虑到目前城乡公共服务的现实差距，不可能在短时期内实现所有公民基本公共服务的大致均等，甚至在发达国家也是不可能做到的。实现基本公共服务均等化要分阶段、分步骤进行，操之过急反而会带来一系列的不公平问题。现阶段，应把保障农村地区实现最低标准的基本公共服务作为直接目标。所谓的最低标准，就是要使农村所有的适龄儿童都能够上学，完成义务教育，逐步实现教育资源的城乡均衡配置；所有居民都能得到基本的公共医疗和公共卫生服务，具体到农村，就是使新型农村合作医疗覆盖所有农民且政府补贴的统筹标准逐步提高；健全新型农村社会养老保险制度并且逐步提高基础养老金标准，使农村享受基本的养老保障体系；全面实行农村最低生活保障制度；通过新农村建设加强农村的基础设施建设，解决农民的饮水、用电、交通、能源等问题。这些"最低标准"就涉及公共财政制度、城乡协调发展制度和公共服务型政府制度的改革创新。在这

---

① 常修泽：《中国现阶段基本公共服务均等化研究》，《中共天津市委党校学报》2007 年第2 期。

一阶段基本完成后，再把基本公共服务的范围扩大，把均等化的程度加深，最终实现城乡之间公共服务的大致均等。

第二节　新制度经济学的制度创新理论

制度经济学，简而言之，就是用经济学方法研究制度的经济学。康芝斯等经济学家提出了制度分析问题，但是他们没有把经济学的方法用于分析制度问题。由于没有一种理论工具或理论范式去分析制度问题，因此制度问题长期被排斥在经济理论分析之外。国内外学者称之为老制度经济学。

运用经济学理论详细分析和探讨制度创新，进而构建系统的制度创新理论的是经济学家道格拉斯·诺斯、罗伯特·托马斯、L. E. 戴维斯和V. W. 拉坦等。他们运用正统的经济理论分析制度创新的需求和供给，研究技术创新与制度创新的关系、制度创新的均衡与非均衡理论、制度创新的产权理论、制度变迁理论以及国家理论。通常认为，经济理论的三大传统支柱是天赋要素、技术和偏好。随着经济研究的深入，人们越来越认识到仅有这三大柱石是不够的。新制度经济学家以其强有力的证据向人们表明，制度就是经济理论的第四大柱石，制度至关重要并运用主流经济学理论和方法去分析制度的构成和运行，探寻制度在经济运行体系中的地位与作用。国内外学者称为新制度经济学。本节主要介绍与本研究密切相关的制度创新的供给与需求理论、制度均衡与非均衡理论以及制度变迁理论。

一　制度创新的供给与需求理论

需求与供给是经济学中一个问题的两个方面，对"供给决定需求，还是需求引致供给"难以一言作答。以诺斯为代表的新制度经济学家把制度划分为三种类型，即宪法秩序、制度安排和规范性行为准则，并从需求—供给角度对制度创新进行经济学分析，在分析制度供求变化时把制度安排及其利用程度视为内生变量，把宪法秩序和规范性行为准则视为外生变量。

（一）制度创新的需求理论

一般而言，制度创新的需求起源于在现有的制度条件下，人们无法获得自身利益的更大规模增加或社会资源未能得以充分配置，出于提高自身利益的强烈要求或有效配置社会资源的目的，会驱使他们去改变现有的制度安排，这就产生了新的制度需求，新的制度就会从制度非均衡到制度均衡的演变过程中产生并得以固定下来。"社会的潜在资源未能得到有效利用，这往往是产生制度需求的前兆……制度需求的主旨在于渴望制度调整或重组后能更加改善需求者的处境或至少不会使处境变得更糟。"① 影响制度需求的因素可归纳为如下几项：宪法秩序，市场规模，生产技术，相对产品和要素价格，社会集团预期收益，社会历史演变所形成的人文环境，以及人们对于自尊、安全、发展等诸方面的要求等制度生态环境。

1. 宪法秩序

宪法制度作为经济发展制度安排的重要组成部分，制约着经济发展中制度创新的需求、层次和程度，宪法秩序的变化即政权得以运行的基本规则的变化，能深刻影响创立新的制度安排的预期成本和收益，因而也就深刻影响对新的制度安排的需求。②

2. 市场规模

市场规模一扩大，市场中商品与劳务的交易规模也随之扩大。由于经营管理方面某些成本的增长率是递减的，或者说在成本方面进行等量的投资可以引起收入的更大幅度的增长，这些因素相互作用就会产生变革现存社会经济制度的需求，即人们希望通过对现存制度的创新而获取更多的预期收益。

3. 生产技术

一方面，技术进步使生产扩大以获取更多的利益，从而使较复杂的生产组织与经营管理形式变得有利可图；另一方面，技术进步将引起社会生产的积累，使人口集聚于大中城市及工业中心，从而提供一系列新的投资赢利机会，进而促进制度创新以取得预期的经济收益，增加了对制度创新的需求。

4. 社会集团预期收益

如果一定社会集团对未来某一时期的收入预期发生了变化，这将导致他们对现存制度结构下的成本及其相应收益的比较准则进行修正。这样，他们就需要通过制度创新来使自己适应预期收入改变后的地位。制度需求

① 邓宏图：《制度均衡：供给与需求》，《河北师院学报》（社会科学版）1996 年第 2 期。
② 〔美〕V. 奥斯特罗姆：《制度分析与发展的反思》，商务印书馆，1996，第 141 页。

的产生源于现实中的各个利益集团（包括追求利益最大化的个人和组织）在不断追求各自目标时所希望获得制度支持的各种不同期望的综合，这种期望要通过文化、市场、技术创新等诸多因素表达出来，最后通过宪法秩序、政府宏观决策等手段得到实现。当业已形成并在社会生活中发挥作用的制度已不可能充分利用一定社会条件下所蕴涵的潜在资源时，制度变迁就成为必要。有效的制度变迁总是能使社会各阶层的人们在经济资源保持不变的情况下，其处境将会更好或至少不会更差。

（二）制度创新的供给理论

新制度经济学指出，制度创新的供给主要取决于政治秩序提供新制度安排的能力和意愿，这种能力和意愿又主要取决于制度创新供给方对制度创新的成本与收益的比较分析。换句话说，在新制度经济学看来，影响制度创新供给的因素主要有两个。

1. 制度创新的成本

制度创新的成本包括制度设计成本和制度实施成本。制度供给创新必须考虑制度的设计与制作的成本，这是其劳动价值的体现；同时也要考虑相应的制度创新是否为制度需求者所需要，即其创新的制度的使用价值如何。"一般而论，如果处于下列这样的环境之中，即要保障某种新制度安排的供给是非有高度熟练而尖端的劳动投入不可的，那么这种新制度安排的设计耗费必然很大；如果反之，有欠熟练的劳动投入也就足够了，这种设计耗费自然小些。"[①] 如果影响制度创新的其他因素相对保持不变，则制度创新的供给与制度创新过程的制度设计成本是反向变动。制度实施成本是指实施新制度安排的预期成本而非制度实施过程中的实际成本。这种成本的大小主要取决于一个国家公共行政管理效率的高低。分析表明，制度创新的实施成本与设计成本是制度创新成本的主要组成部分，制度创新成本在数量上的变化与制度创新的供给呈反向变动。

2. 制度创新的收益

制度创新供给的收益主要是指在经济发展中居统治、支配地位的上层决策者的预期净收益。对此，新制度经济学家拉坦明确指出："制度创新的供给主要决定于一个社会的各既得利益集团的权力结构或力量对比。"[②]

---

① 〔美〕拉坦：《诱致制度创新》，《发展研究》1982年第2期。
② 〔美〕拉坦：《诱致制度创新》，《发展研究》1982年第2期。

因此，在影响制度创新供给其他因素相对稳定的情况下，制度创新的供给与对应的社会上层决策者的预期纯收益成正比例变化。有很多重要的因素影响政治秩序提供新的制度安排的能力和意愿。现存的制度安排是制度创新的初始状态，或者说是制度供给的一个前提（状态）。正因为现存的制度安排未尽如人意，人们才感到改革的必要。同样的，现有的知识准备、宪法秩序、规范性的行为准则、公众的一般看法等，也是进行新制度安排的起点。在这些因素中，知识准备往往是一个更为重要的因素。从一次制度创新到另一次制度创新，中间总有一段制度稳定的时期，可称为制度均衡。

二　制度均衡与非均衡理论

经济学中均衡概念的古典含义有二：第一，对立的供求力量在量上处于均等状态即对立变量相等的均等状态，此即为"变量均衡"，对立变量不相等即为"变量非均衡"；第二，决定供求的任何一种势力都不具有改变现状的动机和能力的均势状态，此即为行为最优或"行为均衡"，相反则为"行为非均衡"。现在把均衡的概念扩展到制度框架的描述中，因为只要满足变量相等和行为最优两个条件中的任一条件的经济状态，即可被称为均衡（刘世锦，1993）。均衡思维融入新制度经济学中，自然得出了"制度均衡"的概念。国内多数学者接受了"制度均衡"这个概念，比较有代表性的观点如张曙光（1992）认为，制度均衡是一种行为均衡。张旭昆（1993）也指出制度均衡不是数量均衡而是行为均衡，他进一步指出，制度均衡是一种双向适应的均衡，即制度均衡意味着任何两种现存的具体制度之间都不存在互斥关系，而是处于相互适应协调的状态（简称适调态），同时制度均衡状态还是适合各群体意愿的状态（简称适意态）。

从前面对制度创新的需求与供给的分析来看，制度创新的均衡是在制度创新的需求与供给的动态变化中实现的，即制度创新的均衡只有在制度创新的需求方与供给方都乐于接受的条件下才能达到，人们对既定的制度安排和制度结构处于一种近乎满足或满意的状态时，无意也无力改变现行制度。在此情况下，当制度创新需求方新的要求与上层决策者的收益预期趋于一致时，制度创新的新均衡又会形成。这是一个动态的、循环往复的发展过程，现代经济就是在此过程中不断地从较低水平逐步向较高水平发展的；反之，当制度创新需求方新的要求与上层决策者的收益预期不相一致时，则制度创新的供给与需求之间处于非均衡状态。制度创新的阻滞因素往往导致制度创新的新均衡形成的成本增加，加大制度创新的难度。

制度均衡形成的过程是一个错综复杂的博弈过程。制度均衡实质上是指制度达到了一种帕累托最优的理论状态。制度均衡类似于帕累托最优，制度创新和制度变迁在某种程度上讲，就是一个帕累托改进的过程。当存在经济无效率的情况下，若进行制度资源的重新配置，使某些人的效用水平在其他人效用不变的情况下有所提高，这种制度资源的重新配置即制度创新或制度变迁就可称为制度的帕累托改进。

任何一项制度创新都不是随意决定的，制度帕累托改进是根据成本与收益的比较权衡并作出选择的结果。制度创新的动力取决于制度的供给成本与潜在收益的相对值，即制度的净收益。制度净收益大于零是制度创新的必要条件。在同一条件下，一般存在一个制度集，在这个选择集中许多制度的净收益可能均大于零，但只能从中选择一种制度结构，这种制度结构是由许多项制度组成的。这就需要将各项制度及由此排列组合而成的各种制度结构的净收益加以比较，选择其中净收益最大的那项制度和那种制度结构。一项制度和一种制度结构只要其收益大于零，且在各种可供选择的制度和制度结构中净收益最大，那这项制度及其制度结构就是最佳的制度状态，即制度均衡状态。也就是说，通过制度的帕累托改进，由制度创新引致的新的制度选择和制度结构目前已经达到了理想的境地，暂时不需要调整了。事实上，这种理想的境地是很少存在的，实际制度总是处于非均衡的状态，实际制度状态偏离制度均衡的程度，正是国家之间及地区之间发展差异的重要制度因素。

在现实过程中，制度非均衡是一种常态，其主要表现为制度供给不足或制度供给"过剩"。所谓制度非均衡是指人们对现存制度选择与制度结构的一种不满意或不满足，意欲改变而又未改变的一种状态。不满意或不满足的原因是由于外部事件发生使现有制度变得无效率、低效率或出现了新的赢利机会，使现有制度的净收益小于另一种可供选择制度的净收益，这就产生了新的潜在制度需求与潜在制度供给，出现了新的供求不平衡，进而产生制度非均衡。当一个新的组织能够提供更有效的制度供给时，趋利的事实使得主体一方或多方产生了共同的制度需求，相应的，由于他们的行为调整，原先主体间构成的均衡就被打破了，各主体间的博弈将反复展开，最终达到某种程度上的均衡，于是，基于制度均衡的一种新的制度开始出现。因此，常态下的制度非均衡是制度创新和制度变迁的引致因素。

三　制度变迁理论

制度并非一成不变。自人类社会形成以来，经历了无数的制度变迁。由传统绝对主权观念向多中心协同治理观念转变带来的制度变迁，是新制度经济学理论的重要组成部分。新制度经济学认为，制度变迁不是泛指制度的任何一种变化，而是特指一种效率更高的制度对原有制度的替代、转换与交易过程。在这个过程中，实际制度需求的约束条件是制度的变革条件。制度变迁的内在机制包括制度变迁的主体（国家、组织或个人）、制度变迁的源泉以及适应效率等诸多因素。有效组织是制度变迁的关键，相对价格和偏好的变化是制度变迁的源泉，为组织提供适应效率是制度变迁的目标。收益递增和不完全的市场现实决定制度变迁的轨迹。制度变迁轨迹具有"惯性"，即诺斯所说的制度变迁具有路径依赖的特性。

制度供给与需求、制度均衡与非均衡形成了整个制度变迁的过程。通常来说，制度变迁首先是从制度的非均衡开始的，本质上是一个从制度均衡到非均衡再到制度均衡的循环往复的发展过程，而制度需求与制度供给的外生变量决定了制度变迁方式的选择。

新制度经济学关于制度变迁的理论分析超越了正统经济理论。一是视制度为会被修正的、会被创新的进而影响经济发展的内生变量；而正统经济理论和新古典经济理论，或无视制度的经济影响，或视为影响经济发展的外生变量。二是放弃正统经济理论"信息费用、不确定性、交易费用都不存在"的非现实假定。三是修正经济人假设，认为经济人追求利益或效用最大化的假设并不能解释所有的经济行为。因而在制度变迁的一般理论模型中，假定制度变迁的诱致因素在于主体期望获取最大的潜在利润。所谓潜在利润，是一种在已有的制度安排结构中主体无法获取的外部利润。只要存在外部利润，就表明社会资源的配置还没有达到帕累托最优，就需要进行制度创新，从而达到使外部利润内部化之目的。因此，制度变迁和制度创新的过程实质上就是外部利润内部化的过程。新制度经济学理论认为，在整个制度变迁过程中，人们更多的是在"边干边学"。许多制度都是人们在经济社会生活中不断"试错"、不断总结经验、不断学习的结果。因此，"破解"制度变迁的奥秘要从揭示人类的学习过程开始。

新制度经济学者提出了多种解释制度变迁的模型，主要有：诺斯的制度变迁模型、拉坦的诱致性制度变迁模型、林毅夫的诱致性制度变迁和强制性制度变迁模型、产权学派的制度变迁理论、与公共政策有关的制度变迁模型等。其中，诺斯的制度变迁模型具有代表性。

新制度经济学家诺斯和托马斯在《西方世界的兴起：新经济史》（1973），戴维斯和诺斯在《制度变迁与美国经济增长》（1971）、《制度、制度变迁与经济绩效》（1994）等著作中，构建了一个完整的理论框架，重点分析经济发展中的制度创新和制度安排。他们认为制度创新是使创新者对获得追加利益的现存制度安排的一种变革，之所以会出现制度创新，是因为创新的预期净收益大于预期成本，而这些净收益在现存制度安排下是无法实现的，只有通过人为地、主动地变革现存制度中的阻碍因素，才可能获得预期的收益。制度变迁存在着路径依赖，即制度变迁一旦走上了某一条路径，它的既定方向会在以后的发展中得到自我强化。制度变迁实际上是权力和利益的转移和再分配，即使出现了制度创新的预期收益大于预期成本这种情形，但因制度变迁中的利益摩擦和阻滞因素会产生制度变迁和制度创新中的时滞。戴维斯和诺斯提出制度创新的诱致原因是获利能力无法在现存的制度安排内实现。

拉坦（1994）建立了制度创新的诱致性模型。诱致性模型认为先行制度安排的变更或替代，或者是新制度安排的创造，是由个人或一群人在响应获利机会时自发倡导、组织和实行的。诱致性制度变迁必须由某种在原有制度安排下无法得到的获利机会引起。制度变迁不一定是剧烈的或革命性的，而是一个渐进的过程。

林毅夫（1994）将制度变迁分成两种类型：诱致性制度变迁和强制性制度变迁。国家或政府是强制性制度变迁的主体。林毅夫所说的诱致性制度变迁和强制性制度变迁修正了诺斯的制度变迁一般模型，都是自下而上的制度变迁。杨瑞龙（1993，1994）在林毅夫的制度变迁两分法的基础上，进一步发展了制度变迁模型，提出了需求诱致性制度变迁和供给主导性制度变迁的概念。他认为强制性制度变迁实际上是一种供给主导性制度变迁，即在一定的宪法秩序和行为的伦理道德规范下，权力中心提供制度安排的能力和意愿是决定制度变迁的主导因素。

第三节 新阶段农村劳动力转移制度 创新模型的构建与分析

统筹城乡发展并不仅仅单纯将经济社会的资源配置从偏向城市转变为城乡统筹，而是着眼于在统筹城乡发展框架下合理配置全社会的经济资源，尤其是农村人力资源。统筹城乡发展的关键是体制改革与观念创新，是政府与市场的有机协调，充分发挥市场机制对经济社会资源的有效配置作用。统筹城乡发展过程中如何推动农村劳动力转移是重中之重。由此，相关制度的创新成为统筹城乡社会经济发展、有效转移农村劳动力的主导因素。

一 新阶段农村劳动力转移的制度创新理论

制度作为社会经济生活的基本框架，是人们进行社会经济活动的约束条件，制度安排是社会经济活动的范围，制度创新是活跃人们思想与行为的保证，人们社会经济活动的改变及传统观念思想的转变都需要合理的制度来进行引导。而制度的生命力在于它的效率，但制度的效率不是永恒不变的。由于社会生产力的革命变动性、人的有限理性、行为的不确定性等各种原因，决定了任何社会都不会存在完美的制度。每一种制度均有其适应的特殊时期，由此决定了任何制度的效率都是相对的，制度绩效本质上是一个历史动态的范畴，应随着社会经济环境的发展变化而不断创新，才能适应社会经济发展的需要。含有一定绩效的制度总是起初的边际报酬为正，随着社会经济发展到一定的阶段后，制度效率达到其峰值之后将会随着其生存时间的递增而出现效率递减或边际报酬递减。这就要求制度供给方根据社会经济形势的发展而不断地创新已有的一些社会经济制度或创设新的制度，使效率递减或边际报酬递减的制度绩效转变为递增的态势，不断释放制度绩效，促进社会经济发展。当然，新的制度也有其制度绩效的峰值，同样要经历一个制度绩效递增递减的过程；不同的是，新的制度绩效是在上一个制度绩效周期的基础上运行，其起点和峰值高于上一个绩效周期。这实际上就说明：制度创新是一个不断循环前进的过程（见图 6 - 1）。

改革开放初期，农村土地承包制度取代"一大二公"的集体经营制

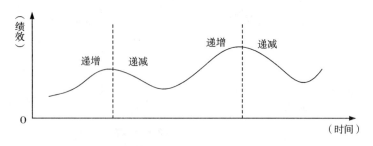

图 6-1　制度绩效的变迁过程

度，充分释放了制度绩效，促进了农业生产的第一次飞跃，提高了农业生产力，解放了农村劳动力，一部分农村劳动力开始向非农产业转移、向城市流动，取得了较好的社会效益。随着商品经济向纵深发展，尤其是城市经济体制改革使原来的国有企业释放了自身隐性失业的劳动力之后，其制度绩效出现了明显的递减趋势。与此同时，农村劳动力转移"限制的多而鼓励的少"的相应制度安排又没有及时地进行创新，导致农村劳动力"流动有余而转移不足"。为此，必须进行农村劳动力转移的新一轮制度创新，改变农村劳动力"流动有余而转移不足"的特点。

当前，中国劳动力供求关系进入了一个新的阶段，这一阶段同时也是制度变革的临界点，通过制度创新能够挖掘中国劳动力供给的制度潜力，改变劳动力供给状态，提升人力资本质量，使经济继续保持平稳发展的态势，这就需要改变"限制的多而鼓励的少"的制度供给状态，为农村劳动力有序转移创造条件，为转移后的农村劳动力社会经济生活提供保障。

诺斯指出：制度环境是一系列用来确定生产、交换与分配的基本的社会、政治、法律规则，制度安排是支配经济单位之间可能合作与竞争方式的规则，而制度本身是一整套用以约束人们行为的规则。一项提供适当的、有效的个人刺激的制度是促进经济增长的决定性因素，它使人们的行为按照预期方向进行选择。由于各种因素的作用使潜在的外部利润和社会效益在现有的制度安排下无法实现时，新的制度就有可能被设计出来以降低成本。因此，新阶段农村劳动力转移面临着诸多制度障碍，制度创新成为推动劳动力有效转移的必然选择。

（一）新阶段农村劳动力转移的制度创新主体

正如前述，制度首要的是一些规则，其主要作用是通过建立一个人们相互作用的稳定的（但不一定有效）结构来减少不确定性。制度变迁是制度的替代、转换与交易过程。任何制度变迁都有其变迁的主体，有效的主体是制度变迁的关键。诺斯把制度变迁主体分为"第一行动集团"和"第二行动集团"。"第一行动集团"是指那些能预见到潜在市场的经济利益，并认识到只要进行制度创新就能获得这种潜在利益的主体，是制度创新的决策者、首创者和推动人；"第二行动集团"是指在制度创新过程中帮助"第一行动集团"获得经济利益的组织和个人，是制度变迁的实施者。但两者的地位并非是固定不变的，而是进行着角色的转换。由此可以看出，"第一行动集团"和"第二行动集团"都可以作为制度创新的主体，只是在制度创新过程中所起的作用和功能不同而已。

从已有研究文献来看，由于研究视角与研究内容的不同形成了多个不同的制度创新主体。研究新阶段农村劳动力转移的制度创新，有必要对其制度创新主体进行分类，以便明确各个制度创新主体在推动农村劳动力转移制度创新的责任。笔者将新阶段农村劳动力转移的制度创新主体分为三类：宏观主体、中观主体和微观主体。

制度创新的宏观主体即中央政府，中央政府在农村劳动力转移制度创新过程中扮演着主要的角色，尤其是在当前的社会经济和政治体制下更是如此。制度创新的中观主体即各级地方政府，地方政府对中央政府的制度创新负有贯彻执行的职责，但由于中国幅员辽阔且各地经济社会发展水平不一，地方政府在中央政府制定的农村劳动力转移制度创新框架内也担负着制度创新的重要作用。制度创新的微观主体即农户（含农村劳动力）及其农村集体组织。中国农村改革就首先是从农户这一微观主体开始的，而且农村劳动力转移制度创新的最终作用对象就是农村劳动力及其农户家庭，在市场化程度逐步提高的经济社会条件下，更不应忽视农户这一微观主体的制度创新作用。

1. 中央政府的制度创新方式

一般来说，制度创新方式有多种，既有诱致性制度创新和强制性制度创新之分，又有政府供给性、准需求诱致性和需求诱致性之分。中央政府处于权力中心位置并拥有国家机器等强有力工具，处于这样的地位和拥有这样的工具是其他制度创新主体所不具备的，是中央政府独特的、不可替代的优势。正是凭借这种优势，中央政府制度创新方式是一种自上而下政府供给的强制性制度创新。

就新阶段农村劳动力转移而言，中央政府起着主要的制度创新主体作用，因为中央政府拥有和掌控着制度创新的主要资源，而且农村劳动力的跨省异地转移更是需要中央政府发挥制度创新的宏观主体作用，这是中国传统的中央集权政治体制和新中国成立 60 余年来的农村劳动力流动转移实践所证明了的。新中国成立以来农村劳动力流动转移的实践和规模，往往都是与中央政府的制度安排直接相关的。无论是流动停滞还是流动规模不断扩大，实际上都有中央政府制度安排的痕迹和影响。因此，对于新阶段农村劳动力转移的制度创新，中央政府无疑起着最主要的作用。当然，新阶段农村劳动力转移的制度创新要取得实质性的进展，还主要取决于中央政府制度创新的决心、动力和力度。

2. 地方政府的制度创新方式

由于地方政府和中央政府在行政组织结构中处于不同的层次，担任着不同的角色和功能，拥有不同权力以及具有不同的信息扩散路径，所以与中央政府制度创新方式有所不同，地方政府制度创新方式较为多元化。而且，中央政府的制度安排与制度创新还需要地方政府的贯彻落实才能使制度创新真正发挥其应有的作用。相对于中央政府强制性制度创新而言，地方政府制度创新可以采取下述三种方式：

第一种是中央政府授权下的制度创新。中央政府作为制度创新的宏观主体进行制度创新承担着巨大风险，导致制度创新供给成本可能较大，为了规避风险，中央政府选择将制度创新权力下放，即授权地方政府进行制度创新，如中央政府在 21 世纪之初将户籍制度改革权力下放到省级政府就是这一种制度创新模式，这就导致各地方户籍制度改革的进度不一，导致户口附属福利越多的地方户籍制度改革的难度越大。既然是授权就意味着赋予地方政府以一定的特权，地方政府在进行制度创新时就有了"尚方宝剑"，而且制度创新过程本身是"试错"过程，中央政府很难明确地规定地方政府制度创新的边界，所以在这种模式下，地方政府制度创新空间就比较大。

第二种是地方政府有限的自主的制度创新。地方政府自主进行制度创新，既可以是地方政府出于保护地方利益的需要，对中央政府制度供给因地制宜地修正或补充，也可以是从本地区或自身利益出发进行制度创新。

制度创新需要支付成本，地方政府出于降低制度创新成本的需要，往往对中央政府的制度安排予以变通执行，形成了不同的地方模式。如各地实施的农民工社会保障制度就是一例，尽管中央有相应的制度安排，但是各地方政府由于不同的利益需要而产生了不同的农民工社会保障模式，这实际上可以说是地方政府自主制度创新的结果。

第三种是地方政府与微观主体合作博弈的制度创新。在一定的利益条件下，地方政府和微观主体是利益共同体，二者之间是一对博弈关系。地方政府制度创新要充分反映微观主体的利益，如果地方政府相关的制度创新不能考虑微观主体的利益诉求，就很难保证制度的顺利实施和正常运行，也很难达到预期绩效。就新阶段农村劳动力转移制度创新而言，在农民工已成为中国产业发展的重要生力军并为城市经济发展作出巨大贡献的情况下，地方政府应本着"不与民争利"的原则，其农村劳动力转移的相关制度创新要充分考虑农民工尤其是新生代农民工的稳定就业和"留城"需求。只有符合农民工转移意愿和需求的制度创新才能得以真正地贯彻执行，在体现各方利益的同时又易于降低制度运行的摩擦成本。目前，中央政府对农民工尤其是新生代农民工问题提出了一定的制度安排和政策思路，随后即将出台一些指导性的意见及政策，而这些意见及政策的贯彻执行在很大程度上取决于地方政府贯彻执行的制度创新力度。

3. 微观主体的制度创新方式

作为微观主体的农村劳动力（农民）、农户及农村集体组织也具有农村劳动力转移制度创新的潜力，中国农村改革进程就是起源于微观主体的创新，因此，新阶段农村劳动力转移制度创新也要看到微观主体制度创新的动力和潜力。但是，由于微观主体处于权力边缘且个体力量弱而又比较分散，因而其制度创新是基于生存和发展这一最基本最单纯的需要，如农村土地承包制度就是一例。而且，微观主体的制度创新往往是在已有制度环境下进行的，其制度创新过程是各种制度间竞争的结果，是不断扬弃的过程；而在宏观主体和中观主体的制度创新方式下，微观主体的制度创新潜力更容易被激发出来，因为农村劳动力转移制度创新的主要受益者是微观主体。可见，微观主体制度创新属于需求诱致性制度创新，与中央政府的强制性制度创新方式相反，但由于二者的创新路径、作用方向、运行轨迹并不矛盾，所以并不产生制度冲突。

综上可见，新阶段农村劳动力转移制度创新主体可以分为三个主体，但这三个主体作用的方向不同。由于农村劳动力流动转移积累的问题涉及中国社会经济发展的基本面，因此在这一制度创新过程中，中央政府扮演着主要的作用或角色，地方政府起着次要的作用。而微观主体的制度创新空间被挤在一个非常狭小的范围内，主要体现在制度选择和制度适应方面，并通过转移与否推动农村劳动力转移的制度创新过程。

（二）新阶段农村劳动力转移制度创新的过程

戴维斯和诺斯认为，制度创新是一个相当长的过程，因为制度创新存在着一定的时效问题。他们认为，制度创新的过程是制度失衡与制度均衡的交替变化过程。在制度均衡状态下，现存制度的改革不会给改革者带来更大的利益，这时不会出现制度创新的动机和力量。但如果外界条件发生变化，或市场规模扩大，或生产技术发展，或一定利益集团对自己的收入预期改变等，而出现了获得新的潜在利益的机会时，可能再次出现新的制度创新，然后又达到制度均衡。在制度学派经济学家看来，制度不断完善的过程，就是这样一种周而复始的从制度非均衡到制度均衡的动态变化与发展过程。

1. 有重点、分阶段、逐步过渡的制度创新过程

新阶段中国农村劳动力转移过程是在典型的城乡二元结构下进行的，而二元结构存在历史甚久，城乡之间、工农之间、区域之间差距日益扩大，城乡之间存在着一系列的制度樊篱，希望一夜之间通过制度创新来彻底消除这种制度差别是不可能的，也是不现实的，也与中国渐进式的市场化改革路径相悖。中国农村劳动力转移的制度创新过程牵涉城镇居民诸多的实际利益，而且还与政府尤其是中央政府拥有的资源力量关系密切，这就决定了中国农村劳动力转移的制度创新过程并不是一个短期的、一蹴而就的过程，而是一个较为长期的过程。因此，只能采取有重点、分阶段、逐步过渡的方式推进，并做出适当的制度安排和制度创新，这样才能使经济社会协调发展得以持续、社会和谐稳定得以实现。

所谓有重点就是着重从阻碍农村劳动力转移的制度障碍入手，具体来说，就是户籍制度、社会保障制度、劳动力市场制度、教育培训制度、农村土地制度和金融制度，即首先从这六项制度创新入手逐步消除农村劳动力转移的制度障碍，而且在不同阶段，各项制度创新的侧重点不同，制度

创新体系之间的制度突破口也不一样。所谓分阶段是指基于不同的社会经济条件，上述六项制度变量在不同的中间阶段实现一定程度的创新，最终实现这些制度变量的创新目标。所谓逐步过渡就是通过这六项制度变量在各个阶段的中间性制度安排，使农村劳动力转移制度创新有次序分阶段地逐步实现各自的制度创新目标。

为什么提出农村劳动力转移的制度创新需要有重点、分阶段、逐步过渡呢？除了基于中国二元结构这一国情之外，还基于中国历来的制度变迁路径。现代中国的制度变迁或制度创新路径大多是通过过渡性的中间制度安排来实践的，这在中国改革实践中从来都不鲜见，而是可行的，过渡性的中间制度安排在中国30余年改革开放实践中已屡见不鲜，渐进式改革几乎成为中国市场化改革方式的主旋律。因此，农村劳动力转移的制度创新过程既要考虑解决现阶段城乡二元结构偏差导致的城乡基本制度和基本公共服务差异，又必须服从中国经济社会发展阶段性的需要，通过中间制度安排的渐进性目标取向，逐步实现农村劳动力转移的制度创新目标。

当前，中国农村劳动力转移的制度创新过程面临着与改革开放以前相比不同的改革环境，主要体现在：随着经济发展方式转变的力度加大、社会转型的速度加快、人口转变过程的深入推进，整个社会呈现社会结构分化和利益多元化的特征，社会矛盾和社会危机因素增多，等等。农村劳动力在城市稳定就业居住与获得城市市民身份，必然与地方政府和城市市民的利益产生矛盾。因此，一项推动农村劳动力转移制度创新的出台，既有强烈的支持者，也有强烈的反对者，如果处理不好，有可能引发激烈的社会矛盾，破坏当前社会的稳定局面。因此，现今的农村劳动力转移问题面临的主要任务不仅要研究促进农村劳动力转移的制度安排问题，而且还要研究这些转移制度安排的次序和协调问题，甚至可能还要考虑制度创新之后不同利益主体的利益协调机制与再分配机制，即过渡性的中间制度安排和各项制度安排之间的相互统筹协调问题。也就是说，不能只研究需要什么样的制度，或者制度想怎么制定就怎么制定，而是需要根据环境和条件的变化，从实际出发选择制度安排的阶段性和重视制度安排之间的协调性，这样既达到单一制度安排与制度创新应有的制度绩效，更要达到制度创新体系带来的整体制度绩效累进，从而达成制度安排的创新目标。

过渡性中间制度安排是实现真正意义上制度创新的阶段性要求。缺乏这种过渡，实施推动农村劳动力转移的制度创新就成为"无源之水"，因为每一项制度创新目标的实现都必须找到制度变革的突破口进行制度安排，然后再沿此制度安排逐步推行制度创新，这就涉及过渡性中间制度安排问题。

新阶段农村劳动力转移的制度创新过程同时还要求各项制度创新之间的统筹协调。农村劳动力转移面临着诸多的制度障碍，某一项制度安排和制度创新仅能在某一方面推动农村劳动力流动或转移，制度绩效相对有限。为了达到制度创新的绩效累进，必然要求注重农村劳动力转移制度创新过程的各项制度之间的统筹协调问题，这种统筹协调贯穿于整个农村劳动力转移制度创新的全过程，而不仅仅是某一个阶段或时期，这实际上也就包含了过渡性中间制度安排的统筹协调问题。

2. 制度创新供给的成本—收益分析

需要说明的是，农村劳动力转移制度创新过程不仅要考虑制度需求，还要考虑制度创新过程的可能性，特别是在制度供给要统筹协调各方利益关系的前提下，农村劳动力转移的制度创新还受以下两个方面的因素决定：一是制度创新供给的成本—收益；二是制度非均衡向制度均衡转变的条件。

一方面，根据新制度经济学的观点，任何一项能带来预期收益的制度安排都需要耗费成本，但由于不同行为主体的效用函数和约束条件的差异，它们对某一制度安排的收益和成本可能有不同的评价标准。[①] 因此，任何一项制度安排都是人们进行成本—收益分析的结果。新阶段农村劳动力转移的制度安排不仅需要考虑这一制度供给对农村劳动力和城乡社会带来的收益，而且还需要考虑制度供给的成本构成和成本水平，以及各种制度安排之间的统筹协调成本；不仅需要对一种制度进行成本—收益分析，而且还要对各种可能的制度进行成本—收益比较。

一项正式制度安排的供给成本至少包括制度的设计成本和实施成本，其中的关键在于制度实施成本。从新阶段农村劳动力转移制度创新的现实需求来看，实施转移制度创新对于农村劳动力和整个社会来说，其收益（包含现实收益和预期收益；个体收益、社会收益和政治收益等）是可观

---

① 卢现祥：《西方新制度经济学》，中国发展出版社，2003，第130页。

的甚至可能是一个更加公平、更有尊严的现代和谐社会，这更多是一种政治收益。毫无疑问，其制度创新成本也堪称巨大，这包括制度安排的实施成本、摩擦成本乃至政治成本，这在制度创新初期更是如此，而且，制度创新的宏观主体和中观主体是制度安排成本的主要付费者，而制度创新的受益者（即客体）——农村劳动力成本应该比较低，这种制度创新的成本和收益的承受主体不一致，导致农村劳动力转移制度创新对于制度创新宏观、中观主体而言，主要是政治收益。根据相关研究的数据表明，"一个农民工如果成为市民，需要增加政府的支出约为 8 万元左右（2009 年不变价）。"[①] 这可以看做制度创新宏观主体和中观主体需要支付的制度实施成本，虽然说这一笔制度实施成本在不同的时期支付，比如其中的养老保险补贴占总成本的 40% ~ 50%，这部分实施成本需要在 30 ~ 35 年后支付，而目前主要是教育和住房保障等方面的实施成本。从城乡一体化或统筹城乡发展的角度来说，支付农村劳动力转移制度创新的实施成本是必需的，这既是城乡基本公共服务均等化的客观要求，也是体现"两个反哺"机制的表现内容。因此，就农村劳动力转移制度创新过程来说，可能初期阶段的收益并不明显，但随着各项制度创新的继续推进，其收益将会越来越大并最终超过其执行成本，使中国经济健康发展和社会和谐稳定，从而成为一个民富国强的中国，这将是各种收益的最终集合体。正如前述，农村劳动力转移制度创新的主要主体是中央政府，其制度创新主要采用自上而下的方式进行，中央政府理应成为制度创新成本的主要承担者或付费者，这是创建"富民"型政府和服务型政府之所在，其经费主要来源于中央政府的公共财政能力及其转移支付制度。

另一方面，要考虑农村劳动力转移由制度非均衡向制度均衡转变的条件，将促进农村劳动力转移的潜在的、现实的制度需求变成实际的制度供给。

从供求关系来看，制度均衡是指在影响人们的制度需求和制度供给的因素一定时，制度供给适应制度需求。任何一项制度安排和制度选择都不是随意决定的，而是人们依据成本—收益分析权衡及其选择的结果。一般来说，制度净收益大于零是制度安排的前提和制度选择的必要条件，但这

---

① 国务院发展研究中心课题组：《农民工市民化：制度创新与顶层政策设计》，中国发展出版社，2011，第 252 页。

还不是充分条件。因为在同一条件下，一般都存在一个制度选择集合，这个选择集合中许多制度安排的净收益可能均大于零。那么选择谁呢？并且在这些可供选择的对象之列，人们只能选择一种制度安排和制度结构。这就需要进行制度创新供给的成本—收益分析，即把不同制度安排和制度结构的净收益加以比较，选择其中净收益最大的那项制度。一种制度安排和制度结构只要其收益大于零，且在各种可供选择的制度安排和制度结构中净收益最大，这项制度就是最优制度了。这时的制度状态就是制度均衡，实际制度状态偏离制度均衡的程度，可以用于解释不同国家、不同地区发展的差异。当然，从行为经济学角度来解释作为理想状态的最优制度也是难以实现的，这就导致人们往往追求次优制度或满意制度，即各方均能接受的制度。制度均衡像帕累托最优一样只是一种理想状态，即使"偶尔"出现也不会持续存在，因为影响制度供求的"变量"也在不断变化；同时，制度非均衡又成为制度变迁的诱致因素，正是不断出现的潜在收益促使人们进行制度创新。

所谓制度非均衡就是人们对现存制度的一种不满意或不满足，欲改变而又尚未改变的状态。之所以出现不满意或不满足，是由于现行制度安排和制度结构的净收益小于另一种可供选择的制度安排和制度结构，也就是出现了一个新的赢利机会，这时就会产生新的潜在的制度需求和潜在的制度供给，并造成潜在制度需求大于实际制度需求，潜在制度供给大于实际制度供给。从供求关系看，制度非均衡就是指制度供给与制度需求之间的不一致。因此，制度变迁实际上是对制度非均衡的一种反应，制度非均衡的轨迹也就是制度变迁的轨迹。从外部因素来看，一方面，资源条件的改变、外部环境的变化以及宏观体制的变化等，会使原来的制度安排和制度结构变得不是净收益最大的制度，因而产生了制度创新的动机和需求；另一方面，又会改变可供选择的制度集合和选择范围，从而改变制度的有效供给。制度非均衡的类型主要有两种：制度供给不足和制度供给"剩余"，而对于中国农村劳动力转移来说，制度非均衡主要是制度供给不足，这就成为新阶段农村劳动力转移制度创新的动力。

据此，笔者认为，现有的农村劳动力转移制度安排不能满足农村劳动力转移的现实和潜在制度需求，即处于制度非均衡状态。"应该说，学术界对促进农村劳动力转移方面已经提出了许多制度，但相当一部分制度没有成为现实的制度供给，也面临着制度非均衡的局面。"①

那么如何打破这种制度非均衡局面呢？在新制度经济学看来，打破制度非均衡需要从制度的供求变化及其制度创新的成本—收益来决定，实际上就是需要通过制度变革与创新来打破制度非均衡局面。前述提及，任何一项制度安排都是人们进行成本—收益比较的结果，这种比较的过程实际上也是综合制度供求变化的结果，而且制度非均衡的两种类型都是基于制度供给的。从成本—收益的角度来说，只有在具备制度创新的需求、供给、动机和能力时，制度创新主体才会使潜在的制度供给变为现实的制度供给，从而进行制度创新，实现从制度非均衡向制度均衡的转变。因此，在这一层面来说，制度创新取决于制度供给。而在以往的研究中，人们大多是从制度需求的角度研究农村劳动力转移的制度安排，这也可能是很难突破农村劳动力转移过程的制度非均衡局面的一个因素。

在此，本书研究新阶段农村劳动力转移制度创新过程主要是从制度供给的角度，目的就是要突破农村劳动力转移过程中的制度非均衡，实现农村劳动力转移的制度均衡。因此，新阶段农村劳动力转移的制度创新过程应该在制度供给方面下工夫，根据各项制度创新的目标和相应阶段的社会经济条件做好相应的过渡性中间制度供给以及各项制度供给之间的统筹协调，这就为构建新阶段农村劳动力转移制度创新理论模型和探讨农村劳动力转移制度创新路径提供了相应的理论思路。

二 新阶段农村劳动力转移制度创新模型构建

（一）基于制度障碍层次的农村劳动力转移模型

根据前面对新阶段农村劳动力转移的制度障碍层次和制度创新理论分析，在此，笔者基于"农村转出"和"城市融入"两个层次构建农村劳动力转移模型（见图6-2）。

通过图6-2可以看出，拆除农村劳动力转移两个层次的制度障碍，实现农村劳动力转移制度创新，使多数农村外出劳动力通过制度供给和自身努力而积淀为城市市民，尤其是在农民工代际分化的现实背景下，使更多的第二代农民工融入城市成为城市市民是制度创新的首要任务。

---

① 秦兴方等：《农村劳动力转移的次序》，社会科学文献出版社，2009，第82页。

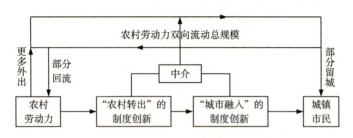

图 6 - 2　基于制度障碍层次的农村劳动力转移模型

而且，只要促进农村劳动力转移的制度安排得当，农民工不再是一味地"回流"，而是有了"留城"还是"回流"的选择空间，从而有利于激发农村劳动力转移主体的积极性。农村劳动力"农村转出"的制度创新能够推动更多的农村劳动力选择外出务工和彻底转移，尤其是在改革开放背景下成长起来的第二代农民工更是如此；而"城市融入"制度创新又降低了其留城的经济社会成本及制度成本，使其积淀为城市新的市民群体，从而不断加深这些城市新市民的"城市融入"度，进而彻底脱离农业和农村。因此，"农村转出"的制度创新和"城市融入"的制度创新成为影响新阶段农村劳动力转移过程的中介因素，共同促进农村劳动力转移的进程。

（二）新阶段农村劳动力转移的制度创新理论模型

1. 制度变量及其相应指标体系的选取与说明

构建新阶段农村劳动力转移的制度创新理论模型，首要的是制度变量的选择，其次是设定各项制度变量的相应分解变量，然后按照一定的原则构建模型。

在前面的相关章节中已对农村劳动力转移各项制度障碍与农村劳动力转移的关系进行了较为全面的分析和说明，这就为农村劳动力转移制度创新理论模型的制度变量及其分解变量选取提供了思路。因此，新阶段农村劳动力转移制度创新理论模型的主要变量是农村土地制度、金融制度、户籍制度、劳动力市场制度、社会保障制度和教育培训制度，这是农村劳动力转移制度创新理论模型的基础。根据前面选择的制度变量，本书选取了各项制度的分解变量（见表 6 - 1）。

表6－1 农村劳动力转移制度创新的变量及其分解变量

模 型	层 次	变 量	分解变量
新阶段农村劳动力转移的制度创新	"农村转出"	农村土地制度	农村土地产权确认制度
			农村土地流转市场制度
		金融制度	农村土地金融制度
			金融机构的涉农金融制度
	"城市融入"	户籍制度	农民工省内城镇落户制度
			农民工户籍跨省落户制度
			人口登记与信息管理制度
		劳动力市场制度	农村劳动力市场建设制度
			城镇一级劳动力市场制度
			城镇二级劳动力市场制度
		社会保障制度	农民工社会保障制度
			农村社会保障制度
			城镇基本社会保障制度
		教育培训制度	农村基础教育制度
			农村职业培训制度
			城镇农民工就业培训制度
			教育培训资源城乡均衡配置制度

相应指标选取的简要说明如下：

农村土地产权确认制度和农村土地流转市场制度是农村土地制度创新的两个环节，二者是相互依存关系，只有土地确权才能更好地流转，而土地流转有利于发挥土地确权的效用，能为农村劳动力转移积累资金。

农村土地是农民最主要的生产资料，而农村土地流转制度能为农村劳动力转移积累资金，因此要重点抓好农地金融制度这一金融制度创新，促进农村劳动力转移，同时金融机构的涉农金融制度也要创新，不仅要做实和服务农业，也要为农村劳动力的"农村转出"提供正式的金融支持。

农民工省内城镇落户制度实际上主要是解决农民工在城市的长远发展问题，不仅有利于农村也有利于城镇发展，是农村劳动力流动转移亟须解决的主要问题，这主要解决农村劳动力的城乡均衡配置问题；而农民工户籍的跨省落户制度主要是解决劳动力资源的地区配置问题，就目前而言，多数省份对本省籍农村劳动力或农村人口进城落户的条件均有所放松，对于跨省的户口迁移由于行政权力范围所限没有涉及，这就需要中央政府作为制度创新主体在这一问题上大力创新；人口登记与信息管理制度是指人口登记制度和人口信息管理制度，是基于方便劳动力管理和流动这个角度提出来的。

劳动力市场制度主要选取农村劳动力市场制度、城市劳动力市场制度，而城市劳动力市场又分为二级劳动力市场和一级劳动力市场，它们的相互关系已在前面第五章予以说明；城市二级劳动力市场是农民工就业的主要劳动力市场，因而把一级劳动力市场和二级劳动力市场分开作为两个指标。

根据前面分析的思路，社会保障制度主要包括农村社会保障制度和城市社会保障制度，最终实现基本社会保障的城乡一体化，而农民工社会保障制度在一定时期内独立存在是有必要的，待社会保障体系完善之后或纳入"农保"或融入"城保"，因此，把农民工社会保障制度作为过渡性制度也纳入制度分解变量之内。

农村基础教育制度和农村职业培训制度作为教育培训制度的基本变量分别纳入制度体系之内，农村基础教育制度应该逐步将高中教育阶段纳入在内；农民工就业培训制度是当前解决农民工问题的主要途径，是实现农村劳动力城市融入的关键环节，特别是对于第二代农民工来说更是如此；教育培训资源城乡均衡配置制度作为教育培训制度创新的最终目标和基本公共服务范畴，也应该纳入农村劳动力转移的制度创新体系之内。

2. 新阶段农村劳动力转移制度创新理论模型

新阶段农村劳动力转移的制度创新理论模型是在前面的转移模型（图6－2）基础上的展开和深化。基于对农村劳动力转移问题的认识，笔者认为农村劳动力转移的不同制度创新主体在制度创新理论模型的"农村转出"和"城市融入"两个环节均起着主要作用。因此，把制度创新主体引入农村劳动力转移制度创新理论模型中并起着主导作用。在此，本书以一个简化的理论模型来扼要地表达农村劳动力转移的制度创新过程（见图6－3）。

该理论模型中各项制度变量之间是一个相互作用的关系，而且相互之间的统筹协调更能发挥累进叠加效应，因此，这些制度变量之间的相互关系远比模型展示的要复杂得多。但笔者坚信，图6－3所表示的相互关系

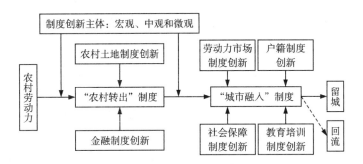

图 6-3　新阶段农村劳动力转移制度创新理论模型

是具有主导作用和决定意义的，概括了新阶段农村劳动力转移制度创新的主要过程，这样分析的目的旨在通过对上述制度障碍因素的分层，探讨上述制度变量在新阶段农村劳动力转移的制度创新目标及其相应的过渡性中间制度安排，并强调在制度创新过程中各项制度变量之间的统筹、协调和次序，进而推动新阶段农村劳动力转移的进程。如图 6-3 所示，制度创新主体的作用贯穿于农村劳动力转移的全过程，亦即无论是在"农村转出"还是"城市融入"层次都离不开制度创新主体的作用。农村劳动力在流动转移过程中必然有一部分农村劳动力因各种原因中止了转移过程进而最终回流到农村，而农村劳动力的流动过程实际上也为农村经济发展培养了一定的经营管理人才。

　　图 6-3 显示的农村劳动力转移制度创新各变量的关系是否合理要经过实证经验和思辨逻辑的双重检验。实证经验检验的依据主要来源于社会实践，通过比较中国与发达国家、其他发展中国家农村劳动力转移过程来看，中国城市化水平低于曾处于同等经济发展水平的发达国家及正处于同等发展水平的发展中国家城市化水平，而根源就在于以户籍制度及其附属其上的相关制度安排所致，这一点已在前面的章节中予以阐释。实践证明，一个国家或地区的城乡劳动力配置水平与制度安排是密切相关的。前者作为动力、后者作为结果的历史逻辑关系完整地体现了人类社会行动过程的目标与手段的统一性。从西方经验和其他发展中国家的历史经验所证实的关键环节是劳动力的自由迁移流动，而要实现劳动力自由迁移流动，制度变迁不可或缺，这就赋予新阶段农村劳动力转移制度创新以新的价值意义以满足社会的需要，并由此使新阶段农村劳动力转移成为真实的可能

和现实的需求。

在制度人口学看来，数量层面的人口问题常常是表象，深层次的问题是制度和文化。据此认为，新阶段农村劳动力转移问题本质上是一个人口问题，这一问题的深层原因是制度安排不当或制度缺失。因此，制度根源是新阶段农村劳动力转移问题的主要根源，而制度创新则是解决新阶段农村劳动力转移问题的主要途径，这在目前的中国尤为如此，这在思辨逻辑上就为新阶段农村劳动力转移制度创新提供了检验的标准。

从图6-3可以看出，新阶段农村劳动力转移制度创新理论模型以制度创新主体（主要是中央政府）为主导，以农村劳动力的制度创新为手段，以培育农村劳动力的就业能力和发展能力为目的，加速农村劳动力转移进程，进而实现农业产业化、农村城镇化和农村现代化，缓解农村地区人口生态环境压力，为加快社会主义新农村建设和构建和谐的城乡关系打下良好的社会基础。

结合前面的农村劳动力转移制度创新过程的分析，如图6-3所示的6项制度创新本身又是一个子系统，子系统内部存在着相应的过渡性中间制度安排，而子系统之间则存在着相互的统筹协调问题，也就是各种制度安排之间的相互促进和相互适应。这6项制度变量的各分解变量之间的关系模型如图6-4所示。

图6-4展示了农村劳动力转移各制度创新变量之间的递进关系，体现了新阶段农村劳动力转移制度创新的完整过程，而当前的农村劳动力转移大多只经历其中的部分过程，主要表现在"外出"←→"回流"过程，而最终"留城"的只是其中的很少部分，其他制度分解变量的作用还未能真正地发挥其应有的作用。农村土地制度创新、金融制度创新、社会保障制度创新和劳动力市场制度创新构成了中国农村劳动力转移制度创新的主过程，教育培训制度创新和户籍制度创新能够加速这一转移制度创新的进程。其中，社会保障制度创新有利于农村土地流转、降低农村土地保障的传统功能，能够进一步推动农村劳动力转移，是农村劳动力转移的重要影响变量，而农民工社会保障制度作为过渡性中间制度安排的特征比较明显，其最终将过渡到农村社会保障制度或城市社会保障制度，根据农民工最终的流向决定其社会保障制度选择的方向。因此，要促进新阶段农村劳动力转移进程，必须首先推动制度创新，以制度创新推动转移过程。当然，农村劳动力转移各制度分解变量之间的

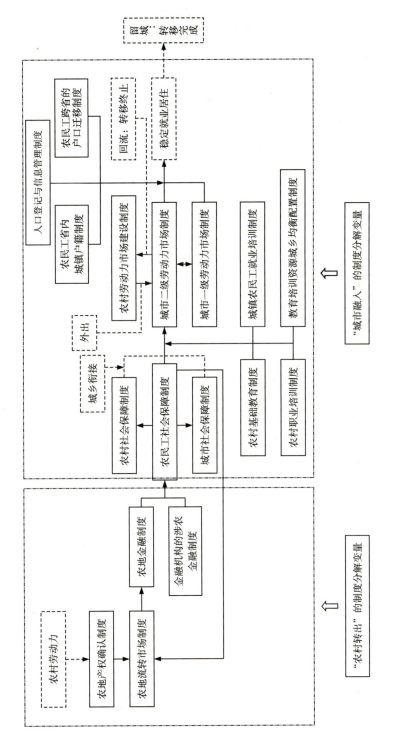

图 6-4　新阶段农村劳动力转移制度创新分解变量的相互关系模型

关系远比图 6 - 4 所展示的关系要复杂得多，但仍反映了各制度分解变量之间的基本关系。

为了更好衡量和评价农村劳动力转移制度创新理论模型及其制度创新的程度，本书拟结合相应的制度变量构建定量评价农村劳动力转移的制度创新程度。从前面的分析可以看出，城乡一体化发展或城乡基本公共服务均等化是我国未来社会经济发展的主要目标之一，在此也可借鉴为农村劳动力转移制度创新的目标。因此，衡量各个制度变量及农村劳动力转移制度创新程度可以对各制度分解变量设置差异系数。其计算公式为：

$$y_i = 1 - (n_i/c_i)$$

式中：y_i 代表城乡之间 i 变量的差异系数；n_i 代表农村 i 变量的实际值；c_i 代表城市 i 变量的实际值。需要说明的是，制度创新并非是用数值就能够衡量的，也是难以用具体数值进行定量的，因为就制度创新本身而言，定量分析就是一个难题，但笔者认为可以通过具体制度安排中的城乡差异来体现，这种差异可以是某种缴费起点标准的城乡差异，也可以是享受某种政策待遇抑或政策执行过程中产生的城乡差异，尤其是地方政府在执行中央政府政策过程中产生的城乡差异，这主要是中央政府和地方政府属于不同的制度创新主体和利益博弈主体。因此，笔者利用分解变量的差异系数来衡量农村劳动力转移的制度创新程度，通过城乡差异系数的比值大小来衡量制度创新程度，只不过 n_i 和 c_i 并不全以实际值来表示，可以是制度涵盖内容及其相应的政策含义。以养老保险基金为例，城镇居民养老保险基金缴费标准目前设为每年 100 元、200 元、300元、400 元、500 元、600 元、700 元、800 元、900 元、1000 元 10 个档次，而新农保基金缴费标准目前设为每年 100 元、200 元、300 元、400元、500 元 5 个档次，虽然地方政府可以根据实际情况增设缴费档次。但根据各地的试行实践来看，很少有地方政府将新农保基金缴费标准提高到1000 元档次的。

制度分解变量的差异系数中，y_i 值越小，越接近 0，说明农村劳动力转移的制度创新程度越高，越易于农村劳动力转移；反之，y_i 值越大，越接近 1，说明农村劳动力转移的制度创新程度越低，制度越易成为农村劳动力转移的障碍。

三　基于层次分析法的新阶段农村劳动力转移制度创新变量权重分析

为了进一步分析和验证前面提出的各个制度分解变量假设的合理性，在此，笔者把农村劳动力转移制度创新理论模型作为一个系统，运用层次分析法来分析和评价各个制度变量在该体系内的权重，以期为后文分析提供借鉴和参考。

（一）层次分析法简介

层次分析法（The Analytic Hierarchy Process，AHP）是美国学者 A. L. Saaty 于 1973 年最早提出的，是一种定性与定量相结合的多目标评价决策方法，它将决策者对复杂系统的评价思维过程数学化。其基本思路是首先将复杂的问题层次化，即根据问题及要达到的目标，将复杂问题分解为若干层次和若干要素，并在同一层次的各要素之间简单地进行比较、判断和计算，就可以得出不同要素和层次的聚集组合与重要程度，形成一个多层次的分析结构模型。层次分析法的特点是：能将人们的思维过程数学化、系统化、条理化，便于计算，容易被人们所接受；所需要的定量数据信息较少，但对问题的本质、所涉及的因素及其内在关系分析得比较透彻、清楚。其主要有两个操作步骤：第一步是建立层级，即将复杂的系统层层分解，汇集专家学者以及决策者的意见，理清各层级的构成因素，用简明的语言加以表述；第二步是评估排序，即依照比较尺度将各层级内构成要素进行两两比较，用得到的比率构建比较矩阵，通过矩阵运算来检验一致性，求出各因素权重并排序以供决策参考。

（二）农村劳动力转移制度创新各制度体系的权重分析

在前面选择的农村劳动力转移制度指标体系的基础上，笔者将农村劳动力转移制度创新体系进行了层次分析。首先将制度创新体系分为目标层、准则层（一级指标）、子准则层（二级指标）、具体指标层（三级指标）等（见表 6-11）。然后，根据层次分析法的原理设计了对比调查问卷（见附录二），咨询了 12 位从事农村劳动力转移及相关领域的专家，得出进行两两比较的原始数据，并对数据整理分析如下。

1. 准则层

根据层次分析法的原理，得出"农村转出"指标（B1）与"城市融入"指标（B2）的成对比较矩阵（见表 6-2）。

表6-2 "农村转出"指标（B₁）与"城市融入"指标（B₂）的成对比较矩阵

	"农村转出"指标 B₁	"城市融入"指标 B₂
B₁	1	0.2970
B₂	3.36745	1

然后，运用 MATLABR2006a 对上面的比较矩阵进行分析，其最大特征值为 $\lambda_{max1} = tb max_1 = 2.0001$，与之对应的特征向量为 $tbvector_1 = [0.2847\quad 0.9586]^T$，经过归一化后，$tbvector_1' = [0.2290\quad 0.7710]^T$，即是各纬度的权重向量。这说明，对于农村劳动力转移过程而言，"城市融入"指标的重要程度远大于"农村转出"指标，这意味着加快"城市融入"制度改革的紧迫性。

为了检验判断矩阵的一致性（相容性），根据 AHP 的原理，可以利用 λ_{max} 与 n 之差检验一致性。$C.I. = \dfrac{\lambda_{max} - n}{n-1} = \dfrac{2.0001 - 2}{2 - 1} = 0.0001$，当 $n=2$ 时查表得 $R.I. = 0$，则 $C.R. = \dfrac{C.I.}{R.I.} = 0 < 0.1$，符合一致性检验要求，这同时也就证明了"城市融入"指标重要性的判断，突出了"城市融入"制度创新的重要意义。

2. 子准则层

（1）"农村转出"指标的权重。同理，得出农村劳动力转移"农村转出"制度 X₁、X₂ 的成对比较矩阵（见表6-3）。

表6-3 农村劳动力转移"农村转出"制度 X₁、X₂ 的成对比较矩阵

	农村土地制度 X₁	金融制度 X₂
X₁	1	3.6841
X₂	0.2714	1

运用 MATLABR2006a 对上面的矩阵进行分析，其最大特征值为 $\lambda_{max2} = tb max_2 = 1.9999$，与之对应的特征向量为 $tbvector_1 = [-0.9651\quad 0.2619]^T$，经过归一化后，$tbvector_2' = [0.7865\quad 0.2135]^T$，即是各纬度的权重向量。

其一致性检验为 $C.I. = \dfrac{\lambda_{max} - n}{n - 1} = \dfrac{1.9999 - 2}{2 - 1} = -0.0001$，当 $n = 2$ 时

查表得 $R.I. = 0$，则 $C.R. = \dfrac{C.I.}{R.I.} = 0 < 0.1$，符合一致性检验要求。这说明

在"农村转出"制度障碍中，农村土地制度是最主要的制度障碍，所占权重为 0.7865，也说明只有改革农村土地制度，才能使农村劳动力顺利地从农村转移出去。

（2）"城市融入"指标的权重。同理，可得出农村劳动力转移"城市融入"制度 X_3、X_4、X_5、X_6 的成对比较矩阵（见表 6-4）。

表 6-4　农村劳动力转移"城市融入"制度 X_3、X_4、X_5、X_6 的成对比较矩阵

	户籍制度 X_3	劳动力市场制度 X_4	社会保障制度 X_5	教育培训制度 X_6
X_3	1	1.5209	0.7524	1.1760
X_4	0.6575	1	0.7167	1.3967
X_5	1.3290	1.3952	1	2.0646
X_6	0.8503	0.7159	0.4843	1

上面矩阵的最大特征值为 $\lambda_{max3} = tbmax_3 = 4.0356$，$tbvector_3' = [0.2632 \quad 0.2194 \quad 0.3381 \quad 0.1794]^T$；$C.I = 0.0119$，当 $n = 4$ 时，$R.I. = 0.89$，则 $C.R. = 0.0133 < 0.1$，符合一致性检验要求。相比较而言，社会保障制度（0.3381）被认为是影响农村劳动力"城市融入"的主要因素，这是因为目前的社会保障制度是与户籍制度联系在一起的，这又与户籍制度所占权重（0.2632）具有一定的一致性，说明户籍制度是社会保障等制度障碍的本源；接着是劳动力市场制度（0.2194）和教育培训制度（0.1794），这两者也是与户籍制度联系在一起的，这更突出了户籍制度是"城市融入"的本源性特征。这说明，新阶段农村劳动力的"城市融入"制度改革首先应该从社会保障制度入手；其次就是户籍制度，改革了作为本源性的制度障碍之后，其后的劳动力市场制度和教育培训制度改革就顺理成章了。

3. 具体指标层

（1）农村土地制度具体指标的权重。同理，得出农村劳动力"农村转出"中农村土地制度 X_{11}、X_{12} 的成对比较矩阵（见表 6-5）。

表 6-5 农村劳动力转移"农村转出"中农村土地制度 X_{11}、X_{12} 的成对比较矩阵

	农地产权确认制度 X_{11}	农村土地流转市场制度 X_{12}
X_{11}	1	3.5869
X_{12}	0.2788	1

上面矩阵的最大特征值为 $\lambda_{max4} = tb\lambda_{max4} = 2$，$tbvector_4' = [0.782\ 0.218]^T$；一致性检验：C.I = 0，则 C.R. = 0 < 0.1，符合一致性检验要求。由此可见，农村土地产权确认制度是目前农村土地制度改革亟须进行的主要工作，这从其所占比重（0.782）就可以"窥豹一斑"。这说明，农村土地产权确认制度是农村土地制度改革的主要方向，是在保护农民利益基础上的土地改革，这是保护农民土地利益的最具根本性的措施；农村土地流转市场制度是从有利于农村劳动力农村转出而提出的，目的在于对那些有土地流转意愿的农民工能够有相应的制度保护自己的土地流转权益，使他们不致因城镇化而成为失地农民或弱势群体。

（2）农村金融制度具体指标的权重。同理，可得到农村劳动力"农村转出"中金融制度 X_{21}、X_{22} 的成对比较矩阵（见表 6-6）。

表 6-6 农村劳动力转移"农村转出"中金融制度 X_{21}、X_{22} 的成对比较矩阵

	农地金融制度 X_{21}	金融机构的涉农金融产品制度 X_{22}
X_{21}	1	3.7759
X_{22}	0.2648	1

上面矩阵的最大特征值为 $\lambda_{max5} = tbmax_5 = 1.999$，$tbvector_5' = [0.7906\ 0.2094]^T$；一致性检验：C.I = 0，则 C.R. = 0 < 0.1，符合一致性检验要求。由此可见，农地金融制度（0.7906）是农村劳动力获取金融资源的最主要途径，这是在前面的农地确权基础上的农地权益延伸，这也彰显了前述的农村土地确权制度的重要意义；金融机构的涉农金融产品制度（0.2094）对于农村劳动力"农村转出"也具有一定的推动作用。

（3）户籍制度具体指标的权重。同理，得到农村劳动力转移"城市融入"中户籍制度 X_{31}、X_{32}、X_{33} 的成对比较矩阵（见表 6-7）。

表 6 - 7　农村劳动力转移"城市融入"中户籍制度

X_{31}、X_{32}、X_{33} 的成对比较矩阵

	农民工省内城镇 落户制度 X_{31}	农民工跨省 落户制度 X_{32}	人口登记与信息 管理制度 X_{33}
X_{31}	1	0.7673	2.9060
X_{32}	1.3032	1	3.3856
X_{33}	0.3441	0.2954	1

上面矩阵的最大特征值为 $\lambda_{max6} = tb\max_6 = 3.0014$，$tbvector_6{}' = [0.3828\ \ 0.4805\ \ 0.1367]^T$；一致性检验：C.I = 0，则 C.R. = 0.0013 < 0.1，符合一致性检验要求。这一数据说明，农民工跨省落户迁移制度（0.4805）对于农民工"城市融入"具有重要的推动作用，因为这与人口再分布和区域人口变动紧密相关，也比较符合部分跨省农民工的落户需求；对于大多数农民工而言，农民工省内城镇落户制度（0.3828）更具现实意义，因为农民工本地城镇化比较切合我国城镇化的政策方向，即发展中小城市和城镇，缓解特大城市中心城区压力；人口登记与信息管理制度（0.1367）是从完善人口管理的角度提出的，对于农民工"城市融入"也具有一定的推动作用。

（4）劳动力市场制度具体指标的权重。由咨询问卷经整理计算得到农村劳动力转移"城市融入"中劳动力市场制度 X_{41}、X_{42}、X_{43} 的成对比较矩阵（见表 6 - 8）。

表 6 - 8　农村劳动力转移"城市融入"中劳动力市场制度

X_{41}、X_{42}、X_{43} 的成对比较矩阵

	农村劳动力市场 建设制度 X_{41}	城镇一级劳动力 市场制度 X_{42}	城镇二级劳动力 市场制度 X_{43}
X_{41}	1	0.7005	0.9645
X_{42}	1.4276	1	0.5874
X_{43}	1.0368	0.2954	1

上面矩阵的最大特征值为 $\lambda_{max7} = tb\max_7 = 3.0812$，tbvector$_7$' = [0.2897　0.3113　0.3990]^T；一致性检验：C.I = 0.52，则 C.R. = 0.078 < 0.1，符合一致性检验要求。由此可见，劳动力市场制度各具体指标所占权重差异并不太大，主要应从当前农民工实现的城镇二级劳动力市场制度（0.3990）入手，首先完善劳动力就业的市场机制，才能推动农民工就业的职业阶梯上升，进而能够在城镇一级劳动力市场实现就业；其次，完善农村劳动力市场制度（0.2897）主要是从农民工返乡就业或创业的角度提出的，这也具有重要的现实意义。

（5）社会保障制度具体指标的权重。同理，得到农村劳动力转移"城市融入"中社会保障制度 X_{51}、X_{52}、X_{53} 的成对比较矩阵（见表6-9）。

表6-9　农村劳动力转移"城市融入"中社会保障制度
X_{51}、X_{52}、X_{53} 的成对比较矩阵

	农民工社会保障 制度 X_{51}	农村社会保障 制度 X_{52}	城镇基本社会保障 制度 X_{53}
X_{51}	1	1.0122	0.8879
X_{52}	0.9879	1	0.9499
X_{53}	1.1263	1.0527	1

上面矩阵的最大特征值为 $\lambda_{max8} = tb\max_8 = 3.0007$，tbvector$_8$' = [0.3214　0.3261　0.3525]^T；一致性检验：C.I = 0.52，则 C.R. = 0.0007 < 0.1，符合一致性检验要求。从前面社会保障制度所占权重（0.3381）可见其各个指标对于农村劳动力"城市融入"均很重要；从各个指标所占权重可见，作为过渡性社会保障制度的农民工社会保障制度所占的权重（0.3214）并不高，说明农民工社会保障制度的归宿应该是纳入城镇基本社会保障制度，而城镇基本社会保障制度所占权重（0.3525）也能够说明这一点；同时，加快农村社会保障制度建设（0.3261）对于返乡农民工而言具有较为重要的现实意义。由此还可以看出，建立和完善各类社会保障制度的可携带性和转移接续对于农民工"城市融入"更具有推动作用，这也与新通过的《社会保险法》的原则精神一致，即农民工社会保

障制度逐步纳入城乡社会保障体系。

（6）教育培训制度具体指标的权重。同理，可得到农村劳动力转移"城市融入"中教育培训制度 X_{61}、X_{62}、X_{63}、X_{64} 的成对比较矩阵（见表 6－10）。

表 6－10　农村劳动力转移"城市融入"中教育培训制度
X_{61}、X_{62}、X_{63}、X_{64} 的成对比较矩阵

	农村基础教育制度 X_{61}	农村职业培训制度 X_{62}	城镇农民工就业培训制度 X_{63}	教育资源城乡均衡配置制度 X_{64}
X_{61}	1	1.147	0.8102	0.6989
X_{62}	0.8718	1	1.0706	1.1335
X_{63}	1.2342	0.934	1	1.9546
X_{64}	1.4306	0.8822	0.5116	1

上面矩阵的最大特征值为 $\lambda_{max9} = tb\max_9 = 4.1011$，$tbvector_9' = [0.2223\quad 0.2494\quad 0.3046\quad 0.2237]^T$；一致性检验：C. I = 0.52，则 C. R. = 0.0379 < 0.1，符合一致性检验要求。由此可见，教育培训制度各具体指标的权重说明了今后教育培训制度发展方向的优先序，即完善城镇农民工就业培训制度（0.3046）是当前教育培训制度的主要发展方向，这与目前农民工的就业能力和人力资本禀赋密切相关；其次是农村职业培训制度（0.2494），这对于提高今后的农村劳动力转移能力和就业水平具有直接的关系；再次是教育资源城乡均衡配置制度（0.2237），这是我国教育发展的大政策方向，首先需要加大农村教育投入来完善农村教育条件，弥补历史欠账，这样才能推动城乡教育共同发展；最后是农村基础教育制度（0.2223），这对于发展现代农业和劳动力转移而言主要是为未来的劳动力需求提供高质量劳动力，推动农村劳动力持续"农村转出"和"城市融入"，进而推动人口城市化进程。

通过本部分前面的数据分析结果，根据系统的递阶层次结构，按逐级归总的方法，计算出各层指标对系统总目标的合成权重，如表 6－11所示。

表 6 - 11　基于层次分析法的新阶段农村劳动力转移各制度创新体系权重分布

目标层 A	准则层 B	子准则层 X_X			具体制度变量层 X_{XX}		
	一级指标	二级指标			三级指标		
	权重	权重	合成权重	总排序	权重	合成权重	总排序
新阶段农村劳动力转移的制度创新指数（A）	"农村转出"指标 B_1（0.229）	农村土地制度 X_1（0.7865）	0.1801	3	农村土地确权制度 X_{11}（0.782）	0.1408	1
					农村土地流转制度 X_{12}（0.218）	0.0393	11
		金融制度 X_2（0.2135）	0.0489	6	农地金融制度 X_{21}（0.7906）	0.0387	12
					金融机构的涉农资金制度 X_{22}（0.2094）	0.0102	17
	"城市融入"指标 B_2（0.771）	户籍制度 X_3（0.2632）	0.2029	2	农民工城镇落户制度 X_{31}（0.3828）	0.0777	6
					户籍的跨省迁移制度 X_{32}（0.4805）	0.0975	2
					人口登记与信息管理制度 X_{33}（0.1367）	0.0277	16
		劳动力市场制度 X_4（0.2194）	0.1692	4	农村劳动力市场制度 X_{41}（0.2897）	0.0490	9
					城镇一级劳动力市场制度 X_{42}（0.3113）	0.0527	8
					城镇二级劳动力市场制度 X_{43}（0.3990）	0.0675	7
		社会保障制度 X_5（0.3381）	0.2607	1	农民工社会保障制度 X_{51}（0.3214）	0.0838	5
					农村社会保障制度 X_{52}（0.3261）	0.0850	4
					城镇基本社会保障制度 X_{53}（0.3525）	0.0919	3
		教育培训制度 X_6（0.1794）	0.1383	5	农村基础教育制度 X_{61}（0.2223）	0.0307	15
					农村职业培训制度 X_{62}（0.2494）	0.0345	13
					城镇农民工就业培训制度 X_{63}（0.3046）	0.0421	10
					教育资源城乡均衡配置制度 X_{64}（0.2237）	0.0309	14

（三）结果分析

通过分析表6-11每个指标体系的权重，可以得出如下结论：

1.在一级指标中

农村劳动力转移"城市融入"指标（B₂）的重要程度远大于相应的"农村转出"指标（B₁）；这说明就制度创新总体而言，加快农村劳动力转移的"城市融入"制度改革是当前制度改革的主要任务。

2.在二级指标中

变量 X_5（社会保障制度）的合成权重（0.2607）是影响农村劳动力转移的首要制度变量，这说明剥离附加在户籍制度之上的社会保障制度（及与之相连的福利制度）是当前加快农村劳动力转移制度改革的首要任务，这是消除附属于户籍制度之上的各种特权利益的开始，也是农村劳动力转移制度创新过程的开始，这同时也说明户籍制度作为本源性制度障碍的特征；排列第2位至第6位的依次是变量 X_3（户籍制度）、X_1（农村土地制度）、X_4（劳动力市场制度）、X_6（教育培训制度）、X_2（金融制度），由此可以看到，除了社会保障制度之外，其余5个制度变量改革的优先次序，这对相应的政策思路具有一定的启示作用。

3.在三级指标中

变量 X_{11}（农村土地产权确认制度）、变量 X_{32}（农民工跨省落户制度）、变量 X_{53}（城镇基本社会保障制度）、变量 X_{52}（农村社会保障制度）、变量 X_{51}（农民工社会保障制度）、变量 X_{31}（农民工省内城镇落户制度）、变量 X_{43}（城镇二级劳动力市场）构成了影响农村劳动力转移的主要影响因素，其权重总和达到0.6442。因此，对于当前农村劳动力转移制度创新的具体指标而言，笔者认为，这7个具体制度指标对于农村劳动力转移起着主要作用。因此，迫切需要加快这些具体制度指标的改革创新力度。

综合以上结论可见，深化改革"城市融入"指标的社会保障制度和户籍制度以及"农村转出"指标的农村土地制度，这将是目前农村劳动力转移制度创新路径首先需要考虑的因素，这为当前及今后我国农村劳动力转移制度创新路径模式及政策思路提供一定的借鉴和参考。

第四节　本章小结

本章是新阶段中国农村劳动力转移的制度创新理论模型分析，主要探讨如下问题：

第一，本章提出了农村劳动力转移的两个前提或必要条件：维护国家粮食安全和城乡基本公共服务均等化，认为这两个前提能够推动新阶段农村劳动力转移进程。笔者认为，在消除农村劳动力转移制度障碍、推动农村劳动力转移制度创新的同时，必须构建保障中国粮食安全的长效机制，确保粮食安全，这种粮食安全是动态的，不仅是满足当前人们生活水平需要的粮食安全，而且还要满足城镇人口增长及人们生活水平提高后的粮食需求，进而推动中国现代化进程。城乡基本公共服务均等化归根结底是在城乡居民之间合理配置公共资源，以提高社会总体的福利水平，涉及公平与效率的权衡问题。因此，实现基本公共服务均等化制度创新的具体创新路径要依制度创新主体的不同而采取不同的路径模式。就目前阶段而言，应把保障农村地区实现最低标准的基本公共服务作为直接目标。

第二，本章分析了新阶段农村劳动力转移的制度创新理论，主要包括两部分，一是制度创新主体，二是制度创新过程。新阶段农村劳动力转移制度创新的宏观主体即中央政府，中央政府在农村劳动力转移制度创新中扮演着主要的角色；制度创新的中观主体即各级地方政府，地方政府对中央政府的制度创新负有贯彻执行的职责，在中央政府关于农村劳动力转移制度创新框架内也担负着制度创新的重要作用；制度创新的微观主体即农户（含农村劳动力）及其农村集体组织。由于农村劳动力转移制度创新过程是在典型的二元结构下进行的，其制度创新过程是一个较为长期的过程，只能采取有重点分阶段、逐步过渡的方式推进；农村劳动力转移过程必然面临着不同的时代背景，还需要研究转移制度安排的次序和协调问题，即过渡性的中间制度安排和各项制度安排之间的统筹协调问题。而且，新阶段农村劳动力转移制度创新及其统筹协调问题受以下两个方面的因素决定：一是制度创新的成本—收益；二是制度非均衡向制度均衡转变的条件，这实际上也是一种成本—收益分析。笔者认为，现有的农村劳动力转移制度安排不能满足农村劳动力转移的现实和潜在制度需求，即处于制度非均衡状态，这种制度非均衡主要是制度供给不足造成的，因此，新阶段农村劳动力转移的制度创新过程应该在制度供给方面下工夫，需要根据各项制度创新的目标和相应阶段的社会经济条件做好相应的过渡性中间制度供给以及各项制度供给之间的统筹协调。

第三，根据前述的制度创新理论，本研究从制度供给的角度构建了基于制度障碍层次的农村劳动力转移模型，以此为基础，选取各制度的相应变量构建了农村劳动力转移制度创新理论模型。该模型以制度创新主体主要是中央政府为主导，以农村劳动力转移的制度创新为手段，以培育农村劳动力可持续性的就业能力为目的，加速推动农村劳动力转移进程，进而实现农业产业化、农村城镇化和农村现代化，为加快社会主义新农村建设和构建和谐的城乡关系打下良好的社会基础。同时，基于制度创新子系统之间的统筹协调问题构建了制度创新各分解变量的相互关系模型。通过这个关系模型，笔者认为，农村土地制度创新、金融制度创新、社会保障制度创新和劳动力市场制度创新构成了中国农村劳动力转移制度创新的主过程，教育培训制度创新和户籍制度创新能够加速这一转移制度创新的进程；其中，社会保障制度创新有利于农村土地流转，降低农村土地保障的传统功能，能够进一步推动农村劳动力转移；农民工社会保障制度作为过渡性中间制度安排的特征比较明显，其最终将过渡到农村社会保障制度或城市社会保障制度，根据农民工最终的流向决定其社会保障制度选择的方向。

第四，本章还运用层次分析法来分析和评价各个制度变量在该体系内的权重。笔者把农村劳动力转移制度创新理论模型作为一个系统，通过运用层次分析法对新阶段农村劳动力转移制度创新变量的权重进行分析可以得出，在 2 个障碍层次中，"城市融入"制度改革比"农村转出"制度改革更为重要；在 6 个制度变量中，社会保障制度是影响农村劳动力转移的首要制度变量，这说明剥离附加在户籍制度之上的社会保障制度（及与之相连的福利制度）是当前加快农村劳动力转移制度改革的首要任务，排列第 2 位至第 6 位的依次是户籍制度、农村土地制度、劳动力市场制度、教育培训制度、金融制度；在 17 个分解制度变量中，农村土地产权确认制度、农民工跨省落户制度、城镇基本社会保障制度、农村社会保障制度、农民工社会保障制度、农民工省内城镇落户制度、城镇二级劳动力市场 7 个具体制度指标是影响农村劳动力转移的主要影响因素，对于农村劳动力转移起着主要作用。

第七章
新阶段农村劳动力转移制度
创新路径及其政策分析

制度的本质在于创新，制度创新实质上就是一种更有效率的制度的产生过程。在特定的制度环境改变时，一定的制度安排必须进行改革和创新，以适应社会经济环境的特定要求。前面已经分析了各个制度变量与农村劳动力转移的关系，并从理论上描述了新阶段农村劳动力转移的制度创新理论及其创新过程，明确了各项制度变量在农村劳动力转移制度创新体系中的权重，这就为新阶段农村劳动力转移的政策研究提供了思路或方向。相对于前面的制度变量而言，政策更具有操作性和实践性。

第一节　新阶段农村劳动力转移
制度创新路径分析

新阶段农村劳动力转移制度创新理论模型及其制度变量的相互关系和各制度分解变量的权重及合成权重可以给予这样的启示，那就是制度创新是促进农村劳动力转移的突破点，政府尤其是中央政府作为制度创新主体在整个农村劳动力转移过程中扮演着相当重要的角色。由政府的制度创新主体作用就引申出政府责任问题，这是农村劳动力转移制度创新的首要问题，这就为新阶段农村劳动力转移制度创新路径安排给予启迪。因此，加快新阶段农村劳动力转移的制度创新，实现农村劳动力转移的新突破，需要考虑的是政府责任问题。

一　新阶段农村劳动力转移制度创新的政府责任分析

基于笔者对政府责任的认识，本研究之政府责任，是从义务或者说职责层面来界定的，即作为制度创新主体的政府负有实施农村劳动力转移制度创新的责任。这种责任首先是一种政治责任，是为满足国家政治和经济社会发展需要的责任；同时也是一种道义责任，现代政府在公民生产生活方面肩负着帮助和保护的责任，这是公民行使权利的需要。在具体制度创新过程中，政府要承担的责任则应当是具有确定性的、可预见的、可追究的法律责任，这种责任是法律所要求的义务。

（一）公共产品、制度与政府责任的关系

作为一个与私人产品相对应的经济范畴，公共产品（Public Goods）一词最早是由林达尔（Lindahl）提出来的，后来又有很多学者先后从不同角度对其内涵进行了不尽一致的阐释，其中唯以萨缪尔森的说法在经济学领域最受推崇，并已被大多数经济学家奉为经典性定义。

1954 年，经济学家保罗·萨缪尔森在其著作《公共支出的纯粹理论》中给出了公共产品的经典定义："纯粹的公共物品或服务，即每个人消费这种物品或服务不会导致别人对该种物品或服务消费的减少。"[①] 也就是说，在将该产品的效用扩展至他人时，其给供应者带来的边际成本为零，且无法排除他人享用。在此，笔者认同萨氏的观点，并遵循公共产品的本质是非竞争性和非排他性的特点。

依据公共产品的非竞争性和非排他性这两个特征，公共产品又可以分为纯公共产品和准公共产品。纯公共产品是指具有完全的非竞争性和非排他性特征的公共产品，如国防、环境保护等。这类公共产品的消费人数众多，且不同消费者之间的消费意愿差异不大，受益比较均匀，人们无须付费就可以享受。需要注意的是，绝对的纯公共产品是不存在的，这里的"纯公共产品"只是一个相对的概念。而准公共产品是指不同时或不完全具有非竞争性和非排他性的公共产品，如公共基础设施等。从消费和生产的角度看，纯公共产品由全体成员共同使用，每增加一个消费者和使用者，其边际成本都为零，因此，纯公共产品不能通过市场交换进行供给，

---

① Samuelson P. A（1954），"The Pure Theory of Public Expenditure"，*The Review of Economics and Statistics*（36）.

一般由政府或社区提供。而准公共产品在供给方面具有公共性，在消费方面却具有私人性，因此，一部分准公共产品既可以由政府提供，也可以由私人或市场提供。[①]

从前述的制度含义来看，制度是人类在特定时期特定条件下选择的与人类行为密切相关并借以影响人们相互关系的正式规则和非正式规则的总称。而本研究关注的重点是正式制度，即具有强制约束力的各种有形制度的统称。从这一点来看，具有强制约束力的有形制度的创新主体应该是具有和代表公共权力的政府，而且制度本身所规定的内容也应该具有非竞争性和非排他性，即只要符合相应条件的公民均可以享受制度规定的权利或服务。因此，从这个意义上来说，制度也是一种公共产品；而且，就本研究所关注的正式制度及其相应的制度变量而言，制度应是准公共产品，其供给主体应该是政府尤其是中央政府。

将制度纳入公共产品的范畴，也具有非排他性和非竞争性等特点，它的供给是否有效也有很多影响因素，如社会政治制度性质、经济社会发展水平、政府管理理念等。从目前的实际情况来看，公共产品供给完全通过市场方式提供是不可能的，在效率上也是极其低下的。公共产品供给主要应由政府提供，政府是公共产品供给的当然之主要主体，因为政府供给公共产品比私人提供更有效率。当然，效率并不是政府提供公共产品的最高价值准则，但就公共产品的供给效率来说，政府供给的效率无疑要高得多。正如萨缪尔森所说，市场是一个自由组织体系，它受"看不见的手"自发调节，没有人去设计它，完全是自然演化而来的，它虽然有效地解决了人类社会必须解决的三大基本经济问题，即"生产什么和生产多少、如何生产、为谁生产问题"，但在公共产品的生产和供给方面却存在很多先天的缺陷，如"搭便车"行为等。因此，公共产品完全通过市场机制供给，必然会产生供给效率低下或供给不足问题，无法满足现代社会公民日益增长的公共产品需求。市场经济的发展经验表明，由于市场机制的内在缺陷，通过市场自身组织体系很难克服。在市场失灵的公共产品供给领域，客观上需要政府的介入，需要政府承担公共产品供给的主体角色，政府有能力也有责任成为公共产品供给的有效而必需的主体。因此，这就涉

[①] 参见李华《中国农村：公共品供给与财政制度创新》，经济科学出版社，2005，第17~25页。

及包括制度在内的公共产品供给的政府责任问题。

政府作为公共产品的主要供给主体，实现社会公正是政府义不容辞的首要责任，是一种客观责任，这是创制政府的宗旨。由于政府掌握制度配置与完善的政治资源（包括宪法秩序、权力、权威、组织等）和技术手段，能够通过制度公正以确保社会公正的最终实现，即制度是公平正义的根本保证，公正是对制度体制的价值判断。

正如前述，制度是规范体系，它自身具有的特性决定了其在保障公正方面的核心作用。制度可以充分发挥其特有的结构形式和功能，影响和制约其他措施发挥作用的程度和范围，依靠其自身的权威性、强制性和规范性，对社会资源进行分配和调节，保障法定范围内社会成员的应有权益，制止和制裁破坏公正的行为，为全社会提供指向性价值，以此引导、约束和控制人们在社会生活中的各种行为。特别是人类步入现代文明社会以来，人们交往活动的广度、深度和频度超过了人类历史的任何一个时期，而作为规范体系的制度的作用也就越来越重要。[①] 因此，政府责任就主要体现在维护制度公正上，即公正是政府制度安排和制度创新的主要基点，这就为探索新阶段农村劳动力转移的制度安排与制度创新提供了基本的责任原则。

（二）农村劳动力转移制度创新与政府责任的关系

利益与利益关系是人类社会活动的基础，而政府的基本职能，就是对利益进行社会分配。当前农村劳动力转移面临的制度障碍，说到底也是一种利益关系分配不当的结果，城市偏向的二元结构就是制度不公的结果，而农村劳动力转移的制度供给方主要是政府，尤其是对强制性制度变迁来说更是如此。因此，制度创新就涉及政府责任问题，而且从制度创新的宏观、中观主体是政府这一角度来说也牵涉政府责任问题。通过对公共产品、制度与政府责任三者关系的阐释，基本上可以界定农村劳动力转移制度创新与政府责任的关系，即农村劳动力转移制度创新与政府的关系则是客体对象与供给主体的关系，农村劳动力转移制度创新与政府责任的关系是紧密相连、密不可分的关系。如果离开了政府责任，农村劳动力转移制度创新将是一个不可能完成的过程，即便进行也是不彻底的完全市场化的制度创新。因此，必须强化农村劳动力转移制度创新的政府责任，这是加

---

① 　师泽生、王冠群：《制度：公正的保障》，《吉林大学社会科学学报》2006 年第 4 期。

快农村劳动力转移制度改革与创新的法理基础。

政府作为制度创新的主要主体，其责任是维护制度公正和社会公正。一方面，政府既是新阶段农村劳动力转移的各项制度安排与制度创新的供给者、制定者，又是实施者；另一方面，市场经济是市场配置资源的自由经济，人的自由流动是市场经济的应有之义，政府作用可以弥补市场配置资源的缺陷，进而通过制度供给推动农村劳动力转移进程。由此可见，政府在新阶段农村劳动力转移制度创新过程中充当主导作用，而农村劳动力转移制度创新更是新阶段政府职责所系，是现代公民社会服务型政府的要义所在。

农村劳动力转移是否能真正起到优化资源配置的作用，取决于两个关键因素：第一，市场竞争是否充分；第二，法律或制度是否公正合理。[①]目前，中国正处于完善社会主义市场经济体制的过程中，市场竞争关系逐步得以完善，而农村劳动力由于先天的制度供给不足无法与城市劳动力在劳动力市场上平等竞争，造成城乡劳动力在权利和发展机会上的不平等，形成了劳动力市场上的替代关系或者是不充分的竞争关系。同时，受中国赶超型经济发展战略的影响，农村劳动力转移的相关制度供给明显不足，制度公正合理并没有得以体现，农村劳动力流动行为大多是农民自主的理性决策行为。因此，新阶段农村劳动力转移的制度创新需要从制度供给角度保障制度公正的实现，这样才能真正建立完善的社会主义市场经济体系，因为现代社会是以人力资本为主导的知识经济社会，劳动力和人才的价值只有通过自由流动和市场竞争得以实现。

在年轻劳动力有限供给的新阶段，"人口红利"将渐趋消失，自然资源也并非源源不绝，中国经济下一轮成长的动力更多地指向内部结构关系的调整与资源使用效率的优化，这更多地依赖于政府行为及其政府责任的实现。新阶段农村劳动力转移的制度创新不仅有利于广大农村外出劳动力的民生改进和社会物质财富的再分配，有利于基本公共服务城乡均等化和缩小城乡及区域差距，更能加速中国特色的城镇化进程，为中国经济注入更多的活力和动力。更重要的是，农村劳动力转移制度创新将有助于深入贯彻以人为本的价值理念，为劳动力的有序流动和公平就业创造有利条

---

① 刘明慧等：《农村劳动力转移与政府职责定位》，《大连海事大学学报》（社会科学版）2009 年第 3 期。

件，让人人享有同等的基本公共服务，成为中国社会各阶层均衡发展、构建和谐社会的基石。

二 新阶段农村劳动力转移制度创新路径的内在机制分析

（一）制度创新路径及其路径依赖

新古典经济学认为，基于经济人的完全理性会选择最优策略。这种假定运用于制度领域中，就是最优的、有效率的制度才会被选择。有效率的制度是人们所追求的，无效率的制度是人们所避免的。然而，制度的效率并非永恒的，随着社会生产力的变动、生产关系的演变及人的有限理性等各种因素的影响，导致很难存在完美的制度。在现实中，由于制度运行及其相应制度环境的作用，以及因个体差异性导致在获取制度带来的利益方面的能力不同，形成了一定的利益群体或利益集团。当制度出现效率递减或边际报酬递减时，就必须对制度进行创新，不断释放制度绩效，才能促进社会发展。而既得利益集团出于维护自身利益的需要，就会阻碍制度创新及其路径选择。在此，主要探讨已有的制度对制度创新的影响，即通常的制度创新路径。

路径即为达到目的而采取的路线。诺斯认为制度变迁的内在动因是主体期望获取最大的潜在利润，正是获利预期无法在现有的制度安排中实现，才导致了新制度的形成。从制度供求的角度来看，制度创新路径就是制度的供给方与需求方通过一系列博弈推动新制度形成的过程。本研究的制度创新路径即为实现新阶段农村劳动力转移的制度创新目标而在相应阶段采取的过渡性中间制度安排及其具体的制度设计过程；而在制度创新过程中，制度的供给方可能会发生转换。因此，分析制度创新路径时首先要找到制度创新的主体，即供给方；其次才能分析制度创新过程中主体的转换及其博弈过程，亦即具体制度的创新过程。

按照前面论述的制度创新主体的不同，制度创新可分为强制性制度创新和诱致性制度创新，从而制度创新路径基本上可以分为两种基本模式。第一种适宜以需求为主导的诱致性制度创新模式。在起始阶段，制度的需求方（一般是微观主体）成为制度创新的主导方，通过一系列制度创新的成果，使制度供给方（政府）承认这些制度创新成果，然后，这些制度创新成果通过制度供给方的强制力量而得以正式承认，从而转化为正式的制度创新。这种创新路径是市场主体主导，是内生的诱致性制度创新。而第二种则是强制性制度创新为主的模式。在起始阶段，制度供给方（中央和地方政府）成为制度创新的主导方，直接通过强制的行政命令来推进制度创新。这样，这种制度创新就是外生的、自上而下的。而只有当这种制度创新符合微观主体利益需要而被其接受，或者对其来说制度创新的收益大于成本时，这种制度创新才有可能取得成功。就本书而言，新阶段农村劳动力转移的制度创新路径应该主要是以强制性制度创新模式为主导的制度创新路径。当然，这种制度创新路径也是源于一定的内生诱致型制度创新。

然而，谈到制度创新路径，就不能不说明"路径依赖"。路径依赖的概念最早由道格拉斯·诺斯提出，他认为，"路径依赖"类似于物理学中的惯性，事物一旦进入某一路径，就可能对这种路径产生依赖。这是因为，经济生活与物理世界一样，存在着报酬递增和自我强化的机制。这种机制使人们一旦选择某一路径，就会在以后的发展中得到不断的自我强化。以阿弗纳·格雷夫（Avner Greif）为代表的历史制度分析更注重制度的实证研究，即着重研究文化和社会的制度结构之间的关系。格雷夫（1994，1997）认为，出现何种博弈均衡状态，在很大程度上取决于博弈者的预期，这种预期主要受其文化信仰的影响，而文化信仰又是在以前的制度选择中，即历史上存在的制度均衡中逐渐形成的。当博弈者根据当前的环境对未来结果做出预期和相关决策时，他在以前（历史上）的博弈中所形成的文化信仰就会深刻地影响其当前的预期和决策。这样，"文化信仰作为链条和纽带，就在历史上不同的博弈和制度均衡之间建立了内在联系和继承关系"。[1] 这实际上就说明了历史发展轨迹对现在制度选择的影响，"后发生的事强烈依赖于当前的具体事态，而当前事态又是此前事态的结果"[2]。"历史表明，人们过去做出的选择决定了其现在可能的选择。"[3] 这就说明了制度创新路径依赖的根源。

制度创新的路径依赖主要体现在以往的规则体系对人们当前行为的影

[1] 韩毅：《历史的制度分析——西方制度经济史学的新发展》，辽宁大学出版社，2002，第163页。
[2] 马尔科姆·卢瑟福：《经济学中的制度——老制度主义和新制度主义》，中国社会科学出版社，1999，第13页。
[3] 〔美〕道格拉斯·诺斯：《经济史中的结构与变迁》，上海三联书店，1991，"序1"，第1页。

响，尤其是在新的行动规则创立之时，"现行的制度特征来自于过去对现行的选择集合所施加的限制，因而也使得现行的选择建立在可以理解的基础上"①。即一定的社会是被一"制度集（体系）"规范起来的，每一制度根源于一定的社会环境中，有其自身的功能，彼此之间相互制约着、影响着、关联着，但"制度集（体系）"的各项制度之间由于情势不同而各自的创新程度并不一致。任何新事物的出现都难脱离已有环境的影响。路径依赖的另一层含义就是已有的现存制度以各种方式影响着人的行为，进而影响着新制度的出现。② "路径依赖"概念向人们传递了这样一种思想，即组织的结构和制度的结构是从这样一个过程中产生的：在这个过程中，过去的事情影响着未来的发展，使之沿着特定的路径发展，这条路径是在对过去事件的适应下产生的。③

通过对制度创新路径及其依赖的认识，有助于探讨新阶段农村劳动力转移的制度创新路径，以及在制度创新过程中如何避免制度创新路径依赖，进而推动农村劳动力转移的制度创新进程。

（二）新阶段农村劳动力转移制度创新路径模式

20 世纪 80 年代中期开启的农村劳动力转移实践表明，农村劳动力转移已进入由能否转移向如何有序转移及解决转移所带来的深层次问题的新阶段。因此，促进农村劳动力转移的制度安排已进入了一个攻坚克难的新阶段。在传统计划经济体制向现代市场经济体制转变与二元经济社会结构向城乡一体化的现代社会转变交织在一起的背景下，我国农村劳动力转移的复杂性和艰巨性决定了制度创新路径选择必须是有步骤分阶段的进程。为此，必须重视农村劳动力转移过程的阶段性和制度创新体系之间的协调性，突破农村劳动力转移制度创新的传统路径依赖，加大制度创新力度。

转移过程的阶段性是针对我国农村劳动力转移过程而言的。农村劳动力转移是一个复杂多样的过程，因为它不仅是一个人们普遍关注的经济问题，也是涉及社会政治稳定的重大民生问题，如果处置不当，可能会影响

---

① 〔美〕道格拉斯·诺斯：《制度、制度变迁与经济绩效》，上海三联书店，1994，第 184 页。

② 马红光：《路径依赖——从农村劳动力转移看制度变迁的方式》，《社会科学辑刊》2008 年第 4 期。

③ 赵晓男、刘霄：《制度路径依赖理论的发展、逻辑基础和分析框架》，《当代财经》2007 年第 7 期。

和危及当前的经济发展与社会稳定。研究农村劳动力转移问题,必须结合当前我国社会实际,必须将农村劳动力转移与改善农民(工)的经济社会地位、实现农业产业化、农村现代化与城乡一体化紧密结合起来,必须正确面对农村劳动力转移的复杂性及由制度障碍引起的反复性,走中国特色的农村劳动力转移制度创新之路。因此,笔者认为,农村劳动力转移的制度创新,既要适应生产力的发展水平和阶段要求,又要看到生产关系的变化;既要考虑农村劳动力转移制度创新主体的能力、利益和行为的变化,又要考虑制度创新的潜在收益方对制度变革的态度与可能采取的行动,注意制度安排的合理性、时效性和可操作性。由于各种因素导致的诸多制度障碍,农村劳动力转移的制度创新目标不可能一步到位、千篇一律,而现实可行的选择就是因时因地、分阶段地突破制度"瓶颈",实现制度创新,有序地推进农村劳动力的转移进程,实现劳动力资源的城乡均衡配置。

协调性是针对农村劳动力转移制度创新变量各个系统而言的。在系统论看来,协调就是一种运动状态,表明各创新系统之间在动态反馈过程中各自螺旋式上升的融合关系。既然农村劳动力转移过程是一个复杂多样的过程,而且其制度变量及相应的制度分解变量较多,同样面临一个协调性问题,这就需要考虑制度变量之间的协调性,这种协调性不仅表现在整个制度创新过程,而且还表现在制度创新的不同阶段。农村劳动力转移过程是一个长时期的过程,其间又根据社会经济条件和现实的制度状况可能分为相应的不同阶段,这种协调性就主要表现在每个阶段都有一个制度创新的主要突破点,其他的制度变量围绕这一主要突破点来进行。这样,制度创新各分解变量的协调性能够减少制度变量之间的"内耗"和"不适",降低制度创新供给的实施成本,提高制度创新的针对性和适应性,充分发挥制度创新各变量系统之间的协同效应和集聚效应。因此,笔者认为,新阶段农村劳动力转移的全过程及各阶段的制度创新系统都要重视各子创新系统之间的协调性,即这种协调性是动态的、发展的、变化的、多元的,必须因时因地进行调整,但又不能脱离农村劳动力转移制度创新的基本原则要义,目的在于实现农村劳动力转移制度创新的最终目标。

根据第六章第三节的分析,制度创新的关键在于突破农村劳动力转移过程的制度非均衡,使其在新的情势下向制度均衡发展,而突破这种制度非均衡必须满足的条件是新制度的社会潜在净收益大于已有制度的社会净收益、个别潜在净收益也大于已有制度的个别净收益,这样才会使制度创新的需求与供给、动机与能力一致，从而把潜在的制度供给变为现实的制度供给，实现从制度非均衡向制度均衡的转变；同时，还谈到了农村劳动力转移制度创新主体分为三个层次，其中，宏观层次的中央政府在农村劳动力转移制度创新面临复杂艰巨的环境下起着主要的作用，而农村劳动力转移涉及中观主体——包括流出地和流入地在内的地方政府的利益分配问题，这就决定了中央政府制度创新路径选择除了考虑微观主体的利益之外，还需要考虑地方政府的利益诉求及其相应的积极性，因为地方政府是制度创新路径的实施者。

结合我国农村劳动力转移的复杂性、艰巨性以及各制度创新主体利益分配格局的变化，可以将我国农村劳动力转移的制度创新过程分为近期和中长期两个时期，每个时期有着不同的制度创新重点和任务，相应也有着不同的制度创新路径。当然，这种划分并不是说相关政策建议只能在近期或在中长期完成，可以视条件提前或推延，这样划分的目的主要是寻找和突出制度创新的突破点。

在此，笔者认为，近期为农村劳动力转移制度创新的"破题阶段"，也是推动农村劳动力转移制度创新面临压力最大而又必须取得重大成果的阶段，因为全面小康社会应该是让包括农民在内的广大人民群众分享改革成果和不断改善民生的社会，这个全面小康也应包括"制度小康（完善）"在内的"各方面制度更加完善、社会更加充满活力而又安定团结的"的小康社会，而不应该再是一个城乡差距继续扩大的二元社会。基于这样的认识可知，近期是农村劳动力转移制度创新模型的相关制度变量取得重要成就的时期，是"三农"问题的瓶颈初步得到破解、城乡统筹发展稳步推进和城乡统筹发展大大提高的时期。"实践永无止境，创新永无止境。"紧接近期之后的中长期为农村劳动力转移制度创新的"解题阶段"，也是迈向基本实现现代化的重要阶段。这一阶段农村劳动力转移过程将以深化"城市融入"、积极推动城镇化为主，农村劳动力制度创新进入制度深化阶段，到新中国成立 100 周年之际，劳动力资源自由流动和合理配置的市场机制基本形成，我国城镇化水平已站在较高的起点上。届时，我国将是一个"富强、民主、文明、和谐"的社会主义现代化国家。

近期阶段的时间跨度大致为"十二五"规划时期。"'十二五'时期（2011 年至 2015 年），是全面建设小康社会的关键时期，是深化改革开放、加快转变经济发展方式的攻坚时期①。"在这一时期，由于国际国内形势正在发生深刻变化，国际金融危机的影响仍未根本改变，我国改革发展已进入克难攻坚阶段，经济发展方式转变、产业结构调整升级、国内有效需求不足、城镇化建设相对滞后和公共服务水平、城乡差距等使国内经济社会发展面临着诸多挑战和困难，都需要进一步深化改革发展。与此同时，年复一年的"民工荒"现象愈演愈烈，2010 年部分地区反映出的"招工难"、缺工现象严重等；2011 年春节前后，"招工难"与"就业难"现象并存，这实际上反映了我国劳动力需求与供给之间存在的某种"不和谐"因素，户籍、社保等制度障碍还没有真正被打破，进而更加剧了农村劳动力转移制度创新的必要性和现实性。在这样的背景下，近期农村劳动力转移制度安排的重点应该是首先解决农民工尤其是第二代农民工（或称"新生代农民工"）的城镇落户问题，因为"农民工面临的很多问题，都与现存的城乡分割的户籍制度密切相关"②，而之所以选择农民工，主要原因在于农民工实际上已是产业工人，承担了产业职能，基本具备了户口迁移的条件，其生活方式和经济来源都已经和农村没有直接关系，理应将其纳入优先转变身份的群体，尤其是那些在改革开放新环境成长起来的第二代农民工；而且这也符合中央提出的"注重在制度上解决好农民工权益保护问题"的要求。因此，结合前面分析的各个制度变量的权重，笔者认为，近期农村劳动力转移的制度创新路径模式既受制于制度变迁的"路径依赖"机制，又须打破制度创新的"路径依赖"，即以社会保障制度为重点，以农民工户籍制度改革为中心，以农村土地制度、农民工劳动力市场制度、农民工培训制度与农地金融制度为支撑，并辅以相关的制度创新和配套政策，积极引导农村劳动力"农村转出"和共同推动农民工尤其是第二代农民工"城市融入"的制度创新路径模式。

中长期阶段是包括时间更长的时期，是我国经济社会发展进入可持续和包容性发展的关键时期。应该说，近期制度创新路径安排为中长期农村劳动力转移制度创新路径安排作了相应的基础和铺垫。这一时期面临的主要人口发展趋势是：一是因中国人口转变产生的"人口红利"将面临一个转折点，即劳动力资源规模不再处于上升趋势而是渐趋下降，年轻劳动力

---

① 《中共中央关于制定国民经济和社会发展第十二个五年规划的建议》，2010 年 10 月 28 日《人民日报》第 1 版。

② 韩俊：《中国农民工战略问题研究》，上海远东出版社，2009，第 57 页。

供给减少趋势将更加严重，劳动力抚养比上升；二是中国总人口规模将达到峰值 14.5 亿人左右后开始缓慢下降；三是人口老龄化趋势将更加严重，65 岁及以上的老年人口峰值，占总人口的比例将达到 23% 左右。严峻的人口形势对农村劳动力转移和城乡人口均衡发展都将产生重要的影响，也就决定了这一时期以城乡一体化为目标的农村劳动力转移制度创新路径是"制度深化"的"解题阶段"。党的十七届三中全会通过的决定把推进城乡一体化上升到一种国家发展战略。应该说，经过"破题阶段"的农村劳动力转移制度创新，这一阶段农村劳动力转移的制度创新压力不及前一阶段的压力，但是农村劳动力转移进一步制度创新的压力依然存在。而且，由于这一时期的经济实力、国家财力、人口素质和社会条件已较近期有了更大的增强，各地城乡统筹及一体化的实践已经取得了相应的成绩并积累了一定的经验，为继续加快农村劳动力的"城市融入"及增强其"城市融入"的可持续性奠定了社会经济基础与制度基础。

城乡一体化既是消除城乡二元结构、实现经济社会协调发展的基本表现之一，也是农村劳动力转移制度创新的一项主要目标。虽说城乡一体化进程在农村劳动力转移制度创新的近期阶段也在不断推进，但是由于我国渐进式的市场化改革使城乡一体化进程只能采取渐进式的制度创新模式，使近期阶段只能属于城乡一体化的"破题阶段"，而在中长期阶段才具备真正意义上的城乡一体化进程。因此，相对于前期的农民工尤其是第二代农民工"城市融入"而言，农村劳动力转移中长期的制度创新应该是向更深更广的范畴推进，向制度创新的内核推进，着力于构建一个更加和谐、更加公平、更加自由的现代文明社会。为此，这一时期农村劳动力转移的制度创新路径主要是根据制度需求并结合经济发展的承受能力，基于培养农村劳动力城市融入的可持续能力为目的，以城乡一体化为目标，以社会保障制度建设为重点，以劳动力市场制度为支撑，进一步完善户籍制度、教育培训制度、农村土地制度和金融制度，积极推进各项制度变量深化与完善的制度创新路径模式，彻底消除农村劳动力转移的制度障碍，使农村劳动力转移在新的时代条件下开启新的征程。

基于对两个时期制度创新路径模式的分析，参考第六章第三节六个制度变量合成权重的优先序来安排本章第二节至第三节六项制度改革的政策内容，并提出相应的对策建议。需要说明的是，近期和中长期农村劳动力转移制度创新的政策建议内容也是体现政府责任的重要方面。前面提到，农民工市民化的成本大约在 8 万元左右，而本章第二节和第三节的政策建议内容主要是为了明确政府在基本公共服务方面的政治责任，各层制度创新主体合理分担农村劳动力转移的制度实施成本，构建宏观主体和中观主体的责任分担机制，降低微观主体的"城市融入"成本，从而促进更多的农民工融入城市，迎接和适应我国城镇化发展的大趋势。

第二节 新阶段农村劳动力转移制度改革的近期政策分析

前面提及，近期农村劳动力转移的制度创新路径模式是以社会保障制度为重点，以农民工户籍制度改革为中心，以农民工劳动力市场制度、农民工培训制度、农村土地制度与农地金融制度为支撑，并辅以相关的制度创新和配套政策，积极引导农村劳动力"农村转出"和共同推动农民工尤其是第二代农民工"城市融入"的制度创新路径模式。基于这样的制度创新路径，笔者围绕各项制度提出相应的对策建议。

需要说明的是，逐步推动城乡公共服务均等化是这一时期统筹城乡经济社会发展的主要目标。这六项制度改革内容构成了近期农村劳动力转移或农民工市民化基本公共服务的主要内容。当然，进一步推进农民工市民化进程，除了在上述六个方面进行制度变革之外，还需要通过产业集聚带动城镇发展，以产业化促进城镇化，以城镇化实现人口集聚。

一 健全农民工社会保障制度的对策建议

社会保障作为一种特殊的物品，同时具有纯公共物品属性（如社会救助、社会福利）和准公共物品属性（如社会保险），这就决定了政府尤其是中央政府是建立和实施社会保障制度创新的主体，有着强制推行社会保障制度的责任。目前，我国社会保障制度碎片化的现实使社会保障制度改革的任务较为艰巨，而且新实施的《社会保险法》明确要求"进城务工的农村居民依照本法规定参加社会保险"，这就凸显了农民工社会保障制度是一种过渡性的社会保障制度。因此，笔者认为，健全农民工社会保障制度仍是当前社会保障制度建设的主要内容之一，这也符合我国社会保险"广覆盖、保基本、多层次、可持续"的方针，只是在制度设计时主要考虑涉及农民工急需的社会保障项目，同时还要考虑其与城镇基本社会保障制度的衔接，减少今后进一步改革的制度成本。通过以第二代农民工为主体的农民工城镇落户及其相应的社会保障体系建设，促使第二代农民工率先完成从传统土地保障依赖到现代社会保障的过渡，有利于第二代农民工在城镇稳定就业和市民化，有利于稳定城镇劳动力供给态势。当前农民工社会保障制度建设要以满足农民工急需的社会保障为主要任务，兼顾目前农民工工资收入较低和土地资本尚未激活的实际情况，实行"低标准、广覆盖、渐进式过渡"模式，调动用工单位和农民工参保的积极性。要确保参加农民工社会保障制度的强制性，凡进城稳定就业的农民工，用人单位和农民工都必须按规定参加社会保障，并履行缴纳相关社会保险费的义务。对于已在城镇落户的农民工，允许其在一定的过渡期（如 3～5 年）内根据自己意愿选择参加城镇社会保障或农民工社会保障，待相应的过渡期满后逐步纳入城镇社会保障体系。就目前而言，农民工社会保障项目主要包括工伤保险、医疗保障、养老保险、失业保险及农民工最低生活保障等五个方面。

（一）农民工工伤保险制度

首先，工伤保险作为一种职业风险分散机制、"现收现付"的筹资机制，因不涉及保险关系转移接续的问题，制度运行成本较低。其次，"无过失补偿"原则下的差别费率和浮动费率相结合的缴费机制，有利于提高用人单位的安全生产意识，有利于减少农民工的职业伤害和工伤事故。再者，由企业或雇主分担保险费用，减轻了政府的财政负担。因此，政府应当积极履行制度建设的责任，并依法强制推行，维护农民工的社会保障权益。

依照新通过的《社会保险法》的规定："职工应当参加工伤保险，由用人单位缴纳工伤保险费，职工不缴纳工伤保险费。""进城务工的农村居民依照本法规定参加社会保险。"因此，农民工工伤保险制度应实行政府强制，按照城镇职工工伤保险制度的有关规定执行，保障遭工伤或患职业病的农民工获得与城镇职工一样的医疗救治和经济补偿。

1. 农民工的参保地选择

农民工应在用人单位注册地参加工伤保险；未在注册地参加工伤保险的，在实际生产经营地参加工伤保险；对于灵活就业人员及私营（个体）经营单位雇工人员，可以选择现住地参加工伤保险。

2. 农民工工伤认定和待遇

农民工遭遇工伤事故后，在参保地进行工伤认定、劳动能力鉴定，按参保地的规定依法享受工伤保险待遇；对难以按工资确定缴费基数的少数行业，可以探索按预算定额和产量核定缴费的办法建立用工单位工伤保险专项基金或者探寻建立商业性意外伤害保险；对于灵活就业人员或其他难以认定标准的人员，可以按照现住地的最低工资标准乘以一定年限来确定工伤保险待遇。

3. 农民工工伤待遇发放的方式和机构

对跨省流动、户籍不在参加工伤保险统筹地区（或实际生产经营地）所在省（自治区、直辖市）的农民工，实行灵活的待遇支付办法，重度伤残长期待遇的支付，可试行一次性支付和分期长期支付两种方式，供农民工选择；两种支付方式需要在农民工未来生活水平不降低的前提下，完善两种支付方式的保障机制；一次性支付应该逐年提高支付标准，保障其一定年限内的基本生活水平；分期支付应保障其支付期内的基本生活水平。农民工工伤保险由参保地城镇职工社会保险经办机构统一经办。

（二）农民工医疗保险制度

建立农民工的医疗保险制度不仅是农民工近期的现实需要，也是维护劳动力生产和再生产的客观要求。具体分为如下情形。

1. 流动农民工的医疗保险

对于仍处在流动过程的农民工，其医保可暂不设个人账户，仅建立大病医疗的社会统筹账户，并结合《社会保险法》探索建立与新型农村合作医疗保险制度衔接的实施办法及其跨省转续办法。日常医疗费用由个人或家庭承担，但应参加大病统筹医疗保险，凡是参加大病医疗费用统筹的农民工可持发放的大病医疗卡到指定的医院就诊，享受相应的医疗保障待遇。

2. 本地就业农民工的医疗保险

对于在农村或当地乡镇就业的农民工，可以直接参加新型农村合作医疗保险；相关医疗保障待遇按新型农村合作医疗保险的规定执行。

3. 城镇落户农民工的医疗保险

对于已在城镇落户的农民工，应当参加城镇居民基本医疗保险，或根据自身条件参加职工基本医疗保险，相关医疗保障待遇按城镇居民医疗保险或职工医疗保险的规定执行。

（三）农民工养老保险制度

根据农民工阶层的职业特征、收入水平、分化状况、保障需求等因素的不同，有必要针对不同的农民工群体建立有差别的社会养老保险制度。而且，由于养老保险是一种远期收益，也是农民工市民化成本和政府未来公共服务支出的主要部分，需要构建完善的成本分摊、利益共享的养老保险缴费机制，目的在于减轻政府30年后的养老保险支付压力。

1. 流动农民工的养老保险

对于仍处于流动过程的农民工，以身份证号码为基础发放社会保障卡，建立完全积累的个人账户，个人账户的所有权归农民工所有，农民工个人账户能够与职工基本养老保险制度、城镇居民社会养老保险制度或新型农村社会养老保险制度实现对接和转续。个人账户缴费由农民工及其所在单位共同缴纳，以农民工的实际收入为缴费基数，费率由农民工和农民工所在单位依有关法律协商决定。缴费方式应更灵活，可以按月、按季、按年缴纳，允许中途断保的农民工续保，以解决农民工流动性大、不能连续缴费的问题。缴费存入农民工个人账户，个人账户所形成的金额由当地劳动保障部门委托商业保险公司代为管理，并出具相关社会保障凭证，所得收益（含利息）归农民工所有。农民工个人账户管理依照《社会保险法》第十四条①和第十九条②执行。

2. 本地就业农民工的养老保险

对于在农村或当地乡镇就业的农民工，他们具有典型"亦工亦农"的兼业性质，他们出外务工是为了增加收入，尽管工资性收入已成为其家庭收入的主要来源，但他们在本质上还是纯粹的农民，应把他们纳入新型农村社会养老保险制度体系。

3. 城镇落户农民工的养老保险

对于已在城镇落户的农民工，应当参加城镇居民养老保险，相关养老保障待遇按城镇居民养老保险的规定执行。

（四）农民工失业保险制度

相对于农民工在城镇工作和生活中的其他风险而言，他们的失业风险

---

① 第十四条的内容即是：个人账户不得提前支取，记账利率不得低于银行定期存款利率，免征利息税。个人死亡的，个人账户余额可以继承。

② 第十九条的内容即是：个人跨统筹地区就业的，其基本养老保险关系随本人转移，缴费年限累计计算。个人达到法定退休年龄时，基本养老金分段计算、统一支付。具体办法由国务院规定。

发生概率相对较低，这主要是因为他们的工作性质，即他们从事的多是城市居民不愿干的脏、累、险、苦的工作，失业概率相对较小。但是，对他们来说，失业风险依然是存在的，而且由于他们在城市没有其他资产，获得正式金融机构的支持相当困难，一旦失业，他们的个人和家庭生活将在城市陷入孤立无援的境地。因此，建立农民工失业保险制度是必要的。笔者认为，建立农民工失业保险制度需要考虑农民工的实际情况。

1. 流动农民工的失业保险

对于处于流动状态的农民工来说，健全失业保险制度的基本功能应是通过农地金融制度创新提高农民工的自我保障能力，以及通过规范民间金融制度增强农民工失业时的筹资保障能力；同时，加强失业保险的就业促进功能，通过失业保险制度激发农民工主动就业的积极性。因此，可以参照城镇职工失业保险制度制定不同缴费标准的农民工失业保险制度，使农民工能够在城市失业后的工作搜寻过程中享受制度规定月份的失业保险金；农民工缴纳的失业保险金纳入以身份证号码为编号的社会保障卡，以便于失业保险资金的可携带和接续转移，其管理依照《社会保险法》第五十二条①执行。

2. 本地就业农民工的失业保险

对于在农村或当地乡镇就业的农民工，他们在本质上还是农民，因此，完善农村土地制度可作为这部分外出农民工的失业保险，这时的农村土地就具有相应的社保功能。

3. 城镇落户农民工的失业保险

对于在城镇落户的农民工，依照城镇职工失业保险执行；也可在一定年限内（如3~5年）参见农民工失业保险，以此作为过渡期，超过年限后一律纳入城镇职工失业保险。

（五）农民工最低生活保障制度

在此，笔者认同李强教授提出的"公共劳动"的观点②，即建立"公共劳动"形式的农民工最低生活保障制度，以使那些失业的、缴纳失业保险费不足一年的农民工能够通过"公共劳动"找到饭吃，这样至少可以减少犯罪率，使那些在城市陷入困境、无依无靠的农民工能够暂时找到合法

① 第五十二条的内容即是：职工跨统筹地区就业的，其失业保险关系随本人转移，缴费年限累计计算。
② 参见李强《农民工与中国社会分层》，社会科学文献出版社，2004，第215页。

的生存之路。由政府相关部门组织农民工参与公共服务型劳动在形式上是一种就业，而实质上是一种特殊的保障体制。因此，城市政府部门可以建立相关的"公共劳动"机制，其报酬支付标准为略低于当地城市的最低工资标准但高于城市居民最低生活标准的保障制度，为暂时失业的农民工提供公共劳动机会，相关费用支出纳入城市政府市级财政预算。这实际上就为农民工建立了城市最低生活保障制度，使农民工不致因暂时失业而失去生活来源，这在一定程度上能够保障农民工的最低生活水平，缓解生活压力，暂时摆脱困境。

当然，这一时期针对农民工建构的多层次社会保障制度只是一种暂时的过渡性安排。随着我国经济社会发展和城乡二元结构的逐步缓解，应该按照《社会保险法》建立一个统筹城乡的社会保障体系，对所有劳动者实施平等的社会保障安排，这是我国社会保障制度改革的终极目标。在建立农民工社会保障制度期间，要根据《社会保险法》继续完善城镇社会保障制度，更要健全相应的农村社会保障制度和城乡社会保障衔接制度，为农村土地流转制度改革和中长期城乡基本社会保障制度一体化奠定制度基础。

目前城镇已基本形成了以就业为中心的、较为完整的社会保障体系，而完善城市社会保障制度是指进一步细化城镇社会保障体系，大多体现在中央政府制度创新层面，加快建立健全医疗卫生体制，完善城镇医疗保障体系，主要是根据《社会保险法》完善城镇社会保障单项立法，如针对城镇劳动者的社会保险法，建立适合城镇所有劳动者的基本养老和基本医疗、工伤、失业、生育等社会保险制度，建立健全社会保障卡管理制度，逐步消除碎片化的城镇社会保险制度；建立城镇不同群体之间社会保障制度有效衔接的管理办法；完善城镇居民最低生活保障制度和社会救助体系；完善城镇社会保险资金管理监督制度；完善社会保险关系异地转移接续办法。

参照城镇社会保障制度模式，健全农村社会保障制度主要是健全农村医疗、养老、失地、生育等社会保险制度和社会救助、最低生活保障等社会保障制度。新型农村合作医疗制度和新型农村社会养老保险制度要逐步提高政府补贴标准，降低或者逐步将集体补贴部分纳入政府补贴范畴；参照城镇失业保险制度建设的经验，在《社会保险法》第九十六条[①]基础上

---

① 第九十六条的内容即是：征收农村集体所有的土地，应当足额安排被征地农民的社会保险费，按照国务院规定将被征地农民纳入相应的社会保险制度。

探索农村失地农民①社会保障机制，逐步将失地农民的社会保障纳入城镇社会保障体系之内，保障失地农民的合法权益；根据各地生活水平逐步提高农村居民最低生活保障标准；建立健全农村社会救助体系。

根据前面提及的近期制度创新路径模式，就制度创新之间的协调性而言，社会保障制度需要其他相关制度创新予以配套和支持，如户籍制度领域的农民工户籍迁移制度、以人口登记为主要内容的人口管理制度，劳动力市场制度领域的农民工就业歧视制度、农民工工资支付保障制度，农村土地制度领域的土地流转制度，金融制度领域的农地金融制度（这些制度的详细内容见后面相关内容），等等。应该说，这些制度的配套政策对于农民工社会保障制度改革具有较高的支撑作用，能够起到政策的"叠加效应"。

二　农民工户籍制度改革的对策建议

2009 年底，中央经济工作会议提出，要把解决符合条件的农业转移人口逐步在城镇就业和落户作为推进城镇化的重要任务，放宽中小城市和城镇户籍限制，这就为新阶段农民工户籍制度改革提供了思路和方向。这是中央在统筹城乡发展、构建城乡经济社会发展一体化新格局之后的又一战略举措，体现了中央战略构想一脉相承的发展思路，为新阶段农村劳动力转移的户籍制度创新提供了过渡性的中间制度安排。这一政策措施的提出，有助于推动农业转移人口身份的真正转变，并为土地承包经营权流转、土地规模经营、农村经济发展等提供相应的制度保障。当然，要确保农民工尤其是第二代农民工真正融入城市，户籍本身不过是一个身份的改变，除了放宽户籍限制外，还必须有一系列配套措施，如社会保障制度、教育培训制度、劳动力市场制度等。要尽快将农民工尤其是第二代农民工纳入城市的社会福利和社会保障体系当中，让他们都能真正享受到与城市居民同等的待遇。只有这样，以第二代农民工为主体的农民工才能成为真正意义上的城市人口。基于这样的认识，笔者认为，以推进跨省农民工户

---

① 经验数据显示，一般每征用 1 亩地，就伴随着 1.5 名农民失地。资料显示，我国耕地从 1996 年的 19.51 亿亩下降到 2008 年年底的 18.527 亿亩，在短短 10 余年的时间里，就净减了近 1 亿亩。随之产生了大量的"失地农民"，据学者推算，目前，中国失地农民应在 5100 万到 5525 万人之间，而且这一数据会不断增长。参见冯红霞《"失地农民问题"的成因及解决途径研究》，《民营科技》2010 年第 1 期。

籍制度改革为突破口，逐步深化户籍制度改革，为实现户籍制度改革目标奠定基础。未来的城市化道路需要通过户籍制度等一系列与之相关的制度创新稳步推进"农民工市民化"。

（一）农民工户籍制度改革的主要内容

笔者认为，农民工户籍制度改革应分为省内转移和跨省转移两部分，主要在于突出跨省转移的户籍制度安排，同时要考虑和缓解特大城市中心城区面临的人口压力。在进行户籍制度改革的同时，将农民工教育培训纳入优先考虑的范畴，可以按照以"现居住地入学"为原则安排农民工及其子女就近培训或入学甚至升学，而对已在城镇落户的农民工及其子女直接享受城镇居民的相关教育权利。同时，地方政府应制定相关的住房制度，出台相关住房保障措施，允许进城农民工享受城镇的廉租房和保障房，逐步满足已在城镇落户的农民工对廉租房和保障房的需求，这是近期农民工市民化成本的主要支出和政府公共服务供给的主要任务。

1. 农民工省内转移的户籍制度改革

农民工省内转移的户籍制度改革可以纳入省级户籍统筹的范围，其创新主体主要是属于中观创新主体的省级政府，而且这方面的户籍制度改革也在多个省市区展开。应该说，农民工在本省内就地转移遇到的障碍要比跨省转移小得多。具体内容如下：除省会城市、副省级城市以外的大中小城市实行户籍放开，以具有稳定就业或稳定收入来源、合法稳定住所为基本条件的户口迁移准入制；鼓励农民工向中小城市和县城落户；省会城市、副省级城市实行以具有稳定就业或稳定收入来源、合法稳定住所和居住期限为基本条件的户口迁移准入制；在城镇落户的农民工依法享受和承担与城市居民同等的权利和义务。稳定就业是指建立稳定劳动关系达到一定年限且签订劳动合同，或按照相关制度规定缴纳工作所在地的农民工基本社会保险金或参加城镇职工基本社会保险。建立稳定劳动关系的具体年限可以由各地根据本地实际情况及城镇化战略予以明确，原则上不得少于1年但不得高于3年，具体年限可根据各地城市的承载能力制定，县城和小城镇可以放宽至1年。合法稳定住所是指在实际居住地拥有通过购买、赠与、继承、自建或其他合法途径获得具有产权的住房或合法租房（公有住房、集体住房、私有住房、租赁住房以及其他房屋）。居住期限的要求由各地根据本地实际情况予以明确，但不应超过5年。

需要说明的是，省内户籍迁移不能以"双放弃"（即农民自愿放弃土地承包权和宅基地使用权）为前提，应该允许 3 ~ 5 年的过渡期，使城镇落户的农民工有一定的缓冲期，降低其在城镇工作居住的风险和增加一定的金融资源。

2. 农民工跨省转移的户籍制度改革

农民工跨省转移涉及的因素较多，比如转入地的资源承载力、人口结构、劳动力资源配置、城市公共资源供给、基本公共服务、全国人口的地区分布和产业结构变化等因素。从前期户籍制度改革的成效来看，农民工省内迁移的制度压力远小于跨省迁移的压力，这就意味着农民工跨省转移成为近期户籍制度改革的重点和难点。因此，跨省转移农民工户籍制度的创新主体主要是中央政府，需要制度创新宏观主体从全局出发来考虑。笔者认为，应该在农民工省内转移户籍制度改革的基础上加以推行，其主要内容为：根据本省（直辖市）流入农民工数量分布和质量结构，制定农民工城镇落户规划和年度计划，并纳入各级政府经济社会发展规划，分期分批接纳在城镇工作生活一定年限的农民工落户，力争用 10 年左右的时间逐步解决本省（市）农民工城镇落户问题；实行以具有稳定就业或稳定收入来源、合法稳定住所和居住期限为基本条件的户口迁移准入制；鼓励外省籍农民工向本省中小城镇落户；在城镇落户的农民工依法享受和承担与城市市民同等的权利和义务；同等条件下，具有劳动技能等级证书、职业资格证书或大专以上学历者优先落户。稳定就业是指建立稳定劳动关系达到一定年限且签订劳动合同，或按照相关制度规定缴纳工作所在地的农民工或城镇职工基本社会保险金。建立稳定劳动关系的具体年限可由各地根据本地实际情况及城市化战略予以明确，除直辖市、省会城市、副省级城市以外的大中小城市原则上不得少于 2 年但不得高于 5 年，具体年限可根据各地省市的承载能力制定，县城和小城镇可以放宽至 2 年；直辖市、省会城市、副省级城市不得少于 5 年。合法稳定住所是指在实际居住地拥有通过购买、赠与、继承、自建或其他合法途径获得具有产权的住房或合法租房。居住期限的要求由各地根据本地实际情况予以明确，除直辖市、省会城市、副省级城市以外的大中小城市原则上不得少于 5 年或高于 8 年；直辖市、省会城市、副省级城市不得少于 8 年但持续居住不应超过 10 年；中西部的直辖市、省会城市、副省级城市在居住期限方面的要求可以适当放宽。

需要说明的是，跨省户籍迁移的农民工家庭可以"双放弃"为前提，其农村土地承包权和宅基地使用权由转出地政府依照有关法律法规收回，纳入转出地政府土地耕地增补管理的范畴。

笔者认为，社会保障制度建设是基础性的民生工程，需要加大财政资金投入社会保障尤其是农村社保的力度，削弱农村土地的保障功能，为农村劳动力转移及其"城市融入"提供基本的可携带的社会保障，使其在城市的生活"更加幸福、更有尊严"，从而"让社会更加公正、更加和谐"。

（二）与近期农民工户籍制度改革相配套的相关户籍制度安排

在做好农民工户籍制度改革的同时，制度创新宏观主体还需要在户籍制度改革方面作一定的探索，为下一步的改革做好铺垫。

1. 赋予公民自由迁徙权

可以通过宪法重新确立公民有"居住和迁徙自由"权利，恢复宪法的公民自由流动和迁徙权的法律条文，明确公民的自由居住和迁徙权。以根本大法的形式赋予公民的居住和转移自由，实现公民身份、地位的平等，从而最大限度地保证国民享受同等待遇。在宪法中赋予公民以迁徙自由的权利，以此为基点，构建新的城乡体制，改革现有户籍制度，为农村劳动力取得城市劳动者地位铺平道路。笔者认为，根据以上的省内转移和跨省转移的农民工户籍制度改革内容，可以出台全国范围内的户籍制度改革框架，体现中央政府的宏观创新主体作用。

2. 通过立法落实公民自由迁徙权，择时颁布《户籍法》

在宪法确定公民自由迁徙权制度后，适时启动《户籍法》立法工作。《户籍法》应涵盖以下基本内容：公民拥有依法落户、自由迁徙的权利；取得落户资格的基本条件是在拟迁入地拥有稳定的住所、有稳定工作和生活来源，或有直系亲属、监护人承担赡养、抚养、监护的义务；以居住地为主的人口登记制度，人口信息制度；取得某地户籍后，公民平等地享有租赁或购买住宅、求职工作、接受教育、婚姻生育、参与公共政治、参加社会生活以及休闲等诸多权利，为农民工城镇落户提供法律支撑和法律保障。《户籍法》力争在"十二五"期末正式出台并做好相应的法制宣传教育和法律执行检查；中观创新主体依据《户籍法》制定并实施本地区《户籍条例》，尊重和保障公民的自由迁徙权利，把各省市的农民工城镇落户制度纳入《户籍条例》等地方法规的范畴，使农民工在户口上真正成为城市的一员，进而推动城市及区域经济社会持续健康发展。

3. 实行以居住地为主的人口登记制度

健全城乡人口登记制度，完善居住地登记管理制度，由以户籍所在地为主的户口登记逐步过渡到以居住地为主的户口登记，实行以居住地划分城市人口和农村人口、以职业区分农业人口和非农业人口，如实反映公民的居住状况和城市化水平，这样有利于流动人口的统计和上报，实时了解流动人口的居住和职业变动状况。

4. 实施以信息化为主的人口动态管理

根据中国国情实行以人为主和人户兼顾的动态管理方法，即人户兼顾的户籍管理制度。这种户籍管理制度就是坚持两种管理方式并存，由职能管理部门建立户籍人口资料档案，通过人口数据库建立全国统一的人口管理信息网络和公民身份号码查询服务中心，运用人口信息管理系统，逐步实现人口信息统计数据的共享，及时准确地掌握人口变动的信息，实现人口信息的共享和查询。同时，通过人口信息网络加强身份证管理制度，逐步过渡到使身份证号码成为城乡居民缴纳相关社会保障（保险）费用的唯一身份识别码，便于社保关系随着人口的流动迁移而转移接续，从而在社会保障、医疗卫生、文化教育、权利保障等城乡基本公共服务的各个方面发挥有效的保护作用，因为户籍制度是农民工公共服务缺失的最主要因素。

三 提升农民工"就业质量"的劳动力市场制度改革建议

围绕劳动力市场建设的情况来看，要破解城乡劳动力市场分割的局面，可以提升农民工"就业质量"的劳动力市场制度建设作为突破口。通过促进农民工就业的劳动力制度建设，推动城市劳动力市场的完善，进而带动农村劳动力市场制度建设；从现实来看，如果大量的农民工在城镇落户，那么新落户的农民工对劳动力市场就业服务的需求意愿也比较强，因为他们暂时没有其他的就业信息来源渠道。而加强农民工劳动力市场制度建设可以减少农民工的盲目流动，促进其稳定就业和维持雇佣关系稳定性，降低其市民化的社会成本，加快农民工"城市融入"的进程。目前，从农民工就业的劳动力市场制度建设来看，已有的相关措施主要体现在明确公共职业介绍机构为农民工提供免费服务和逐步建立城乡平等就业制度这两个方面，这对于农民工劳动力市场制度来说是远远不够的。

党的十七大报告指出，要建立统一规范的人力资源市场，形成城乡劳动者平等的就业制度。农村劳动力转移进入新阶段之后一个重要的任务是提升就业质量和推动稳定就业的劳动力市场制度建设，让劳动力市场制度和劳动力供求机制共同作用来决定工资，以期改善收入分配结构，这也是应对当前"民工荒"现象的劳动力市场建设之策。关于农村劳动力进城之后对城市劳动力市场供求关系的影响在前面已经述及，而关键在于突破城市二级劳动力市场。因此，近期主要以提升农民工"就业质量"的劳动力市场制度建设作为主要内容。就此而言，逐步放开城镇户籍制度、健全农民工社会保障制度、建立面向农民工就业的职业培训制度、完善农民工就业的相关市场机制以及农民工工资正常增长与支付的保障机制等都是这一劳动力市场建设的任务。其中，健全农民工社会保障制度和开放城镇户籍制度是劳动力市场制度建设的首要内容，这实际上是消除基于户籍身份所引起的就业机会不均等状态和改变农民工非正规就业状态的现实需要，这已在本节第一、二部分予以阐述；农民工职业培训制度将在本节第四部分阐释。在此，主要着眼于加快建设农民工就业的相关市场机制和农民工劳动权益保障机制等方面，主要包括城乡劳动力就业机会平等、享有的就业服务平等和劳动权益平等。

（一）农民工就业的相关市场机制建设

农民工就业的相关市场机制建设应从统筹城乡就业角度出发来加以探讨，这主要是围绕城乡一体化的劳动力市场制度这一长远目标来考虑的。从这个角度来说，加强农民工就业的社会服务体系建设是农民工就业制度的主要内容。

1. 信息传递机制

现代社会是信息社会，信息成为市场经济的主要元素，以市场为导向的劳动力信息与就业岗位信息沟通机制运行状况对劳动力尤其是农村劳动力转移就业有着十分重要的影响。因此，在市场信息传递机制建设中，需要发挥政府、市场和非正式组织的积极作用，共同构建一个农村劳动力就业信息网络平台。就劳动力信息而言，可以筹措建立县、乡（镇）、村三级农村劳动力信息档案，做好农村劳动力资源信息库建设的基础性工作，并逐步建立城乡一体的劳动力信息市场，加快农村劳动力资源的信息化。同时，按照信息化建设的要求，建立以县（区）为单位的农村劳动力供给信息网，并连接各级政府网站，把本县相关的劳动力转移制度、政策及劳动力供给信息通过互联网传送。在就业岗位信息方面，政府及其劳务中介服务机构可通过与各地用工企业和组织建立稳定常态的就业信息传递渠道，逐步建立和完善城乡、区域沟通的灵敏的就业信息网络系统，引导农村劳动力稳定就业和顺利转移，建立稳定的劳动力市场就业需求信息中心或服务站。

2. 职业中介服务机制

农民工在城市就业除了需要信息之外，还需要相应的职业中介服务机构提供就业服务，这也是劳动力市场建设的重要环节。因此，政府应完善相关职业中介服务制度和财政支持政策，鼓励发展各类就业中介服务组织，强化对就业中介服务市场的监督管理；城市职业中介服务机构要完善农民工就业服务的机制，无偿为农民工提供政策咨询、就业介绍和指导等服务，同时为农民工提供有偿服务时实行收取成本的收费制度；保护农民工的合法就业权益，加强组织、服务和管理，为农民工提供法律法规咨询服务和维权法律援助，帮助解决劳务劳资纠纷，增强农民工的自我保护意识和能力；政府劳动行政部门要严厉打击以职业介绍或招工为名的"黑中介"坑害农民工的违法行为，维护中介服务市场的正常秩序和社会形象。

3. 就业机会平等共享机制

就业机会平等还应该包括就业条件、就业的福利待遇及就业培训的机会平等。通过前面的农民工户籍制度改革，农民工在城镇劳动力市场竞争同样的就业岗位时，应适用同样的聘用条件和岗位条件。用工选择是按照劳动效率和成本收益来衡量，而不是按照劳动者身份来衡量，此时，政府责任在于鼓励用人单位公平雇用农民工；福利和工资等福利待遇是体现劳动者人力资本收益的重要标志，应做到所有劳动者同工同酬；最后，技能培训是就业机会的重要因素，能够接受良好的培训就意味着更好的工作岗位和劳动薪资，这对加强农民工职业技能培训而言是同等重要的（详见本节第四部分）。

（二）农民工劳动权益保障机制建设

保障农民工劳动权益是政府职责所在，应该说，保护劳动者合法权益是维护社会主义市场经济秩序的应有之义。因此，必须加强农民工劳动权益保障机制建设，特别是就农民工作为城市劳动力就业市场体系的弱势群体而言更应如此。

从目前情况来说，农村劳动力转移的新阶段也是保护农民工合法劳动权益的新阶段，可从以下几个方面来进行。

1. 完善市场经济条件下的劳动法律法规

健全相关法律、法规和政策，为保护农民工劳动权益创造良好的制度基础。主要包括工会组织、劳动就业、劳动报酬、社会保险、职业培训、劳动安全卫生、劳动时间、休息时间、集体合同、劳动合同、最低工资、工资支付、劳动争议等内容的制度安排，为劳动行政执法提供执行依据。

2. 完善集体协商制度，即三方协商机制的建立和完善

根据集体协商制度的功能，可将其作为建立农民工工资正常增长和支付保障机制、化解劳动关系矛盾和冲突的重要制度保障。一般来说，三方协商的主体主要是政府、工会和企业。政府劳动行政部门代表政府在三方协商中起组织、引导、协调的功能，它通过与工会和企业组织的经常性接触与沟通，宣传政府方面的政策意向，争取双方的认同，并达成一致性意见，以实现对劳资关系的宏观调控。工会代表职工参加劳资关系三方协商，如实反映职工的意见和要求，使有关劳动政策的制定能真正体现职工的利益，维护好职工的合法权益；工会参与劳资关系的人员构成中，职工代表至少应占一半，还应有相应的农民工代表，真正保障职工的劳动权益。参与三方协商的企业组织，它的基本任务是通过协商和广泛的社会活动，维护企业和企业经营者的利益。三方工资协商的具体内容包括：劳动报酬、劳资关系和政府政策等。这样，在农民工非正规就业形式下，农民工与用人单位建立了劳动关系，如果双方发生劳动争议，应按我国劳动争议的有关规定处理：职工投诉的，劳动监察部门应当受理；职工申请劳动仲裁的，劳动仲裁委员会也应当依法立案处理。

3. 加大劳动行政监督执法力度

我国劳动关系法制建设需要劳动监察，"有法不依"比"无法可依"的危害更大。因此，要完善农民工就业的劳动力市场制度，形成农民工公平就业的机制，需要加强劳动执法队伍建设，加大劳动执法力度；严厉查处劳动合同不签或签而不履行、农民工劳动安全无保障、拖欠和克扣农民工工资、无偿加班等问题，督促用人单位履行相应的义务。

4. 根据用工单位工资支付信誉，探索建立用工单位工资信用制度

根据不同行业、不同类型的单位工资支付特点，完善农民工工资支付保障体系；根据用工单位工资发放信誉建立用工单位工资支付的社会信用体系等级，以此作为用人单位发布招聘信息、享受用工服务、评价其社会责任感和评审体面劳动标杆企业的主要依据，还可以根据社会信用体系等级享受一定的税收优惠政策或相关政策补贴。

四 农民工教育培训制度改革的对策建议

农民工教育培训问题，不仅是农民工个人的生存发展问题，还是整个社会进步的一项系统工程；它既是一个经济社会问题，更是一个政治问题。由于教育培训制度具有准公共产品的性质，政府在其中起着主导作用，理应努力做好农民工教育培训工作；而在农民工市民化成本构成比例中，教育是政府近期公共服务支出中比例较大的支出项目。当前，加强对农民工尤其是第二代农民工的职业技能培训无疑具有更为重要的意义，因为它是提高农民工可雇佣能力的重要手段和维持农民工雇佣关系稳定性的主要途径。完善农民工教育培训制度主要应以农民工职业技能培训为突破口，然后扩展到农民工进城子女的教育制度。笔者认为，农民工职业培训及其进城子女教育可以采取"现居住地"教育培训模式。

（一）农民工职业技能培训制度

农民工职业技能培训必须在培训资金、培训组织、培训内容和管理机构等方面构建一个促进农民工"城市融入"的职业技能培训体系。这种职业技能培训体系应以农民工现居住地为主，逐步将农民工职业技能培训纳入流入地城市教育培训公共服务统筹之内，这样才能明确流出地和流入地的教育培训投资责任，才能激励有关各方投资职业技能培训的积极性和提高职业技能培训的投入产出效应。

1. 建立健全培训资金投入保障机制，确保培训资金及时到位

农民工职业技能缺乏是事实，但培训经费不足是制约农民工培训工作的瓶颈，解决培训资金不足的关键在于农民工培训投资的多元化机制。首先，政府的政策支持与资金投入是开展农民工培训工作的重要保障。政府对加强农民工职业技能培训、促进人力资源开发具有重要的职责，中央和流入地各级政府应在财政支出中安排专项资金贴息，引导和扶持各市场主体参与职业技能培训工作，可以按照中央政府和流入地省级政府按比例（西部7:3；中部6:4；东部5:5）财政分摊安排各项农民工培训资金，发挥中央政府培训资金投入的引导作用。其次，用工单位是农民工职业培训的直接受益者，应该强化用工单位的农民工职业培训责任，应通过一定的"返利"机制确保用工单位的农民工培训资金投入，逐步形成以企业投入为主体的农民工职业培训投入机制。再次，农民工是职业技能培训的主要受益者，也应承担一定的职业技能培训经费，主要是培训期间所需的生

活费及接受长期职业教育的学费。另外，金融机构也可以提供小额低息贷款或财政贴息贷款，增强农民工的融资能力，帮助农民工接受职业技能培训，提升其人力资本质量。多元化的资金投入保障机制为农民工职业技能培训工作提供了有力保障。

2. 开放流入地城市公共培训机构，完善农民工培训组织体系

流入地各级地方政府要引导各职业培训组织着力建设一支高素质的农民工培训队伍，改善职业培训设施，并将培训队伍建设和设施改善情况作为各职业培训组织享受政府政策优惠和财政补贴的考察依据；政府公共培训机构或职业学校应将农民工职业培训纳入城市融入性教育的培训对象，根据培训效果享受政府的相关优惠政策和资金支持，创新教育培训形式，为农民工提供低成本的职业技能培训；营利性的职业培训组织应探索农民工职业培训的机制，可根据市场需求和企业需要提供针对性的培训服务，这类培训机构也可纳入政府财政培训补贴的范畴，为农民工提供优质低价的培训服务，使农民工不再"望班兴叹"；在条件许可的地区可以吸收非营利性组织或社会工作组织开展农民工职业培训服务，发挥 NGO 的积极作用。通过各方努力，逐步健全政府公共培训机构、营利性职业培训组织、非营利性组织等多方组成的农民工职业培训组织体系。

3. 采取灵活多样的培训形式，完善以农民工就业能力为核心的培训内容体系

各类职业培训组织应根据流入地城市经济和社会发展的需要及农民工的人力资本及其结构分布状况，制定年度培训计划，因人而异、因材施教，采取订单培训、定点培训、定向培训及普通劳动技能培训相结合的方式，根据农民工职业技能需求和实际情况，开办不同类型、不同层次、不同形式的职业技能培训，以提高职业技能培训的实效性，把农民工培训后的就业率和培训后 6～12 个月的就业稳定性作为职业培训组织享受政府政策优惠和资金支持的主要依据。培训内容要根据国家职业标准和不同行业、不同工种、不同岗位对从业人员基本技能与技术操作规程的要求来合理安排，要有系统性和针对性，紧紧围绕用工单位需求和农民工需求进行职业技能培训，提高劳动者的就业能力。同时，参照相关的职业技能等级标准制订农民工职业技能等级标准，以此标准鉴定农民工职业技能等级，颁发相关证书，作为其就业择业、城镇落户及享受其他相关待遇的参考。

4. 建立流入地农民工职业培训的管理监督机构，完善其管理监督功能

该监督管理机构隶属于流入地政府劳动部门，承担农民工职业培训中政府投入资金的使用管理，监督其他培训投入主体的资金投入，负责协调处理政府相关职能部门、各类职业培训组织（职业学校）以及用人单位在农民工职业培训工作中的关系，改变传统的农民工培训管理格局，规范农民工职业培训市场，通过高效的管理监督逐步完善农民工职业培训体系，并把农民工职业培训体系纳入国家整体就业培训体系之中；加强监督管理机构公务人员建设的执行能力、管理能力和管理效果，将其纳入公务人员的考核范围，作为其享受相关待遇的主要依据。

（二）农民工进城子女教育制度

农民工进城子女作为流动儿童①，是未来城市劳动力供给和市民化的主要资源，尤其是在中国面临"少子化"趋势的今天尤为如此。在不远的将来，他们能否顺利在城市立足发展和就地市民化，在某种程度上取决于现在所接受教育的程度。由于学校教育在儿童成长过程中具有关键性的意义，所以受教育水平对这些流动儿童能否更好地在城市立足和融入城市社会有着相当重要的影响。从这个角度来说，今天的流动儿童就是明天的城市产业工人。因此，将农民工进城子女教育制度纳入农民工教育培训制度范畴有其合理性，事实上也可以看做未雨绸缪地做好农民工教育培训工作的应有之义。

农民工进城子女教育制度可以说是一种"教育移民"制度，它不但能够提高农民工进城子女的文化素质和竞争优势，开阔他们的视野，使他们更好地融入城市社会，同时也能对农民工自身产生积极的影响效应，使农民工从子女未来发展的角度考虑也会尽力加快自身转移力度而真正融入城市生活，真正完成市民化的转变。这是一种比经济移民更具稳定性和长期性的移民方式，也是一种理想的农民市民化途径。从这个意义上说，流动儿童教育制度问题不仅仅是一个简单的融入性教育问题，更是一种城镇化

---

① 根据《宪法》和《未成年人保护法》的规定，全面考虑儿童生存发展需求的多面性与特点，可以将17周岁及以下的未成年人定义为儿童。根据这一定义，儿童又可分为四个年龄段，即学龄前阶段（0～5周岁）、小学学龄阶段（6～11周岁）、初中学龄阶段（12～14周岁）和大龄阶段（15～17周岁）。因此，本节的"流动儿童"是一个广义的概念，主要是指随农民工一起的子女，大都在17周岁以下的儿童。

和市民化的社会问题。由此可见，加快流入地城市教育体制改革，推行"现居住地"教育模式，把流动儿童就地入学列为"阳光工程"和"民生工程"，让流动儿童与流入地城市儿童一样享受同等的教育资源和教学质量，使流动儿童能够在就读学校所在地参加"中考"、"高考"等各类升学考试，同时健全民办学校及务工子弟学校的运行机制，确保流动儿童能够享受最基本的教育服务。只有这样，才有可能从根本上提高进城流动儿童的素质，才能使农民工真正摆脱贫困，融入现代城市社会，成为合格的未来城市市民。根据这一思路，具体政策如下。

1. 完善农民工子女教育的升学机制

笔者认为，目前各地都逐渐向农民工子女开放城市公立学校接受义务教育，但升学考试机制仍未放开，尤其是"中考"、"高考"，面临着在城市"升学难"的问题。当然，从根本上解决这一问题，必须深化户籍制度改革，促进城乡一体化进程。然而，在前面谈到，户籍制度改革是一个渐进式推进的过程，在现行户籍制度继续存在的前提下，通过以"现居住地"模式改革升学考试制度，解决进城农民工子女在流入地的初中高中衔接教育问题乃至在现居住地参加高考，无疑具有迫切的现实意义。因此，可以实行如下的政策措施：一是建立农民工子女学籍档案网络管理制度。城镇承担义务教育阶段的中小学校要建立和完善农民工子女入学教育的全程电子档案（未建立电子档案的民办中小学校不得招生），学生电子档案能够在特定条件下联网查询，电子档案作为农民工子女在城镇参加初中升学的主要凭证，符合准入制必备条件的农民工子女可在现居住地就读高中，连续在现居住地就读的可就地参加"高考"。二是实行过渡性升学考试改革。中央政府应发挥宏观创新主体的作用，出台全国性的指导意见；省级政府结合中央政府的指导意见，根据本省社会经济和教育发展状况出台相应的实施细则，采取过渡性的农民工子女升学考试政策措施，可以试行准入制，即以进城农民工家庭在流入地居住年限、社会缴费年限、合法稳定住所、农民工子女就读（公办、民办）学校推荐或学业证明等作为在现居住地参加考试的必备条件，符合条件的可在城镇参加"中考"就读高中和"高考"。三是对农民工子女开放职业技术教育，采取积极措施鼓励农民工子女在城镇接受中等职业技术教育，这可作为缓解农民工子女在城镇解决初中、高中衔接问题困难的一个可行办法，同时也可作为过渡性升学考试改革的后续步骤；具体实施办法同样可参照前面的准入制条件。

2. 健全城市公立学校向农民工子女开放的运行机制

建立中央政府和流入地地方政府基础教育成本分担机制，明确中央政府财政投入责任，通过财政转移支付逐步形成"省级统筹、中央补贴"的教育资金投入体制，提高流入地政府接纳农民工子女就近入学和升学的积极性；地（市）级政府在上级政府财政安排下，予以相应比例的配套资金，改善城镇公办学校的办学条件，公办学校以包括农民工子女在内的全部学生为基数的生均标准核拨办学经费，把农民工子女教育纳入流入地政府公共服务的范畴；积极开放城镇公办义务教育学校，让符合准入条件的农民工子女就近就读，并将农民工子女就地参加"中考"纳入公办义务教育学校的一项考核指标；城镇公办高级中学要根据政府教育发展计划安排，开放教学资源和改善办学条件，接纳在本地就读且参加"中考"的农民工子女，并将农民工子女纳入公办高级中学指标的计算范围，逐步过渡到农民工子女在"现居住地"参加高考；坚决打击公办学校针对农民工子女及其家庭的各种名目的"搭车"收费行为，切实减轻农民工家庭的教育负担。此外，在条件许可的情况下，流入地政府也可参照农民工子女义务教育的做法把农民工学龄前子女纳入本地幼教发展规划，享受市民子女入幼入托的相应政策待遇，对城镇公办幼儿园要将农民工学龄前子女入幼入托作为考核指标之一，这对新生代农民工来说无疑是一个更为现实的问题。

3. 完善民办学校的运行机制

探索建立民间资本投资办学的利益引导机制，出台相关财政补贴及其他优惠政策，鼓励和引导民间机构和 NGO 投资办学，改善民办学校的办学条件；加强民办学校的业务指导，完善其办学考核标准，逐步将公办学校的办学准入标准引入民办学校的办学考核标准，提高民办学校的办学水平；根据政府教育发展计划，鼓励农民工子女到民办学校就读，并享受公办学校学生享受的受奖评优、入队入团及其他的入学升学待遇，保证农民工子女享受异校同质的教育公共服务；加强对民办学校教学运行的监督检查，重点检查民办学校的师资队伍建设、教学收费审计和教学质量管理，及时发现和解决民办学校运行中出现的难点问题和突出问题，保障农民工及其子女的经济利益和教育权利。

当然，农民工进城子女的教育问题也与进城农民工自身的文化素质、经济状况、思想观念及城市融入程度直接相关。而且，这些农民工进城子女也是未来城市劳动力供给的主要来源之一，关注他们也是关注中国未来城镇化进程的主体和城市经济社会发展的建设者，也是关注城市发展自身的未来。

五 农村土地制度改革的对策建议

农村土地制度是影响农民工尤其是第二代农民工在城镇稳定就业和城镇落户的一个主要影响因素。在此，笔者认为，农村土地制度创新应以产权界定为基础按照确权和流转这两个步骤来进行，形成农村土地物权化和资本化的发展路径。由于各地农村情况比较复杂以及农村土地制度的具体运转体系不同，因此，农村土地制度创新要在制度创新宏观主体与中观主体的指导下充分发挥制度创新微观主体的作用。

（一）农村土地确权制度

就现行的农村土地制度而言，农村土地确权制度首先要确定农村土地（包括承包地、宅基地、林地）的相关权利束，即土地的所有权、占有权、使用权、处置权和收益权等，其中，以所有权明确财产归属制度，以占有权明确财产利用制度。这主要是为了推动农村土地的资源物权化、产权资本化进程，促进土地资源向资本转变，为解放土地这一重要生产要素奠定坚实的基础。

1. 明确农村土地所有权，逐步过渡到农村土地家庭永包制

关于农村土地所有权，学界有不同的观点。笔者认为，随着部分地区集体组织经济功能的弱化和城乡一体化战略的实施，农村土地所有权应实行单一的国家所有制，农村集体组织可以作为土地国家所有的代理方而继续存在。这样有利于稳定农村土地承包关系和进一步确权颁证。农村土地所有权逐步由集体所有向国家所有转变，并非突出国家对农村土地行使其他权益，而是便于形成"国家—农户"之间的农村土地承包关系，有利于使"现有农村土地承包关系保持稳定并长久不变"，可在局部地区试点的基础上逐步过渡到农村土地家庭永包制①，并且强化基本农田保护制度和农用土地用途转移的严格审批制度。这样，实行农村土地国有之后，如果将农村土地转为非农用途，国家土地管理部门可以强制要求土地征用方按照城市土地用地标准来给予农村土地承包户经济赔偿，这样既有利于维护

---

① 土地家庭永包制是在家庭承包责任制的基础上，进一步延长土地承包权的期限，扩展土地承包权的内容，强化承包权的财产权利和分配权的一种土地承包权的长期化经营模式。

农民的利益，使其得到更多的经济赔偿，而且还可以减少地方政府寻租和开发商将农用土地转为商业用地的投机行为，有效地保护农村耕地。

2. 突出农村土地的占有使用权，确认农户为农村土地产权主体

在确定了农村土地的归属之后，就需要突出农村土地的占有权，即在国家享有土地所有权的基础上，确定农民对土地的占有权和使用权问题，在此基础上使农户成为农村土地产权主体。鉴于土地对于农民的重要性，农民的土地占有权应包括以下两方面内容：一是基本方面的地表使用权、宅基地使用权、公益设施等的用地权和农用权（由此衍生出收益权）；二是核心方面的国家对农民占有土地的不可剥夺权、保障土地占有利用人对土地的使用权和排除非土地占有人对土地占有人土地使用权的侵犯（罗夫永，2007）。在确定农民的土地占有权之后，这实际上就为界定农村土地产权制度的主体创造了条件，而现阶段能够作为农村土地产权主体的只能是农户。因此，农村土地确权制度改革的关键是确立农户的土地占有权、使用权和土地产权主体地位，只有这样，才能有效地界定农村土地产权和收益权的归属。

3. 拓展农户农村土地的处置权

在明确土地家庭承包制（永包制）、农民的土地占有使用权和农户的农村土地产权主体地位之后，农村土地的处置权就能够予以解决了。现行的处置权包括转包、出租、互换、转让、入股（将土地承包经营权入股，从事农业合作生产）等权利，而不包括抵押、继承以及因迁入设区的市而退出土地承包经营权获得相应补偿等权利。① 因此，在农民家庭土地承包取得的土地永包权中，可以增加抵押权和继承权，适当引导农民把行使土地处置权的重点放在出租、入股等土地流转行使上。

4. 重视农户的农地收益权

保障农民土地收益权既是农村土地制度改革的前提，也是农村土地制度创新取得成功的关键，因此重视农地收益权也正是为了体现这一要求。农地收益应在所有者（法律所有者、经济所有者）、占有者（承包者）、使用者之间分配。农地收益包括生产收益、转让收益、投资收益和其他收益，因此，其收益分配原则也就相应有生产收益分配、转让收益分配、投资收益分配和其他收益分配的原则和程序。

---

① 张继久：《论农村土地处置权的扩展与实现》，《湖北社会科学》2005 年第 10 期。

其实，承包权作为一种新物权或财产权，是在土地国家所有基础上的占有权、使用权、处置权和收益权，是国家赋予农民的就业、生存保障和社会福利功能，因此，其相应的生产收益分配、转让收益分配、投资收益分配及其他收益分配归劳动者本人及其家庭。在确定了新阶段农村土地的相关权利束之后，就解决了农村土地确权的相关产权边界问题，从而便于农村土地确权的顺利开展。

5. 明确土地产权的权属和边界，使农民（农户）成为农村土地市场主体

党的十七届三中全会的《决定》指出，按照依法自愿有偿原则，允许农民以转包、出租、互换、转让、股份合作等形式流转土地承包经营权，发展多种形式的适度规模经营；"十二五"规划建议继续明确"在依法自愿有偿和加强服务基础上完善土地承包经营权流转市场"。而农地流转的前提和基础是确定土地产权，即确权。所谓确权就是明确农民及集体组织对承包地、宅基地、集体建设用地、农村房屋、林权等的物权关系。具体来说，主要是明确农民对承包土地、宅基地、农村房屋的占有、使用、处置和收益等的产权主体地位，启动以农村产权制度改革为核心的农村市场化改革，为农民承包地、宅基地、房屋开展划界、登记和颁布产权证书，使其成为土地流转或土地征用的基本凭证，保障农户产权主体的合法土地权益。就目前而言，这一过程可以由制度创新中观主体来试点和推广。同时，建立相应的农村产权交易机构，引入农业担保、投资和保险机制，使农民（农户）成为农村土地市场主体，平等参与生产要素的自由流动，充分发挥市场配置资源的基础性作用，建立归属清晰、权责明确、保护严格、流转顺畅的现代农村土地产权制度，为农地流转及其收益打下相应的产权基础。

（二）农村土地流转制度

随着农村经济社会发展、农村劳动力非农稳定就业及向城镇转移，农村土地流转是农村土地确权之后必然经历的阶段，也是传统农业向现代农业转变的必要前提。在农村土地流转过程中，需要明确以下两点：第一，农村土地流转制度必须在坚持土地家庭承包制（永包制）的前提下进行。农村土地确权并非只是为了土地流转，主要是为了保护农民（农户）的合法土地权益。土地流转制度是家庭土地承包制的完善和发展，是土地承包经营权的流转。因此，建立健全农村土地流转制度要认真贯彻落实中央关

于土地承包期长期不变的政策，确保家庭土地承包制度长期稳定，这是土地使用权流转的基本前提。从农地流转的实践来看，农村土地流转包括土地产权、房屋产权和林权流转。第二，充分发挥政府在农村土地流转制度创新中的积极作用。政府的合法行为是以国家强制力为保证的。农村土地流转因各地具体土地制度改革模式的不同导致了土地流转模式的多样化，这就需要强化地方政府的制度创新责任。而且政府在建立和规范土地流转制度过程中可以起积极引导和协调矛盾的作用；同时，政府在农地流转中的基本职能是为土地流转市场的运行提供一个公正、公平、安全的制度环境和运作规范，以降低产权界定和转让的交易费用，利用国家强制力解决制度创新中不同利益集团之间的冲突和不合作行为，节约组织成本。

在明确了农村土地流转的基本前提及其相应的政府行为之后，农村土地流转制度的关键在于培育农村土地流转市场和中介组织建设。

1. 培育农村土地有形市场，完善土地流转的市场运作

农村土地有形市场①主要通过提供固定的交易场所，负责收集、发布农村土地流转信息，委托代理各项交易事务等，为土地流转双方交流信息，提供政策法律咨询，解决土地流转中的各种具体问题，促进农村土地的依法合理流转；将有效搭建土地流转供需见面的平台，缓解农村土地"想转谁要"和"想包谁有"的矛盾。培育农村土地有形市场可以从以下方面入手。

（1）完善土地承包权流转办法，规范土地流转行为。坚持确定所有权、稳定占有权、搞活使用权，真正把土地从资源转化为生产要素，从而实现农村土地的规模经营效应，引导推动土地流转的发展。《土地承包法》以法律形式确认了有关农地制度建设的规范，而这是全国性的法律规范，还需要地方立法机构及政府在此法律框架下研究制定符合本地实际的、具有可操作性的土地承包权流转办法，以规范农村土地流转行为，稳定土地承包关系。

（2）完善农村土地流转程序，充分发挥和协调相关各方的作用。建立健全一套良性运行的土地流转程序，按照积极引导、稳步推进、平等协商、因地制宜、形式多样、规范有序的原则引导和规范土地流转市场，完

---

① 农村土地有形市场是指进行农村土地交易的固定场所，通过健全交易规则，提供配套服务，形成土地承包权公平、公开和公正交易的市场环境。

善相关的管理体制，在此过程中要发挥中观创新主体和微观创新主体的积极作用。政府发挥主导和协调作用，加强农村土地流转市场的引导和管理；农村集体组织要履行其应有的职责和义务，通过相关渠道向上级主管部门及时反映农户的土地诉求和土地流转中出现的新情况、新问题，推动农地流转的健康发展。

（3）规范农户土地承包权流转。中国粮食安全的特殊性决定了农村土地流转的任务是实现土地资源和农业生产资源的优化配置。因此，规范农户土地承包权流转要着眼于以下三个方面：第一，土地流转要围绕中国特色的农业产业化及其粮食增产来进行，这是首要的原则；第二，正确处理国家（集体）与农户及土地流转主体之间的利益关系，合理调节各方的利益分配机制，保护各方的合法权益；第三，建立土地流转的跟踪服务和纠纷调解机制，强化农户承包经营权的合法性和规范性，建立土地流转管理与纠纷调解仲裁机构。

2. 建立和完善农村土地流转市场建设

建立健全土地承包权的市场流转制度是农村土地制度创新的必然趋势，而培育和完善农村土地流转市场是农村土地市场运行的重要环节。土地流转市场在农村土地市场的供给主体与需求主体之间起媒介作用，发挥土地所有权主体的引导作用与市场机制的调节作用，使农业经济得到稳定持续的发展。随着农村市场经济的发展和农村劳动力转移规模的扩大，土地承包权流转的需求与供给将会不断增长，需要加快农村土地承包权流转的进程。因此，必须健全完善的土地流转市场体系，进行土地承包权供需登记，处理农地流转过程中各种利益关系，促进农地承包权在更大范围内合理流转。根据行政区域划分，可以筹建农村土地流转市场体系，即由村级土地流转服务站、镇（乡）级土地流转服务中心和县（区）级农村土地流转服务中心共同构成的三级农地流转市场体系。

（1）村级土地流转服务站建设。村级土地流转服务站主要调查本村农地流转的供求信息，将本村需要流转的土地信息收集到服务站，予以汇总调整后进行交易；为本村农户土地流转提供相关的法律宣传和中介服务，如土地法规及政策咨询、办理土地流转手续等；将本村土地流转的供求信息传递到上一级土地市场交易中心，公示涉及本村农村土地流转的全部交易信息。这一村级土地流转服务站可挂靠在村委会，也可视各地条件单独设立，并接受上级土地管理部门监督。村级土地流转服务站的目的在于保护土地民间流转的积极性，合理引导和促进土地在同村村民之间的自由流转。

（2）镇（乡）级土地流转交易中心建设。镇（乡）级土地流转交易中心不仅能够使农地流转的范围扩大到村集体以外，而且能够推动土地流转规范化。镇（乡）级土地交易中心为各村集体之间的土地流转提供一个交易的平台，将各村土地供求信息集中公开，有利于提高农地资源的利用效率，加强土地流转的指导。镇（乡）级土地流转交易中心可以指导农地流转合同的订立，办理由土地流转而引起的相关合同的变更、解除、重订等，建立土地流转合同信息中心，调解农村土地流转争议等。该土地流转交易中心可挂设在乡镇土地管理部门内部，按照或参照公务员制度来管理。

（3）县（区）级农村土地流转服务中心是在更广的范围内集中土地流转信息，在全县（区）乃至更大范围内发布土地流转信息，用市场手段调节土地供求关系，有利于在更大范围内实现农地流转，形成土地流转市场信息网络体系。该土地流转服务中心可设在县级土地管理部门内部；也可根据具体情况按土地公司模式运作，同时接受县级及以上土地管理部门的监督管理。县级农村土地流转服务中心要统一制订土地流转合同样本，同时制订农村土地承包经营权流转备案登记、资格审查、信息发布、档案管理、规模经营年审、投诉举报、收益评估、服务承诺、纠纷调处等配套制度，还可制订相应的县级农村土地承包经营权流转制度，如《农村土地承包经营权流转实施（试行）办法》明确规定流转方式、流转空间、流转激励措施、农地产业引导、农业设施用地等内容；又如《农村集体建设用地使用权流转实施方案》包括创新集体建设用地管理、准许抵押农村集体建设用地并可进入市场流转、完善流转土地收益分成等内容。

在建立和完善农地流转市场体系的同时，还要求提高土地流转市场服务人员的专业技术素养和职业道德修养，具有一定的公信力。这样才能真正服务于农村土地流转，使农地在更广的范围和区域内实现流转。

六　农地金融制度改革的对策建议

如果说"人口红利"造就了中国改革开放30余年的辉煌成就，那么未来中国经济发展和劳动力流动需要充分利用"土地资本红利"。在农村土地制度改革部分中，笔者探析了农村土地确权流转制度创新，这有助于推动农地金融制度创新，而农地金融制度创新与农村土地流转制度和社会保障制度关系紧密。农地金融制度创新是突破农村劳动力转移"金融抑制"的主要途径之一，能够增强农村劳动力农村转出后的资金保障能力和持续转移能力。

当前，农村劳动力转移无论是农村转出还是城市融入都存在着"金融抑制"问题，"融资难"是农村劳动力转移面临的突出问题。而土地作为农民沉睡的资本，允许土地（含农地、宅基地、林地）流转及由此产生的土地收益归农民所有，能够增强农村劳动力的金融资源，有效缓解农民工在城镇落户之后的社会保障支出，有利于增强农民工就业能力，进而推动城镇化发展。"十二五"规划建议中提到"促进土地增值收益和农村存款主要用于农业农村"，这可作为近期金融制度创新的指导原则。因此，做好以土地金融机构为主要路径的农地金融制度创新是近期农村劳动力转移金融制度创新的主要目标；同时，还需要加快形成以农业产业链金融体系为基础的"普惠式"农村产业链金融体系。

（一）农地金融制度创新

从近期来看，农地金融制度创新的路径在于农村土地流转制度，有以下两种形式：一是土地入股模式，二是土地金融机构模式。农村土地流转有多种形式，可以一次性实现土地承包权流转，也可采取土地入股的形式将土地暂时转出，还可以通过土地银行形式将土地抵押。

1. 土地入股模式

土地入股就是将土地作价作为股份加入相应的土地股份合作社，根据农民承包土地的常年产量评定为若干股，作为缴纳股份基金和实现土地分红的依据，实现土地变为资本、资本变为股份和农民变为股东，增强农民的金融资源。通过土地股份这种土地流转形式，能够实现农村劳动力与土地的分离，使农户每年能够从土地入股中获取一定的收益，从而能够使其稳定非农就业，逐步实现向城镇转移，有效解决农村劳动力转移后人力匮乏、农地抛荒撂荒、土地资源闲置浪费等问题，这些问题在西部地区部分农业产业或特色产业发展较好的农业县是一个亟待解决的现实问题。因此，农村土地作价入股可作为农村劳动力外出较多的农业县解决土地问题的一种模式，解决农村劳动力过度外出而又暂时不能在城镇落户面临的社会经济问题，从而实现农业的多样化经营和产业化发展。需要明确的是，在此提出土地入股，是在明确农户是农村土地产权主体、尊重农民意愿的前提下提出来的，并且要确保"新农合"、"新农保"已广覆盖，入股农户有其他经济来源。

土地股份合作社可以按照企业化模式来运作，通过办理营业执照与获得法人资格参与农村市场经济建设。作为农村土地金融改革的新事物，政府可以在其运行过程中通过新农村建设资金予以相关的政策倾斜和财政补贴，加强土地合作社的基础设施投入，改善其生产经营条件，但其运作过程必须处理好政府与土地合作社的关系。

2. 土地金融机构模式

农地金融制度创新的关键路径在于土地金融机构模式。目前，农村土地金融银行模式还处于探索阶段，各地都在探索符合本地实际的土地金融银行模式。以土地使用权（即承包权中的一项权利）作为抵押贷款的融资手段，能够发挥土地的财产功能，将凝聚在土地上的呆滞资金转化为可流动的金融资本。这种抵押相对于农民的其他财产而言，具有债权完全可靠、风险分散等优点。农民通过土地承包权抵押贷款，获得非农就业、教育培训和城镇转移的资金支持，能够在一定程度上缓解农村劳动力转移的金融抑制问题，而且也能为农村劳动力转移后的"城市融入"提供一定的金融资源。

笔者认为，这种农地金融模式是以土地作为主要标的的金融组织形式，具有国有商业银行本身并不具备的优势。党的十七届三中全会的《决定》指出："创新农村金融体制，放宽农村金融准入政策，加快建立商业性金融、合作性金融、政策性金融相结合，资本充足、功能健全、服务完善、运行安全的农村金融体系……允许有条件的农民专业合作社开展信用合作。""十二五"规划建议提出："深化农村信用社改革，鼓励有条件的地区以县为单位建立社区银行，发展农村小型金融组织和小额信贷，健全农业保险制度，改善农村金融服务。"根据这些文件精神，可以大胆探索农村土地金融模式，发挥广大农民的创造性，结合各地实际尝试建立由合作性土地金融机构、商业性土地金融机构和政策性土地金融机构等组成的功能各异、层次互补、职能有别的农村土地金融体制，这三类土地金融机构在农地金融制度创新中起着不同的功能和作用。

（1）合作性土地金融机构运行体制。合作性土地金融机构一般以镇（乡）为主组建土地合作金融组织，根据农民的意愿以土地承包权入股的股权等为出资形式发起，经营土地抵押、出租等业务，在条件成熟时承担国家金融扶持的非营利性的土地合作金融法人。该金融机构属于农民自治性质的金融法人，其利息及其相关收益的分配由社员依照章程民主决定。农户在需要非农生产经营资金的情况下，可将自己的农地承包权抵押或者租给土地合作金融机构，合作性土地金融机构提供相应资金给农户。合作性土地金融机构在面临资金周转不足时，可以通过市场机制向其他土地金融机构、农村村镇银行、农村信用社、农业发展银行、农业银行等涉农金融机构借贷。这种合作性金融机构目前在中国农村地区还不常见，其发展壮大有一个不断完善的过程，并且在各地应有不同的运行模式。前述的土地股份合作社可以作为其在起点阶段试点运行的一种参照模式，具有一定的借鉴价值。

（2）商业性土地金融机构运行体制。商业性土地金融机构是专门从事土地抵押贷款业务的土地金融机构。这种土地金融机构主要运用市场机制从事土地承包权抵押贷款，现行的农村金融体系都有能力开展这项农地金融业务。相比其他涉农金融机构而言，农村信用社因其基层组织的广泛性和扁平化而具有开展此项业务的先天优势。事实上，商业性土地金融机构可以通过国家支农强农的倾斜政策获得资金支持和政策支持，由于近期各方面条件的影响，由农村信用社承担此项金融业务具有较强的可行性。因此，可在农村信用社省市县级联社的组织结构上增设"土地承包权抵押贷款部"，明确其业务范围和资金来源，强化其对下属乡镇农村信用社"土地承包权抵押贷款部"的业务指导和监管职能；由"土地承包权抵押贷款部"负责具体的土地承包权抵押贷款业务。在经过一定时期的运行之后，根据其业务发展状况和现实条件逐步从农村信用社剥离，成长为商业性土地金融机构如农村土地银行，这应该是土地商业化演变的一种长期趋势。

（3）政策性土地金融机构运行机制。政策性土地金融机构是执行国家土地银行基本职能的土地金融机构，其主要职责是制定和组织实施国家土地金融的基本政策方向，负责解释土地金融政策及解答土地金融机构运行过程中的疑难问题；调控和监管其他土地金融机构，为其提供资金支持和业务指导；发行或委托有关金融机构发行土地债券并负责还本付息等。从近期来看，可选择在农业发展银行总行内部设立"土地承包权抵押贷款部"，为省市县农村信用社相应部门提供业务指导和政策支持，视条件成熟时择机成立国家土地银行。

三个层次的土地金融机构构成了职能和业务分层的农地金融体系，三者之间存在指导与合作的关系，共同服务于农村金融制度和农业农村经济的发展。应该说，就目前而言，农村土地金融机构还处在探索阶段，其成立和完善都需要一定的实践过程，都可以通过相应的政策支持和市场机制在实践运行中得以不断完善和良性运行。

（二）构建"普惠式"的农村产业链金融体系

除了农地金融制度创新之外，涉及农村劳动力转移的农村金融制度创新还应包括四个方面。

1. 增加农村金融资源供给，强化中小银行的支农服务功能

要强化现有商业性和政策性银行在农村设立各自的分支机构，强化其作为中小银行的支农服务功能，可在一定的信贷额度内向农村劳动力提供就业创业贷款；根据特殊农业产业发展的需要，农户或种植户可以凭借其农地产权、金融机构授信资源申请贷款，明确抵押条件及贷款用途，可以根据需要适当延长贷款期限，并实行相对优惠的贷款利率；制定中小银行存贷款管理制度，规定中小银行在农村吸收的存款必须在原存款地发放贷款，引导中小银行将更多资金投向农村基础设施领域和农村产业结构调整优化，逐步改变中小银行在农村资金流向城市过程中所起的"吸管"作用，增强农村资金就地流通的功能。

2. 围绕"诚信金融"创新金融产品和服务

以诚信金融为着力点，出台相关的实施意见，开展农村产业链金融上的所有成员信用的评级授信，营造"重合同、讲信誉、守法纪"的诚信环境，实现产业链上的所有成员凭信用贷款；围绕"三农"，金融机构可选择创新"一次授信、分次使用、循环贷款"、"整贷整还"、"整贷零还"、"零贷零还"等金融产品，满足农户和企业资金需求；依托供应链的核心企业对整个产业链信用做统一担保，强化诚信金融建设、营造诚信生态系统，通过诚信系统来制约农业供应链违约双方行为，提升农村信贷的抗风险能力；加强信用担保体系建设，通过政府财政资金引导、吸纳社会资本注入建立现代农业信用担保公司，将农户和企业的信用等级纳入金融贷款担保的范围，增强金融担保公司的运行能力；围绕"三农"优化金融服务，增加金融网点，创新抵押方式，提高企业和农户授信等级，切实解决农民、涉农企业、种植大户"贷款难"的问题，扩宽"三农"融资渠道。

3. 发展农村金融互助社，完善农村融资平台

农户作为农村基本的经营单位，同时也是小型化的生产组织，可以根据发展需要，通过银行融资模式把农户的农地产权等资源联合组建农村资金互助社，把他们纳入到农业产业链金融之中；这种互助社可与前面提到的土地银行模式形成农业产业联盟，包括保险、融资、担保、供销、技术指导、土地整理规划、融资等内容，按照合作金融管理平台的模式来进行管理，通过产业链融资来解决贫困及偏远农户的金融供给问题。政府要将农村金融发展、城乡金融服务均等化纳入地方社会经济发展规划，创新"三农"金融服务产品，扩大农民选择金融服务的范围，延伸农村产业链金融，将农村产业发展纳入现代金融服务的覆盖体系之中，进而增强金融竞争力；改善投融资环境，扩大信贷规模，增加农村金融供给，切实加大对农村改革发展、重点领域和薄弱环节的信贷支持，大力发展农业开发、土地规范化整治、农村基础设施建设、农村产业结构调整优化等中长期业务，逐步建立金融机构服务和支持"三农"的长效机制。

4. 规范农村非正式金融组织的运行机制

根据不同地区非正式金融的特点，鼓励和引导这类金融用于农户生产和生活需要，发挥农村非正式金融组织的积极作用，使其规范化、阳光化，防止其演变为农村"高利贷"；制定相关的管理办法和激励机制，积极发展小规模的农村资金互助组织，通过社员把资金以入股方式集中起来实行互助，可以有效解决农民短期融资困难；规范农村民间借贷的管制和监督，鼓励和允许条件成熟的地方通过吸引社会资本、外资成立合伙制农村小额信贷公司，使其在法律框架内开展小额信贷金融服务，发挥这类非正规金融制度"短期、简易、快捷"的功效，服务于"三农"金融和农村劳动力转移。

以上四点举措的目标在于力求构建"普惠式"的农村产业链金融体系，这种产业链金融模式主要以农业产业链金融为基础向农村第二、三产业延伸，也符合当前农业与农村产业结构调整与优化的要求。农村产业供应链金融，以服务"三农"为基点，本着经济效益、社会效益、服务"三农"与风险防范兼顾的原则，以农业供应链为基础和依托，以农户或农村产业供应链上的企业（协会、合作社）为贷款对象，在解决借款人资金需求及农产品流通的同时，培养客户的诚信度与忠诚度，提高农村信贷的抗风险能力，实现农户增收、土地增效、企业做大做强和银行利润增长，追求参与各方的协同发展、可持续发展。而且，就农村金融制度建设而言，这种农村产业供应链金融应该是普惠的。各地应结合自身的土地、劳动力、资本和企业的优势，积极探索各具地方特色的包括产业链的核心企业、上下游企业、合作社（互助社）、农业协会、农户（土地）、政府、科研院所、信托公司、保险公司、担保公司等在内的农村产业链金融模式，逐步探索支持农村发展的系统性金融解决方案，着力推动农业增产、农民增收和农村发展，建设社会主义新农村。

第三节 新阶段农村劳动力转移制度创新的中长期政策框架

前面笔者提出了中长期农村劳动力转移的制度创新路径模式是以城乡一体化为目标，以社会保障制度建设为重点，以劳动力市场制度为支撑，进一步完善户籍制度、教育培训制度、农村土地制度和金融制度，积极推进各项制度变量的深化与完善的路径模式，彻底消除农村劳动力转移的制度障碍。由于中长期农村劳动力转移制度创新的政策框架是在近期农村劳动力转移制度改革基础上的深化发展和逻辑延续，主要是以城乡统筹发展为目的提出来的，而且，从时间跨度来看，中长期政策框架倾向于长远，因而本节的政策框架更多是一种方向性的政策，回应了本研究提出的以"近期具体、远期抽象"的政策研究思路。基于这一制度创新路径模式，本节提出了如下的政策框架。需要说明的是，这一时期的政策框架之间也是一个循序渐进的变迁过程，后面的制度创新需要前面的相应制度改革支撑和保障。

一 社会保障制度改革的中长期政策框架

前面提到，在建立农民工社会保障制度期间要继续完善城镇社会保障制度，更要健全农村社会保障制度。由于城镇化的带动，这一时期生活在城镇的人口已经超过生活在农村的人口，社会保障制度建设的重点应该是构建城乡一元的社会保障制度。

（一）完善农民工社会保障制度

这一时期的首要任务是完善农民工社会保障制度，使农民工社会保障标准向城镇相应的社会保障标准衔接。农民工社会保障制度作为一项过渡性的社会保障制度，其完善过程实际上就是实现与城镇社会保障制度衔接的过程，主要是通过制定相关的社会保障衔接办法，在一定年限内（3～5

年）对已在城镇落户的农民工实施基本社会保障标准向城镇基本社会保障标准的过渡和衔接，形成和完善"广覆盖、保基本、多层次、可持续"的城镇基本社会保障制度体系，即实现基本养老、基本医疗、工伤、失业、生育等缴费型与最低生活保障、社会救济等非缴费型的社会保障制度体系，使城镇各类农民工能够缴纳基本的社会保险金，享受与城镇居民一样的基本社会保障，消除含农民工社会保障制度在内的城镇基本社会保障制度的"碎片化"趋势，力争初步实现城镇基本社会保障制度的一体化。而此时，劳动力资源已成为重要的生产要素或稀缺资源，且因农村劳动力自身人力资本水平的提升，其在城镇稳定就业的可能性大大提高，大多数农民工通过一定时期的努力能够在城镇落户并能享受基本的社会保障。

（二）完善农村社会保障制度

就完善农村社会保障制度而言，主要是针对农村基本医疗、基本养老、失地、生育等社会保险制度和社会救助、最低生活保障等社会保障制度在实施过程中面临的实际问题制订具体细则或操作办法，以确保农村基本社会保障制度有效实施，并且根据农村生活水平的变化逐步提高农村基本社会保障标准，尤其是提高财政支付的补贴标准并缩小与城镇财政补贴的差距，确保农村基本社会保障水平不因生活水平的提高而降低，为逐渐实现基本社会保障的城乡统筹创造条件。同时，健全社会商业保险制度及其运行机制，大力发展商业保险事业，使城乡居民通过自愿缴费的方式提高自身的社会保障水平和层次。

（三）构建城乡一元的基本社会保障制度

这一阶段主要是探索健全城乡一元的基本社会保障制度，以此为基础继续延伸和发展。城乡一体化的社会保障制度是中国社会保障制度建设和改革的最终归宿，但是就中国城乡社会保障制度发展而言，实现基本社会保障的城乡一体化是首要和基础的一步。因此，在前面社会保障制度改革的基础上，这一时期社会保障制度创新最重要的任务就是构建城乡一元的基本社会保障制度。为此，可以根据基本社会保障发展情况适时出台《基本社会保障法》，主要是从制度安排的途径规范城乡一元的基本社会保障具体项目，具体涉及医疗、养老、失业、生育、最低生活保障和社会救济等，保障城乡居民享有最基本的平等的社会保障，这是作为现代社会公民应该享有的一项政治经济权利。

至此，无论农村人口还是城镇人口，无论外出与否，都有一份基本的社会保障，人口自由迁徙这一宪法赋予的神圣权利将得到社会保障制度的初步支撑。

在这一时期前面三步的基础上，根据这时的社会经济条件，如果条件成熟，再以基本社会保障制度为基础深入推进城乡一体化的社会保障制度，择机出台统一的《社会保障法》，形成完整的现代社会保障法律体系。

二　劳动力市场制度建设的中长期政策框架

通过近期促进农民工就业的劳动力市场制度安排，为这一时期的劳动力市场制度创新创造了一定的条件。完善城乡劳动力市场体系，加强劳动力市场监管，着力消除劳动力市场的城乡分割状态，建立城乡一体的劳动力用工制度，实现城乡劳动力通过市场供求服务信息平等就业，促使劳动力在城乡之间、地区之间和产业之间的合理流动和有序转移，成为这一时期劳动力市场制度建设的主要目标。从规范和完善城乡劳动力市场运行的法律法规体系来说，重点在于制定统筹城乡劳动力就业服务的制度和标准，规范和完善城乡劳动力市场运行及其统筹的制度体系，规范劳动者、企业及与其相关社会组织的市场行为，规范企业的劳动用工制度和劳动力市场服务体系，为这一时期劳动力市场制度创新创造条件。基于此，首先需要做好城乡劳动力市场运行机制建设。

（一）建立和完善农村劳动力市场运行机制

从国家粮食安全、农业现代化和农村产业结构调整角度来说，农村劳动力市场在现代劳动力市场体系建设中的作用不仅不能削弱，更应该不断加强和建设。因为，无论从农业产业发展、新农村建设还是农村城镇化战略来说，农业发展和新农村建设仍然需要一定规模的农村劳动力，这就必然涉及农村劳动力市场运行问题。农村劳动力市场发育与农村土地流转、农村人力资源开发、农村产业结构调整及培育新型农民的关系都比较密切，因此在本研究中有一定的研究价值。从长期来看，农村劳动力市场将纳入城市尤其是镇（乡）级劳动力市场体系建设的范畴。因此，农村劳动力市场制度建设可以乡镇驻地为中心加强农村劳动力市场建设，完善其运行机制，积极推动农民的灵活就业，为未转移的农民提供非农就业的信息和机会；同时，制定科学可行的农村经济发展规划与政策，发挥制度的经济价值，为返乡农民工就业创业创造相应的制度条件和经济社会条件，提高农村产业的就业吸纳能力，促进农民增收、农业发展和农村经济发展。

（二）完善城市劳动力市场运行机制

完善城市劳动力市场主要着眼于消除形成城市二元劳动力市场分割的制度安排，在此，主要以户籍制度和劳动用工制度为代表。有关这一时期的户籍制度改革的内容将在本节第三部分谈及。这里主要通过分析劳动用工制度来探讨完善城市劳动力市场运行机制，重构劳动力公平竞争与合理流动的新型用工制度，构建和谐的劳动关系。从这一角度来说，健全劳动力自由就业体系、劳动力市场服务体系和劳动力市场监督调控体系是劳动用工制度创新的主要内容。这些市场体系建设将是一个长期的过程，从制度设计、实际运行到不断完善，每一个步骤都是一个反复往返的过程。因此，这一时期主要探讨这些市场体系的制度设计或制度安排问题。

健全劳动力自由就业体系是指建立和完善不分区域、城乡和所有制的就业体系，赋予劳动者同等的就业权利，保证劳动力的自由流动和平等竞争。健全劳动力市场服务体系主要是做好劳动力市场供求信息流通体系和职业中介机构就业服务机制建设，整合劳动力就业的公共服务资源，逐步向基本公共服务均等化目标迈进。健全劳动力市场监督调控体系主要是从确保劳动力的平等就业和劳动保障权、维护劳动力市场秩序这一角度提出来的，包括规范和完善劳动力市场的用工管理制度、规范企业的用工行为、保护劳动者合法权益、加大企业劳动保障的监察力度等内容，使城市劳动力市场监督调控体系日趋完善。

这三项市场体系建设可视为这一时期城市劳动力市场运行机制建设的主要内容，通过完善城市劳动力市场制度为劳动力市场的城乡一体化提供相应的劳动力市场标准，并以此带动农村劳动力市场建设，最终建立全国一体的劳动力市场体系，从而实现劳动力资源的自由平等就业。

（三）构建城乡一体的劳动力市场制度

在做好城乡劳动力市场运行机制建设的基础上，需要构建完备的劳动力市场就业服务体系和劳动力市场管理制度，创新劳动力市场信息制度和劳动权益保护制度，加快劳动力市场转型和发育，以建立一个具有统一性和竞争性的城乡一体的劳动力市场，使劳动力市场成为城乡劳动力实现就业的主要途径。此时，劳动力作为最主要的生产要素在全国范围内自由流动，为缩小城乡差距、地区差距，为城乡和区域经济均衡协调发展创造基本的人力条件。

三 户籍制度改革的中长期政策框架

户籍制度改革的终极目标是赋予公民自由流动和迁徙权，实现市场经济体制下的人口自由流动，最终实现城乡一体的公民平等权。这一时期户籍制度改革主要是探索健全适应城乡劳动力有序流动转移、城乡一体的人口户籍登记管理制度，使之成为中国社会各阶层均衡进步、构建和谐社会的基石。这就需要加快发展现代农业以实现规模经营和调整产业结构，加速推进人口城镇化，从而使大多数人口居住在城镇和中小城市，实现中国特色的城镇化道路。笔者认为，在前面农民工户籍制度改革及与此相配套的相关制度安排基础上，继续推进城镇户籍制度改革，彻底消除户籍制度障碍，使户籍不再是人口流动、居住和就业的障碍，从而有利于农村劳动力向非农产业及城镇转移就业，进而实现农村城镇化和城镇城市化。因此，这一时期户籍制度改革的方向是在《宪法》和《户籍法》的指导和制约下，继续完善农民工户籍制度，同时推动户籍制度朝着更加合理、更加自由的方向改革，完善人口登记制度和人口信息管理制度，通过《人口管理法》以还原其应有的本质——人口统计分析和人口信息管理。

（一）继续完善农民工户籍制度

由于户籍制度具有明显的"路径依赖"特点，继续完善农民工户籍制度实际上是处理农民工城镇落户政策遗留的有关户口问题，逐步降低农民工尤其是新成长起来的农民工在中小城市和城镇落户的标准，使农民工的城镇落户不再是一个难题，在此基础上深化户籍制度改革，放宽户口迁移限制，逐步过渡到以合法固定住所、稳定收入或生活来源为基础的户籍管理模式，使农民工及其子女能够在城镇长久居住和生活，提高农民工尤其是新成长起来的农民工城市融入水平。同时，探讨城镇人口到农村落户的问题，城镇到农村落户人口可以通过农村土地流转有偿获得农村土地经营权（但不能获得宅基地），而且城镇人口获得的农村土地只能从事规模农业、特色农业或现代农业，不能用于自建住房或商业住房，不能倒转农村土地。

（二）继续完善人口登记制度和人口信息管理制度

就人口登记制度来讲，就是完善以居住地为标准的人口登记制度，使户籍管理更加方便快捷，消除依附在城市户口上的福利待遇和社会经济利益，有利于人口统计和动态管理。人口信息管理制度则是由人户兼顾的户籍管理制度转向以人为中心的动态管理，完善人口数据库的信息化建设，使人口信息成为完善社会保障制度管理、查询教育培训技能及其他相关信息的主要来源。同时，强化居民身份证管理，以身份证制度作为建立社会信用体系的基本依据。在条件成熟的情况下，适时出台《人口管理法》，加强和完善人口管理。

（三）形成全国统一的城乡一元化户籍制度

在前面两点的基础上，逐步形成全国统一的、城乡无差别的一元化户籍制度，真正实现人口在全国范围内自由而平等地流动或转移。相应的，人口信息登记制度更加完善，居民身份证及其号码因其唯一性而成为在全国范围内依法获取个人基本信息、社会保障、教育技能、纳税缴费和社会信用的一种符号和代码。这样，户口随人口流动而迁移，人户分离现象将不复存在，人口自由流动将成为社会进步的基石。

四　教育培训制度改革的中长期政策框架

前面的农民工教育培训制度为农民工"城市融入"和农民工进城子女教育积淀了一定的人力资本。这一时期应主要关注农村基础教育与培训制度，着眼于积累人力资本和培育新型农民，推动农村农业结构调整和农村劳动力转移；同时，继续完善农民工在城镇落户之后的职业培训制度，使农民工能够在城市享受就业需要的职业技能培训。这一时期的教育培训制度首先是从完善农村教育培训制度开始，实现教育资源城乡均衡发展，提高农村劳动力的人力资本水平，为农村劳动力稳定就业和增加收入奠定坚实的素质基础，实现其可持续的"城市融入"。

（一）完善农村基础教育制度

农村基础教育必须突出省级政府在农村基础教育投入中的责任主体地位，实现义务教育经费投入的省级统筹，加大国家财政资金投入农村教育尤其是农村基础教育的比重，同时在国家财力①改善的条件下优先把农村高中教育纳入农村义务教育范畴，提高农村劳动力的文化素质，这主要是

---

① 　如果真正实现了教育经费占 GDP 的 4% 的话，完全可以把农村高中教育纳入农村义务教育之内，可以考虑优先把农村高中教育纳入农村义务教育范畴；而这与城镇普及高中教育并不冲突。

在农村人口规模已少于城镇人口规模、农村高中教育服务对象已少于城镇高中教育服务对象的情况下实施的。具体做法是对具有农村户口的高中学生发放"教育券","教育券"金额大致和城镇高中学生缴纳的学费相当。通过政策激励机制吸引高素质的师资向农村基础教育流动，完善农村基础教育教师的进出机制，具体可采取对在农村工作的教师在工作年限计算实行每工作 3 年可多计算 1 年工龄、绩效考核等级在考核合格的基础上自然提升一级等。通过财政转移支付强化对老少边穷地区和少数民族地区农村基础教育的政策支持和财政投入力度，实现农村基础教育的地区公平，使这些地区的孩子不致输在起跑线上。转变教育模式，在普及农村基础教育的同时，可以考虑在农村高中和职高教育阶段适当增加劳动技能训练课程，这类课程考核合格后，可在其完成高中教育或职业教育时颁发相关的职业技能证书，即实行"双证教育"（毕业证书和技能证书），使农村受教育人口在完成中等教育之后具有一定的专业技能，适应这一时期农村土地适度规模经营和农业产业化对农民人力资本的要求，也为这一时期农村劳动力非农就业、转移进城后的继续培训奠定必要的人力资本基础。加强对农村义务教育经费投入和运行情况的监督，确保农村义务教育经费按时足额到位，依法制止和追究挪用、截留和违规使用义务教育投入资金行为的行政责任和法律责任。

（二）健全农村培训制度

在这一时期，农村培训制度作为农村劳动力继续教育的主要途径起着更为重要的作用，因为现代特色农业以及农村产业结构升级需要人力资本较高的农村劳动力，这就需要在农村培训制度安排上创新。农村培训制度不同于农村基础教育制度，政府可以不作为农村培训经费投入的主体，而是可以更多地引入市场机制，让社会教育资源发挥应有的作用。因此，整合农村培训资源，积极完善农村培训制度，无疑为提升农村人力资本质量创造了一条现实而又可行的渠道。这一时期的农村培训制度创新主要体现在：第一，构建农村培训资金的投入机制，主要由政府、企业（农地经营者）、社会组织和农户共同承担，探讨建立以政府投入为引导、以企业投入为主体、社会中介组织参与和农户合理分摊的农村培训资金投入体系。第二，改造和完善教育培训机构，加强培训基地建设。充分利用已有的农村职业学校、成人学校和农村义务教育学校重新布局之后闲置的校舍资源，建立农村职业培训基地，完善培训基地的软硬件条件，增加培训项目及内容，扩大培训规模和提高培训效率，使其成为农村劳动力提高技能、转移培训和文化建设的中心。第三，加强职业培训基地的师资队伍建设。通过政府的优惠政策鼓励和吸引社会力量介入和培训基地的自身积累，健全培训教师的薪酬激励机制，使农村职业培训机构拥有一批稳定的教师队伍。第四，建立和完善农村职业培训基地、城市培训组织和用人单位的沟通联动机制。农村职业培训基地可以与城市培训组织在培训资源、培训内容上通过网络信息和远程教育形式实现沟通合作，实现资源和信息共享，使农村培训基地的培训与区域就业形势的需要同步；同时，引导和鼓励农村培训基地与用人单位在双赢的基础上建立合作伙伴关系，通过签订培训订单或劳务输出协议，约定相互的责任和权益，实现农村劳动力资源与用人单位之间的无缝对接和良性互动。

（三）实施教育培训资源的城乡均衡配置制度

这一时期，农村教育培训制度面临着一个城乡均等化问题，即实现教育培训资源的城乡均衡配置问题，这是实现城乡教育一体化的必然要求。因此，需要完善相关制度逐步实现城乡教育培训资源的均衡配置。为此，首先要科学合理布局农村教育资源。由于计划生育政策的作用，农村也同样面临"少子化"问题，使得部分农村地区存在校舍闲置的问题。因此，可以通过国家教育投入发展农村寄宿制学校，重新调整农村中小学校布局，以此带动农村校舍的标准化建设和农村教育资源的合理布局。其次是实现农村和城市义务教育的同等资金投入，这种投入不是一种总量上的投入，而是按生均的平等投入，即在国家给予农村教育补贴政策之外，无论城乡生源，每所学校按生均同等投入教育经费；无论城乡教师均享受同等的福利待遇。最后是初步实现教育资源的城乡互动，即通过以城带乡的长效机制实现城乡义务教育阶段学校的师资、设施、信息等教育教学资源共享与互动，促进教育公平。

（四）实现教育培训资源的城乡均衡发展制度

前面已经提到了教育培训资源的城乡均衡配置制度，它实际上是初级化的教育培训资源城乡均衡发展，即通常的城乡教育均衡发展，也可称为教育制度的城乡一体化。教育培训资源的城乡均衡发展的主要目的在于使城乡基础教育公共服务均等化和常态化。在此，笔者结合近期农民工教育培训制度创新路径和前面三点教育培训制度创新路径，认为教育培训制度的城乡一体化主要是在教育培训资源城乡均衡配置制度基础上，细化和完善城乡教育培训资源均衡发展的制度，主要包括校舍布局科学化、办学条件标准化、教师待遇均等化、师资建设统一化、教育投入平等化、教育机会公平化。建立和完善这些方面的教育培训制度，实现城乡教育之间的资源共享、优势互动、相互支持、相互促进、均衡协调共同发展，实现教育公平。

五　农村土地制度改革的中长期政策框架

这一时期的农村土地制度创新主要是农村土地制度继续确权和流转以及此后的农地产权法律保护制度[①]，探索农地规模经营过程中的农业种植大户或农村经济组织的土地收益问题，完善农村土地生产条件和保障农民及其农业种植大户的收入增长机制，使"三农"问题不再是制约中国现代化建设的障碍因素；同时，通过农业产业化和多样化经营、退耕还林使农村自然生态得到有效保护，生态农业和循环农业逐渐成为农业生产经营的主流，进而城市的自然生态也得到有效的恢复和保护。

（一）完善农村土地流转法律法规，构建土地交易的法律屏障

通过前面的农村土地确权流转实践，需要在法律上保障相应各方的土地权利，而且，土地交易的前提是土地用途不改变和土地承包权平等且受法律保护。因此，需要在农地确权流转实践的基础上完善农村土地法律法规，主要体现在：一是修改和完善土地承包法，明确农村土地"国家所有、农户永包"的法律保障；二是制定土地流转法，明确农村土地产权主体，农村土地流转的总体原则，土地流转市场的法律地位，流转各方的权利义务，流转形式，流转合同的订立、变更和解除，流转合同违约的法律责任等内容，突出农村土地产权主体的法律地位，使农村土地流转"有法可依"；三是完善土地管理法等相关法律法规，使与农村土地有关的法律法规在新时期适应实际的需要，为农地交易提供法律保障。

（二）健全农村土地流转市场，构建土地交易的市场屏障

根据土地流转法关于农村土地流转的法律规定，需要健全农村土地流转市场体系，建立土地流转的市场屏障。一是增强农民及其土地实际经营者的谈判地位，使农民及其土地经营者成为农地流转市场的主体，有利于

---

① 农地产权的法律保护主要是指农地承包权的占有者具有行使相关权益而不受干涉的权利，其各项权能能受到法律保护，实际上就是农民及其农业种植大户或农村经济组织的谈判地位问题。

保护其权利，维护其利益，实现土地资本化；二是需要培养农地流转的市场主体，主要是培育和扶持既懂技术又有市场意识的农地经营者（即农业种植大户与农村经济组织），增加其农业土地需求，这样的土地需求有利于土地的流转和集中，有利于提高农业生产效率、发挥土地集中的规模效益和增加抵抗市场风险的能力；三是加强农地流转市场建设，做好农地流转的中介服务体系，完善农地流转的基础设施，建设一批合格的农地市场交易从业人员；四是完善农村土地经营的市场环境，完善相关的农资流通体制和粮食流通体制，保障农村土地产出的预期市场收益，这是推动土地流转市场建设的动力之一，也是完善农产品流通市场的主要内容之一。

六 金融制度改革的中长期政策框架

这一时期金融制度改革主要是完善农地金融制度，逐步形成农村土地银行模式，使土地银行成为保障土地权利和实施国家土地战略的重要金融机构和宏观调控手段；继续创新涉农金融制度，深化其支农强农功能，使农民及农业种植大户的"融资难"问题逐步得到解决。

（一）完善农地金融制度，形成国家土地银行模式

完善农地金融制度，继续巩固前期取得的农地金融制度改革成果，积极推进"金融深化"，探索各地各具特色的土地金融模式，提高金融机构对农村劳动力的服务质量和服务效率，是这一时期金融制度创新的主要内容。完善农地金融制度实际上就是完善和规范土地入股和土地银行两种模式的运行机制，逐步统一农村土地银行模式，择机成立国家土地银行，从而为规范各地出现的农地金融机构和地方土地银行模式创造条件，也是为了进一步规范全国农地金融交易市场。

（二）以农业产业链金融为基础，继续创新涉农金融制度

完善农业产业链金融运行机制，逐步实现城乡金融服务均等化的制度创新，以此为基础打造符合各地自身优势的农业产业银行模式；推进农村金融制度创新，充分开发商业性金融机构的涉农服务项目，为农村劳动力"城市融入"过程提供一定的融资便利；通过财经政策和激励机制鼓励政策性金融机构为农户和农村劳动力转移就业提供适合的金融产品和金融工具，强化政策性金融机构的支农强农功能，同时把金融产品创新与金融服务链创新紧密结合起来，打造农村金融服务体系；政府相关部门和农村金融机构要完善财政资金为农户和农村劳动力提供小额贷款或创业贷款的担

保抵押机制，为农村劳动力转移就业提供适宜的金融服务和金融支持。加强对各级政府财政投入和企业投入资金运行过程的监管，实行信息公开，坚决打击违规使用、挪用投入资金的行为，确保涉农资金的有效使用和公开透明。完善民间金融公司及相关组织的管理制度，规范其运行机制，增强农户和农村劳动力的融资能力，继续发挥非正式金融制度在农村劳动力转移就业中的作用。

应该说，通过新阶段农村劳动力转移的制度创新，附属于户籍背后的社保、就业、教育、土地、金融、住房等方面的城乡差别已因基本公共服务城乡均等化而一一剥离。这时，无论地域、城乡，劳动力都能够享受到基本公共服务及其相应的福利待遇，都能够通过自身的不断努力初步实现自由迁徙的权利，基本人权得到尊重，人口流动更加自由，社会劳动更加体面，劳动关系更加和谐，人民生活更有尊严，城乡社会更加公平，从而为实现城乡一体化创造了制度条件和社会条件。只要在国家相关制度创新和宏观政策的指导下，就能推动城乡与区域经济、社会、生态、科技、文化和环境的均衡协调发展。也只有这样，消除户籍差别、城乡差别和地区差别才有可能成为现实。

第四节　本章小结

本章是本研究的对策研究，主要是就如何推动新阶段农村劳动力转移制度创新提出相应的对策建议。本章首先探讨了新阶段农村劳动力转移制度创新与政府责任的关系，进而引申出新阶段农村劳动力转移制度创新路径及其路径依赖，认为我国农村劳动力转移的复杂性和艰巨性决定了制度创新路径选择的阶段性及其制度创新体系之间的协调性。围绕这一判断，分别提出了新阶段农村劳动力转移制度创新路径的近期模式和中长期模式。结合这两个阶段的制度创新路径模式，按照"近期具体，远期抽象"的原则分别对新阶段农村劳动力转移制度改革的近期政策分析和中长期政策框架进行了系统而又相互协调的分析，重点在于近期农村劳动力转移制度改革的政策研究。通过本章研究，可形成以下结论：

第一，由于政府是新阶段农村劳动力转移制度创新的主体，因此，探讨政府责任意义重大。政府责任主要体现在维护制度公正上，公正是制度安排和制度创新的主要基点，这就为新阶段农村劳动力转移的制度创新提供了基本的责任原则；而强化农村劳动力转移制度创新过程的政府责任是加快农村劳动力制度改革的法理基础，其目的在于维护制度公正。因此，政府在新阶段农村劳动力转移制度创新过程中充当主导作用，农村劳动力转移制度创新是新阶段政府职责所系，是现代公民社会服务型政府的要义所在，需要明确政府在各项制度改革和创新中的责任意识和民主意识。

第二，农村劳动力转移的制度创新，既要适应生产力的发展水平和阶段要求，又要看到生产关系的变化；既要考虑农村劳动力转移制度创新主体的能力、利益和行为的变化，又要考虑制度创新的潜在受益方对制度变革的态度与可能采取的行动，注意制度安排的合理性、时效性和可操作性。因此，近期农村劳动力转移的制度创新路径模式是以社会保障制度为重点，以农民工户籍制度改革为中心，以农村土地制度、农民工劳动力市场制度、农民工培训制度与农地金融制度为支撑，并辅以相关的制度创新和配套政策，积极引导农村劳动力"农村转出"和共同推动农民工尤其是第二代农民工"城市融入"的制度创新路径模式；而中长期农村劳动力转移制度创新路径模式主要是基于培养农村劳动力城市融入的可持续能力为目的，以城乡一体化为目标，以社会保障制度建设为重点，以劳动力市场制度为支撑，进一步完善户籍制度、教育培训制度、农村土地制度和金融制度，积极推进各项制度变量的深化与完善的制度创新路径模式，彻底消除农村劳动力转移的制度障碍，使农村劳动力转移在新的时代条件下开启新的征程。

第三，就社会保障制度改革而言，近期主要是健全包括工伤保险、医疗保障、养老保险及失业保险、农民工最低生活保障等在内的农民工社会保障制度，农民工可以根据所处不同的流动迁移状态选择不同的社会保障项目；同时根据《社会保险法》继续完善城镇社会保障制度，更要健全相应的农村社会保障制度。中长期主要是将农民工社会保障标准与城镇相应的社会保障标准衔接，同时完善农村社会保障制度，在此基础上，探索建立健全城乡一元的基本社会保障制度，适时出台基本社会保障法；在条件成熟时，再以基本社会保障制度为基础择机出台统一的社会保障法，形成完整的现代社会保障法律体系。

第四，就户籍制度改革而言，近期的主要任务是以省内转移和跨省转移为两个方面、以户口迁移准入制为主要内容推进农民工户籍制度改革，省内迁移不能以"双放弃"为前提，同时在公民自由迁徙权、人口登记管理制度等方面作一定的探索，为下一步的改革做好铺垫。中长期的制度创新任务主要是在彰显公民自由迁徙权精神的《宪法》和《户籍法》指导下，继续完善农民工户籍制度，推动户籍制度朝着更加合理、更加自由的方向改革；完善人口登记制度和人口信息管理制度，通过《人口管理法》以还原其应有的本质——人口统计分析和人口信息管理，逐步形成全国统一的、城乡无异的一元化户籍制度。

第五，就劳动力市场制度而言，近期主要着眼于完善农民工就业的相关市场机制和农民工合法劳动权益的保障机制等方面；就业信息传递机制、职业中介服务机制和就业机会平等共享机制构成了就业市场机制建设的主要方面，而完善法律法规、完善集体协商制度、加大劳动行政监督执法力度和建立用工单位工资信用制度是劳动权益保障机制建设的重要内容。中长期制度创新的任务主要在于完善城乡劳动力市场体系，加强劳动力市场监管，建立城乡一体的劳动力用工制度，实现城乡劳动力通过市场供求服务信息平等就业，促使劳动力在城乡之间、地区之间和产业之间的合理流动和有序转移，而首要的就是做好城乡劳动力市场运行机制建设。

第六，就教育培训制度而言，近期主要应以农民工职业技能培训为突破口，然后扩展到农民工进城子女的教育制度；农民工职业技能培训着眼于健全培训资金投入保障、开放城市公共培训机构、采取灵活多样的培训形式和建立农民工职业培训的管理监督机构四个方面；而农民工进城子女教育主要是让这些流动儿童就地入学入托及参加升学考试，主要是通过以"现居住地"模式改革升学考试制度，同时健全城市公立学校向农民工子女开放的运行机制和完善民办学校的运行机制。中长期的制度改革任务首先是从完善农村基础教育制度开始，健全农村培训制度，推行教育培训资源的城乡均衡配置制度，实现教育培训资源的城乡均衡发展制度，提高农村劳动力的人力资本水平，为农村劳动力稳定就业和增加收入奠定坚实的素质基础，实现其"城市融入"的可持续性。

第七，就农村土地制度而言，近期主要是改革农村土地的所有权结构并过渡到农地家庭永包制，突出农民的农村土地使用占有权，明确农户的农村土地产权主体地位，拓展农户农村土地的处置权，重视农民土地收益权，在此基础上确定农民（农户）农村土地产权的权属和边界，使农户成为农村土地市场主体，以确权加快农村土地流转；而农村土地流转制度的关键在于培育农村土地有形市场和完善农村土地流转市场，具体内容为：

培育农村土地流转市场，包括完善土地承包权流转办法和土地流转程序，规范农户土地承包权流转等内容；完善农村土地流转市场，主要是筹建由村级土地流转服务站、镇（乡）级土地流转服务中心和县（区）级农村土地流转服务中心共同构成的三级农地流转市场体系。中长期农村土地制度创新主要是完善农地流转等法律法规和农村土地流转市场等两大方面，解决农村土地制度确权流转面临的问题以及此后的农地产权法律保护制度，探索农地规模经营过程中的农业种植大户或农村经济组织的土地收益问题，完善农村土地生产条件和保障农民及其农业种植大户的收入增长机制。

第八，就金融制度而言，近期做好以农村土地银行模式为主的农地金融制度创新，可以探索建立由合作性土地金融机构、商业性土地金融机构和政策性土地金融机构等组成的功能各异、层次互补、职能有别的农村土地金融体制；同时围绕构建"普惠式"的农业产业链金融体系，增加农村金融资源供给，围绕诚信金融创新金融产品和服务，完善农村融资平台和规范农民非正式金融组织的运行机制，强化中小银行的支农服务功能和加强农村民间借贷的管制和监督。中长期的制度创新则主要是完善农地金融制度，逐步形成农村土地银行模式，使土地银行成为保障土地权利和实施国家土地战略的重要金融机构和宏观调控手段；同时以农业产业链金融为基础，继续创新涉农金融制度，深化其支农强农功能，使"三农"发展的"融资难"问题逐步得到解决。

第八章
结论与展望

　　农村劳动力转移问题是一个老话题，却是笔者一直思考的问题，笔者一直在思考如何让被闲置的农村劳动力资源充分激活起来。从加快农村人力资源开发、发展劳务经济到推动农村劳动力转移，这一直是笔者希望找到的破题之道，但最终还是难以令人满意，因为任何有效的解决之策最终都会回到制度本源上；而且，离开相应的制度保障，任何解决农村劳动力转移的对策也不具有可持续性。当前，人口转变因素使我国劳动力供给进入了年轻劳动力有限供给的新阶段，让笔者敏锐地看到从制度层面系统分析农村劳动力转移问题的必要性和紧迫性。一方面，破解长期以来二元结构的时机渐趋成熟，统筹城乡发展的研究不断涌现，并逐步纳入政府实践；另一方面，30 年来的农村劳动力流动规模越来越大，积累的问题越来越多，根据农民工对经济增长的贡献，是应该给予农民工制度身份的时候了。因此，在前人研究的基础上，笔者选择从制度创新视角来研究农村劳动力转移，经过框架构建、数据获取、资料查阅、理论探讨、实证分析和政策研究，得出了如下的研究结论，具有一定的理论指导意义和现实意义。

第一节　研究结论

　　通过国内外文献综述，明确已有研究之不足，找到本研究的切入点，阐述研究新阶段农村劳动力转移制度创新的理论意义与现实意义。以此为基础，分析了我国人口发展面临的挑战及其未来劳动力供给态势，认为我国劳动力供给已进入年轻劳动力有限供给的新阶段，而年轻劳动力有限供给的新阶段是第一个刘易斯转折点来临的特征，是农村劳动力转移制度变革的"临界点"阶段。据此，笔者认为，中国农村劳动力转移进入了一个诱致新的制度需求和制度非均衡的新阶段，以此作为本书的研究背景。其后的相关章节分析了本研究的主题，形成了如下的研究结论：

第一，由于制度因素的作用，我国农村劳动力转移过程体现了两个差异，进而导致农村劳动力外出经历的是流动过程而不是转移过程，并根据制度障碍因素的侧重点不同可将这些制度障碍分为"农村转出"层次和"城市融入"层次。新中国成立以来尤其是改革开放以来，我国农村劳动力转移经历了跌宕起伏的变化，从自由迁移到限制流动，再到"民工潮"、"民工荒"间或短暂的"返乡潮"，风起云涌，由此归纳出我国农村劳动力转移具有"流动有余而转移不足"和"限制的多而鼓励的少"这两个差异，导致农村劳动力外出经历的是一个流动过程而不是一个转移过程，即农村劳动力的流动过程是"外出→回流→……→再外出→再回流"，而转移过程是"外出→回流→……→再外出→留城"。在"再外出→再回流"之间由于制度障碍的作用，使农村劳动力尽管经历了数次"外出→回流"过程之后，最终也只能回到原流出地。由于制度障碍的内容较多，笔者选择了其中最为关键的六个变量，按照不同制度变量对农村劳动力转移影响的侧重点不同，把农村劳动力转移的制度障碍分为"农村转出"和"城市融入"两个层次，这两个层次之间存在着一定的互动关系，并将农村土地制度和金融制度纳入"农村转出"层次，把户籍制度、劳动力市场制度、社会保障制度和教育培训制度归入"城市融入"层次。当然，这两个层次之间并非是依次相续的过程，只是对于大多数农村劳动力来说，面临着这两个层次的制度障碍。

第二，"农村转出"层次的各项制度变量主要涉及农村劳动力的产业转移和地域转移两个方面。一方面，农村土地制度是以土地产权制度为核心的一系列制度所构成的制度体系，它反映了以农地为载体的农村社会经济关系，反映了农业劳动者、土地与农地产出之间的相互关系，主要包括农村土地产权制度和农村土地流转制度。农村土地产权制度是农村土地流转制度的基础和前提，而农村土地流转制度与农村劳动力转移是互为条件的关系。据此认为，确权流转是农村土地制度创新的关键。另一方面，现代金融制度下农村劳动力的融资能力及其拥有的金融资源不仅影响农村劳动力的"农村转出"过程，而且还影响着农村劳动力的"城市融入"过程。然而，由于各方面的原因，农村金融制度服务"三农"的功能并未得到真正体现，使农村劳动力转移面临着"金融抑制"，而农地金融制度创新则有利于推动农村土地的确权流转制度建设，是农村劳动力转移获取有效金融资源的主要途径，可以为农村劳动力转移支付一定的转移成本；此外，还需要以农业产业链金融为基础，完善商业性和政策性金融机构的涉农资金制度和农村金融环境制度建设，降低农村金融交易成本，加强农村劳动力转移的金融支持。

第三，"城市融入"层次的各项制度变量主要解决农村劳动力的身份转变及其定居城镇问题。城乡二元的户籍制度是造成农村劳动力难以实现"城市融入"的本源性制度障碍，它对农村劳动力"城市融入"的三个层面均有着重要的影响，这一制度障碍的持续存在，将会对中国经济社会持续稳定发展产生消极的影响，因此，户籍制度改革是促进农村劳动力转移的首要任务之一。对农村劳动力"城市融入"来说，劳动力市场制度的影响主要在于农村外出劳动力能否通过就业在城市立足，实现经济层面的"城市融入"，进而再实现社会层面和心理层面的"城市融入"；事实上，户籍制度及其相应的城市偏向的二元劳动力市场制度严重阻碍着农民工尤其是第二代农民工"城市融入"的进程；因此，仅有户籍制度改革并不能达到应有效果，还需要突破城市二元劳动力市场，进而突破城乡二元劳动力市场。社会保障制度是影响农民工尤其是第二代农民工"留城"过程的根本性因素，是农村劳动力永久性留城居住的安全屏障，它对农村劳动力"城市融入"的三个层面都有着相应的影响，因此，需要健全农民工社会保障制度和城乡基本社会保障转移接续制度，最终实现"一元化"的城乡基本社会保障制度。教育培训制度通过人力资本形成过程对农村劳动力"城市融入"具有直接的决定作用，而农村劳动力转移及其"城市融入"之后，对其人力资本提升也起着集聚作用；据此认为，农村劳动力转移与人力资本提升之间是相互促进的关系，因而需要推进教育培训制度改革，加快农村劳动力人力资本投资。总体来说，户籍制度是解决农村劳动力"城市融入"的角色身份问题，劳动力市场制度是增加农村劳动力"城市融入"的经济收入问题，社会保障制度是稳固农村劳动力"城市融入"的社会根基问题，而教育培训制度则是增强农村劳动力城市就业和"城市融入"的可持续性问题。换句话说，户籍制度创新决定了农村劳动力"农村转出"之后能否进得了城，是"城市融入"的基础条件；社会保障制

度创新是农村劳动力进城之后能否"留得下"的现实问题,是农村劳动力
永久性留在城市的安全保障;劳动力市场制度是农村劳动力进城之后能否
"留得住"的关键问题;教育培训制度则是农村劳动力进城之后能否"过
得更好"的主要问题。

第四,从多元视角对农村劳动力转移的制度创新内涵进行了理论研
究。基于制度创新视角,笔者认为新阶段农村劳动力转移的制度创新主体
包括宏观主体、中观主体和微观主体。新阶段农村劳动力转移制度创新的
宏观主体即中央政府,中央政府在农村劳动力转移制度创新中扮演着主要
的角色;制度创新的中观主体即各级地方政府,地方政府对中央政府的制
度创新负有贯彻执行的职责,在中央政府关于农村劳动力转移制度创新框
架内也担负着制度创新的重要作用;制度创新的微观主体即农户(含农村
劳动力)及其农村集体组织。而且,新阶段中国农村劳动力转移过程是在
典型的二元结构下进行的,其制度创新过程是一个长时期的过程,只能采
取有重点、分阶段、逐步过渡的方式推进,而且由于农村劳动力转移面临
着前后不同的时代背景,还需要研究转移制度安排的次序和协调问题,即
过渡性中间制度安排和各项制度安排之间的统筹协调问题。笔者认为,已
有的农村劳动力转移制度安排不能满足农村劳动力转移的现实和潜在制度
需求,即处于制度非均衡状态,这种制度非均衡主要是制度供给不足造成
的,因此,新阶段农村劳动力转移的制度创新过程应该在制度供给方面下
工夫,根据各项制度创新的目标和相应阶段的社会经济条件认真做好相应
的过渡性中间制度供给以及各项制度供给之间的统筹协调。

第五,通过选取各制度变量及其制度分解变量构建了新阶段农村劳动
力转移的制度创新理论模型及制度分解变量的相互关系模型。本研究从制
度供给角度构建了基于制度障碍层次的农村劳动力转移模型,以此为基
础,选取各制度变量的分解变量构建了农村劳动力转移制度创新理论模
型。该模型以制度创新主体(主要是中央政府)为主导,以农村劳动力转
移的制度创新为手段,以培育农村劳动力的就业能力和可持续发展能力为
目的,加速推动农村劳动力转移进程,进而实现农业产业化、农村城镇化
和农村现代化,减缓农村地区人口生态环境压力,为加快社会主义新农村
建设和构建和谐的城乡关系打下良好的社会基础。同时,基于制度创新子
系统之间的统筹协调问题构建了各制度分解变量的相互关系模型,通过这
一关系模型,认为农村土地制度创新、金融制度创新、社会保障制度创新

和劳动力市场制度创新构成了中国农村劳动力转移的主过程，户籍制度创新和教育培训制度创新能够加速中国农村劳动力转移的进程。其中，社会保障制度创新有利于农村土地流转，降低农村土地保障的传统功能，能够进一步推动农村劳动力转移；农民工社会保障制度作为过渡性中间制度安排的特征比较明显，其最终将过渡到农村社会保障制度或城市社会保障制度，根据农民工最终流向决定其社会保障制度选择的方向。因此，要促进新阶段农村劳动力转移进程，必须首先推动制度创新，以制度创新推动转移过程。

第六，本研究强化了中国农村劳动力转移制度创新的政府责任，提出了近期和中长期农村劳动力转移制度创新路径模式。强化农村劳动力转移制度创新过程的政府责任是加快农村劳动力制度改革的法理基础，其目的在于维护制度公正。同时，本研究分析了制度创新的路径依赖，认为必须重视中国农村劳动力转移过程的阶段性和制度创新体系之间的协调性，突破农村劳动力转移制度创新的传统路径依赖，加大制度创新力度，以适应我国农村劳动力转移制度创新各阶段的社会经济环境的变化。据此，提出了近期的农村劳动力转移制度创新路径模式和中长期的农村劳动力转移制度创新路径模式。

第七，针对近期和中长期这两个阶段的制度创新路径模式，本研究进行了相应的政策研究，提出了相应的近期政策建议和中长期政策框架。结合两个时期的制度创新路径模式，笔者按照"近期具体，远期抽象"的原则，根据层次分析法确定的各制度创新分解变量的权重分别对新阶段农村劳动力转移制度改革的近期政策建议和中长期政策框架进行了系统而又具有相互协调的分析，重点在于近期农村劳动力转移制度改革的政策研究，难点在于制度之间的相互协调统筹，为深化我国农村劳动力转移进程提供借鉴价值。具体如下：

就近期政策建议而言，通过以第二代农民工为主体的农民工城镇落户及其相应的社会保障体系建设，促使第二代农民工率先完成从传统土地保障依赖到现代社会保障的过渡，有利于农民工尤其是第二代农民工在城镇稳定就业和市民化，有利于稳定城镇劳动力供给态势。当前农民工社会保障制度建设要以满足农民工亟须的社会保障为主要任务，兼顾目前农民工工资收入较低和土地资本尚未激活的实际情况，实行"低标准、广覆盖、渐进式过渡"的方针，调动用工单位和农民工参保的积极性；户籍制度要以省内转移和跨省转移为两个方面、以户口迁移准入制为主要内容推进农民工户籍制度改革，逐步深化户籍制度改革，确保农民工尤其是第二代农民工纳入城市的社会福利和社会保障体系当中，让他们能真正享受到与城市居民同等的待遇；劳动力市场制度要主要着眼于提升农民工"就业质量"，加快建设农民工就业的相关市场机制和农民工劳动权益保障机制等方面，主要包括城乡劳动力就业机会平等、享有的就业服务平等和劳动权益平等；教育培训制度主要实行以"现居住地"为主的教育培训模式，以农民工职业技能培训为突破口，然后扩展到农民工进城子女的教育制度；农村土地制度创新要在制度创新宏观主体与中观主体的指导下充分发挥制度创新微观主体的作用，按照确权流转两个步骤来进行，使农户成为农村土地市场主体，走土地的资源物权化和产权资本化路径；金融制度要做好农地确权之后的农地金融制度创新，应以农村土地银行模式为主，同时着力构建"普惠式"的农村产业链金融体系。

就制度创新之间的协调性而言，社会保障制度需要其他相关制度创新予以配套和支持，如户籍制度领域的农民工户籍迁移制度、以人口登记为主要内容的人口管理制度，劳动力市场制度领域的农民工就业歧视制度、农民工工资支付保障制度，农村土地制度领域的土地流转制度，金融制度领域的农地金融制度，等等。应该说，这些制度的配套政策对于农民工社会保障制度改革具有较高的支撑作用，能够起到政策的"叠加效应"。

就中长期政策框架而言，农村劳动力转移制度创新主要是以城乡公共服务均等化为指导方向，深入推进城乡一体化进程。由于这一时期城镇化已达到较高水平，生活在城镇的人口已经超过生活在农村的人口，因而农村劳动力转移的制度创新要完善农村的相关制度，也要重视城镇的相关制度创新。社会保障制度建设的重点应该是构建城乡一元的社会保障制度，可先构建城乡社会保障衔接制度，适时出台《基本社会保障法》，逐渐形成完整的现代社会保障法律体系；户籍制度改革主要是继续完善农民工户籍制度、人口登记制度和人口信息管理制度，逐步形成全国统一的、城乡无异的一元化户籍制度；劳动力市场制度主要在于完善城乡劳动力市场体系，建立城乡一体的劳动力用工制度，实现城乡劳动力通过市场供求服务信息平等就业，促使劳动力在城乡之间、地区之间和产业之间的合理流动和有序转移；教育培训制度改革要从完善农村基础教育培训制度、推行教育培训资源的城乡均衡配置制度，实现教育培训资源的城乡均衡发展制度，为农村劳动力稳定就业和增加收入奠定坚实的素质基础；农村土地制度创新主要是完善土地流转法律法规，健全土地流转市场，构建土地交易的法律屏障和市场屏障；金融制度要完善农地金融制度，逐步形成农村土地银行模式，同时以农业产业链金融为基础，继续创新涉农金融制度，使"三农"发展的"融资难"问题逐步得到解决。

第二节　主要创新之处

本研究的创新点主要体现在以下几个方面：

第一，明确提出新阶段农村劳动力转移制度障碍可划分为两个层次。本研究突破了传统的"推—拉理论"，根据本研究对"农村劳动力转移"的概念界定，联系实际分析了农村劳动力转移制度障碍内容，划分了农村劳动力制度障碍的"农村转出"和"城市融入"两个层次，并认为"农村转出"主要解决产业转移和地域转移，而"城市融入"主要解决身份转变及其城市居住问题，并分析了各制度变量与农村劳动力转移的关系。

第二，从多元视角对新阶段农村劳动力转移的制度创新内涵进行理论研究。本研究阐释了农村劳动力转移制度创新的三类创新主体，探讨了这三类制度创新主体的创新方式，进而从制度供给视角提出了农村劳动力转移的制度创新过程，目的在于突破农村劳动力转移过程的制度非均衡，实现农村劳动力转移的制度均衡。

第三，构建新阶段农村劳动力转移的制度创新理论模型。本研究根据农村劳动力转移的制度障碍层次和制度创新理论分析，构建了基于制度障碍层次的农村劳动力转移模型；同时还选取相关的制度变量和制度分解变量，构建了新阶段农村劳动力转移的制度创新理论模型，试图揭示新阶段农村劳动力转移各制度变量之间的复杂关系；以此为基础，构建了农村劳动力制度创新各制度分解变量的相互关系模型，并用层次分析法确定了各个制度变量的指标体系在制度创新体系中的权重。

第四，探讨新阶段农村劳动力转移的制度创新路径。本研究强调新阶段农村劳动力转移制度创新的政府责任，认为其制度创新路径要克服农村劳动力转移制度安排的滞后性，重视制度安排与制度需求之间的适应性、制度安排的系统性及其相互之间的协调性，以适应农村劳动力转移制度创新各阶段的社会经济环境的变化。据此，结合我国农村劳动力转移的复杂性、艰巨性和各制度创新主体利益分配格局的变化，提出了农村劳动力转移近期和中长期的制度创新路径模式。

第五，系统全面地分析了农村劳动力转移制度创新的政策措施。政策研究是本项目研究的重要内容之一。因此，围绕近期和中长期农村劳动力转移制度创新路径模式，本研究对新阶段农村劳动力转移制度创新的近期政策建议和中长期政策框架进行了探讨，强调制度创新系统之间的协调性和整体性，进而提出了一些具有独创性的观点。如农民工社会保障制度的"低标准、广覆盖、渐进式过渡"模式，户籍制度按"省内、跨省"两种不同的迁移准入制模式，以提升"就业质量"为主的农民工劳动力市场制度建设，教育培训制度的"现居住地"教育培训模式，农村土地的资源物权化和产权资本化路径，金融制度的"土地金融机构"和"'普惠式'农村产业链金融"模式，等等。

第三节　研究展望

进入 21 世纪以来，农民工尤其是第二代农民工（或称新生代农民工）问题日益成为理论界和政府部门思考的热点问题。尤其是在改革开放 30 多年后的今天，农民工群体不再是一个高度同质的流动群体，而是在教育程度、思想观点、就业诉求、职业愿景、留城意愿、消费行为和社会文化等方面逐渐递延出代际分化的趋势，并且这种代际分化的特征不仅体现在思想上，还体现在具体行为上，那就是"民工荒"。"民工荒"也可以看做农民工尤其是第二代农民工"用脚投票"的结果，可以说是农民工尤其是第二代农民工用具体行为抗争"制度不公"的反应。而且，随着我国劳动力供求关系进入一个有限供给的新阶段，这个新阶段也是善待劳动者、维护劳动者权益的新阶段。在这一新阶段，需要学术界从制度本源上来研究农村劳动力转移新问题，也需要制度供给方思考如何通过制度创新还原人的本质的现实问题。

应该说，关于农村劳动力转移问题的研究文献比较多，大多数学者在人口学、经济学（尤其是发展经济学）、管理学、社会学、政治学等学科背景下进行研究，相关研究成果也不少，为农村劳动力转移的政策实践提供了理论参考，但是，很少有学者从制度创新视角系统地研究农村劳动力转移问题。因此，本项目的研究成果在研究新阶段农村劳动力转移问题上能够弥补已有研究的一些不足，丰富我国农村劳动力转移问题的研究内容，农村劳动力转移研究的更多不足将是后续研究的方向。

需要说明的是，由于我国地域辽阔，地理环境的复杂性和长期人口经济社会发展等因素决定了不同地区面临着不同的人口条件和制度条件，也就决定了农村劳动力转移就业问题的复杂性。本研究主要是基于我国西部川黔渝地区的调查分析得出关于新阶段农村劳动力转移制度创新的研究结论，并根据这一结论提出相应的对策建议。这些研究结论和对策建议相对于全国其他地区而言，可能存在着一定的区域性和差异性，甚至可能存在着与局部地区的制度和政策实践相悖的可能。因此，相对于全国而言，应该承认本书的研究结论和对策建议肯定还需要实践的检验，甚至可能存在尚待商榷的结论和对策。不管怎样，勇于创新是本书的宗旨，相信本书对于川黔渝地区乃至西部地区的农村劳动力转移理论和实践仍具有较高的资鉴价值，这也是笔者进行学术研究的出发点。

此外，我国农村劳动力转移问题的复杂性和阶段性决定了研究农村劳动力转移不是一蹴而就的工作，需要更多的学者、更多的学科从不同的视角来加以研究，而制度创新只是其中的一个视角，还可以从其他的视角或内容来进行研究，如农村劳动力"城市融入"的资产制度建设问题、农民工"城市融入"公共服务问题，农民工"城镇融入"的生计资本问题，农民工市民化的生存与发展问题，农村流动人口的社会化服务管理问题，农村劳动力转移进城的社会管理问题，农村劳动力转移的地域差异与民族差异问题，农村劳动力转移就业与返乡农民工就业创业问题，农村劳动力转移与新型农民的培育问题，农村劳动力转移与农村发展战略问题，农村劳动力"城市融入"与城镇养老保险基金运营问题，农村劳动力转移成本的可持续供给问题，如此等等，这些内容都将是笔者进一步思考的方向。

希望更多的学者涉猎农村劳动力转移研究这一领域，共同把我国"三农"问题研究推向更好更高的水平，以满足政策实践部门不断增长的理论需求。

附录一
新阶段农村劳动力转移问题
研究调查问卷

编 号：

我们正在研究农村劳动力转移就业的相关问题，以期给政府有关部门决策提供咨询，同时也对改善我国农村劳动力转移的制度环境、提高农村劳动力转移的就业水平进行探索，希望能够得到您的配合。谢谢！

您提供的所有信息对于我们的分析研究非常重要，请根据您的实际情况如实作答，所有答案将会作匿名处理，不会对您的工作和生活造成任何影响，感谢您的配合与支持。

请在您自己确认的选项上打"√"或（　　　）上写上相应的答案。

贵州大学国家社科基金项目组
2009 年 1 月

一、基本信息

X1. 家庭所在地：_____省_____县（区、市）_____镇（乡）_____村

X2. 性别：（1）男（　　　）　　（2）女（　　　）（直接在选项后打"√"）

X3. 出生年月：_____年_____月

X4. 您的教育程度：（　　　）

（1）文盲/半文盲　　　　　（2）小学　　　　　（3）初中

（4）高中/中专/职业高中　（5）大专及大专以上

X5. 您的婚姻状况：（　　　）

（1）未婚　　　　　　　（2）已婚

（3）其他（离婚或丧偶等）

X6. 家庭人口数：_____人，其中农村劳动力（15 岁至 64 岁之间）_____人。

二、农村劳动力转移问题情况

Q1. 您是否有外出务工的经历？（　　　）

（1）没有　　　　　　　（2）有

（如果回答（1），请回答第 2 题，剩余问题请根据自己的实际情况选做；如果回答（2），不回答第 2 题）

Q2. 没有外出务工的主要原因是（　　　）（限选三项）

（1）文化程度低　　　　（2）没有技术

（3）没有资金　　　　　（4）没有务工信息

（5）担心务工工作不稳定或受到城里人的歧视

（6）要种责任田　　　　（7）外出务工太辛苦

（8）务工收入太低　　　（9）年龄太大或者身体不好

（10）其他

Q3. 您选择外出务工的主要原因是（　　　）（限选三项）

（1）农村收入太低，城镇收入相对较高

（2）到外面见见世面

（3）家里人多，土地却少，没有啥活干

（4）挣钱结婚、盖房子

（5）农村没有太多发展或致富机会

（6）向往、喜欢城镇的生活方式

（7）为子女或兄弟姐妹筹集学费

（8）到外学点技术，再回家乡创业

（9）城镇生活条件好，不愿意干农活

（10）受其他人外出影响

（11）其他

Q4. 从第一次外出务工到现在有多少年了？（　　　）

Q5. 您的外出务工地点在（　　　）

（1）本地所在乡镇　　　（2）本地县城

（3）本省（市）大城市　（4）其他省（市）大城市、工矿区

(5) 其他

Q6. 您外出务工主要从事的行业是(　　)

(1) 制造　　　　　　　　(2) 建筑

(3) 采掘　　　　　　　　(4) 家政服务

(5) 运输　　　　　　　　(6) 个体商业

(7) 餐饮服务　　　　　　(8) 其他

Q7. 您通过何种渠道获得就业信息?(　　)

(1) 亲戚朋友介绍　　　　(2) 地方政府与劳动部门

(3) 网络渠道　　　　　　(4) 劳务中介机构

(5) 电视、报纸等媒体　　(6) 用工招聘会

(7) 其他

Q8. 您到城镇务工的主要途径是(　　)

(1) 自己进城　　　　　　(2) 企业直接来农村招工

(3) 跟随亲戚朋友　　　　(4) 跟随工头进城

(5) 政府机构组织进城　　(6) 由民间中介机构组织进城

(7) 其他途径

Q9. 您对在城镇找工作的难易程度的评价是(　　)

(1) 很难　　　　　　(2) 较难　　　　　　(3) 一般

(4) 较易　　　　　　(5) 很易

Q10. 如果您变换工作,是通过什么途径找到工作的?(　　)

(1) 劳动力市场就业信息　(2) 老乡或熟人介绍

(3) 亲戚介绍　　　　　　(4) 职业介绍机构

(5) 新闻媒体或广告　　　(6) 其他

Q11. 您在外务工每月大概收入多少?(　　)

(1) 800元以下　　　　　(2) 800元~1400元

(3) 1400元~2000元　　(4) 2000元以上

Q12. 是否能按时领到工资?(　　)

(1) 能按时拿到　　　　　　(2) 基本按时拿到

(3) 通过自己催讨　　　　　(4) 通过朋友帮忙拿到

(5) 有过根本拿不到的经历　(6) 在政府帮助下才能拿到

(7) 其他

Q13. 您对您目前务工的工资水平的满意程度(　　)

（1）非常满意　　　　　（2）较满意　　　　　（3）一般

（4）较不满意　　　　　（5）不满意

Q14. 用工单位是否与您签订了劳动合同？（　　　）

（1）有书面劳动合同　　　（2）有口头协议

（3）没有任何形式的合同

Q15. 在外出务工中，如果遇到工资拖欠、人身伤害等侵害时，您如何处理？（　　　）

（1）自己直接向单位维权　　（2）联合工友共同维权

（3）找朋友帮忙　　　　　　（4）找政府部门解决

（5）运用法律手段解决　　　（6）自认倒霉

（7）其他

Q16. 如果您未采用法律手段维护自己的合法权益，原因可能是（　　　）

（1）不了解劳动法等相关法律法规

（2）对通过法律手段能否维护自己的权益没有信心

（3）打官司花钱太多　　　（4）打官司太烦琐

（5）其他

Q17. 您外出就业面临的主要困难是（　　　）（限选三项）

（1）缺乏相应的劳动技能　　（2）不能及时准确地获取用工信息

（3）城镇就业条件高　　　　（4）居住环境差

（5）劳动力市场竞争激烈　　（6）外出务工成本高

（7）缺少劳动技能培训机会　（8）其他

Q18. 在外出务工时，您是否有受歧视的经历？（　　　）

（1）没有受歧视的经历　　　（2）找工作时曾受到歧视

（3）与朋友交往中曾交往歧视　（4）在工作过程中曾受到歧视

（5）在消费时曾受到歧视　　（6）受城镇居民歧视

（7）其他

Q19. 到城镇务工，您最放心不下家里和使您最留恋的是（　　　）（限选三项）

（1）农村承包地

（2）农村宅基地

（3）农村较宽松的计生政策

（4）近期惠农的一系列政策（如免收农业税等）

（5）农村的亲邻乡情和生活习惯

（6）年老的父母无人照顾

（7）未成年子女的教育问题

（8）其他

Q20. 您到城镇务工最希望政府给予的帮助是（　　　）

（1）能够使本人在城镇落户，解决户口

（3）提供廉租房

（2）使子女能够像城镇子女一样地接受教育

（4）提供较稳定的工作

（5）提供购买低价住房的机会

（6）提供城镇医疗、失业保险等社会保障

（7）其他

Q21. 您出外务工后，您家的承包土地由谁耕种？（　　　）

（1）父母或其他直系亲人　　　　（2）暂时无偿送别人耕种

（3）暂时由别人耕种，自己收取少量收入

（4）自己掏少量钱请别人耕种，收入归别人

（5）其他

Q22. 您家有没有土地转承包（即转让土地承包权）的意愿？（　　　）

（1）愿意继续承包　　　（2）愿意转包　　　（3）维持现状

Q23. 您村里有没有土地转承包的现象？（　　　）

（1）有　　　　　　　（2）没有

（3）没有听说过转承包

Q24. 村集体对获得城镇户口的人或者农户的土地规定是（　　　）

（1）收回离开的人的全部土地　　（2）只收回责任田

（3）强制继续种植　　　　　　　（4）同意送给别人耕种

（5）没有规定

Q25. 村集体对土地抛荒管不管？（　　　）

（1）管　　　　　　　（2）不管

Q26. 由于非农业就业影响土地耕种时，村集体的规定是（　　　）

（1）收回离开的人的全部土地　　（2）只收回责任田

（3）强制转让土地　　　　　　　（4）强制继续种植

（5）没有规定

Q27. 您村对自由出让土地（即买卖土地）的规定是（　　）

（1）不允许　　　　　　　（2）只允许出让口粮田

（3）需要经过村干部的同意　（4）没有规定

Q28. 您村对为赚钱而租出土地的规定是（　　）

（1）不允许　　　　　　　（2）只允许出租口粮田

（3）需要经过村干部的同意　（4）没有规定

Q29. 您村对出售土地使用权的规定是（　　）

（1）不允许　　　　　　　（2）只允许出售口粮田

（3）没有规定

Q30. 您在务工之前参加过培训没有？（　　）

（1）参加过（继续回答）　（2）没有参加过（不回答第31题）

Q31. 您参加哪种培训？（　　）

（1）当地政府组织　　　　（2）当地社会机构培训

（3）职高培训　　　　　　（4）跟师傅学手艺

（5）其他

Q32. 用工单位是否对您进行过技术培训？（　　）

（1）没有培训　　　　　　（2）有培训

Q33. 用人单位的技术培训是免费的吗？（　　）

（1）是免费的，并且有工资　（2）是免费的，但没有工资

（3）不是

Q34. 您务工后参加过哪种形式的培训？（　　）

（1）劳动部门提供　　　　（2）工作地政府部门组织的

（3）个人独立自愿参加　　（4）在工厂边干边学

（5）其他

Q35. 您对参加培训有什么看法？（　　）

（1）愿意继续接受培训　　（2）花费太高

（3）花费时间太多　　　　（4）对找工作没有太大帮助

（5）培训效果不好　　　　（6）没有必要

Q36. 您最希望获得哪些方面的培训？（　　）

（1）岗位技能培训　　　　（2）特殊工种技能培训

（3）人际交往技能　　　　（4）计算机技能培训

（5）基本文化素养教育　　（6）一般管理知识培训

（7）法制知识培训

Q37. 您外出务工返家来回的车费是多少？_____元

Q38. 您本人在务工地的住房情况是（　　）

（1）住工棚　　　　　　　（2）单位提供的免费宿舍

（3）租住单位提供的宿舍　（4）租住亲戚或朋友家

（5）租住私人的房子　　　（6）其他

Q39. 每个月您要负担多少钱的房租？_____元，伙食费？_____元。

Q40. 您的务工收入在城镇的花费主要用于哪些方面？（　　）（可选三项）

（1）食品　　　　　　　　（2）住宿

（3）医疗　　　　　　　　（4）日用品

（5）交友、娱乐　　　　　（6）购买衣服

（7）学习技术　　　　　　（8）其他

Q41. 您对务工的费用（指您从离家出门到开始工作之前的所有花费，包括路费、餐饮住宿费、劳务信息费、企业押金、临时居住证等）如何评价？（　　）

（1）高　　　　　　（2）较高　　　　　　（3）一般

（4）较低　　　　　　（5）低

Q42. 没有钱出门时您是怎么解决这一难题的？（　　）

（1）向父母要　　　　　　　　（2）向亲戚借

（3）向农村信用合作社或银行贷款　（4）民间借贷组织

（5）高利贷　　　　　　　　　（6）其他

Q43. 在老家缺钱而急需 1000 元以上的支出时您是怎么解决的？（　　）

（1）向父母要　　　　　　　　（2）向亲戚借

（3）向农村信用合作社或银行贷款　（4）民间借贷组织

（5）高利贷　　　　　　　　　（6）其他

Q44. 您在城镇务工时生过病吗？（　　）

（1）有　　　　　　　　（2）没有

Q45. 您在生病后会去医院看病吗？（　　）

（1）会去　　　　　　　　（2）不去看病，挺挺就会好的

（3）只有重病时才会上医院　（4）病重买点药吃就行

Q46. 您在农村老家时参加过哪种社会保障？（　　）

（1）养老保险　　　　　　（2）合作医疗保险

（3）集体福利保障　　　　　（4）其他保险

（5）没有

Q47. 用人单位是否为您缴纳"三金"（失业保险金、医疗保险金、养老保险金）？（　　）

（1）按照国家政策全额缴纳"三金"　（2）只缴纳了部分"三金"

（3）完全没有缴纳"三金"　　　　　（4）不知道

Q48. 您认为现在外出就业最需要的保险有哪些？（　　）（限选三项）

（1）养老保险　　　　　　（2）医疗保险

（3）交通工具保险　　　　　（4）家庭财产保险

（5）人身意外伤害保险　　　（6）失业保险

（7）其他

Q49. 您最希望加入哪种保险？（　　）

（1）工伤保险　　　　　　（2）医疗保险

（3）养老保险　　　　　　（4）失业保险

（5）最低生活保障　　　　　（6）不需要，不如多给我钱

（7）其他

Q50. 您对自己将来工作的打算是（　　）

（1）城里有活干就出来务工，干到年纪大了再回乡务农

（2）等农村条件好了再回乡务农

（3）通过务工，争取留在城镇生活

（4）不愿意回乡干农活，想过城里人的日子

（5）其他

Q51. 对未来的期望：如果条件或政策许可，您或您的家庭更愿意在哪里生活和工作？（　　）

（1）本地农村　　　　　　（2）本地所在乡镇

（3）本地县城　　　　　　（4）本省（市）大城市

（5）其他省（市）大城市

Q52. 为什么希望脱离农村，主要原因是（　　）（限选三项）

（1）农民社会地位低

（2）农民生活条件苦

（3）城里人收入高，生活水平更好

（4）城里人有退休工资和社会保障等福利

（5）进城以后孩子有条件接受更好的教育

（6）城里人的精神文化生活丰富多彩

（7）城里人有体面和稳定的工作

Q53. 影响您在城镇（城市）定居的主要因素是（　　　）

（1）没有稳定的收入　　　　（2）农村户口

（3）子女入学　　　　　　　（4）住房

（5）文化教育水平不高　　　（6）医疗、养老等社会保障

（7）受到歧视　　　　　　　（8）其他

再次感谢您对我们的调查积极配合，我们将不胜感激！

调查员备注：

调查地点：_____省（直辖市）_____市（县）_____镇（乡）

调查时间：2009 年_____月_____日

附录二
新阶段农村劳动力转移制度创新
评价指标对比调查问卷

尊敬的专家：

您好，非常感谢您在百忙之中抽出宝贵时间完成这份关于农村劳动力转移制度创新评价指标的调查问卷。我们正在研究农村劳动力转移制度创新的相关问题，以期给政府有关部门的制度设计提供咨询和对策，同时也对改善我国农村劳动力转移的制度环境、提高农村劳动力转移的就业水平进行探索。为了更好地衡量和评价农村劳动力转移制度创新模型各个指标的权重，我们拟结合相应的指标体系构建新阶段农村劳动力转移的制度创新评价指数。

因此，唯有您的参与，我们才能顺利完成这项研究，才能更好地发挥学术之"济世安民"价值！

再次感谢，敬祝安康！

贵州大学国家社科基金项目组

2010 年 6 月

问卷说明：

根据选取的制度创新变量，我们制作了调查表，请根据您的研究和理解对这些指标的成对比较进行打分。打分方法如下：

将某行的指标与各列的指标进行比较，如果您认为行指标比列指标对农村劳动力转移的影响程度更强，则在对应的方格内打正分，影响程度越强分值越高（1~9），反之则打负分（-1~-9），变量说明请见表2。比如表 1 中，如果您认为 F1 行对农村劳动力转移"颇重要"于 F2 列，则根据自己的理解在 F1 行 F2 列所对应的方格内打 5 分，重要程度越高分值越大（1 ~ 9 分）；如果您认为 F1 行的影响"稍不重要"于 F2 列，则在 F1 行 F2 列所对应的方格内打 -3 分，越不重要时负分越大（-1 ~ -9）。最后请您对调查表还需研究的指标提出宝贵意见。谢谢（注：表 3 至表 11 中方格内有短线的不填）。

表 1　AHP 问卷举例

	F1	F2	F3
F1	—	5/ -3	
F2	—	—	
F3	—	—	—

表 2　层次分析法（AHP）比较尺度说明

语义变量	变量说明	变量赋值
绝对重要	有足够证据肯定绝对喜欢前者	9
中间值	需要折中赋值时	8
极重要	实际显示非常强烈倾向喜欢前者	7
中间值	需要折中赋值时	6
颇重要	经验与判断强烈倾向喜欢前者	5
中间值	需要折中赋值时	4
稍重要	经验与判断稍微倾向喜欢前者	3
中间值	需要折中赋值时	2
同等重要	两比较方案的贡献程度具同等重要性	1
中间值	需要折中赋值时	-2
稍不重要	经验与判断稍微倾向喜欢后者	-3
中间值	需要折中赋值时	-4
颇不重要	经验与判断强烈倾向喜欢后者	-5
中间值	需要折中赋值时	-6
极不重要	实际显示非常强烈倾向喜欢后者	-7
中间值	需要折中赋值时	-8
绝对不重要	有足够证据肯定绝对喜欢后者	-9

表3　农村劳动力转移制度创新评价指标对比

得分指标 指标	A "农村转出"指标	B "城市融入"指标
1. "农村转出"指标（包括农村土地制度、金融制度）	—	
2. "城市融入"指标（包括户籍制度、劳动力市场制度、社会保障制度、教育培训制度）	—	—

表4　农村劳动力转移的 "农村转出" 制度评价指标对比

得分指标 指标	A 农村土地制度	B 农村金融制度
1. 农村土地制度	—	
2. 农村金融制度	—	—

表5　农村劳动力转移的 "城市融入" 制度评价指标对比

得分指标 指标	A 户籍制度	B 劳动力市场制度	C 社会保障制度	D 教育培训制度
1. 户籍制度	—			
2. 劳动力市场制度	—	—		
3. 社会保障制度	—	—	—	
4. 教育培训制度	—	—	—	—

表6　农村劳动力转移中农村出中土地制度评价指标对比

得分指标 指标	A 农村土地确权制度	B 农村土地流转制度
1. 农村土地确权制度（确定农村土地产权）	—	
2. 农村土地流转制度（土地承包经营权流转等）	—	—

表7　农村劳动力转移农村转出中金融制度评价指标对比

得　　　　　　指　　标　　　　分　　　　　指　　标	A 农村土地金融制度	B 金融机构的涉农资金制度
1. 农村土地金融制度（即建立健全农村土地银行）	—	
2. 金融机构的涉农资金制度（即涉农金融机构创新金融服务）	—	—

表8　农村劳动力转移"城市融入"中户籍制度评价指标对比

得　　　　指　　标　　　分　　　指　　标	A 农民工省内城镇落户制度	B 户籍的跨省迁移制度	C 人口登记与信息管理制度
1. 农民工省内城镇落户制度（农村外出劳动力在本省内城镇落户的制度）	—		
2. 户籍的跨省迁移制度（主要是指劳动力的跨省迁移落户制度）	—	—	
3. 人口登记与信息管理制度（主要是从人口管理的角度提出来的）	—	—	—

表9　农村劳动力转移"城市融入"中劳动力市场制度评价指标对比

得　　　　指　　标　　　分　　　指　　标	A 农村劳动力市场制度	B 城镇一级劳动力市场制度	C 城镇二级劳动力市场制度
1. 农村劳动力市场制度	—		
2. 城镇一级劳动力市场制度（主要指城市高素质劳动力就业的劳动力市场）	—	—	
3. 城镇二级劳动力市场制度（是指农民工进城之后就业的主要劳动力市场）	—	—	—

表 10　农村劳动力转移"城市融入"中社会保障制度评价指标对比

得分 / 指标	A 农民工社会保障制度	B 农村社会保障制度	C 城镇基本社会保障制度
1. 农民工社会保障制度（即农民工进城亟须的社会保障）	—		
2. 农村社会保障制度	—	—	
3. 城镇基本社会保障制度	—	—	—

表 11　农村劳动力转移"城市融入"中教育培训制度评价指标对比

得分 / 指标	A 农村基础教育制度	B 农村职业培训制度	C 城镇农民工就业培训制度	D 教育资源城乡均衡配置制度
1. 农村基础教育制度	—			
2. 农村职业培训制度	—	—		
3. 城镇农民工就业培训制度（即指农民工在城镇能够享受的就业培训服务）	—	—	—	
4. 教育资源城乡均衡配置制度	—	—	—	—

您认为哪些评价指标还应该包括纳入研究范畴之内，请列出。

_____

_____

_____

问卷调查到此结束！

非常感谢您对本研究的大力支持。如果您对我们的研究有进一步了解的兴趣，请致信 E‐mail：shenpeng76@163.com，非常欢迎与您交流。祝工作顺利！

主要参考文献

一 外文文献

Borjas, George J. (2007), "Labor Outflows and Labor Inflows in Puerto Rico", *NBER Working Paper* No. 13669.

Borjas, George J. (1999), "The Economic Analysis of Immigration", In Orley C. Ashenfelter and David Card, eds. , *Handbook of Labor Economics*, Amsterdam: North-Holland, pp. 1697 – 1760.

Borjas, George J. (1991), "Immigration and Self-Selection", In John Abowd and Richard Freeman, eds. "*Immigration, Trade, and the Labor Market*", Chicago: University of Chicago Press, pp. 29 – 76.

Borjas, George J. (1987), "Self-Selection and Earnings of Immigrants", *American Economic Review*, 77 (4), pp. 531 – 553.

Dale W. Jorgenon (1961), "The Development of a Dual Economy", *The Economic Journal*, Vol. 71, No. 282, pp. 309 – 334.

E. S. Lee (1966), "A Theory of Migration", *Demography*, No1. , pp. 47 – 57.

Freeman, Rochard (1993), "Labor Market and Institions in Economic Development", *American Economic Review* 83: 2: 403 – 408.

Galor, Oded and Oded Stark (1990), "Migrants' Savings, the Probability of Return Migration and Migrants' Performance", *International Economic Review*, 31: 2: 463 – 467.

Harris. John R. , and Michael P. Todaro (1970), "Migration, Unempolyment and Development: A two-sector analysis", *American Economic Re-*

view. 60 March. : 126. 142.

John R. Harris & Michael P, Todaro (1970), "Migration Unemployment and Development: A Two-sector Analysis", *The Economic Journal*, Vol. 60, No. 1, pp. 126 – 142.

Lewis, W. Author (1954), "Economic Development with Unlimited Supplies of Labor", *Manchester School of Economic and Social Studies*, Vol. 22, No. 2, pp. 139 – 191.

Ranis, G. and J. Fei (1961), "A Theory of Economic Development", *American Economic Review*, Vol. 51, No. 4, pp. 533 – 565.

Stark, O. (1991), "Migration in LDCs: risk, remittance and family", *Finance and Development*, Dec. , Vol. 28, No. 4.

Stark, O. and Taylor, J. E. (1991), "Migration Incentives, Migration Types: The Role of Relative Deprevation", *the Economic Journal*, Vol. 101, pp. 1163 – 1178.

Taylor, J. E. (1996), "International Migration and Economic Development: a Microeconomy-wide-Analysis", *Development Strategy, Employment and Migration: Insights from Models*, J. E. Taylors eds. (OECD), pp. 1 – 31.

Todaro, Michael P. (1969), "A Model of Labor Migration and Urban Unemployment in Less Developed Countries", *American Economic Review*, 59, pp. 138 – 148.

Wang Xingzhou (2008), "Special Issue: Migrant Workers in the Course of Urbanization-An investigation into intergenerational differences between two generations of migrant workers", *Social Sciences in China*, Vol. XXIX, No. 3, Aug. pp. 136 – 156.

二　中文书目

蔡昉等:《中国人口与劳动问题报告 No12:"十二五"时期挑战:人口、就业和收入分配》,社会科学文献出版社,2011。

蔡昉等:《中国人口与劳动问题报告 No11:后金融危机时期的劳动力市场挑战》,社会科学文献出版社,2010。

蔡昉等:《中国人口与劳动问题报告 No10:提升人力资本的教育改

革》，社会科学文献出版社，2009。

蔡昉等：《中国人口与劳动问题报告 No9：刘易斯转折点如何与库兹涅茨转折点会合》，社会科学文献出版社，2008。

蔡昉等：《中国人口与劳动问题报告 No8：刘易斯转折点及其政策挑战》，社会科学文献出版社，2007。

蔡昉等：《中国人口与劳动问题报告 No.7：人口转变的社会经济后果》，社会科学文献出版社，2006。

蔡昉等：《中国人口与劳动问题报告 No.5：人口转变与教育发展》，社会科学文献出版社，2004。

蔡昉等：《劳动力流动的政治经济学》，上海三联书店、上海人民出版社，2003。

蔡昉、都阳等：《劳动经济学——理论与中国现实》，北京师范大学出版社，2009。

蔡昉：《刘易斯转折点——中国经济发展新阶段》，社会科学文献出版社，2008。

蔡昉：《科学发展观与增长可持续性》，社会科学文献出版社，2006。

蔡昉：《民生经济学："三农"与就业问题的解析》，社会科学文献出版社，2005。

蔡昉等：《中国劳动力市场转型与发育》，商务印书馆，2005。

崔占峰：《农业剩余劳动力转移就业问题研究》，经济科学出版社，2008。

陈甫军、陈爱民：《中国城市化：实证分析与对策研究》，厦门大学出版社，2000。

陈浩：《农村劳动力非农就业研究——从人力资本视角分析》，中国农业出版社，2008。

程恩富、胡乐明：《新制度经济学》，经济日报出版社，2005。

道格拉斯·诺斯：《经济史中的结构与变迁》，上海三联书店，1991。

道格拉斯·诺斯：《制度、制度变迁与经济绩效》，上海三联书店，1994。

费景汉、G. 拉尼斯：《劳动剩余经济的发展》，华夏出版社，1989。

国家人口和计划生育委员会流动人口服务管-理司：《中国流动人口发展报告 2010》，中国人口出版社，2010。

国务院研究室课题组：《中国农民工调研报告》，中国言实出版社，2006。

韩俊：《中国农民工战略问题研究》，上海远东出版社，2009。

洪名勇：《马克思土地产权制度理论研究——兼论中国农地产权制度改革与创新》，人民出版社，2011。

霍丽：《城乡二元经济差异的人力资本研究》，中国经济出版社，2008。

黄荣清等：《转型时期中国社会人口》，辽宁教育出版社，2004。

黄丙志：《农村劳动力转移与社会保障》，上海社会科学院出版社，2007。

惠宁、霍丽：《中国农村剩余劳动力转移研究》，中国经济出版社，2007。

科斯：《财产权利与制度变迁——产权学派与新制度学派译文集》，上海三联书店，1991。

匡萍波、申鹏等：《当代中国人力资源开发研究》，贵州人民出版社，2007。

李建新：《中国人口结构问题》，社会科学文献出版社，2009。

李竞能：《现代西方人口理论》，复旦大学出版社，2004。

李强：《农民工与中国社会分层》，社会科学文献出版社，2004。

李培林：《农村劳动力——中国进城农村劳动力的经济社会分析》，社会科学出版社，2003。

李培林等：《就业与职业变迁——两个特殊群体的求职过程》，浙江人民出版社，2000。

李平：《中国转型时期城市农民工社会保障制度研究》，中国地质大学出版社，2008。

刘传江等：《中国农民工市民化进程研究》，人民出版社，2008。

刘传江等：《中国第二代农民工研究》，山东人民出版社，2010。

刘怀廉：《农村剩余劳动力转移新论》，中国经济出版社，2004。

刘苓玲：《中国社会保障制度城乡衔接理论与政策研究》，经济科学出版社，2008。

刘林平、万向东：《制度短缺与劳动短缺》，社会科学文献出版社，2007。

罗明忠:《农村劳动力转移:决策、约束与突破》,中国劳动和社会保障出版社,2008。

卢现祥:《新制度经济学》,武汉大学出版社,2004。

卢现祥:《西方新制度经济学》,中国发展出版社,2003。

陆益龙:《超越户口——解读中国户籍制度》,中国社会科学出版社,2004。

吕昭河:《制度变迁与人口发展:兼论中国人口发展的制度约束》,中国社会科学出版社,1999。

彭新万:《我国"三农"制度变迁中的政府作用研究(1949~2007年)》,中国财政经济出版社,2009。

钱文荣:《转型时期中国农民工》,中国社会科学出版社,2007。

秦兴方等:《农村劳动力转移的次序》,社会科学文献出版社,2009。

盛洪:《现代制度经济学》(下卷),北京大学出版社,2003。

盛来运:《流动还是迁移:中国农村劳动力流动过程的经济学分析》,上海远东出版社,2008。

石莹、赵昊鲁:《马克思主义土地理论与中国农村土地制度变迁》,经济科学出版社,2007。

唐茂华:《中国不完全城市化问题研究》,经济科学出版社,2009。

田雪原等:《21世纪中国人口发展战略研究》,社会科学文献出版社,2007。

同春芬:《转型时期中国农民的不平等待遇透析》,社会科学文献出版社,2006。

谢建社:《风险社会视野下的农民工融入性教育》,社会科学文献出版社,2009。

张红宇:《中国农村的土地制度变迁》,中国农业出版社,2005。

张雷:《当代中国户籍制度改革》,中国人民公安大学出版社,2009。

赵德起:《中国农村土地产权制度效率的经济学分析》,经济科学出版社,2010。

三　中文论文

白南生:《刘易斯转折点与中国农村剩余劳动力》,《人口研究》2009

年第 2 期。

蔡昉：《中国经济面临的转折及其对发展和改革的挑战》，《中国社会科学》2007 年第 3 期。

蔡昉、王美艳：《为什么劳动力流动没有缩小城乡收入差距》，《经济学动态》2009 年第 8 期。

蔡昉：《发展阶段转折点与劳动力市场演变》，《经济学动态》2007 年第 12 期。

蔡昉：《农村剩余劳动力流动的制度性障碍分析——解释流动与差距同时扩大的悖论》，《经济学动态》2005 年第 1 期。

蔡昉：《劳动力迁移的两个过程及其制度障碍》，《社会学研究》2001 年第 4 期。

蔡昉：《城市化与农民工的贡献》，《中国人口科学》2010 年第 1 期。

蔡昉：《如何集成对劳动力流动的多学科研究》，《中国劳动经济学》2005 年第 3 期。

蔡继明：《农村建设用地流转模式的比较与选择》，《经济学动态》2009 年第 9 期。

曹亚、陈浩：《金融危机背景下的返乡农民工就业安置态势评估》，《改革》2009 年第 8 期。

曹阳：《论中国农业劳动力转移进程中的制度约束》，《华中师范大学学报》（人文社会科学版）1998 年第 5 期。

陈伯君等：《农村土地制度产权改革与农村增收——以成都实验区农村土地产权改革前后的变化为样本》，《南方论坛》2009 年第 3 期。

陈家泽、周灵：《成都探索"土地银行"》，《决策》2009 年第 9 期。

陈金永：《中国户籍制度改革与城乡人口迁移》，《中国劳动经济学》2004 年第 1 期。

陈静敏、陆铭等：《劳动力短缺时代有没有到来》，《经济学动态》2008 年第 4 期。

陈绍友、官永彬：《农村劳动力转移模型：基于中国制度背景的构造》，《特区经济》2006 年第 6 期。

陈锡文：《如何推进农民土地使用权合理流转》，《中国改革》2002 年第 9 期。

陈星：《农业剩余劳动力与农民收入关系研究》，《经济学动态》2009

年第 5 期。

崔传义：《进入新阶段的农村劳动力转移》，《中国农村经济》2007 年第 6 期。

邓宇鹏、王涛生：《中国民工短缺的制度分析》，《经济学动态》2005 年第 5 期。

杜鹰：《现阶段中国农村劳动力流动的群体特征与宏观背景分析》，《中国农村经济》1997 年第 6 期。

冯更新：《论现阶段我国城乡居民养老保障体系的构建》，《经济学动态》2008 年第 2 期。

高汉：《论农村土地金融制度的建立与发展》，《金融与经济》2005 年第 10 期。

韩俊：《中国城乡关系演变 60 年：回顾与展望》，《改革》2009 年第 11 期。

韩淑娟：《农民工社会保障缺失的制度因素研究》，《山西师大学报》（社会科学版）2009 年第 5 期。

何景熙：《不充分就业：中国农村劳动力剩余的核心与实质——农村剩余劳动力定义与计量新探》，《调研世界》2000 年第 9 期。

何景熙：《"开流断源"：寻求充分就业的中国农村劳动力非农化转移理论与模型》，《人口与经济》2001 年第 2 期。

何晓琦：《农村劳动力转移与人力资本投资政策》，《中国福建省委党校学报》2004 年第 5 期。

黄培红等：《金融支持农村剩余劳动力的调查及建议》，《华北金融》2009 年第 3 期。

黄新华：《制度创新的经济学理论》，《理论学刊》2004 年第 1 期。

金成武：《城镇劳动力市场上不同户籍就业人口的收入差异》，《中国人口科学》2009 年第 4 期。

梁振萍、董藩：《内涵界定与制度创新——对农业剩余劳动力转移的两点思考》，《财经问题研究》1990 年第 5 期。

李波：《土地银行：新农村建设的新生力军》，《金融与经济》2007 年第 1 期。

李芳凡、廖成丽：《我国建立城乡一体化社会保障体系的时机选择——借鉴西方发达国家的历史经验》，《南昌大学学报》（人文社会科学版)2008 年第 6 期。

李萌:《劳动力市场分割下乡城流动人口的就业分布与收入的实证分析——以武汉市为例》,《人口研究》2004 年第 6 期。

李萍、罗宁:《农村劳动力转移的维度考察：城市外化与农村内化》,《改革》2008 年第 9 期。

李强:《影响中国城乡流动人口的推力和拉力因素分析》,《中国社会科学》2003 年第 1 期。

李强:《我国城市农民工劳动力市场研究》,《大连民族学院学报》2000 年第 7 期。

李实:《警惕突发性劳动力流动》,《财经》2007 年第 4 期。

李松龄:《制度、制度变革与制度均衡——一种制度供求均衡的分析方法》,《湖南商学院学报》1999 年第 1 期。

李小珍:《论农村剩余劳动力转移与制度供给》,《企业家天地》2006 年第 6 期。

李勋来:《农村劳动力转移的制度决定模型及其实证分析》,《科学·经济·社会》2007 年第 3 期。

李勋来、李国平:《农村劳动力转移模型及实证分析》,《财经研究》2005 年第 6 期。

林毅夫等:《中国的地区不平等与劳动力转移》,《中国劳动经济学》2005 年第 3 期。

刘澜飚、田岗:《中国农村信用社改革的制度保障与重建》,《经济学动态》2006 年第 8 期。

刘明慧等:《农村劳动力转移与政府职责定位》,《大连海事大学学报》(社会科学版)2009 年第 3 期。

刘守英:《中国的二元土地权利制度与土地市场残缺》,《农业经济导刊》2008 年第 9 期。

罗重谱:《我国农村土地产权制度变迁与创新研究》,《地方财政研究》2009 年第 3 期。

罗剑朝等:《博弈与均衡：农地金融制度绩效分析——贵州省湄潭县农地金融制度个案研究与一般政策结论》,《中国农村观察》2003 年第 3 期。

罗明忠:《就地转移还是异地转移：基于人力资本投资视角的分析》,

《经济学动态》2009 年第 11 期。

罗明忠：《农村劳动力转移后回流的原因：逻辑推演与实证检验》，《经济学动态》2008 年第 1 期。

罗明忠：《社会资源、人口集聚与农村劳动力转移》，《经济学动态》2006 年第 3 期。

罗明忠：《农村劳动力转移的"三重"约束：理论范式及其实证分析》，《山东经济》2008 年第 11 期。

罗明忠：《农村劳动力转移中的金融约束及其突破》，《南方金融》2008 年第 3 期。

马斌、王莹：《构建市场化的三元制度创新主体》，《中国矿业大学学报》（社会科学版）2003 年第 1 期。

马红光：《路径依赖——从农村劳动力转移看制度变迁的方式》，《社会科学辑刊》2008 年第 4 期。

马晓河：《建国 60 年农村制度变迁及其前景判断》，《改革》2009 年第 10 期。

钱忠好：《农村土地承包经营权产权残缺与市场流转困境：理论与政策分析》，《管理世界》2002 年第 6 期。

秦海霞：《农民工阶层的主观诉求与现实走向》，《改革》2009 年第 1 期。

秦伟平、李豫新：《制度变迁影响下的劳动力转移分析》，《农村经济与科技》2007 年第 1 期。

阚春萍等：《人力资本投资与农村劳动力非农就业转移的理论思考》，《福建农林大学学报》（哲学社会科学版）2009 年第 4 期。

邵晓：《我国无限劳动力供给时代有没有结束》，《经济学动态》2009 年第 5 期。

申培轩：《农村劳动力转移及其对高等教育的需求》，《武汉大学学报》（人文科学版）2004 年第 3 期。

申鹏：《基于中国人口实践的制度人口学研究内容探析》，《西北人口》2010 年第 2 期。

申鹏：《新阶段贫困地区农村劳务经济的发展态势研究》，《农村经济》2008 年第 11 期。

史宏良：《西部制度创新路径比较分析》，《现代商贸工业》2008 年第

11 期。

史明瑛、宁建华：《农民工流动与地区经济发展程度的牵扯》，《改革》2009 年第 7 期。

孙连友：《农村剩余劳动力转移研究——制度因素对剩余劳动力转移的约束》，《河南纺织高等专科学校学报》2003 年第 1 期。

唐茂华：《成本收益双重约束下的劳动力转移》，《中国农村经济》2007 年第 10 期。

谭亚勇：《宁夏"土地银行"试验对构建中国农地金融制度的启示》，《经济研究导刊》2008 年第 13 期。

汤鹏主：《土地承包经营权流转与政府角色界定》，《改革》2009 年第 11 期。

滕建华：《农村人力资本投资于农村劳动力流动的相关性分析》，《农业技术经济》2004 年第 4 期。

田秀娟：《新型农村合作医疗制度的农民意愿与选择》，《改革》2009 年第 6 期。

谢桂华：《农民工与城市劳动力市场》，《社会学研究》2007 年第 5 期。

谢培秀：《关于中国农村剩余劳动力数量的估计》，《中国人口资源环境》2004 年第 1 期。

王德文：《中国刘易斯转折点：标志与含义》，《人口研究》2009 年第 2 期。

王德文：《全球化与"民工荒"：一个宏观解释》，《中国劳动经济学》2005 年第 3 期。

王定祥：《农地适度非农化进城中的政府与市场分工》，《改革》2009 年第 10 期。

王美艳：《城市劳动力市场上的就业机会与工资差异——外来劳动力就业与报酬研究》，《中国社会科学》2005 年第 5 期。

王华：《发达地区农村劳动力转移与迁移意愿分析——对广州 10 村调查》，《南方人口》2008 年第 4 期。

王铁：《建设农村土地银行的战略构想》，《管理世界》2008 年第 11 期。

王文录：《我国户籍制度及其历史变迁》，《人口研究》2008 年第

1 期。

王永龙：《农村金融资源配置的制度缺失及应对》，《改革》2008 年第 2 期。

王郁昭：《中国改革从农村突破：包产到户及其引申》，《改革》2008 年第 8 期。

温思美、张乐柱：《建国 60 年农村经济发展轨迹及其愿景》，《改革》2009 年第 8 期。

温涛等：《农村劳动力有序转移的金融约束与金融支持》，《财经理论与实践》2004 年第 2 期。

吴宏洛：《论劳动力市场的制度性分割与非农就业障碍》，《福建师范大学学报》（哲学社会科学版）2004 年第 5 期。

许经勇：《我国农村土地产权制度改革的回顾与前瞻》，《经济学动态》2008 年第 7 期。

杨瑞龙：《我国制度变迁方式转换的三个阶段》，《经济研究》1998 年第 1 期。

杨东朗等：《转型期农村劳动力务农意愿与耕地保护》，2008 年中国土地学会学术年会，2008。

姚洋：《中国农地制度：一个分析框架》，《中国社会科学》2000 年第 2 期。

悦中山、李树茁等：《徘徊在"三岔路口"：两代农民工发展意愿的比较研究》，《人口与经济》2009 年第 6 期。

张存刚、邵传林：《基于"土地银行"视角的农村土地流转模式研究》，《甘肃金融》2009 年第 7 期。

张福明、杨学成：《农村富余劳动力转移方式及其影响因素》，《改革》2008 年第 1 期。

张国胜、谭鑫：《第二代农民工市民化的社会成本、总体思路与政策组合》，《改革》2008 年第 9 期。

张红宇：《城乡统筹过程中的制度创新与中间制度安排》，《浙江经济》2008 年第 18 期。

张季：《统筹城乡发展视野的土地产权边界与政策创新》，《改革》2008 年第 6 期。

张建武、宋国庆：《转型时期农村劳动力就业机制研究——以东莞为例》,《中国劳动经济学》2005 年第 3 期。

张杰:《农村公共品供给制度创新主体行为分析:新制度经济学视角》,《农村经济》2007 年第 8 期。

张继久:《论农村土地处置权的扩展与实现》,《湖北社会科学》2005 年第 10 期。

张良悦:《农地功能、制度变革与产权完善》,《改革》2008 年第 1 期。

张林秀等:《经济波动中农户劳动力供给行为研究》,《农业经济问题》2000 年第 3 期。

赵晓男、刘霄:《制度路径依赖理论的发展、逻辑基础和分析框架》,《当代财经》2007 年第 7 期。

张永恩等:《城镇化过程中的中国粮食安全形势和对策》,《农业现代化研究》2009 年第 3 期。

张永丽、柳建平:《农村劳动力流动的诱致性变迁:重组抑或配置》,《改革》2008 年第 12 期。

郑秉文:《改革开放 30 年中国流动人口社会保障的发展与挑战》,《中国人口科学》2008 年第 5 期。

朱力:《论农民工阶层的城市适应》,《江海学刊》2002 年第 6 期。

后　记

　　本书是在笔者主持的同名国家社会科学基金项目研究成果基础上修改而成的。该项目历时三年，终于完成定稿，但我却没有项目完成的喜悦，反而感觉一丝沉重，因为项目研究过程又让我再次品尝和体会了这么多年来农民及农民工生产生活的艰辛和不易，同时也看到了中国农民身上赋有的天然与命运抗争的勇气和创业的魄力。

　　通过对本书选取的各项制度变量变迁历程的文献研读，加之自幼在黔北山区成长的经历，让我深深感受到制度因素对农民生产生活的影响，更让我清楚地看到在当前城乡二元结构背景下农民工尤其是第二代农民工进退两难的困境。有时自己也在想，要是没有十多年前的"跳出农门"，那么，我也是本书研究的对象之一，而且还是竞争更不占优势的第一代农民工。从这个角度来说，研究农村劳动力转移及其"城市融入"问题实际上就是研究另一种可能的我。

　　在研读、整理和分析各种文献的过程中，曾有过为一项促进转移制度的出台而欢呼，也有过为诸多涉农制度障碍步履维艰的改革历程而沉重的经历。正是这种经历催使我怀着深厚的感情努力去做研究，是我研究创新的动力，希望能够找到更多合理而有效的农村劳动力转移的制度供给建议；同时，也让我感受到中国"农民真苦，农村真穷，农业真难"的滋味，使我对农村劳动力转移问题有了更深、更新、更全的认识，让我看到从实践层面实现农村劳动力转移制度创新的难度。当然，有难度说明更有制度创新的必要。因此必须找准各阶段农村劳动力转移的突破口，推动其制度创新。本书对此进行了一些探索和思考，本着"近期具体，远期抽象"的原则提出了相应的制度创新路径模式，并提出了相应的政策建议和政策框架。不过，这些制度变量的创新并非概括了全部，却至少应该是主要的。

作为一名研究农村劳动力转移问题的"新兵"，要娴熟地驾驭这一论题并非易事，所幸的是在项目组全体人员的共同努力下终于"尘埃落定"。借此机会，首先我要感谢全国哲学社会科学规划办公室对项目的资助立项，这给了年轻人主持国家社会科学基金项目的机会，这对于西部地区青年人才的培训起着重要的支持作用和激励作用；还要感谢贵州省哲学社会科学规划办公室、贵州大学人文社会科学处、管理学院及人口·社会·法制研究中心对项目研究提供的便利条件。

借此机会，真诚感谢贵州大学洪名勇教授多年来在学习和工作上对我的关心和帮助，真诚感谢我的博士生导师西南财经大学陈明立教授在我攻博期间给予的辛勤指导和无私关怀，真诚感谢贵州大学杨军昌教授十余年来在学习、工作和生活方面给予我亲如兄弟般的关心和照顾，正是他们才使项目研究顺利完成。社会科学文献出版社财经与管理图书事业部恽薇主任为本书的出版付出了艰辛的劳动，在此表示衷心的谢意。在项目研究过程中，不仅课题组成员提供了在问卷调查、资料收集方面做的大量工作，评审专家的评审意见也使本研究增色不少，在此一并感谢。也要感谢那些一直关心和支持我前进的领导、老师、同事、同乡和挚友，虽然无法一一罗列，但我始终心存感激！

由于项目研究还受惠于国内外许多学者的研究成果，他们的成果启迪了我的思维，在此我谨向各位文献作者致以最诚挚的谢意！同时要感谢项目评审的省内外专家们在百忙之中抽出时间对项目研究成果进行评阅和指正；要向参与问卷调查的调查者表示由衷的感谢；也要向认真填写问卷调查的农民工兄弟姐妹表示衷心的祝福，希望他们都能在新阶段里如愿地实现自己的转移就业创业目标，愿有转移意愿的农民工朋友都能够顺利实现"农村转出"和"城市融入"，日子更"红火"，年年有"奔头"！

在此，还要感激我年逾七旬的父母双亲，正是他们任劳任怨的劳作和不图回报的培育才使我"失去"了成为"第一代农民工"的机会。养育之恩永刻在心！感谢两位兄长及亲人的理解并为我一直尽着赡养父母的责任。手足之情永远相存！感谢凌玲博士对本书写作的默默贡献和辛勤付出。

鉴于笔者知识结构和学识水平的限制，本书也存在一些不足，如在定量分析方面的力度不够，未能构建或运用一个定量的数学模型来开展本研究选题，也未采用差异系数来对农村劳动力转移制度创新模型中的某个制度变量进行实证分析；又如在制度创新路径之间的整体性和协调性做得仍不够。此外，由于问卷数据收集是非抽样调查，样本的随意性相对比较强，运用这些问卷调查数据分析的结论可能存在与现实不符的情况。通览全书，我仍觉得还有其他很多地方需要完善，分析也不透彻，对这些不足的改进将是笔者今后继续努力和完善的方向，以使本研究能够真正发挥其应有的借鉴价值。弥补这些不足，只有在将来的后续研究中继续努力，为农村劳动力转移理论发展和推动农村劳动力转移实践尽一份绵薄之力，力争形成中国化、本土化的农村劳动力转移理论，即农村劳动力转移制度供给理论。

　　尽管本书存在这样那样的不足，但笔者对于如何推动新阶段农村劳动力转移的制度创新问题还是提出了一些有见地的观点，具有一定的理论借鉴价值和实践操作意义。作为制度创新对策的建议者，最欣喜的事莫过于看到所提出的各项制度改革建议能够一步一步地变为现实。因此，笔者希望能够早日看到一个"地无分南北、人不分城乡"的劳动力自由迁徙的城乡和谐社会，并以此作为自己的奋斗目标。这也许应该算是一名学者的社会责任吧！

　　是为记！

申鹏于贵阳·花溪

2012 年 2 月春节

图书在版编目（CIP）数据

农村劳动力转移的制度创新/申鹏著. —北京：社会科
学文献出版社，2012.8
ISBN 978-7-5097-3501-5

Ⅰ.①农…　Ⅱ.①申…　Ⅲ.①农村劳动力-劳动力转
移-制度建设-研究-中国　Ⅳ.①F323.6

中国版本图书馆 CIP 数据核字（2012）第 122476 号

农村劳动力转移的制度创新

著　　者／申　鹏

出 版 人／谢寿光
出 版 者／社会科学文献出版社
地　　址／北京市西城区北三环中路甲 29 号院 3 号楼华龙大厦
邮政编码／100029

责任部门／财经与管理图书事业部（010）59367226　　责任编辑／张景增
电子信箱／caijingbu@ ssap. cn　　　　　　　　　　　责任校对／贾迎亮　张延书
项目统筹／恽　薇　　　　　　　　　　　　　　　　　责任印制／岳　阳
经　　销／社会科学文献出版社市场营销中心（010）59367081　59367089
读者服务／读者服务中心（010）59367028

印　　装／北京季蜂印刷有限公司
开　　本／787mm×1092mm　1/16　　　　　　　　　印　　张／24.5
版　　次／2012 年 8 月第 1 版　　　　　　　　　　　字　　数／410 千字
印　　次／2012 年 8 月第 1 次印刷
书　　号／ISBN 978-7-5097-3501-5
定　　价／69.00 元